ein Ullstein Buch

ÜBER DAS BUCH:

Nach langem Lazarettaufenthalt wird dem Vietnamveteran Mark Gunnar ein neues Schiff anvertraut: der alte U-Boot-Jäger »Hibiscus«, der eine einsame Inselgruppe bei Taiwan vermessen soll. Was als harmloser Einsatz beginnt, erweist sich bald als Stich ins Wespennest. Denn um diese Inseln ist ein mörderisches Tauziehen entbrannt: Die Einheimischen wollen ihre Unabhängigkeit wahren, die Rotchinesen aber ein zweites Vietnam; Nationalchina hat hier ein Straflager für politische Gefangene eingerichtet, und die amerikanische Siebte Flotte will auf der Insel einen U-Boot-Stützpunkt errichten. Von allen, besonders von seiner eigenen laschen Besatzung als »kalter Krieger« beargwöhnt, ficht Gunnar seinen einsamen Zweifrontenkampf: gegen die allzu vertrauensseligen Inselbewohner und gegen einen chinesischen Feind, dessen Heimtücke und Brutalität er am eigenen Leibe erfahren hat. Erst als die Natur selbst mit Urgewalt eingreift, wird aus dem Rächer Gunnar ein Bewahrer, werden aus seinen Feinden Verbündete. Aber der Preis dafür ist hoch. – Ein Fernost-Roman über einen zwar unerklärten, doch nicht weniger grausamen Krieg um die Vorherrschaft im südchinesischen Meer.

ÜBER DEN AUTOR:

Alexander Kent kämpfte im Zweiten Weltkrieg als Marineoffizier im Atlantik und im Mittelmeer und erwarb sich danach einen weltweiten Ruf als Verfasser spannender Seekriegsromane. Seine marinehistorische Romanserie um Richard Bolitho machte ihn zum meistgelesenen Autor dieses Genres nach C. S. Forester. Seit 1958 sein erstes Buch erschien (*Schnellbootpatrouille,* UB 20798), hat er über dreißig Titel veröffentlicht, von denen die meisten bei Ullstein vorliegen oder vorbereitet werden. Sie erreichten eine Gesamtauflage von 15 Millionen und wurden bisher in 14 Sprachen übersetzt. – Alexander Kent, dessen wirklicher Name Douglas Reeman lautet, ist aktiver Segler, Mitglied der Royal Navy Sailing Association und Governor der Fregatte *Foudroyant* in Portsmouth, des ältesten noch schwimmenden britischen Kriegsschiffes.

Alexander Kent

Insel im Taifun

Roman

ein Ullstein Buch

ein Ullstein Buch/maritim
Nr. 22297
Herausgegeben von J. Wannenmacher
im Verlag Ullstein GmbH,
Frankfurt/M – Berlin
Titel der Originalausgabe:
Path of the Storm von Douglas Reeman,
erschienen bei Hutchinson & Co. Ltd.,
London 1966
Aus dem Englischen
von Walter Klemm

Deutsche Erstausgabe

Umschlagentwurf:
Hansbernd Lindemann
Umschlagfoto: U-Boot-Jäger PC-564,
US Navy, Sammlung S. Terzibaschitsch

Printed in Germany 1990
Gesamtherstellung:
Ebner Ulm
ISBN 3 548 22297

Juli 1990

Vom selben Autor
in der Reihe der
Ullstein Bücher:

Kanonenboot (20302)
Rendezvous im Südatlantik (20318)
Duell in der Tiefe (20339)
Wrack voraus! (20437)
Die Ersten an Land, die
Letzten zurück (20511)
Unter stählernen Fittichen (20549)
Aus der Tiefe kommen wir (20574)
Ein Schiff soll sterben (20646)
Die Faust der Marine (20715)
Torpedo läuft! (20735)
Freiwillige vor! (20765)
Schnellbootpatrouille (20798)
Feindpeilung steht! (20857)
Der Eiserne Pirat (20893)
H.M.S. Saracen (20937)
Feuer aus der See (22043)
Mittelmeerpartisanen (22081)
Atlantikwölfe (22151)
Die Zerstörer (22219)

Außerdem 18 marinehistorische
Romane um Richard Bolitho

CIP-Titelaufnahme
der Deutschen Bibliothek

Kent, Alexander:
Insel im Taifun: Roman / Alexander Kent.
[Aus d. Engl. von Walter Klemm]. – Dt.
Erstausg. – Frankfurt/M; Berlin: Ullstein,
1990
(Ullstein-Buch; Nr. 22297: Maritim)
ISBN 3-548-22297-8
NE: GT
Vw: Reeman, Douglas [Wirkl. Name] →
Kent, Alexander

Inhalt

Für meinen Freund
CHERRY KEARTON

»Im Auge des Taifuns
sind alle Menschen furchtlos.«
(Altes chinesisches Sprichwort)

Gnadenfrist

Die britische Kronkolonie Hongkong lag im grellen Sonnenlicht der unbarmherzigen Mittagshitze. Selbst für Hochsommer war es ungewöhnlich heiß und die Luftfeuchtigkeit äußerst unangenehm. Die bunte, dicht gedrängte Menschenmenge im Hafen bewegte sich kaum vorwärts, stieß sich nur gegenseitig in ziellosem Durcheinander.

Es war Sonntag, trotzdem wimmelte es im Hafenbecken und auf der Reede von Fahrzeugen jeder Art, vom veralteten, lärmenden Schaufelradschlepper bis zu den zeitlosen Leichtern, die noch immer durch Wriggen mit übergroßen Heckriemen vorwärtsbewegt wurden. Hochbordige Dschunken mit ihren gerippten Segeln glitten langsam und feierlich durch das Getümmel, ihre Spiegelbilder im glatten blauen Wasser erinnerten an riesige Fledermäuse. Hin und wieder jagten auch schnittige, hellgraue Marineboote mit scharfer Bugwelle an dem Gewimmel vorbei, ihr blankes Messing leuchtete in der Sonne, und die Bootssteurer bemühten sich schwitzend, die ihnen sinnlos erscheinenden Ausweichregeln einzuhalten. Die saftigen grünen Hänge des Victoria Peak flimmerten im Hitzedunst, der die elenden Hütten und Lager der Flüchtlinge gnädig verbarg. Diese Notunterkünfte drangen neuerdings in Gebiete vor, die einstmals den Villen der Reichen vorbehalten gewesen waren in dieser übervölkertsten Stadt der Welt.

Auf der englischen Marinewerft jedoch war es ruhig. Sonntag war Sonntag, und das galt auch hier. Bis auf ein paar trübsinnige Wachgänger wirkten die schlanken Zerstörer und die mächtigen Kreuzer so verlassen, als habe die Hitze alles Leben aus ihren hohen Brücken und grimmigen Geschütztürmen gesogen.

Hongkong war noch immer einer der wichtigsten Häfen in Südostasien. Täglich strömten die Seeleute der amerikanischen Siebten Flotte und der hier stationierten englischen Geschwader an Land auf der Suche nach Vergnügungen, die ihnen hier reichlich geboten wurden. Viele Amerikaner nahmen sich ein Taxi, fuhren an die Grenze der Kronkolonie und bestaunten dort die mürrischen rotchinesischen Wachposten auf der anderen Seite des Stacheldrahts.

Die Siebte Flotte überwachte die Formosastraße und hielt die See offen, von Japan bis zu den Häfen Australiens. Jede Meile des rotchinesischen Festlands bedeutete für sie eine stille Bedrohung; ein Navigations- oder Manövrierfehler konnte einen internationalen Zwischenfall auslösen, der sich möglicherweise zum offenen Konflikt steigern würde. Jeder wußte das; aber gerade deswegen ergriffen die Neuankömmlinge in Hongkong als erstes ihre japanischen Kameras und eilten stracks zu dieser seltsamen, unverteidigt wirkenden Grenze zwischen Ost und West, um sich das wirkliche Gesicht des Feindes einzuprägen.

Ein mächtiger Flugzeugträger lag wie eine riesige graue Klippe im Mittelpunkt der Reede. Er war das viertgrößte Schiff der Welt und verkörperte allein durch seine Anwesenheit die niemals schlafende Macht der USA. Andere Kriegsschiffe in der Nähe dösten an ihren Ankerketten, aber die Touristendampfer und die stampfenden kleinen Hafenbarkassen schienen nur an dem Träger interessiert. Trotz der glühenden Hitze rangelten sich die Schaulustigen mit ihren Kameras um die besten Plätze, während ihr gestoppt liegendes Fahrzeug im Schatten des riesigen Schiffes langsam dahintrieb. Die leuchtenden Flugzeuge mit ihren zusammengefalteten Flügeln, die über den Rand des Flugdecks hinausragten, wirkten wie Spielzeug; aber schon das Gewirr der Funk- und Radarantennen, ja selbst die Größe des Schiffes genügte den Touristen, und jeder chinesische Fremdenführer war dem Himmel dankbar für den Besuch des Trägers.

Daher überraschte es nicht, daß kaum jemand das kleine Kriegsschiff bemerkte, das am äußersten Rand des Hafenbeckens lag und auf dem trotz des Sonntags Anzeichen von Betriebsamkeit zu erkennen waren.

Der amerikanische U-Boot-Jäger *Hibiscus* war dreiundzwanzig Jahre alt. Trotz seines frischen, glänzend hellgrauen Anstrichs und der blankgeputzten Messingteile ließ sich rasch erkennen, daß die gerade abgeschlossene dreimonatige Überholung lediglich eine Vortäuschung falscher Tatsachen gewesen war. Seit der Kiel der *Hibiscus* zum ersten Mal ins Wasser getaucht war, hatte man es aufgegeben, die Tausende von Meilen zu zählen, die sie inzwischen zurückgelegt hatte. Auch die Dutzende von Kommandanten waren vergessen, die sie seit 1942 durch den rauhen Atlantik geführt hatten oder mit ihr den Angriffen der verrückten Kamikazeflieger im Pazifik entgangen waren. Vergessen war auch der Name des Kommandanten, der am letzten Tag des Krieges mit Japan einen anderen U-Boot-Jäger gerammt hatte und dafür vor ein Kriegsgericht gestellt worden war. Die *Hibiscus* hatte sie alle kommen und gehen gesehen. Normandie, Korea, Vietnam hatten Narben auf ihren siebenundfünfzig Metern Länge hinterlassen. Als sie langsam älter wurde, fuhr sie weniger wichtige Einsätze, die sich überwiegend am Rand des Geschehens abspielten; dazu gehörte das Schleppen eines Zielschiffes, der Transport von Nahrungsmitteln und Wolldecken zu Opfern eines Erdbebens oder die Schulung eifriger und lernbegieriger Fähnriche in Navigation. Mitunter lag sie auch monatelang eingemottet im hintersten Winkel eines Marinehafens. Lediglich wegen der steigenden Spannung mit Rotchina hatte sich wieder die Notwendigkeit ergeben, sie einsatzfähig zu halten.

Dabei war die *Hibiscus* ein anmutiges und schlankes kleines Schiff, mit durchgehendem Deck und ohne die topplastigen Antennen, durch die das schöne Bild ihrer neueren Gefährten so oft gestört wurde. Sie besaß eine kleine offene Brücke, hinter der ein schrägstehender Mast und ein breiter Schornstein die Aufbauten abschlossen. Sie war schmal, nur gut sieben Meter an ihrer breitesten Stelle, und die war nicht auf dem Achterschiff. Dort hatte sich im Augenblick die Besatzung versammelt und bildetete einen schwitzenden Kreis aufwärts gerichteter Gesichter, um die erste Ansprache des neuen und vermutlich auch letzten Kommandanten zu hören.

Korvettenkapitän Mark Gunnar stand oben auf einem Rettungsfloß und blickte ernst über die neugierigen Männer und die Länge des Schiffes hinweg. Das kurze Zeremoniell der Kommandoübernahme war unter dem Klappern der Winschen, dem traurigen Tuten des Fährdampfers und dem donnernden Beifall von der Pferderennbahn Happy Valley abgelaufen. Er hatte die gespreizten Phrasen des Schreibens verlesen, mit dem ihm das Kommando über dieses kleine, müde alte Schiff, die sechs Offiziere und die sechzig Mannschaftsgrade übertragen wurde. Die Menge der anonymen Gesichter, zur Zeit noch nichtssagend und bedeutungslos, würde er binnen Kürze den entsprechenden Persönlichkeiten zuordnen können, den schwachen und den starken, den ehrgeizigen und den unfähigen. Aber alles zu seiner Zeit.

Gunnar stand still und scheinbar lässig, obwohl sein Rücken schmerzte und die unbarmherzigen Sonnenstrahlen auf seine Schultern brannten. Er spürte, wie ihm der Schweiß unter dem Mützenrand hervorrann und ihm das kurze blonde Haar feucht an die Stirn klebte. Nur noch ein paar Augenblicke, dann konnte er sich in seine Kajüte zurückziehen, in den kühlen dunklen Raum unter der Brücke, wo er, zumindest für eine Weile, in Ruhe planen konnte. Seine gehobene Stimmung bei der Ankunft in Hongkong war längst verflogen; selbst das leichte Schwanken des kleinen Schiffes unter seinen Füßen, hervorgerufen durch die Bugwelle eines vorbeifahrenden Schleppers, konnte nicht die tiefe Enttäuschung mildern, die ihn beim Anblick der *Hibiscus* ergriffen hatte.

Und das alles nach den schlimmen Monaten im Lazarett, nach den geduldig ertragenen Schmerzen im Rücken, nach den leeren Versprechungen der Ärzte und dem ständigen Schweigen der Personalleitung. Langsam heilte auch sein erschüttertes Gemüt und fand sich allmählich ab mit seiner Schwäche. Trotzdem dachte er noch oft zurück an die Monate vor seiner Einlieferung ins Lazarett. Vietnam – schon allein der Name verursachte ihm Übelkeit, denn er vermochte die grauenhaften Erinnerungen nicht abzuschütteln. In diesem schrecklichen Land war er als einer der zahlreichen amerikanischen Berater stationiert gewesen und hatte sich nichts so sehr gewünscht, wie auf die See zurückzukehren.

Seiner wiedergefundenen Spannkraft hatte er dieses Kommando zu verdanken, die *Hibiscus*. Der kleine alte U-Boot-Jäger war während der letzten drei Monate auf der englischen Werft hier überholt worden – mit dem einzigen Zweck, ihn fahrtüchtig und äußerlich gut aussehend den Nationalchinesen auf Taiwan zu übergeben. Zweifellos standen in Tschiankaischeks Marine längst die Offiziere und Mannschaftsgrade für dieses Schiff bereit, das man jetzt überraschend Gunnar anvertraut hatte.

Kapitän Anderson, Stabsoffizier beim Befehlshaber der Siebten Flotte, hatte ihm gleichzeitig ein dickes Bündel von Befehlen und einen großen versiegelten Umschlag ausgehändigt. Anderson, ein ziemlich dicker Mann, hatte bequem auf der Kante seines Schreibtischs gesessen und mit einem fetten Bein gewippt, während er auf den Umschlag starrte, der jetzt in Gunnars Händen lag.

»Die Übergabe an die Chinesen ist verschoben worden.« Anderson bemühte sich um einen bedeutungsschweren Ton. »Natürlich nicht bis in alle Ewigkeit, aber doch lange genug, um Ihnen wieder ein Gefühl für unsere Marine zurückzugeben.«

Gunnar kam es vor, als stürze der Flugzeugträger über ihm zusammen. Ein Gefühl für die Marine? Hohle, bedeutungslose Worte! Was zum Teufel verstand dieser Kapitän davon? Was wußte Anderson von den ständigen Alpträumen, den zurückkehrenden Schmerzen, der verzweifelten Furcht? Der Vietkong hatte nicht das Glück gehabt, viele amerikanische Offiziere lebend gefangenzunehmen. Aber wenn es ihm gelang, versuchte er, soviel wie möglich aus ihnen herauszuholen. Noch immer konnte Gunnar es nicht ertragen, wenn jemand hinter ihm stand. Im Dschungelquartier der Kommunisten hatte er sich gezwungen, nicht auf den Schatten des Mannes zu starren, der ständig hinter ihm herging und mit einer Bambusklinge die Haut von seinem Rücken schabte. Er hatte seinen eigenen Schreien gelauscht, als kämen sie von einem anderen Menschen. Selbst nach seiner Flucht und Rückkehr hörte er noch immer diese Schreie.

An Bord des Flaggschiffs merkte er sehr schnell, daß dieses angebliche Mitleid und die zur Schau gestellte Bewunderung nicht echt waren, sondern nur Schein. Sie neideten ihm nicht einmal seine Tapferkeitsauszeichnung, die ihm vom Präsidenten persönlich verliehen worden war. Selbst dieser letzte Akt, die Übertragung eines eigenen Kommandos, war für ihn wie ein Affront.

Anderson hatte in aller Ruhe gesagt: »Sie sind erst neunundzwanzig, Gunnar. Nach einiger Zeit wird sich auch etwas Besseres für Sie finden. Aber nach allem, was Sie durchgemacht haben, wollen Sie doch wohl so rasch wie möglich hier wieder mitmischen, nicht wahr?«

Erst neunundzwanzig, aber mit einem unausgesprochenen Makel auf seinem Namen. Es wäre besser, man hätte ihn vor ein Kriegsgericht gestellt; noch besser wäre er gestorben.

»Ich hatte ein moderneres, größeres Schiff erhofft, Sir.« Gunnars graue Augen verhärteten sich. Obwohl seine Gedanken rasten, bewahrte er mühsam Ruhe.

Kapitän Anderson hatte die Arme verschränkt und ihn nachdenklich gemustert. »Die Siebte Flotte ist hier bis an die Grenze ihrer Leistungsfähigkeit eingespannt. Wir haben keine Schiffe übrig, die wir verschleudern könnten. Erfahrene Offiziere sind ihr Gewicht in Gold wert, und Ihre Art von Erfahrung verdient dabei besondere Beachtung.« Dann senkte er den Blick. »Aber natürlich müssen einige Faktoren berücksichtigt werden. Sie waren nach der entsetzlichen Behandlung durch die Roten sehr krank und einige Monate an Land. Die *Hibiscus* kann für Sie so etwas wie eine Heimkehr auf die See bedeuten. Hier haben

Sie Ihre Befehle, die erklären Ihnen genau, was der Admiral von Ihnen erwartet. Lösen Sie diese Aufgabe gut, wird es Ihr Schaden nicht sein.«

»Und wenn ich sie verpfusche? Dann wird man vermutlich sagen, von dem war nichts anderes zu erwarten.« Zwei rote Flecken erschienen plötzlich auf Gunnars blassen Wangen. »Ich weiß, was man über mich – «

Anderson unterbrach ihn scharf: »Das will ich nicht gehört haben! Die Marine von heute ist wie ein riesiger Industriekonzern, bei dem die Direktiven von einem Gremium ausgegeben werden, für das nur Erfolge zählen, Erfolge in einem größeren Plan, den wir nicht übersehen können. Es kümmert dieses Gremium nicht, ob ein Mann hier oder dort verletzt wird. Wir kämpfen, um den Frieden zu erhalten – das ist unsere Aufgabe. Aber was für einen Frieden, das ist deren Angelegenheit!« Seine Stimme wurde ein wenig sanfter. »Gehen Sie an Bord, Gunnar. Es ist ein eigenes Kommando für Sie, und ich halte es unter den augenblicklichen Umständen für ein faires Angebot.« Er lächelte tröstend. »Jedenfalls haben Sie hier an Bord keine Feinde.«

Wie benommen war Gunnar wieder zu dem schmucken Motorboot hinabgestiegen, das am Hauptfallreep auf ihn wartete, um ihn zu seinem Schiff zu bringen. Zu diesem Schiff hier. Noch einmal sah er zu dem riesigen Flugzeugträger hinüber und fragte sich, was der Admiral wohl wirklich von ihm dachte.

Mit einem scharfen Ruck kehrte er in die Gegenwart zurück, räusperte sich und fuhr fort: »Das ist also in großen Zügen die vor uns liegende Aufgabe. Die *Hibiscus* wird so lange im Dienst bleiben, bis wir neue Befehle erhalten. Leute, die abkommandiert wurden oder auf langen Heimaturlaub gingen, sind bereits durch andere ersetzt, somit kommt keine zusätzliche Arbeit auf den einzelnen zu. Wir werden in der Abenddämmerung aus Hongkong auslaufen und üben, um so schnell wie möglich wieder zu einer Besatzung zusammenzuwachsen.«

Er blickte hinab auf die breiten Schultern von Kapitänleutnant Robert Maddox, seinem Ersten Offizier, der unmittelbar unter ihm stand. Maddox war ein wahrer Hüne, hatte aber trotz seiner erst sechsundzwanzig Jahre bereits Übergewicht. Gunnar hatte ihm das Wesentliche der Befehle mitgeteilt, war jedoch nicht imstande, die Reaktion seines I.O. zu ergründen, zumal sie bisher noch kaum Gelegenheit gehabt hatten, miteinander zu sprechen. Während der vierundzwanzig Stunden, die Gunnar jetzt an Bord war, hatte geradezu hektische Betriebsamkeit geherrscht; es wurden Vorräte übernommen, die Treibstofftanks bis an die Grenze ihres Fassungsvermögens von sechzig Tonnen aufgefüllt, Munition wurde ergänzt und vieles mehr. Seltsam, daß auch Maddox erst vor kurzem auf die *Hibiscus* versetzt worden war, und zwar vom Marinestab in Japan. Seine Stellung als Erster Offizier hatte er bisher nur im Trockendock ausgeübt. Die Besatzung hatte sich während dieser Zeit sehr intensiv dem Nachtleben Hongkongs gewidmet und sich darauf vorbereitet, das Schiff zu verlassen, sobald es an die Nationalchinesen übergeben wurde.

Gunnar warf einen raschen Blick auf die anderen Offiziere. Kapitänleutnant Regan, der Artillerieoffizier, war ein schmucker junger Mann mit einem Gesicht wie ein Habicht und sehr dichten dunklen Brauen, die sich über seiner spitzen Nase vereinigten. Dann stand da Oberleutnant Kroner, der Nachrichtenoffizier; stattlich, aber mit etwas leerem Gesichtsausdruck, sah er aus wie der Marineoffizier auf den Werbeplakaten. Malinski, der Ingenieuroffizier, war mit Unterbrechungen bereits seit sechs Jahren an Bord und ein typisches Produkt des Maschinenraums; hager und von fahler Blässe, machte er einen scheinbar schläfrigen Eindruck wie das Maschinenpersonal häufig, wenn es plötzlich an Oberdeck erscheinen mußte. Ein etwas schwächlicher, gertenschlanker Leutnant namens Inglis war der letzte aus der Offiziersmesse – bis auf den Arzt. Kapitän Anderson hatte ihm einen Arzt beigegeben mit der Begründung, daß die *Hibiscus* weit entfernt von den übrigen Schiffen operieren werde und die Anwesenheit eines Arztes sich als notwendig erweisen könne. So war also Dr. Bruce Connell an Bord gekommen, und seine durchdringenden blauen Augen beobachteten Gunnar intensiv, seit er mit seiner Ansprache begonnen hatte.

Wieder räusperte sich der Kommandant. »Mir ist klar, daß einige von Ihnen gehofft hatten, auf ein größeres und neueres Schiff versetzt zu werden. Vielleicht hatten auch manche mit einem Druckposten an Land gerechnet.« Er verzog den Mund zu einem gezwungenen Lächeln, spürte aber die verborgene Feindseligkeit in den Gesichtern und bemerkte, daß einige vielsagende Blicke austauschten. »Aber wie Sie wissen, bringt bei der Marine jeder Tag neue Überraschungen; die jetzige Stellung ist immer die einzige, die zählt. Auf sie müssen wir all unsere Anstrengung konzentrieren.«

Trotz seiner Bemühungen gelang es Gunnar nicht, bei den Leuten so etwas wie Begeisterung zu wecken, und seine eigenen Worte schienen ihn zu verhöhnen. Die jetzige Stellung? Das war wirklich ein Witz! Laut Operationsbefehl sollte die *Hibiscus* zunächst nach Südwesten ablaufen und dann mit Nordostkurs die abgelegene Inselgruppe von Payenhau ansteuern, etwa hundert Meilen südlich von Taiwan. Sie hätten ihn auch nicht weiter weg vom Zentrum des Geschehens entfernen können, wenn sie ihn zu den Niagarafällen geschickt hätten. Payenhau lag weitab von allen Schiffahrtswegen, war völlig unfruchtbar und nutzlos – bis auf das eine Detail, das man jetzt in Washington entdeckt zu haben glaubte. Die kleine Inselgruppe lag zwischen Taiwan im Norden und dem Gewirr der relativ neuen Nationen Malaysia, Indonesien und Philippinen im Süden. Sie war somit ein schmaler Spalt in dem Schutzwall rings um das kommunistische Festland. Die völlig isolierte Lage Payenhaus war von Vorteil, aber der geschützte und tiefe Ankerplatz vor der Hauptinsel hatte den Ausschlag gegeben. Die *Hibiscus* sollte ohne jedes Aufsehen und ohne Aufmerksamkeit zu erregen eine sorgfältige Vermessung des Ankerplatzes vornehmen und die Insel gründlich erkunden. Wenn alles gutging, sollte Gunnar außerdem alles für den ständigen Aufenthalt eines der neuen Polaris-U-Boote dort vorbereiten.

Die Planer in Washington hatten sich überlegt, daß Payenhau eine ausgezeichnete Basis für ein einzeln operierendes Atom-U-Boot wäre, wo es seine großräumigen Einsätze unterbrechen konnte, und trotzdem in sofortiger Bereitschaft blieb. Dort konnte sich die Besatzung die Beine vertreten und am Gras schnuppern, kleinere Ausbesserungsarbeiten vornehmen und neue, größere Aufgaben vorbereiten.

Wichtig war, daß diese Vorkehrungen den Segen der nationalchinesischen Regierung in Taiwan genossen. Die Chinesen würden direkt daran beteiligt sein, nicht nur als Zuschauer. Es war *ihre* Insel, und die USA wollten ihnen das Gefühl vermitteln, daß sie voll und ganz beteiligt waren an den Marineoperationen im Chinesischen Meer. Wie eine unerschütterliche Barrikade lag die Siebte Flotte in der Formosastraße, in ständiger Einsatzbereitschaft bei einem größeren Konflikt, aber die Subversion und Wühlarbeit der Roten mußte vom chinesischen Volk selbst bekämpft werden. Amerikanische Hilfe kam großzügig, wurde aber häufig vergeudet. Sie begann meist als Unterstützung der unterentwickelten Völker Südostasiens und wurde schnell ein wesentlicher Bestandteil ihres Lebens. Von diesem Augenblick an verließen sie sich vollkommen auf amerikanische Hilfe, und wenn diese zu irgendeinem Zeitpunkt ausblieb, hinterließ sie keineswegs Dankbarkeit, sondern Verbitterung, oft sogar Empörung.

Die Befehle in Gunnars Hand ließen die Aufgabe der *Hibiscus* beinahe als wesentlich erscheinen, wenn nicht sogar als lebenswichtig. Aber von welcher Seite er sie auch betrachtete, er konnte doch nichts anderes darin erkennen als eine Herabsetzung seiner Person. Plötzlich fand er keine Worte mehr und nickte dem mächtigen Kapitänleutnant zu. »Gut, Mr. Maddox. Lassen Sie die Leute wegtreten.«

Der I.O. wandte sich um und salutierte, aber sein gebräuntes Athletengesicht blieb bedrückt. »Herr Kapitän, wie ist es mit Landgang?« Er warf einen vagen Blick über die Backbordreling hinüber zur Stadt. »Mit einem letzten Abschied, Sir?«

Gunnar spürte Zorn in sich aufsteigen. Sie hatten seinen Worten überhaupt nicht zugehört! Alles, woran sie dachten, war nur, so schnell wie möglich wieder an Land zu kommen, zu billigen Frauen und billigen Getränken.

»Kein Urlaub!« Der Blick seiner grauen Augen war hart geworden. »Wir laufen aus wie geplant. Sagen Sie dem Wachhabenden Offizier, er soll an der Stelling bleiben und sicherstellen, daß niemand an Land geht, was für Begründungen er auch vorbringen mag!«

Maddox nickte mürrisch. »Jawohl, Sir.«

Leicht schwankend stieg Gunnar von dem Floß herab. Er merkte, daß er zu lange in der glühenden Sonne gestanden hatte, und stellte fest, daß sein Hemd bereits dunkel war vor Schweiß. Verdammt sollen sie alle sein, dachte er wütend.

Maddox trat neben ihn und fragte leise: »Sind Sie völlig in Ordnung, Sir?«

Gunnar gelang es gerade noch rechtzeitig, seinen Ärger unter Kontrolle zu bringen. »Danke ja. Ich möchte Sie und den Ingenieuroffizier in einer halben Stunde bei mir sehen.«

Mit raschen Schritten eilte er über das schmale Seitendeck. Ein paar Minuten später hatte er sich bereits im kühlen Halbdunkel seiner Kammer auf die Koje geworfen.

Es war zwecklos. Er mußte sich zusammennehmen, seine Gefühle besser unter Kontrolle halten. Die Leute würden ihn ständig beobachten und nach Anzeichen von Schwäche suchen. Er legte sich auf den Rücken und schloß die Augen. Vielleicht wurde es besser, wenn sie erst auf See waren. In seinem Innersten wußte er jedoch, daß das nicht zutraf. Nichts vermochte die Vergangenheit auszulöschen, und nur die unmittelbare Zukunft konnte ihm helfen, den bohrenden Schmerz zu lindern.

Kapitänleutnant Robert Maddox sah zu, wie die Seeleute wegtraten und dann nach unten eilten in die relative Kühle, die von den Ventilatoren dort verbreitet wurde. Er nahm die Mütze ab und fuhr sich nachdenklich mit den Fingern durch sein dichtes, widerborstiges Haar. Jetzt hatte es also tatsächlich richtig angefangen. Stumm verfluchte er sich wegen seines Mangels an Voraussicht. Schließlich war er lange genug in Japan im Stabsdienst gewesen und hätte wissen müssen, mit welcher Leichtigkeit »die dort oben« ihre Absichten ändern konnten.

Drei Monate hatte Maddox das bequeme Leben als Erster Offizier eines im Trockendock liegenden Schiffes geführt. Die Hälfte der Besatzung war abkommandiert, der Rest an Land untergebracht. Die Offiziere wohnten in Hotels, und bis auf den jeweils Wachhabenden erschien kaum einer an Bord. Selbst der Wachhabende ließ gewöhnlich einen Unteroffizier seine Aufgabe übernehmen. Es war eine herrliche Zeit für die Offiziere, und Maddox genoß den Luxus, ihnen auch die schrullenhaftesten Bitten zu genehmigen. Es war höchst unwahrscheinlich, daß sie sich jemals wieder auf einem anderen Schiff treffen würden. Der letzte Kommandant war nach Hause in die Vereinigten Staaten geflogen, um dort in den Ruhestand zu treten. Ohne ein weiteres Wort war er aus ihrer aller Leben verschwunden, lediglich mit dem Leitenden Ingenieur hatte er noch eine kurze Unterhaltung gehabt, der sich jedoch darüber ausschwieg. Und jetzt war Gunnar erschienen, genauso jung und frisch, wie sein Vorgänger abgekämpft und verbittert gewesen war. Bei seinem gleichmütigen und äußerst fähigen Auftreten sowie seinen Tapferkeitsauszeichnungen schien er der geeignete Mann für jede Aufgabe zu sein.

Maddox kam zu dem Schluß, daß nur sein schlechtes Gewissen schuld an seiner Unsicherheit war. Wenn er doch nur während der Überholungszeit ein strafferes Regiment geführt und den anderen Offizieren nicht gestattet hätte, ihn derart auszunutzen! Bisher hatte das nichts geschadet, aber bald würde das Schiff auf See wieder zum Leben erwachen und sie alle fordern. Und er war der Erste Offizier, von dem man erwartete, daß er die Leute zu Disziplin erzog; statt dessen hatten sie gemacht, was sie wollten. Jetzt sollte er dem neuen Kommandanten das kleine Schiff als gut funktionierende Einheit übergeben. Bisher hatte Maddox sich keine Gedanken über seine Befähigung zum Offizier gemacht. Was ihm an Talent fehlte, hatte er durch verbissene Entschlossenheit und Zähigkeit ersetzt. Als junger Leutnant hatte er in der Sechsten Flotte im Mittelmeer gedient, wo von jedem Offizier erwartet wurde, daß er zehn Arbeiten zugleich ausführte. Seine bereitwillige Übernahme von Aufgaben, sein Geschick im Umgang auch mit den widerwilligsten Seeleuten, sowie die Tatsache, daß es ihm als Spielführer der amerikanischen Wasserballmannschaft gelungen war, die Engländer in Malta zu schlagen, hatte ihm viel Anerkennung eingebracht. Zugleich mit seiner Beförderung zum Kapitänleutnant wurde er zum Nachrichtenstab in Japan versetzt.

Japan! Schon bei dem Gedanken daran lief Maddox das Wasser im Munde zusammen. Dort führte er ein Leben, wie es sich jeder unverheiratete Marineoffizier nur erträumen konnte: wenig Arbeit, feste Dienststunden und jede Nacht neue Freuden. Und dann lernte er Mary kennen. Sie war Schwester im Marinelazarett und hätte es eigentlich besser wissen müssen, sagte sich Maddox immer wieder. Sie hatten sich in eine glühende Liebesaffäre gestürzt, die sechs Monate dauerte. Als sie ihm dann mitteilte, sie sei schwanger, war Maddox zutiefst erschüttert und zunächst äußerst hilfsbereit. Aber drei Stunden später hatte er sich selbst davon überzeugt, daß es nicht allein seine Schuld war. Am folgenden Tag war er bereits sicher, daß sie ihn hereingelegt hatte. Als er an seinem Schreibtisch im Hauptquartier ein Bündel Telegramme durchblätterte, hatte er dasjenige über die alte *Hibiscus* entdeckt. Zwei rasche Telefongespräche und ein kurzer Besuch beim Flaggleutnant hatten dann das übrige getan. Drei Tage später flog Maddox über das Südchinesische Meer nach Hongkong, seiner neuen Position als Erster Offizier entgegen. Sein nagendes Schuldgefühl verlor sich bald in der lärmenden Fröhlichkeit Hongkongs. Eine zartgliedrige Eurasierin hatte dann den letzten Rest seiner Unsicherheit vertrieben. Er sagte sich, daß Mary vermutlich bereits in die Staaten geflogen war, wo man sich entsprechend um sie kümmerte.

Maddox hatte mit einer raschen Rückkehr nach Japan gerechnet, sobald die *Hibiscus* den Nationalchinesen übergeben war; aber über Nacht hatte sich alles geändert. Da war der neue Kommandant, zum Beispiel. Sein erstes Auftreten hatte freundlich genug gewirkt, aber Maddox spürte bald, daß jeder längere Kontakt mit seinem I.O. für Gunnar eine gewaltige Anstrengung bedeutete. Schon bei ihrem ersten Gespräch in Gunnars Kajüte hatten sich die jugendlichen Gesichtszüge des Kommandanten bei der leisesten Erwähnung der Vergangenheit überraschend schnell verhärtet. Als Maddox gleichmütig auf Payenhau und die dortige Aufgabe der *Hibiscus* zu sprechen kam, hatte ihn Gunnar plötzlich erregt angefahren: »Wir werden alles optimal erledigen, was uns aufgetragen wurde!« Danach hatte er sich verwirrt entschuldigt: »Tut mir leid, ich bin ein bißchen müde.« Er hatte unmittelbar unter der Deckenbeleuchtung gestanden, und das kurze blonde Haar verlieh seinem blassen Gesicht den Anschein skandinavischer Kühle, aber die nervösen Bewegungen seiner Hände straften seine äußerliche Ruhe Lügen.

Maddox trat an die Reling und blickte hinunter auf den Abfall, der sich zwischen Schiff und Pier gefangen hatte. Er würde Regan, den I.W.O. und Artillerieoffizier, im Auge behalten müssen, dachte er grimmig. Maddox' Vorgänger war befördert und Zerstörerkommandant geworden, und Regan war jetzt der älteste der an Bord gebliebenen Offiziere. Er wirkte verbittert und unverbindlich, eine Unterhaltung mit ihm war kaum möglich; auch fand er ein boshaftes Vergnügen daran, sein Mütchen an den beiden jungen Leutnants Kroner und Inglis zu kühlen, und außerdem verachtete er den neuen Kommandanten. »Auch einer von diesen verdammten *Ehemaligen*«, hatte er gegrinst. »Wem sonst würde man diesen verrosteten Eimer zumuten?« Dann hatte er sein kurzes bellendes Lachen ausgestoßen, ein untrügliches Zeichen dafür, daß ihm wirklicher Humor völlig abging.

Da hatte Maddox den ersten Versuch unternommen, seine Autorität wieder geltend zu machen. »Du weißt, daß du nicht in meiner Gegenwart so über den Kommandanten sprechen darfst!«

Regans Grinsen wurde noch breiter. »O mein Gott! Du willst ihm doch nicht schon jetzt in den Hintern kriechen?«

Kroner, der Nachrichtenoffizier, der sich vor Regans grausamen Witzen fürchtete, ließ ein schwaches Lachen hören.

Maddox hatte sich entspannt. Offener Streit war zwar unerwünscht, aber davon verstand er etwas. »Wenn du noch einmal in meiner Gegenwart so sprichst, Alan, kannst du was erleben!« Obwohl sein Atem rascher ging, trat ein Grinsen auf sein Gesicht. »Dann schlage ich dir in deine verdammte Schnauze, daß dir die Zähne zum Arsch rausrutschen, klar?«

Seitdem hatten sie nicht mehr miteinander gesprochen.

Maddox warf einen Blick hinauf zum Schornstein und bemerkte das darüber flimmernde, heiße Gas. Bald würde es soweit sein. Nur noch ein paar Trossen verbanden das Schiff mit dem Land. Sobald die losgeworfen waren, hing ihrer aller Geschick allein von Mark Gunnar ab.

Er hatte den Kommandanten halb scherzend gefragt: »Was für Menschen leben eigentlich auf Payenhau, Sir? Ich habe im Handbuch nachgesehen, danach scheinen die Inseln ziemlich öde zu sein.«

Mit offensichtlicher Anstrengung hatte Gunnar sich von seinen Gedanken losgerissen. »Es ist eine nationalchinesische Strafkolonie.«

Jetzt fragte sich Maddox, ob der Kommandant mehr hinter seiner Frage vermutet hatte. Ihm war bekannt, daß Gunnar bei den Vietkong in Gefangenschaft gewesen war.

Obermaat Tasker, der Artillerist, trat geräuschvoll neben ihn und sah ihn säuerlich an. Er war ein sturer, strenger Mann, groß und hager wie ein Skelett, aber so tüchtig, daß er gewöhnlich jeden Zwischenfall an Deck voraussah, bevor er eintrat. Er war schon endlos lange an Bord und hatte alle angebotenen Versetzungen abgelehnt. Wie der L. I. gab er niemals eine Begründung dafür an, genausowenig wie für andere Dinge.

Er liebte die Offiziere nicht, suchte aber auch nicht die Gesellschaft der Mannschaften.

Wachsam musterte ihn Maddox. »Ja?«

»Wegen des Landurlaubs, Sir.« Eigensinnig schob Tasker das Kinn vor. »Einige meiner Männer möchten vor dem Auslaufen noch einmal kurz an Land einkaufen.«

Maddox seufzte. »Sie haben doch gehört, was der Kommandant sagte, Tasker.«

Der Obermaat grunzte. »Ich werde den Leuten erzählen, daß *Sie* es verboten haben, Sir.« Seine stumpfen Augen schimmerten vor Vergnügen kurz auf. »Das wird ihnen gefallen.«

»Die Leute können mich mal!« Maddox war müde, erschöpft von drei Monaten voller Ausschweifungen. »Und Sie auch, Obermaat!«

Grüßend legte Tasker die Hand an die Mütze. »Danke, Sir.« Wütend knallten seine Hacken aufs Stahldeck, als er sich zurückzog.

Tief in Gedanken ging Maddox langsam zur Gangway, wo Leutnant Inglis mit umgeschnallter Pistole stand und trübsinnig ins Wasser starrte.

»Alles klar, Peter?«

Inglis hob die Schultern. »Wachhabender zu sein ist immer langweilig.«

Maddox reckte seine mächtigen Arme. »Ich gehe jetzt duschen und mich umziehen. Bin unten, wenn du mich brauchst.« Plötzlich fiel ihm ein, daß er seine Kammer nicht mehr allein bewohnte. Die Unterkünfte waren schon immer knapp gewesen, und jetzt hatte man den Doktor bei ihm einquartiert; er schlief in der Oberkoje.

Wofür wir wohl einen Arzt brauchen? dachte er unbehaglich. Erinnerungen an Syphilis oder andere Geschlechtskrankheiten gingen ihm durch den müden Kopf, aber die Erklärung befriedigte ihn nicht, ebensowenig wie die des Kommandanten. Er hegte den Verdacht, daß Gunnar genauso vor einem Rätsel stand wie er selbst.

Schließlich zwang er sich zu einem Lächeln und schlug dem jungen Leutnant auf die Schulter. »Bis bald!«

Als er unter der kalten Dusche stand, sagte er sich, schließlich mußte sich das Blatt auch wieder zum Besseren wenden. Vielleicht gab es ja auch in Payenhau niedliche Mädchen, die seinen Beistand suchten.

Der Gedanke tröstete ihn, und er fing an zu singen.

Noch bevor die Sonne den glitzernden Horizont berührte, begann das Nachtleben in Hongkong mit seiner ersten Phase. Von jedem Haus, jeder Ladenfront und auf jedem an der Pier liegenden Handelsschiff, anscheinend auch aus jedem Fenster in der glatten Front der Wolkenkratzer, funkelten Millionen Lichter in ebenso vielen Farbtönen und Schattierungen. Es war, als seien alle ruhelosen Seelen unterwegs auf der Suche nach Erlösung; rhythmische Musik, vermischt mit dem Grollen des Verkehrslärms, drang bis zu der in tiefem Schatten liegenden *Hibiscus.* Das schwindende Licht an der Pier verlieh dem Schiff eine eigene Schönheit, und als die Positionslampen zu beiden Seiten der Brücke ihr rotes beziehungsweise grünes Auge öffneten, wirkte es wie ein Wiedererwachen. Die Stelling war an Land gezogen, und nur noch ein paar Leinen hielten den Rumpf an den quietschenden Pontons.

Auf der engen Brücke bewegten sich die Offiziere ruhig und zweckmäßig; das einzige Licht kam vom Kartentisch und vom Tochterkompaß. Sprachrohre quäkten und verbanden die Brücke mit jedem Teil des Schiffes. Telefone summten, wurden beantwortet und dann beiseite gelegt, als die letzten Überprüfungen vor dem Ablegen absolviert wurden.

Mark Gunnar zupfte nervös an seinem Hemdkragen und blickte kurz über den im Schatten liegenden Kai. Eine kühle Abendbrise drückte ungeduldig gegen den Rumpf. Er sah, wie die Querleinen bei jedem ablandigen Windstoß steifkamen. Alle Seeklarmeldungen waren durchgegeben, Malinskis Stimme hatte sich ruhig aus dem Maschinenraum gemeldet, und die Maschinen selbst warteten nun wie riesige schimmernde Bestien darauf, endlich losgelassen zu werden. Malinski war ein guter und zuverlässiger Mann, dachte Gunnar. Gern hätte er ihn bei sich auf der Brücke gehabt.

Schemenhaft sah er die schmächtige Gestalt von Leutnant Inglis, der hinter dem Kompaß am Telefon stand. Maddox beugte sich weit aus der Backbord-Brückennock und rief den Leuten der Seitengruppe irgendwelche Weisungen zu. Vorn auf der Back, das mußte Kapitänleutnant Regan sein, der dort neben seinen Männern stand und zur Brücke hinaufblickte, das Gesicht im Schatten verborgen.

Auf dem Achterdeck hörte er Kroners hohe Stimme, der einen unbekannten Seemann zurechtwies, weil dieser die Stahltrosse zu wenig gefiert hatte, so daß die ungeduldigen Werftarbeiter nicht gnügend Lose hatten, um das Auge der Trosse vom Poller zu werfen, wenn der Befehl dazu erteilt wurde.

Alle warteten auf ihn.

Es war Gunnar bekannt, daß ein starker Schlepper irgendwo draußen im Hafen darauf lauerte, ob irgend etwas schiefging. Er hatte dessen Positionslampen gesehen. Nun, Hongkong war ein englischer Hafen, und es war ihre Sache, wenn sie sich unnütz Sorgen machten.

»Alle Leinen sind ein bis auf die Querleinen, Herr Kapitän!« Die Stimme des I.O. klang heiser.

»Gut. Maschine Achtung!« Gunnar merkte, daß sein Mund trocken war.

Geräuschvoll schepperten die Maschinentelegrafen, und beinahe gleichzeitig begannen das Deck und alle Brückengeräte zu vibrieren. Das Steuerhaus lag unmittelbar unter der Brücke, und die Ruderkommandos wurden durch ein Sprachrohr nach unten gegeben. Gunnar stellte sich den Rudergänger vor, wie der sich vorbeugte und in die abgegriffenen Radspeichen faßte, den Kopf der Mündung des Sprachrohrs zugeneigt. Die Posten Maschinentelegraf standen neben ihm, die Gesichter hell im Schein der Kompaßbeleuchtung. Alle warteten gespannt auf die ersten Kommandos.

An Deck war jetzt das schwache Geräusch von Schritten zu hören, und als Gunnar sich umdrehte, sah er die Gestalt des Doktors. Connell trug eine blaue Marinejacke und sah den Kommandanten aus dunklen Augen unsicher an. »Geht's in Ordnung, wenn ich hierbleibe?« Er hatte eine angenehme Stimme, aber Gunnar hatte nicht die Absicht, in diesem Augenblick eine Unterhaltung mit ihm anzufangen.

Er hatte genug von Ärzten. Mit einem kurzen Nicken vergaß er Connell und trat hinaus in die Backbord-Brückennock. Zu deutlich sah er noch die blutigen Finger des Arztes in Vietnam vor sich, als dieser Stich um Stich die langen Wunden auf seinem Rücken zunähte. Mein Gott ... Zähneknirschend rief er seine abschweifenden Gedanken zur Ordnung.

»Los achtern!« Gunnar hörte, wie sein Befehl am Sprachrohr wiederholt wurde, gleich darauf folgte das kurze Klatschen, als die Stahltrosse geschlippt und dann an Bord geholt wurde.

»Alles los achtern, Sir.«

»Gut. Vorleine fieren!« Mit aller Kraft packte Gunnar die feuchte, kalte Reling, während sein Befehl wiederholt wurde und die Gestalten auf der Back sich in Bewegung setzten.

Unter dem Druck der ablandigen Brise begann das Heck der *Hibiscus* vom Ponton wegzudrehen. Zuerst langsam, dann immer rascher öffneten ihre dreihundertundachtzig Tonnen ein schnell breiter werdendes Dreieck dunklen Wassers.

Von vorn hörte Gunnar Regans grobe Stimme: »Paßt auf die Fender auf!« Die Männer beeilten sich, einen großen Fender aus Tauwerk etwas tiefer zu fieren, als der überhängende Bug langsam über den Ponton schwang. Dann hörte er Regan fluchen: »Dabruzzi, du bist mal wieder so nutzlos wie ein Schneeball in der Hölle! Los, beeil dich gefälligst!«

Gunnar verschloß sich all diesen Rufen. Durchs Glas blickte er zum Heck und zum Hafen dahinter. Jetzt war der richtige Augenblick.

»Los vorne!« Im Geist zählte er die Sekunden. »Beide Maschinen langsame Fahrt zurück!«

Mit plötzlichem Eifer schlugen die Schrauben das Wasser zu wirbelndem Schaum unter dem niedrigen Heck, und allmählich bewegte sich das Schiff achteraus.

Wie ein grauer Schatten glitt die *Hibiscus* zwischen einem großen Kreuzer und einigen an der Boje liegenden Zerstörern hindurch. Hier und da sah er eine Gestalt winken oder grüßen und bemerkte, daß auf dem Achterdeck des englischen Kreuzers Frauen in langen Abendkleidern und Offiziere in Messejacken standen. Einige traten an die Reling, um den kleinen, über den Achtersteven vorbeiziehenden U-Boot-Jäger zu betrachten.

Gunnar merkte, daß er sein Glas noch immer auf die kleine, bunt gekleidete Gruppe gerichtet hielt. Die alte Bitterkeit stieg in ihm auf, als er sich an Janet mit ihren weißen Armen und roten Lippen erinnerte.

Leise sagte Maddox: »Wir kommen sehr dicht an den Träger, Herr Kapitän.«

Plötzlich spürte Gunnar den kalten Schweiß wie Eis in seinem Nakken. Verdammt, der Flugzeugträger! In diesen entscheidenden Sekunden hatte er seine Gedanken wieder einmal abschweifen lassen.

»Beide Maschinen stopp!« Das stampfende Maschinengeräusch erstarb, und das Schiff wiegte sich sanft in seinem eigenen Kielwasser. Gunnar eilte rasch zur Vorderseite der Brücke und stieg auf die Gräting. Achteraus schien ihn die himmelhohe Bordwand des Flugzeugträgers zu verhöhnen. Was für ein Anfang wäre das gewesen: vierkant hinein ins Flaggschiff!

Gunnar merkte, daß er blöde vor sich hingrinste. »Beide langsame Fahrt voraus!« Unwillkürlich hatte seine Stimme Schärfe angenommen, als wolle er seine Verlegenheit bemänteln.

Endlich nahm das Schiff Fahrt voraus auf. »Steuerbord zehn!« Ein weißer Halbmond zeigte den Kurs der *Hibiscus* an, als sie jetzt freischwang von den Kränen und dem dunklen Gewirr der Hafengebäude.

Danach blieb Gunnars Stimme ruhig und beherrscht, als er ein Ruderkommando nach dem anderen erteilte; er widerstand auch dem Verlangen, einen Blick auf die vorbeiziehende Küste zu werfen. Sie fuhren vorüber an dem strahlend erleuchteten Yachtklub, am dunklen Gebäude des Obersten Gerichtshofs und dann mit rasch zunehmender Fahrt hinaus auf den ersten Streifen offenen Wassers. Ein unbeleuchtetes Polizeiboot knickste in ihrem Kielwasser, während seine Besatzung geduldig darauf wartete, die nächste Dschunke zu durchsuchen, ob sie Flüchtlinge oder Opium an Bord hatte. Mit klatschenden Flügelschlägen erhoben sich zwei Kormorane von einer algenbewachsenen Boje. Vorbei zog die *Hibiscus* an Green Island und den Lichtern von Kennedy Town dahinter und dann südwestwärts in den West Lamma Channel hinein.

Ruhig sagte Gunnar: »Drehen Sie nach Backbord auf eins-neun-null.« Er fragte sich, ob wohl dort drüben in der Fülle der Lichter irgendein Agent schon das Auslaufen der *Hibiscus* gemeldet und ihren Kurs auf der Karte eingezeichnet hatte. Wahrscheinlich wußten die Rotchinesen inzwischen genausogut über seinen Bestimmungsort Bescheid wie er selbst.

Er wandte sich Inglis zu. »Übernehmen Sie und gehen Sie beim Passieren der Außenboje auf den neuen Kurs.«

Gunnar hörte, wie der junge Leutnant ein wenig stammelnd wiederholte, und merkte daran, daß dieser durch den unerwarteten Befehl völlig verwirrt war. Etwas freundlicher fügte er hinzu: »Ich bleibe hier. Aber es ist gut, wenn Sie schon jetzt unter Land das richtige Gefühl fürs Schiff bekommen.«

Er stieg von den Grätings herab und ging zur Steuerbord-Brückennock; absichtlich drehte er den Lichtern Hongkongs den Rücken zu. Die Dünung der offenen See kroch träge aus der Dämmerung heran, und die ersten schweren Roller passierten zischend den Kiel. Aber mit der Verachtung eines alten Seemanns hob die *Hibiscus* ihren ausladenden Bug darüber hinweg und lüftete dann noch einmal geringschätzig das Heck, während die Bugwelle zu beiden Seiten wie weiße Brandung schäumte.

»Überprüfen Sie, ob alles seefest gezurrt ist, Mr. Maddox«, sagte Gunnar. »Und lassen Sie dann die Leute wegtreten.« Als der riesige I.O. sich anschickte, die Leiter hinabzusteigen, fügte Gunnar hinzu: »Und nochmals besten Dank!«

Überrascht starrte Maddox ihn an. »War mir ein Vergnügen, Herr Kapitän!«

Gunnar lehnte sich an den kalten Stahl der Brückennock und starrte wie blind hinunter ins Wasser. Noch immer zitterten ihm die Hände, und er war froh, daß es auf der Brücke bereits dunkel war.

Der niedrige Rumpf der *Hibiscus* verschmolz mit der See zu einer Einheit, so daß bald nur noch ihre leuchtenden Positionslaternen von Land aus sichtbar waren. Aber nach einer weiteren halben Stunde waren auch diese von der Nacht verschluckt, und die beiden Kormorane kehrten zu ihrer jetzt im Dunkeln liegenden Boje zurück.

Erinnerungen

Der Lautsprecher krächzte und quietschte, dann erwachte er zum Leben. »Alles herhören! Ausbildungsdienst geht weiter um eins-viernull-null Uhr!« Einige Männer am Schwarzen Brett im Zwischendeck fluchten und drohten dem Lautsprecher mit geballten Fäusten. Andere, die noch Messer und Gabel oder Kaffeebecher in der Hand hielten, stießen lediglich greuliche Flüche aus.

Pirelli, ein großer dunkler, stark gebräunter Seemann, stöhnte: »Mein Gott! Es ist, als wären wir auf einem Flaggschiff!«

Grout, einer der Sonargasten, blinzelte mit seinen kleinen Augen und schob sich dann hinter dem anderen in die Mannschaftsmesse. »Weiß Gott! Es ist schon schlimm genug auf einer dämlichen Vermessungsfahrt, auch ohne diesen verdammten Drill!«

Im niedrigen Logis hielt sich zäh der Gestank nach Insektenbekämpfungsmitteln, frischer Farbe und den Resten des Mittagessens. Die meisten Männer der Freiwache saßen mit gespreizten Beinen da, obwohl das Schiff vollkommen ruhig lag. Auf beiden Seiten standen die Bullaugen offen, so daß man den strahlend blauen Himmel sah. Der runde Bildausschnitt wurde halbiert durch die blendende Linie des Horizonts, der wie ein Halsband aus Diamanten wirkte, das den helleren oberen Teil des Himmels von dem dunkleren Blau der See darunter trennte.

Pirelli ließ sich auf seinen Sitz fallen und stieß geräuschvoll die Luft aus. Er gehörte zur Geschützbedienung und war ein zäher Berufsseemann. Die vielen neuen Gesichter an seinem Tisch ärgerten ihn zutiefst. Von den zehn Leuten, die sich über ihre fettigen Teller beugten, gehörten nur er und sein Freund Grout zur alten Stammbesatzung. Düster starrte er den Mann an, der ihm direkt gegenübersaß. Es war ein gutaussehender junger Italiener von etwa zwanzig Jahren, mit schwarzen, ruhelosen Augen und einem weichen, ziemlich verdrießlichen Mund.

Langsam und betont sagte Pirelli: »Entschuldige bitte diesen Fraß. Ich weiß, du bist Besseres gewohnt.«

Einige Männer lachten, aber Bella, der Angeredete, schwieg und starrte weiterhin angewidert auf seinen Teller nieder. In Gedanken war er ganz woanders. Wie so viele der neuen Besatzungsmitglieder war er erst im letzten Augenblick von einem anderen Schiff auf die *Hibiscus* abkommandiert worden. In der ganzen Siebten Flotte hatten sich Offiziere die Hände gerieben bei der Aussicht, plötzlich alle Tunichtgute und Unruhestifter loszuwerden. Bella stocherte trübsinnig in dem Haufen Bohnen und Speck herum, die weich und feucht auf seinem Teller lagen. Er stammte aus einer armen Schauermannsfamilie in San Francisco und war der Jüngste von acht Geschwistern. Das frische, geschäftige Leben bei der Marine hatte ihn die kleine Wohnung im dritten Stock eines Miethauses fast schon vergessen lassen und ebenso die Tatsache, daß sein Vater kaum jemals in einer anderen Sprache redete als in der seiner Heimat Italien. Bella wollte sie alle vergessen mit ihren Arbeiterversammlungen und ihren Anfällen von Religiosität oder Trunkenheit. Das Schlimme bei seinem Vater und den anderen war, daß sie sich an ihre alte Identität klammerten. Sie haßten jede Veränderung. Sie dachten nicht im Traum daran, Amerika jemals wieder zu verlassen, aber sie schafften es auch nicht, sich in der neuen Heimat zu integrieren.

Pirelli schlug mit der Faust auf den Tisch, wobei ihm zwei glänzende Bohnen aus dem Mundwinkel rutschten. »Ich spreche mit dir, Wop!«*

Bella fuhr auf, seine Augen blitzten in plötzlicher Wut. Gerade *das* mußte er ihm an den Kopf werfen. »Selber ein verdammter Wop!«

Das Geklapper der Messer und Gabeln verstummte, viele erwartungsvolle Blicke konzentrierten sich auf den schlanken, wild dreinblikkenden Jungen. Zwei Tage auf See unter dem neuen Kommandanten, der ständige Drill, die glühende Hitze – schon ein winziger Funke genügte da zur Explosion.

Pirelli grinste träge. Er war als Schläger bekannt, der keinem Streit auswich. Aber unter anderen Umständen hätte er vielleicht Bellas rasches Kontern ignoriert, denn wie die meisten Krakeeler des Zwischendecks war er nicht wirklich brutal. Doch jetzt ... Er stand auf, wobei er Bella um nahezu einen Kopf überragte.

»Ich – ein Wop?« Er lachte brüllend, wobei er starke, unregelmäßige Zähne entblößte. »Damit du's weißt: Ich stamme aus Irland!« Herausfordernd sah er sich um. »Obwohl das schon lange her ist.« Dann wurde er ernst. »Italiener sind was ganz anderes. Als ich im Mittelmeer bei der Sechsten Flotte war, ging ich mal in Messina an Land. Da wimmelte es nur so von diesen kleinen Fettklößen, die sich mit gelben Würmern vollstopften!« Angewidert rollte er die Augen. »Entsetzlich!«

In diesem Augenblick schlug Bella zu. Er hatte es zum Schreibergefreiten gebracht wegen seines Scharfsinns und seines Lerneifers, aber das stundenlange Durcharbeiten von Handbüchern und Veröffentlichungen hatte die Muskeln seines zierlichen Körpers nicht gerade gestärkt. Bestürzt sah er, wie das breite Grinsen auf Pirellis Gesicht zurückkehrte, obwohl er sich bei dem Schlag beinahe den Arm verstaucht hatte.

Der riesige Pirelli betastete mit den Fingerspitzen den roten Fleck an seinem Mundwinkel und holte dann aus. Aufschluchzend stürzte Bella rückwärts auf das Eisendeck. Sein Kopf schlug hart auf, und tausend Sterne tanzten zwischen den grinsenden Gesichtern, die über ihm zu schwimmen schienen. Doch keuchend kam er wieder auf die Beine und

* Wop: amerikanischer Spitzname für eingewanderte Italiener

stürmte von neuem auf Pirelli los, die Arme schwingend wie Dreschflegel. Der Schmerz der letzten Wochen kreiste in seinem Hirn, wieder sah er das tränenüberströmte Gesicht des Mädchens vor sich und die grimmigen Züge seines Kommandanten, als er ihm zum letzten Mal mitteilte, daß er Bella nicht die Erlaubnis erteilen könne, ein chinesisches Mädchen zu heiraten. Die Zeit würde die Wunden heilen, andere Gelegenheiten würden sich ergeben ... All diese gefühllosen Phrasen schossen ihm durch den Kopf, während er blindlings gegen einen Seemann taumelte, der jetzt zwischen ihm und dem schweigenden Pirelli stand. Mit letzter Kraft schlug Bella zu, aber ein eisenharter Griff umschloß sein Handgelenk.

Bella starrte hinauf in das finstere, hohlwangige Gesicht von Obermaat Tasker, der sich gerade auf einem seiner Kontrollgänge befand. Sofort herrschte lautlose Stille.

Tasker ließ das Handgelenk des Jungen los, trat einen Schritt zurück und musterte ihn streng. »Nun, was gibt's?« Sein schmallippiger Mund klappte wieder zu wie ein Gewehrschloß.

Bella ließ schuldbewußt den Kopf hängen. Was für einen Sinn hatte es, irgend etwas erklären zu wollen?

Pirelli sagte in aller Ruhe: »Das war nur Spaß, Obermaat. Ich habe dem Jungen gezeigt, wie ich in der ›Primrose Bar‹ in Gibraltar einen indischen Seemann in den Schwitzkasten nahm.« Augenrollend fügte er hinzu: »Ehrlich, Obermaat!«

Tasker grunzte böse. »Ich weiß selber, was ich gesehen habe!« Er blinzelte, so daß er mit seinen schweren Lidern aussah wie der Tod selbst. »Sehen Sie sich in Zukunft vor, Bella! Sonst sorge ich dafür, daß Sie an den Mast gebunden werden. Ich schätze keine Unruhestifter auf meinem Schiff!« Er drehte sich auf dem Absatz um und stieg polternd die Stahlleiter hinauf.

Die Spannung lockerte sich. Pirelli klopfte auf die Bank neben sich und sagte: »Komm und setz dich zu mir, du verrückter Hund!«

Grout bemerkte das Zögern des Jungen. »Das ist ein Befehl, Bella!« Grinsend zwinkerte er Pirelli zu, als der junge Seemann sich schließlich neben diesen auf die Bank gleiten ließ. »Willkommen in unserem Klub!«

Pirelli sah seinen neuen Gefährten von der Seite an. »Alles in Ordnung, Bella? Wie ist dein Vorname?«

»Mike.« Es war nur ein einziges Wort, noch immer mit vorsichtiger Wachsamkeit geäußert.

»Nun, Mike, auf diesem Zossen muß man einfach jemanden verhauen.« Wieder stieß er sein brüllendes Gelächter aus. »Im Zweifelsfalle mich!«

Bellas Mund verzog sich zu einem scheuen Lächeln, aber wenn Pirelli das düstere Leuchten in den Augen des Jungen bemerkt hätte, wäre er sich der Versöhnung nicht so sicher gewesen.

Auch in der Offiziersmesse neigte sich das Mittagessen seinem Ende zu. Slattery, der Steward in weißer Jacke, musterte mißtrauisch die beiden Messejungen, die Eiscreme und Dosenpfirsiche in Schüsselchen füllten. Die offenen Bullaugen, das tadellos saubere Tischtuch und die blankgeputzten Silberbestecke verliehen der Messe ein beinahe feierliches Aussehen. Selbst das Wappen der Siebten Flotte über der Anrichte mit seinem vielzitierten Motto »Streitmacht für den Frieden« glänzte in frischem Farbanstrich, und die flackernden Reflexe der vorbeiziehenden Bugwelle huschten über die brüchigen Lederbezüge der Sessel und die zerkratzten Möbel. Die Messe war äußerst geräumig und erstreckte sich über die gesamte Breite des Schiffes. Auf der Backbordseite stand der große Eßtisch, um den herum die wachfreien Offiziere saßen und schweigend Eis mit Pfirsich löffelten, die Steuerbordseite nahmen Sessel und kleine Tische ein, dazu ein Bord für Zeitschriften, die Anrichte und das Gestell für die Pistolen.

Gunnar saß am Kopfende der Tafel, die Hände unter dem Tischtuch verborgen. Gelegentlich sah er sich in der Runde um und schien sich im Geiste Notizen zu machen. Maddox saß ihm gegenüber und löffelte mit konzentriertem Gesicht bereits seine zweite Schüssel Eiscreme in sich hinein. Er hat etwas von einem aufmerksamen Jagdhund, dachte Gunnar, denn er wirkt im einen Augenblick völlig entspannt, im nächsten hellwach und angriffslustig.

Auf Gunnars linker Seite saßen Kroner, der Nachrichtenoffizier, und Malinski mit Ölspuren im fahlen Gesicht. Kroner hatte sie alle während der Mahlzeit mit einer langen Abhandlung über die Schwächen ihrer Sonarausrüstung gelangweilt. Das Thema war schon stumpfsinnig genug, in Kroners schleppender Sprache jedoch schier unerträglich.

Schließlich hatte Dr. Connell an Gunnars rechter Seite bemerkt: »Scheint mir eine ganze Menge zu sein, was unsere jungen Löwen heute alles wissen müssen!« Es war nur eine nichtssagende Bemerkung, und des Doktors strahlend blaue Augen blieben vollkommen ernst dabei, aber Regan neben ihm warf den Kopf zurück und brach in so brüllendes Gelächter aus, daß einer der Messejungen in der Pantry neugierig aus der Durchreiche blickte.

»Junger Löwe! Mein Gott, das gefällt mir, Doktor!«

Die Falten um Connells Augen zogen sich zu einem leisen Lächeln zusammen. »Das dachte ich mir.«

Die Teller wurden abgeräumt, und der Duft frischen Kaffees wehte aus der Pantry. Gunnar verschränkte die Finger unter dem Tischtuch und versuchte, sich zu entspannen. Jede stärkere Bewegung des Decks unter seinen Füßen, jedes unregelmäßige Geräusch der Schrauben ließ ihn erstarren.

Absichtlich hatte er die Brücke dem jungen Inglis überlassen, für eine ruhige, routinemäßige Wache bei guter Sicht und völlig leerer See. Dies war die erste Mahlzeit, die er mit seinen Offizieren eingenommen hatte. Er wollte ihre Gemeinschaft und ihre Hackordnung durchschauen und herausfinden, was jeder einzelne von ihnen dachte. Gedankenverloren starrte er in seinen Kaffee und wurde durch die Frage des Arztes aufgeschreckt: »Rechnen Sie mit einem langen Aufenthalt in Payenhau, Herr Kapitän?«

Gunnar kehrte in die Wirklichkeit zurück und lächelte mühsam. Des Arztes dunkle Augen und ruhige, schüchterne Art konnten einem auf die Nerven gehen. »Schwer zu sagen; ich muß zuerst mit dem amerikanischen Militärberater dort Kontakt aufnehmen. Er ist schon länger auf der Hauptinsel und sollte uns über alles informieren können.«

Es war zum Verrücktwerden, wie ihn selbst kleine, harmlose Bemerkungen irritierten. Der Gedanke an den militärischen Berater, zum Beispiel. Der Einsatzbefehl legte fest, daß Gunnar und sein Schiff bis zur Beendigung des Einsatzes unter dem Befehl des Militärberaters stehen würden. Eine innere Stimme drängte ihn, die Vermessungsarbeiten so rasch wie möglich zu beenden und dann sofort nach Taiwan zu fahren. Eine andere, stärkere Stimme riet ihm jedoch, so lange wie möglich auf Payenhau zu bleiben, denn was kam schließlich nach der *Hibiscus*? Der Militärberater, ein Major Lloyd Jago vom US-Marine Corps, war von ihrem Auftauchen vermutlich noch viel unangenehmer berührt, weil er bisher in völliger Selbständigkeit allein entschieden hatte. Was zum Teufel hatte ein Militärberater eigentlich in einer Strafkolonie zu suchen?

Regan unterbrach seine Gedanken. »Vorhin hat mir Obermaat Tasker gemeldet, daß einer der neuen Leute im Mannschaftsraum eine

Schlägerei angefangen hat.« Bedeutungsvoll hob er die buschigen Augenbrauen. »Ihr Schreiber, Herr Kapitän!«

Gunnar lehnte sich zurück. »Wieso denn das?« Er sah im Geist Bellas schwarzhaarigen Kopf vor sich, über einige Telegramme gebeugt. Ein ruhiger Junge mit traurigem Gesicht.

Genüßlich fuhr Regan fort: »Ich habe seine Beurteilung gelesen. Er wurde zu uns versetzt, weil er sich mit einer Chinesin eingelassen hatte!« Grinsend fuhr erfort: »Können Sie sich *das* vorstellen?«

Gunnar fühlte, wie ihm das Blut in die Wangen stieg. Was wußte Regan von ihm? Gab es jemanden an Bord, der zur gleichen Zeit in Vietnam gewesen war, als er dort in Qui Nhon als Marineberater fungierte? Aber das war äußerst unwahrscheinlich.

Der L.I. sagte leise: »Das erste Mädchen, das ich jemals hatte, war eine Chinesin.«

Alle sahen ihn überrascht an. Verärgert runzelte Regan die Stirn, denn damit war die Spannung raus aus seiner Geschichte. »Nanu? Ich dachte, nur Mannschaftsgrade haben derartige Affären?«

Malinski musterte ihn milde. »Damals war ich neunzehn und erst Heizer. Nicht alle fangen mit dem Goldstreifen an, wissen Sie?«

Regan zupfte verwirrt an seiner Habichtsnase. »Zum Teufel, ich wollte nicht unterstellen, daß –«

Glucksend leerte Maddox seine Kaffeetasse. »Zum Teufel, nein, das wolltest du bestimmt nicht!«

Gunnar spürte die Spannung und sagte scharf: »Ich denke, damit ist diese Frage erledigt, meine Herren!«

Maddox wechselte das Thema: »Wir sollten wohl in achtundvierzig Stunden vor Payenhau eintreffen, nicht wahr, Sir?«

»Ja.« Gunnar sah, wie die anderen sich entspannten. »Ich fürchte nur, dieser Umweg hat zuviel Treibstoff verbraucht. Wir müssen von jetzt an so sparsam wie möglich damit umgehen, denn in Payenhau gibt es keine Bunkermöglichkeit.«

Es war eine völlig unnötige Schleife gewesen, überlegte er. Erst viele Meilen nach Südwesten, bevor sie endgültig auf Nordost drehten und ihr wahres Ziel ansteuerten. Seltsam, daß die Stabsoffiziere noch immer an diese alten, überholten Taktiken glaubten, dachte Gunnar. Dabei war es in diesen Tagen der raschen Nachrichtenübermittlung und aktiven Funküberwachung äußerst schwierig, irgend etwas zu bemänteln. Falls sich überhaupt jemand um die *Hibiscus* kümmerte – was sollte denn passieren? Die US Navy konnte ganz Payenhau aus dem

Wasser blasen, ohne daß ihre Super-U-Boote überhaupt aufzutauchen brauchten.

Ein Bootsmaat mit der Mütze in der Hand zog vorsichtig den Türvorhang beiseite. »Herr Kapitän? Inglis läßt melden, er glaubt ein U-Boot gesichtet zu haben.«

Verächtlich schnaubte Maddox: »Er *glaubt*!«

Gunnar war bereits auf halbem Weg zur Tür. »Ich komme.«

Die anderen Offiziere richteten sich auf, um durch die offenen Bullaugen zu spähen. Aber die See war noch genauso ruhig wie vorher. Außer einer Dschunke und zwei Rauchwolken am Horizont hatten sie seit dem Auslaufen aus Hongkong nichts gesehen.

Regan sagte verächtlich: »Peter Inglis sieht noch ein U-Boot in seiner Badewanne!«

Aber Maddox war im Gesicht des Kommandanten derselbe starre Ausdruck aufgefallen wie damals, als das Schiff mit dem Heck voran auf den Flugzeugträger zugehalten hatte. Es braucht nur irgend etwas schiefzugehen, dachte er, und er dreht völlig durch.

Er zwang sich, sitzenzubleiben, aber in Gedanken war er bereits auf der Brücke.

Gunnar trat über das Brückensüll. Seine Handflächen waren feucht, als er das starke Glas hob und in die angegebene Richtung blickte. Er meinte, die Blicke der Signalgasten in seinem Rücken zu spüren.

Heiser sagte Inglis: »Es ist wieder getaucht, Sir.«

Gunnar mußte die Augen zusammenkneifen, so stark blendete ihn das vom Wasser reflektierte Sonnenlicht. Erst jetzt stellte er fest, daß er seine Mütze in der Messe gelassen hatte; die Sonne traf seinen Kopf wie mit Keulenschlägen. »Haben Sie es gut sehen können?« Seine Stimme klang zwar scharf, aber durchaus beherrscht, trotzdem starrte Inglis ihn verängstigt an. Gereizt fügte Gunnar hinzu: »Nun, *konnten* Sie?«

Inglis wollte zwar ein guter Offizier werden, aber sein Mangel an Selbstvertrauen machte ihm zu schaffen. Die ruhige Wache, die drückende Hitze und die einschläfernden Bewegungen des Schiffes waren wie weggeblasen worden durch die Meldung des Ausgucks und das Erscheinen des Kommandanten. Das U-Boot war ihm zuerst so banal vorgekommen. Das Chinesische Meer stand jedem offen, der seine ungeheure, ungastliche Weite erforschte, und jedes Land, das ein U-Boot dort hinschicken wollte, konnte das tun. Aber an diesem U-Boot war etwas Besonderes: aus einer langen Dunstschicht war es beinahe unbemerkt aufgetaucht. Ihr eigenes Radar war seit drei Stunden wegen einer Reparatur abgeschaltet. Langgestreckt und niedrig wie ein Hai, der ein Sonnenbad nimmt, mit einer dünnen Rückenflosse, hatte es rasch seine Silhouette verkürzt und war tiefer in den Seenebel eingedrungen. Ein Aufbranden von Gischt, dann war es weggetaucht, als Inglis gerade beschlossen hatte, den Kommandanten zu rufen.

Er sagte: »Es steuerte fast parallelen Kurs mit uns, Herr Kapitän. Ich nehme an, daß es seine Batterien auflud, aber sich verdrückte, als wir näher kamen.«

Gunnar stellte das Glas weg. »Haben Sie es angepreit?« Er sah die Bestürzung im Gesicht des jungen Mannes, sie machte ihn noch ungeduldiger. »Um Gottes willen, Mann, was hatte es für eine Nationalität?«

»Ich weiß nicht, Sir.« Inglis hielt den Blick gesenkt, während alle anderen auf der Brücke ihn und den Kommandanten anstarrten. »Wir hatten gar keine Zeit, es anzupreien. Es war so schnell weg wie eine Rakete.«

Signalgast Caslett räusperte sich. Er hielt die Nachrichtenmappe hoch wie ein Versöhnungsangebot. »Es war keins unserer eigenen Boote, Sir.« Und mit einem besorgten Blick auf den jungen Offizier: »Könnte höchstens ein Engländer gewesen sein.«

Gunnar drehte sich um und fuhr den Signalgasten an: »Wenn ich Ihren Rat brauche, werde ich darum bitten!« Dann wandte er sich wieder an Inglis. »Geben Sie mir einen Schreibblock. Meine Meldung muß sofort verschlüsselt abgesetzt werden. Oberleutnant Kroner soll auf die Brücke kommen und das persönlich überwachen. Und jetzt möchte ich von Ihnen jede Einzelheit über dieses U-Boot hören, an die Sie sich erinnern: Kurs, Geschwindigkeit, Beschreibung und was sonst noch!« Er fuhr sich mit den Fingern durchs Haar und merkte, daß seine Hand zitterte. »Und in Zukunft gehen Sie bitte aufmerksamer Ihre Wache!«

Inglis hob das Kinn, sein Blick wurde langsam ärgerlich. »Das Radar war abgeschaltet, Sir.«

»Als dieses Schiff 1942 in Dienst gestellt wurde, Inglis«, Gunnars Stimme war jetzt gefährlich leise, »gab es noch kein Radar. Was, denken Sie, haben die Deutschen im Atlantik gemacht? Bilden Sie sich ein, sie kamen aufgetaucht heran und signalisierten uns ihre Position, bevor sie angriffen?«

»Tut mir leid, Herr Kapitän.« Aus Inglis' Ärger wurde langsam Belustigung. »Aber wir sind nicht mehr im Krieg, Sir.«

Gunnar machte einen raschen Schritt auf ihn zu, sein Blick war hart und mitleidlos. »Wenn Sie so denken, dann gehören Sie nicht hierher!« Als Caslett ihm den Schreibblock hinhielt, schloß er: »Sie würden hier nämlich nicht lange am Leben bleiben.«

Gunnar schrieb rasch seine Meldung nieder und drückte sie Inglis in die Hand. Dann verschwand er ohne ein weiteres Wort im Kartenhaus. Dort stand er ein paar Minuten in der dämmerigen Kühle, den Blick auf die gläserne Tischplatte gerichtet, ohne sie zu sehen. Es bedrückte ihn, daß ihn das ungeschickte und törichte Verhalten des jungen Leutnants derart erregt hatte. Aber es war wie das Hineinstechen in eine alte Wunde. Es steckte also doch mehr hinter dem Auftrag der *Hibiscus*, als man ihn hatte wissen lassen. Die etwas unklaren Einsatzbefehle, das Tarnmanöver hinsichtlich Kurs und Bestimmungsort, all das addierte sich. Das U-Boot war möglicherweise russischer Nationalität gewesen, wahrscheinlich sogar eins mit dem neuen Atomantrieb, was die Schnelligkeit und Geräuschlosigkeit seines Verschwindens erklären würde. Sicherlich sollte es den verbündeten Rotchinesen Beistand leisten; aber wogegen – die *Hibiscus* etwa? Gunnar stützte sich auf die kühle Glasplatte und starrte hinunter auf die Karte zwischen seinen Händen. Nicht im Krieg! Was dachte Inglis denn, weshalb sie sonst hier draußen waren?

An der Tür hörte er ein diskretes Hüsteln und sah Maddox hereinblicken, ruhig, aber wachsam. »Alles in Ordnung, Sir?«

»Es war wirklich ein feindliches U-Boot.« Gunnar entspannte sich ein wenig. »Ich hätte ihm gern ein paar Wasserbomben hinterhergeworfen.« Er sah nicht, wie Maddox überrascht die Augenbrauen hob. »Sagen Sie Regan, er soll heute nachmittag während der Ausbildung noch einmal seine gesamte Artilleriebewaffnung überprüfen. Sie muß künftig sofort einsatzbereit sein.«

Maddox scharrte skeptisch mit den Füßen. »Ich weiß nicht, ob Sie die Sache nicht etwas überbewerten, Herr Kapitän. Der junge Inglis war wohl zu verängstigt, um alles richtig zu erklären.«

Gunnar nickte. »Schließen Sie die Tür.«

Maddox gehorchte und trat näher heran. Deutlich spürte er die Erregung des Kommandanten, obwohl er sich deren Grund nicht erklären konnte. Aber sie war jedenfalls ansteckend.

Leise sagte Gunnar: »Ich glaube, daß man uns beschattet, Bob. Irgendwie haben die Roten von unserer Anwesenheit erfahren. Ich ahne nicht, wieviel sie wissen, hoffe aber, daß die Antwort auf meinen Funkspruch Licht in die Sache bringen wird.«

Langsam fragte Maddox: »Ich denke, unser Einsatzbefehl schreibt absolute Funkstille vor, Sir?«

Gunnar öffnete die Lippen zu einem Lächeln. Maddox fand, daß dieses Lächeln den Kommandanten in einen aufgeregten Jungen verwandelte, und war seltsam gerührt.

»Jetzt ist alles anders, Bob. Dieses herumschleichende U-Boot wird die ganze Situation verändern.« Grinsend fuhr er fort: »Die Roten schätzen es keineswegs, wenn man ihr eigenes Spiel spielt.«

Maddox rieb sich den Magen wie immer, wenn er nicht ganz folgen konnte. Kommunistische U-Boote, Tarnkurse, Wasserbomben und eine Art Telepathie zum fernen Admiral – das schien ihm die Bedeutung eines abgetakelten kleinen Schiffes wie der *Hibiscus* zu übersteigen. Vorsichtig äußerte er: »Das kann ja interessant werden.«

Gunnar biß sich auf die Lippen. »Sie sagen es! Ich warte nur auf die Chance, abzurechnen mit –« Er unterbrach sich, weil die Tür aufgeschoben wurde.

Oberleutnant Kroner starrte zu ihnen herein. »Die Antwort auf Ihren Funkspruch, Sir.« Er warf Maddox einen besorgten Blick zu.

Gunnar stand rasch auf. »Lesen Sie vor!«

Oberleutnant Kroner befeuchtete sich die Lippen. »Er besagt, diese Sichtmeldung sei nicht zu beachten, Sir.«

Schnell warf Maddox ein: »Das heißt, es war eins von unseren!«

Aber Gunnar bedeutete ihm mit einer Handbewegung zu schweigen. »Fahren Sie fort, Kroner.«

»Der Spruch erinnert an Absatz drei Ihres Einsatzbefehls, Sir.«

Mit steigender Ungeduld nickte Gunnar. »Ja, ja, das bezieht sich auf das Einhalten der Funkstille. Fahren Sie fort, Menschenskind!«

»Ende des Funkspruchs, Sir.« Kroner war verwirrt.

»Ende?« Gunnar riß Kroner den Block aus den Fingern und starrte ein paar Sekunden lang darauf. »Was zum Teufel soll das heißen?«

Kroner senkte den Blick. »War das alles, Herr Kapitän?«

Gunnar antwortete nicht, sondern ging stirnrunzelnd an den Kartentisch. Maddox gab Kroner ein Zeichen, dieser hob vielsagend die Schultern und verschwand.

Maddox meinte langsam: »Vielleicht haben uns die Iwans auf dem Boot ja nicht gesehen, Sir.«

Mit wildem Blick sah Gunnar auf. »Zum Teufel, die haben uns ganz genau gesehen!«

»Und wenn es wirklich eins von unseren Booten war?« Maddox sah, wie der Kommandant den Tisch mit aller Macht packte, als brauche er einen Halt. »Immerhin war es eine gute Gelegenheit, uns noch einmal zu überprüfen.«

Gunnar stand auf, plötzlich ruhig, ja sogar bedrückt. »Ja, das war es.« Er ging zur achteren Tür und sagte: »Ich lege mich ein wenig hin, Bob.«

Die Tür schloß sich, und Maddox blieb allein neben dem Kartentisch. Er versuchte, seine alte, sorglose Einstellung wiederzufinden und nicht auf die Stimme der Vernunft zu hören; aber statt dessen verspürte er nur Angst, Angst vor der Ungeheuerlichkeit seiner Entdeckung: Gunnar machte sich selbst verrückt! Er war bereits auf dem besten Weg dazu. Kein Wunder, daß Inglis und Kroner so verwirrt gewirkt hatten. Aber diese Verwirrung würde sich bald in Ärger und dann in Heiterkeit verwandeln. Auf jeden Fall würde sich Gunnars Verfolgungswahn im ganzen Schiff herumsprechen, und dann konnte alles mögliche geschehen.

Mark Gunnar erwachte mit einem Ruck und starrte mit weit offenen Augen in die Dunkelheit. Sein heftiger Herzschlag beruhigte sich langsam, als er ringsum die vertrauten Schiffsgeräusche hörte. Nach einer Weile griff er zum Lichtschalter und warf einen Blick auf seine Armbanduhr: höchstens noch eine halbe Stunde bis zur Morgendämmerung. Jetzt erinnerte er sich, daß er jeweils nur ein paar Minuten geschlafen hatte. Als er einmal in den Tiefschlaf der Erschöpfung gesunken war, hatte er sofort seinen stets wiederkehrenden Alptraum gehabt. Zitternd vor Angst war er aufgewacht, am ganzen Körper mit kaltem Schweiß bedeckt.

Jetzt hörte er gedämpfte Schritte auf der Brücke und das Quietschen der Steuerung aus dem Ruderhaus darunter. Die Brückenaufbauten ließen ebenfalls ihr Knarren hören, außerdem spürte er das Vibrieren der Maschinen. Einmal hörte er einen Mann lachen, das wirkte unnatürlich in dem abgedunkelten Schiff.

Was würde der neue Tag bringen? Gunnar verschränkte die Hände hinter dem Kopf und starrte auf die genieteten Stahlplatten über ihm.

Irgendwann am Vormittag würden sie sich in die Bucht von Payenhau tasten, wo jetzt eine vollkommen neue Situation auf ihn wartete. Die Antwort des Admirals auf seine Sichtmeldung war wie ein Schlag ins Gesicht. Aber das feindliche U-Boot konnte er deshalb nicht einfach ignorieren. Er wunderte sich darüber, daß er sich überrascht, ja verletzt fühlte. Wie Janet ihn jetzt wohl auslachen würde, dachte er. Sie hatte alles versucht, ihn zur Aufgabe seiner Marinelaufbahn zu veranlassen. Wenn er daran zurückdachte, schien es ihm beinahe, daß er sich an diesen Beruf geklammert hatte, weil er das einzige war, wobei sie ihn nicht beherrschen konnte.

Zuerst hatte es sich ganz gut angelassen. Das Marineleben zeigte sich ihr von seiner besten Seite. Erst kam London, dann Paris, und während der ersten zwei Jahre ihrer Ehe hatten sie es geschafft, den größten Teil der zivilisierten Welt gemeinsam zu erleben. Aber als er dann zur Stabsausbildung kommandiert wurde, sah er die Veränderung, die mit ihr vorging. Es war, als hätte sie seine Laufbahn nur toleriert, wie manche Frauen sich mit den Steckenpferden ihrer Männer abfanden.

Ihr Vater, ein großer Mann im Holzgeschäft, besaß mehrere Sägewerke in Kanada; er hatte sich bei jeder Gelegenheit offen auf die Seite seiner Tochter gestellt: »Komm zu mir ins Geschäft, mein Junge, und hör auf, dein Leben zu verschwenden.« Aber dabei war er mehr am Leben seiner Tochter interessiert gewesen als an dem Gunnars. Die Marine war nett als gesellschaftliche Bühne, aber das war auch alles, was Janet daran interessierte.

Gunnar wußte nicht mehr, warum er sie geheiratet hatte. Sie und ihr Vater besaßen keinerlei Verbindung zu Militärkreisen, ganz anders als seine eigene Familie, die seit Generationen ihr Blut fürs Vaterland vergossen hatte. Bereits während des amerikanischen Unabhängigkeitskrieges war ein Gunnar in der Marine gewesen, und davor waren andere Gunnars schon auf Handelsschiffen zur See gefahren. Sein Vater war kurz nach dem Zweiten Weltkrieg an den Folgen der Verwundung gestorben, die er in der Normandie erhalten hatte, aber seine Mutter lebte noch in dem alten Holzhaus der Familie bei Boston. Janet hatte ihr nicht gefallen, obwohl sie sich das nie anmerken ließ und ihr immer nur Freundlichkeiten erwies. Gunnar erinnerte sich an Janets ersten Besuch in seinem Elternhaus. Alles war bei ihr zu Hause größer und teurer als bei den Gunnars, angefangen mit dem Cadillac, den ihr Vater ihr zum einundzwanzigsten Geburtstag geschenkt hatte, bis zu ihrer

Hose aus Leopardenfell. Natürlich hatte Gunnar diese Überheblichkeit kaum bemerkt, sondern war von seiner Liebe zu ihr geblendet worden, die er nicht kontrollieren konnte, selbst wenn er gewollt hätte.

Als er das erste Mal ein Seekommando erhalten hatte, vollzog sich der Wandel. Bei seiner Rückkehr schien sie ihm kalt und entrückt und eröffnete auch gleich den Angriff: »Ich habe es satt, die zweite Geige zu spielen nach deinem verdammten Schiff!« Und so ging es weiter. Als Gunnar dann als Berater nach Vietnam versetzt wurde, hoffte er, daß seine längere Abwesenheit in gefährlichem Feindgebiet Janet verändern würde. Das war auch der Fall. In ihrem ersten Brief erklärte sie ihm mit kalten Worten, daß sie sich entschlossen habe, ihn zu verlassen. Sie hatte einen anderen, einen Mann mit Energie und Unternehmungsgeist, neben dem Gunnar angeblich aussah wie ein dummes Kind. Später erfuhr er dann, daß dieser Mann Jack Fenton war, ein schlapper, geschwätziger Angestellter von Janets Vater, der ihr offenbar jeden Wunsch von den Augen ablas.

Sein Fehler war, daß er sich aufs Bitten verlegte. Die meisten seiner Briefe blieben unbeantwortet, und ihre wenigen Antworten gingen auf seine Fragen nicht ein und wurden mit der Zeit immer spärlicher, bis sie schließlich ganz ausblieben. Er fragte sich, warum er danach die Affäre mit Laya angefangen hatte, einer Vietnamesin in Qui Nhon.

Sie war zierlich, schwarzhaarig und wirkte beinahe wie ein Kind, verglichen mit Janets strahlender Weltläufigkeit. Nach jedem harten, deprimierenden Arbeitstag kehrte Gunnar in sein Quartier zurück, wo sie bereits auf ihn wartete. Von Liebe wurde zwischen ihnen nie gesprochen, sie machten keine Pläne für die Zukunft, aber ihrer bedingungslosen Hingabe verdankte Gunnar seine seelische Widerstandskraft – bis seine Welt zusammenbrach. Er fragte sich noch immer, ob er diese seltsame, sanfte Frau wirklich geliebt hatte oder sich mit ihr nur an Janet hatte rächen wollen.

Er war nervös gewesen an dem Tag, als er den Auftrag erhielt, Vorkehrungen zu treffen für die Verschiffung von Munition und Vorräten für die nördlichen Streitkräfte. Laya hatte sich seit ein paar Tagen etwas zurückgezogen, Gunnar nahm an, daß sie sich nicht ganz wohl fühle. Sie stammte aus einer guten Familie, ihr Vater war ein angesehener Kaufmann, der sich über den amerikanischen Freund seiner Tochter zu freuen schien, und Gunnar war der Meinung, daß sie bis zu seiner Rückkehr bei ihrer Familie wohnen würde. Er sollte mit seinem Küstenfrachter etwa fünfzehn Meilen ins Landesinnere fahren, um mit dem Kommandeur einer Gebirgseinheit Kontakt aufzunehmen, der seinerseits verantwortlich war für die Auswahl und Verteilung der Ladung. In den Nächten herrschte dort lebhafte Kampftätigkeit, so daß jede nur mögliche Vorsichtsmaßnahme getroffen wurde. Eine Woche später geriet der Trupp, den er begleitete, trotzdem in einen Hinterhalt des Vietkong. Der Konvoi bestand aus drei Lastwagen voller südvietnamesischer Soldaten und einem mit Vorräten für die Fahrt. Alle standen sofort in Flammen, und über die staubige Straße rannen Bäche von Blut, als die verborgenen Maschinengewehre die Soldaten niedermähten. Völlig benommen vor Schmerzen war Gunnar über einen Dschungelpfad nach dem anderen geschleppt worden, getrieben durch Schläge und Flüche, während über ihnen die amerikanischen Hubschrauber kreisten und versuchten, durch das Gewirr der Zweige zu spähen. Der Vietkong nahm außer Gunnar keine weiteren Gefangenen. Die geschwärzten, verstümmelten und entblößten Leichen lagen auf dem Pfad, als zwei Tage später eine Heerespatrouille auf sie stieß.

Gunnar mußte die volle Skala der Mißhandlungen über sich ergehen lassen. Selbst jetzt begriff er noch nicht, welche letzte Kraftreserve ihn während der ständigen Folterungen aufrechtgehalten hatte. Auch andere Gefangene lebten mit ihm im Dschungel versteckt, Bauern und Soldaten, graugesichtige und verängstigte Opfer eines Krieges, den sie nicht verstanden. Langsam und methodisch ging der Vietkong bei seinen Vernehmungen und Hinrichtungen vor, verfiel nur dann in schweigende Wachsamkeit, wenn eine Feindpatrouille oder ein Aufklärungsflug gemeldet wurde.

Gunnar wurde in einem kleinen hölzernen Käfig gefangengehalten, zu klein zum Liegen, Sitzen oder Knien. Und sie wußten alles über ihn: seine Herkunft, die Männer unter seinem Kommando, selbst seine Dienststunden in Qui Nhon. Da war nur ein einziger Punkt, über den sie sich nicht im klaren waren. Der namenlose Leiter der Vernehmung hatte ihn beinahe entschuldigend angelächelt. »Ich muß die genaue Route Ihres Munitionstransports und den Übernahmeort wissen.« Mit offensichtlichem Vergnügen hatte er Gunnars Überraschung beobachtet. »Sie haben doch nicht angenommen, daß meine Gruppe ihre Position preisgeben würde, nur um Ihren kleinen Konvoi auszulöschen? *Sie* waren es, den wir haben wollten!« Die beiläufige Art des Mannes war mit einem Mal verschwunden. »Die Zeit ist knapp, Sie werden morgen hingerichtet, Commander. Wir müssen also rasch weiterkommen!«

Gunnar hatte sich zu einem Lächeln gezwungen. »Wenn ich morgen sowieso sterben soll, dann sehe ich keinen Sinn in der Fortsetzung dieses Verhörs.«

»Im Gegenteil! Sagen Sie mir, was ich wissen will, und ich verspreche Ihnen, daß Sie gnädig durch Genickschuß sterben. Ich mache es sogar selbst, wenn Sie wünschen.« Sein Ton blieb kühl und vernünftig. »Im anderen Fall werden Sie noch um Ihren Tod betteln, und zwar lange, lange Zeit. Meine Männer sind Experten und müssen das auch sein. Denn falls sie einen Gefangenen während der Folter töten, ist ihr eigenes Leben verwirkt.«

Von diesem Augenblick an hatte sich Gunnars Leben in eine Hölle verwandelt. Mit kleinen Unterbrechungen wurde er Stunde um Stunde gefoltert. Noch jetzt verfolgten ihn die Qualen, die entsetzliche Angst vor den Bambusmessern und der Klang seiner eigenen Schmerzensschreie. Er konnte sich nicht daran erinnern, ob er ihnen schließlich die Nachschubroute verraten hatte, aber er mußte es wohl getan haben. Der Schmerz hörte mit einem Mal auf, und wie ein blutiger Leichnam wurde er in eine Grube voll zerfetzter Körper geworfen.

Dann hatte sich etwas ereignet, was selbst die aufmerksamen Wachen nicht voraussehen konnten. Posten hatten das Geräusch eines sich nähernden Flugzeugs gemeldet. Wie durch einen Nebel aus Schmerz und Verzweiflung hörte Gunnar, wie jemand das Löschen des Herdfeuers befahl, was schon häufiger vorgekommen war. Was jedoch im nächsten Augenblick passierte, darüber war er sich nicht ganz klar. Möglicherweise hatte der Lagerkoch in seiner Aufregung irgend etwas auf die glühende Asche gegossen, so daß unversehens eine hohe Stichflamme aufloderte und durch die dichten Zweige nach oben schoß, gefolgt von einer dicken blauen Rauchsäule.

Mit letzter Anstrengung hatte Gunnar sich halb blind über den Rand der Grube gezogen, in die man ihn zum Sterben geworfen hatte. Die kalten Hände früherer Opfer schienen sich in seinen zermarterten nackten Körper zu krallen, aber er kämpfte sich nach oben und schleppte sich weiter, bis in die Büsche. Ihm war das veränderte Motorengeräusch nicht entgangen, und er glaubte zu wissen, was sich im nächsten Augenblick abspielen würde. Oft hatte er gehört, wie die erschöpften Piloten über ihre ergebnislosen Patrouillenflüge klagten oder über die Vergeudung von Napalmbomben. Die hohe Rauchsäule war ein Signal für diesen Piloten.

Verzweifelt war Gunnar weitergekrochen und atmete keuchend

durch die zusammengebissenen Zähne. Er warf keinen Blick zurück, als hinter ihm die Hölle losbrach, und er spürte auch nicht die sengende Hitze, die in seine Lunge drang. Über Schmerzen und Todesfurcht war er längst hinweg, und das war es, was ihn überleben ließ. Jäger fanden ihn ein paar Tage später und schafften ihn zum nächsten Heeresposten. Ob aus Mitleid oder wegen der Belohnung, das wußte er nicht, und es interessierte ihn auch nicht. Als die Ärzte im Hospital ihr Bestes taten, um seinen zerfleischten Körper wiederherzustellen, hörte er die andere Hälfte der Geschichte. Der nächste Munitionstransport war unversehrt zu seinem Bestimmungsort gelangt, weil er zufällig wegen eines Maschinenschadens mit Verzögerung losgefahren war. Ein befreundeter Offizier, der ihn besuchte, hatte ihm außerdem von Laya erzählt. Seit dem Tag, an dem Gunnar zu seinem Einsatz abgereist war, blieb sie verschwunden. Sie war von langer Hand auf ihn angesetzt worden und hatte ihn an den Vietkong verraten. Immer wieder sagte er sich, daß sie nicht allein die Schuld daran traf. Sein eigenes stupides Verhalten aus Frustration wegen Janet hatte diesen Verrat überhaupt erst möglich gemacht.

Die Ordensverleihung kam ihm danach vor wie der reine Hohn: heldenhaftes Verhalten gegenüber dem Feind, gelungene Flucht trotz schwerer Verwundung, Pflichterfüllung bis zum letzten und so weiter – wie er diese hochgestochenen Worte haßte! Und natürlich war er trotz der öffentlichen Ehrung in Ungnade gefallen. Man warf ihm vor, daß er bei den Folterungen nicht geschwiegen hatte. Die Tatsache, daß der Konvoi ohne diesen Maschinenschaden mit Sicherheit vernichtet worden wäre, trug dazu bei, auch den letzten Rest seines Selbstbewußtseins zu zerstören.

Und jetzt ließ man ihn trotz allem noch immer nicht in Ruhe. Man warf ihn geradewegs wieder hinein in diesen unerklärten Krieg, wobei noch mehr Menschenleben von ihm abhingen als damals. Die Antwort des Admirals auf seine Sichtmeldung konnte ihm keinen Sand in die Augen streuen, genausowenig wie sein täuschend harmloser Einsatzbefehl. Da war irgend etwas im Busch, und die *Hibiscus* sollte der Köder sein.

Heftig setzte er sich auf. Sie trauten ihm nicht mehr, das war der Grund, weshalb er wie ein Blinder in Payenhau einlaufen mußte. Sie brauchten seine Dienste und seine Erfahrung, glaubten aber nicht an seine Urteilsfähigkeit. Er dachte an den Unwillen seiner Leute wegen des ständigen Drills. Sollten sie sich ruhig beklagen. Aber wenn diesmal etwas schiefging, dann bestimmt nicht deswegen, weil das Schiff etwa nicht gut vorbereitet gewesen wäre.

Leise summte das Telefon, dann meldete Regans grobe Stimme: »Herr Kapitän? Ich habe die Payenhau-Gruppe auf dem Radarschirm.« Er machte eine Pause. »Der Morgen bricht an, Sir.«

Gunnar nickte. »Ich komme.« Er legte auf und schwang die Beine über den Kojenrand. Es ging also wieder los. Er tastete nach seinen Beruhigungstabletten und holte sich ein Glas Wasser.

Die Vergangenheit existierte nicht mehr. Die Zukunft war zwar unsicher, aber immerhin hatte er noch eine.

Die Insel der Bonzen

Kapitänleutnant Robert Maddox wandte sich auf der obersten Sprosse der Brückenleiter noch einmal um. Seltsam, nicht mehr das ständige Vibrieren der Maschinen zu spüren, das unbesetzte Ruder und den leeren Kartentisch zu sehen. Er seufzte und zog sich auf die obere Brücke.

Der Kommandant stand auf den Grätings. Maddox hatte das Gefühl, als habe Gunnar immer so dagestanden und werde auch dort stehenbleiben, bis das Schiff einmal unter ihm wegsackte.

Müde salutierte er. »Alles gesichert, Herr Kapitän.« Maddox verspürte ein starkes Verlangen zu schlafen, die Spannung der Fahrt zu vergessen, aber irgend etwas trieb ihn zu neuer Wachsamkeit, seit der Anker die unberührte innere Bucht von Payenhau aufgewühlt hatte. Jetzt, da die *Hibiscus* sanft an ihrer Kette schwojte und wie ein Spielzeugschiff über ihrem Spiegelbild glitzerte, schien ihm die nervenaufreibende Einfahrt im schwachen Licht der Morgendämmerung schon ganz unwirklich. Die scharfen Ruderkommandos des Kommandanten hatten bei allen auf der Brücke den Eindruck erweckt, daß das Schiff geradewegs in sein Unheil hineinliefe. Die schmale Durchfahrt zwischen den ersten Inselchen war praktisch unsichtbar, selbst jetzt noch im hellen Morgenlicht. Kaum glaubhaft, daß Gunnar es geschafft hatte, sich den Weg in die ruhige Ankerbucht zu ertasten. Sie wirkte mehr wie ein Binnensee, denn die umgebenden Inselchen überlappten einander und verbargen die offene See dahinter.

Gunnar sprach mit Oberleutnant Kroner, der mit makellos frischem Khaki und umgeschnallter Pistole neben ihm stand. ». . . und während der gesamten Liegezeit ist ständig scharf Ausguck zu halten!« Gunnars Ton war noch immer so angespannt wie während der Überfahrt. Maddox bemerkte, daß der Nachrichtenoffizier mißbilligend blinzelte wie eine Eule. Gunnar fuhr fort: »Der Posten Fallreep trägt weiße Uniform, und der Wachhabende hat darauf zu achten, daß eine saubere Flagge gesetzt wird, nicht die alte, zerfetzte wie auf See.« Er warf einen raschen Blick auf Maddox. »Noch etwas, Bob?«

Maddox war auf die Frage nicht vorbereitet gewesen und schluckte trocken. »Nein, ich glaube, das ist alles, Sir.« Dann zwang er sich zu einem Grinsen. »Gibt es Landurlaub, Sir?«

Gunnar schüttelte den Kopf. »Vorläufig nicht. Vielleicht später, wenn ich herausgefunden habe, was hier vorgeht.«

Die drei Offiziere blickten hinüber zu den Reihen weißer Gebäude, die sich jenseits der Bucht den Hang hinaufzogen. Der Bewuchs wirkte wie ein grünbrauner Pelz, der den gesamten Höhenrücken der Insel bedeckte. Was Maddox zuerst für weiße Brandung am Fuß der Klippen gehalten hatte, war in Wirklichkeit ein schmaler Sandstrand, auf dem ein paar Boote lagen. Als er sie beobachtete, sah er dort mehrere Gestalten bewegungslos zu dem vor Anker liegenden Kriegsschiff herüberstarren.

Da war auch eine Pier aus windschiefen Balken, die äußerst gebrechlich wirkte, und ein darübergelegter Laufsteg aus Brettern. Auf einer sandigen Landzunge lag ein finsteres, rostbedecktes Wrack, vermutlich ein kleiner Küstendampfer. Es gab Hunderte solcher Fahrzeuge in der Chinasee, die ein kärgliches Dasein fristeten, indem sie jegliche Ladung übernahmen. Die Brücke des Wracks war in der Mitte durchgesackt, wo Plünderer schon vor langer Zeit die armselige Einrichtung und sämtliches Holz abmontiert hatten. Vom Schornstein ragte nur noch ein kurzer Stumpf über die verbeulten Platten hinaus und wirkte wie der faule Zahn eines Riesen.

Maddox musterte den einfachen Ladebaum auf der wackeligen Pier und vermutete, daß auch er vom Wrack stammte. Typisch für alles hier, dachte er grimmig: verrottet und vergessen, kahl und abstoßend. Auf keiner der Inseln schien es Baumbestand zu geben, sondern lediglich verkümmertes Buschwerk, unterbrochen vom Grün angepflanzter Kulturen. Wirklich ein idealer Platz für eine Strafkolonie. Dazu schienen ihm auch die langen, niedrigen Gebäude oberhalb der Siedlung zu gehören. Als er jedoch sein Glas hob, stellte er fest, daß es neue Betonkonstruktionen waren, mit tiefen Schießscharten in gleichmäßigem

Abstand, wahrscheinlich für Geschütze. »Mein Gott, was für ein Schutthaufen!« hörte er Gunnar sagen. »Soviel ich weiß, stehen die Gefangenenbaracken auf der abgekehrten Seite des Hügels.«

Maddox schwieg und versuchte, sich den riesigen Walrücken des Atom-U-Boots vorzustellen, wie es sich hier auf dem ruhigen Ankerplatz sonnte: die Moderne neben der Wildnis, primitive Gebäude, uralte Segelboote und davor die schrecklichste Vernichtungswaffe, die Menschen je erfunden hatten ...

Gunnar sagte: »Ich gehe duschen und mich umziehen. Lassen Sie die Boote aussetzen und Sonnensegel ausbringen.«

Kroner rückte seinen Pistolengurt zurecht. »Beide Boote?«

»Ja. Ich möchte nicht, daß die Nähte in dieser Hitze aufplatzen.«

Kroner schien alles gleichgültig zu sein, selbst ob die Platten der *Hibiscus* aufplatzten, aber er polterte die Leiter hinunter und rief nach Anders, dem Oberbootsmannsmaat.

Gunnar setzte sein Glas ab und rieb sich die müden Augen. »Es sieht immerhin ruhig aus.« Dann ging auch er zur Leiter. »Halten Sie die Männer trotzdem auf Trab, Bob. Wir wollen keine unangenehmen Überraschungen erleben.« Damit verschwand er nach unten.

Maddox zog ein nicht ganz sauberes Taschentuch heraus und tupfte sich das Gesicht ab. Ständiger Ausguck? Die Männer auf Trab halten? Glaubte der Kommandant denn immer noch, daß irgendwelche Streitkräfte des Feindes hier aufmarschieren würden – mit dem einzigen Ziel, die kleine *Hibiscus* zu vernichten? Zu jeder anderen Zeit hätte er das witzig gefunden. Aber der Humor war ihm gründlich vergangen.

Er stieg hinunter aufs Hauptdeck, wo die Wache bereits die Sonnensegel ausbrachte. Bald würde es trotzdem glühend heiß sein, dachte Maddox trübe; sie lagen hier wie im Mittelpunkt einer windgeschützten, schattenlosen Schüssel. Er hatte vorgeschlagen, dichter am Vorland, bei der Einmündung des Fahrwassers zu ankern, auch lägen sie dann näher an der Pier. Aber Gunnar hatte lediglich geantwortet: »Zu riskant. Wir müssen gut frei vom Land bleiben, damit *wir* das Gesetz des Handelns haben!«

Obwohl der Kommandant beherrscht wirkte, machte er dennoch den Eindruck eines von inneren Kämpfen geschüttelten Mannes. Selbst bei kleinen Zwischenfällen hatte er sich nur mühsam unter Kontrolle, aber trotzdem mußten sich alle seinen Entscheidungen unterwerfen. Es war so schön gewesen, sich vorzustellen, daß die *Hibis-*

cus bald an die Nationalchinesen übergeben, Messe und Brücke von diesen sanften, ausdruckslosen Gesichtern beherrscht würden. Jetzt glaubte Maddox nicht mehr daran. Ihm war, als sei er für immer an dieses alte Schiff gefesselt.

Er merkte, daß er wieder einmal an Mary dachte, und zwar mit einem wachsenden Schuldgefühl, das für ihn völlig neu war. Er versuchte, sich an andere Frauen in seiner farbigen Vergangenheit zu erinnern, aber nur Marys Bild blieb ihm konstant vor Augen. Und es waren immer die letzten Minuten ihres Zusammenseins, die er so lebendig vor sich sah: ihr blasses, ängstliches Gesicht, als sie voller Sorge auf seine Reaktion wartete.

Maddox riß den Blick von den fernen Gebäuden los und fluchte lautlos. Verdammt sollte Mary sein! Offenbar war er genauso gereizt wie alle anderen an Bord. Vielleicht gab es ja hier ein Mädchen in diesem gottverlassenen Nest, das seine Gedanken von der Vergangenheit ablenken konnte. Das schien zwar unwahrscheinlich, aber man durfte die Hoffnung nie aufgeben.

Als Maddox vom hastigen Duschen in seine Kammer zurückkam, sah er Dr. Connell ausgestreckt auf seiner Oberkoje liegen, ein ungeöffnetes Buch auf dem Bauch. Grinsend blickte er hinunter ins gerötete Gesicht des I.O. »Bißchen abgekühlt, Bob?«

Maddox lächelte kläglich. Er bemühte sich, Connell sympathisch zu finden, doch dessen freundliche, leicht spöttische Art schien eher eine Barriere zwischen ihnen aufzurichten. Der Erste wußte kaum mehr über den Arzt als in Hongkong. Er fragte sich oft, warum Connell nicht an Land geblieben war, eine Praxis eröffnet und eine Familie gegründet hatte.

Der Arzt blickte hinauf zur Decke. »Lassen Sie sich nicht von ihm unterkriegen«, sagte er leise.

Maddox, aus dessen Haar noch immer Wasser tropfte, wühlte in seinem Spind nach einem frischen Hemd. »Darüber mache ich mir keine Sorgen«, antwortete er wenig überzeugend.

»Tapferer Junge. Nur die ersten zwanzig Jahre sind die schlimmsten.«

Maddox streifte das Hemd über. »Sie sind doch viel in der Welt herumgekommen, Doktor. Was halten Sie von ihm?«

Seltsam, daß keiner von beiden den Namen des Kommandanten aussprach, überlegte Maddox.

Nach einigen Augenblicken antwortete Connell: »Er hat Probleme.«

»Haben wir die nicht alle?« Maddox merkte, ihm wurde eine klare Antwort vorenthalten.

»Seine gehen tiefer, Bob. Wie würde es Ihnen gefallen, das Kommando über einen uralten Eimer wie diesen hier zu kriegen – trotz einer hervorragenden Personalakte?«

»Ich weiß nicht viel über ihn.« Maddox merkte, daß er in die Defensive geriet, und fügte hinzu: »Nicht soviel wie Sie!«

Der Arzt lachte kurz auf. »Ich? Ich bin doch nur ein kleiner Quacksalber. Alles, was ich mir wünsche, ist ein Ort, wo ich schlafen, und ein paar Kranke, die ich heilen kann.«

Müde starrte Maddox ihn an. »Wie in drei Teufels Namen sind Sie eigentlich auf dieses Schiff gekommen, Bruce?«

»Ganz einfach: Ich habe darum gebeten.« Dr. Connell lachte über Maddox' offensichtlichen Unglauben. »Ich bin seit zwei Jahren hier draußen, aber nach dem, was ich von der Gegend kennengelernt habe, hätte ich ebensogut in den Staaten bleiben können. Wissen Sie, was es bedeutet, auf einem Flugzeugträger Dienst zu tun?«

Maddox hob die Schultern. »Das ist ein Schiff wie jedes andere auch, vermute ich.«

»Von wegen!« Der Arzt wälzte sich auf die Seite, und Maddox sah zu seiner Überraschung ein kleines Kurzifix, das am Hals des Doktors hing. »Es ist wie ein Gefängnis. Die Männer waren alle so gesund, daß ich so gut wie nichts zu tun hatte, bis auf die Ausgabe von Verhütungsmitteln. Wenn einer der Burschen so dumm war, mit dem Kopf in einen Rotorflügel zu kommen oder von einer Düse angesaugt zu werden, war das gleich ein Fall fürs Lazarett an Land oder fürs Leichenhaus.« Er grunzte verächtlich. »Und wenn ich dienstfrei hatte, mußte ich in den Offiziersklub gehen oder zu irgendeiner blöden Party.« Er wälzte sich wieder auf den Rücken. »Bei der Marine hat jeder gern einen Arzt an Bord. Die älteren Offiziere können sich ihm anvertrauen, ohne von ihrem hohen Sockel zu steigen, und die jüngeren möchten ihm ihre enormen Kenntnisse beweisen.«

Maddox wurde rot. »Tausend Dank!«

Connell grinste. »War mir ein Vergnügen!«

»Was ist das für ein Buch, das Sie da lesen?«

»Über Psychologie.« Der Doktor steckte es unter sein Kopfkissen. »Aber wechseln Sie nicht das Thema, Bob.«

»Was hat's für einen Zweck?« Maddox zog seine Hose an und zerrte wütend am Reißverschluß. »Ich bin der I.O. und muß damit fertig werden.«

»Wir müssen alle mit irgend etwas fertig werden.«

Maddox fuhr herum. »Aber ich mache mir Sorgen, Doktor! Ich sollte nicht darüber reden, doch es steht zuviel auf dem Spiel!« Nun, da er einmal damit angefangen hatte, strömten die Worte nur so aus ihm heraus. Der Arzt lag ganz still, den Blick seiner blauen Augen unverwandt auf die Nieten über seinem Gesicht gerichtet, während Maddox ihm mit leiser, heiserer Stimme sein Herz ausschüttete. Alles, das Benehmen des Kommandanten, den Groll der Besatzung, sogar seine eigenen Ängste davor, daß Gunnar unter der Belastung durchdrehen könnte.

Schließlich sagte Dr. Connell ernst: »Danke, daß Sie mir das alles gesagt haben. Ich konnte nicht direkt danach fragen, da es mich im Grunde nichts angeht.«

Maddox starrte ihn überrascht an. »Ist das alles?«

»Im Augenblick ja. Er interessiert mich, aber schließlich bin ich nur Arzt und kein Phsychoanalytiker.« Wieder lächelte er. »Aber wir müssen vorsichtig sein. Schließlich wollen wir uns nicht an einer Meuterei beteiligen.«

Maddox blickte durch das offene Bullauge. »Ich wünschte bei Gott, ich wäre Zahnarzt in Norwegen!«

Zum ersten Mal schien Dr. Connell überrascht. »Warum denn ausgerechnet das?«

Maddox stülpte sich die Mütze auf. »Dann wäre ich weit weg und nicht auf diesem verdammten Schiff!« Er polterte zur Tür und stieß dort beinahe mit Bella zusammen, dem Schreiber des Kommandanten. »Was wollen Sie?«

Bella machte ein gekränktes Gesicht. »Der Kommandant läßt Sie und den Doktor bitten, ihn in fünfzehn Minuten an Land zu begleiten.«

Maddox entließ ihn mit einer ungeduldigen Geste und wandte sich zurück in die Kammer. »Auf, Doc! Wir gehen mit dem Kommandanten an Land, um den Häuptling dieser freien Insel unter die Lupe zu nehmen!«

Connell erhob sich grinsend. »Ich glaube, ich sollte mir eher einen gewissen I.O. vornehmen!«

Maddox zog eine Grimasse. »Zum Teufel mit Ihnen!« Trotzdem war er froh, daß er sich jemandem anvertraut hatte.

Die Schritte der drei Offiziere hallten laut auf den losen Planken der Pier, obwohl sie vorsichtig darübergingen. Einmal sprang Maddox hastig zur Seite, als das von der Sonne ausgedörrte Holz unheilverkündend knarrte. »Nicht für mein Gewicht konstruiert!«

Gunnar ging vor dem I.O., den Blick starr auf das Ende der Pier gerichtet, wo ein Jeep mit einer kleinen Gruppe Zuschauer auf sie wartete. Ein chinesischer Soldat in Kampfanzug und mit einem amerikanischen Karabiner salutierte schlampig und deutete auf den Jeep, in dem ein anderer Soldat hinter dem Steuer wartete. Maddox bemerkte, daß der Jeep uralt war, seine Reifen waren abgefahren und völlig glatt. Vor dem zerbeulten Kühler war ein Winkeleisen montiert worden, wohl schon vor vielen Jahren, um Fallen aus Stacheldraht, der in längst vergessenen Feldzügen quer über die Straßen gespannt war, zu durchschneiden.

Der Fahrer sagte in gebrochenem Englisch: »Ich bringe Sie zum Major.«

Gunnar setzte sich neben ihn, Maddox und Dr. Connell kletterten auf die Rücksitze. Der Arzt sagte leise: »Sehen Sie sich diese armen Teufel an. Wenn schon die Einwohner hier so aussehen, wie muß es dann erst den Gefangenen gehen!«

Die kleine Gruppe sah in der Tat erbärmlich aus. Die Leute waren weder aufgeregt noch neugierig, sondern starrten apathisch und mit leerem Blick die drei Amerikaner an. Ihre geflickten Lumpen bildeten einen schroffen Gegensatz zu dem frischen Khaki der Offiziere und den Uniformen der Soldaten.

Krachend wurde der Gang eingelegt, und mit einem Sprung taumelte der Wagen auf die schlaglochübersäte Straße. Dann nahm er rasch Fahrt auf und fuhr dem Hügelkamm entgegen, wo die grimmige Betonfestung immer größer und mächtiger über ihnen emporwuchs. Gunnar blickte zurück zum Ankerplatz, wo der kleine U-Boot-Jäger in der flimmernden Hitze ganz verzerrt wirkte, aber er sagte nichts.

Alle hielten sich fest, als der Jeep um eine scharfe Biegung rutschte und danach die letzte Steigung in Angriff nahm. Er raste beinahe in eine Gruppe Arbeiter am Straßenrand hinein, und in plötzlichem Erschrecken erkannte Maddox, daß die ausgemergelten Männer durch lange Ketten aneinandergefesselt waren. Im Schatten eines Gebüschs saßen zwei rauchende Wachen, die Gewehre ständig auf sie gerichtet. Ein Gefangener rutschte aus, stürzte und riß einige Leidensgenossen mit, so daß sie umfielen wie Puppen. Sofort ließen die Bewacher ihre

Gewehre fallen und bewarfen die ganze Gruppe wahllos mit großen Steinen, die zur Reparatur der Straße herumlagen.

Der von den Rädern des Jeeps aufgewirbelte Staub verschluckte die Szene, aber Maddox hörte Dr. Connell voller Empörung sagen: »Sind wir hier, um *das* zu sanktionieren?«

Scharf rief Gunnar über die Schulter nach hinten: »Warten Sie gefälligst, bis wir die ganze Geschichte kennen, bevor Sie urteilen, Doktor!«

Sie polterten durch ein Tor in der Betonmauer in einen großen Hof, wo die Luft beinahe kühl und frisch wirkte, verglichen mit der Hitze und dem Staub der Straße. Obgleich das Fort ziemlich neu war, erinnerte es Maddox stark an seine Knabenjahre und die ersten Heldensagen, die er damals gelesen hatte, mit ihren Wehrdörfern und Burgen. Den hohen Schutzwall krönten Zinnen für die Scharfschützen, und die Betonbunker darunter beherbergten zweifellos die Artillerie, die von hier aus den Ankerplatz und die Zufahrtswege bestreichen konnte. Mehrere Soldaten lungerten im Schatten herum, ein paar ölten ein zerlegtes Maschinengewehr. Sie sahen kräftig und gut genährt aus in ihren amerikanischen Uniformen.

Sie wurden tiefer in die Befestigungsanlagen hineingeführt, die in den Hügel gesprengt zu sein schienen. Die unverputzten Wände des Ganges tropften vor Feuchtigkeit und glitzerten in dem grellen elektrischen Licht, während die Besucher durch mehrere Stahltüren an aufgestapelten Munitionskästen und ungeöffneten Zementsäcken vorbeigeführt wurden. Die letzte Tür entließ sie in einen langen, niedrigen Raum, in dessen Mitte eine hohe, bewegungslose Gestalt stand, in makelloser grüner Uniform und Kampfstiefeln: ein Major des Marinekorps.

Die Tür wurde dröhnend zugeschlagen, und der andere Soldat im Raum, ein Feldwebel, schritt gleichgültig zu einem mit Papieren bedeckten Pult in der fernen Ecke, ohne einen Blick auf Gunnar und seine Gefährten zu werfen.

Major Lloyd Jago hatte ein hageres, gegerbtes Gesicht, das wie seine drahtige Gestalt den Eindruck vermittelte, als hätte er jedes überflüssige Gramm längst abgeschwitzt. Seine Haut war derart dunkel, daß die hellen Augen grell davon abstachen. Sie wirkten flach und ausdruckslos wie die eines Haifischs.

Maddox musterte ihn eingehend. Er kannte viele Offiziere des Marinekorps und war mit den meisten gut ausgekommen. Seiner Ansicht nach hatten Marineinfanteristen es viel schwerer als ihre seefahrenden Kameraden, weil sie dem zusätzlichen Mythos der Zähigkeit und Perfektion genügen mußten, der ihnen ständig eingehämmert wurde. Das traf aber nicht auf Major Jago zu. Er selbst war dieser Mythos. Maddox sah, wie er Gunnar die Hand hinstreckte, unpersönlich und wie eingeübt.

Jago sagte: »Da sind Sie also, Kapitän. Wir wollen gleich anfangen.« Die anderen bedachte er nur mit einem kurzen Nicken.

Die Wände des Bunkers waren bedeckt mit Graphiken, Listen und Tabellen. Die farbigen Linien trugen Buchstaben und Ziffern, auf den Dienstplänen waren Uhrzeiten, Namen und Tätigkeiten eingetragen. Maddox war jedoch gefesselt von einer überlebensgroßen Fotografie aus dem Zweiten Weltkrieg, auf der eine kleine Gruppe Ledernacken nach dem blutigen Sieg bei Okinawa das Sternenbanner hißte. Daneben hing ein Foto General MacArthurs und des Präsidenten. Der lange Raum wirkte genauso spartanisch wie der Major selbst. Der unebene Fußboden war zum Teil mit Binsenmatten bedeckt, ein schlichtes Feldbett stand neben dem summenden Funkgerät an der entgegengesetzten Wand. Maddox fragte sich, ob Jago sein unterirdisches Hauptquartier wohl jemals verließ.

Gunnar sagte: »Ich möchte Sie gern an Bord meines Schiffes einladen, wenn Sie –«

Der Major unterbrach ihn mit einer wegwerfenden Handbewegung. »Bedaure, keine Zeit!«

Die Schärfe des Tons wirkte wie eine Beleidigung, und Maddox sah, daß Gunnar die Fäuste ballte.

Jago fuhr eilig fort: »Sie können den größten Teil Ihrer Befehle hier vergessen. Ich gebe Ihnen neue. Ich stehe in Funkkontakt mit dem Admiral, er hat es mir überlassen, Sie einzuweisen.« Als sei es ihm jetzt erst eingefallen, sagte er: »Setzen Sie sich, obwohl ich nicht lange brauchen werde.«

Er sprach grimmig und abgehackt, und obgleich sein Körper völlig steif blieb, waren seine Augen in ständiger Bewegung. »Payenhau ist zwanzig Meilen lang, zwölf Meilen breit, und hat acht kleine Nebeninseln. Die Bevölkerung beträgt augenblicklich rund achttausend Bauern und Fischer. Zusätzlich haben wir mehrere tausend Sträflinge hier, Männer und Frauen, die vierundzwanzig Stunden am Tag bewacht werden müssen.« Er unterbrach sich, als Dr. Connell hüstelte, und fuhr unbeeindruckt fort: »Die nationalchinesische Regierung auf Taiwan bemüht sich, aus Payenhau eine bewohnbare Siedlung mit eigener Infrastruktur zu machen, daher sind die Sträflinge zum großen Teil beim Straßenbau, zur Einbringung der Ernte und ähnlichem eingesetzt. Außerdem bauen wir eine Start- und Landebahn für Flugzeuge, die uns eines Tages von großem Nutzen sein wird.«

Ruhig fragte Gunnar: »Und was ist meine Aufgabe?«

»Ich werde sie Ihnen zeigen.« Jago trat an eine Wandkarte der Insel und tippte mit einem Brieföffner darauf. »Sie können vor den Inseln Patrouille fahren, während Sie hier sind, und ein Auge auf die Einfahrten werfen. In der letzten Zeit sind hier eine Menge verdächtiger Fahrzeuge herumgekreuzt. Es könnte ein kommunistischer Versuch sein, Leute anzulanden oder Gefangene zu befreien. Aber ich werde es herausfinden, und wenn, dann –«

»Wer hat hier den Oberbefehl?« Gunnars Stimme wurde allmählich schärfer, aber Jago schien es nicht zu merken.

»Der Inselkommandeur ist Colonel Tem-Chuan. Er tut mehr oder weniger, was man ihm sagt, kann jedoch ganz nützlich sein. Der eigentliche Motor aber ist sein Stellvertreter, Major Yi-Fang.« Jagos Mundwinkel hoben sich in der Andeutung eines Lächelns. »Er ist ein guter Mann, wirklich, und Soldat durch und durch. Uns liegen hervorragende Berichte über ihn vor, und er hat die richtige Art, diese Bastarde hier zu behandeln.«

»Die beiden bekommen also mehr oder weniger ihre Befehle von *Ihnen*?« In Gunnars Ton lag jetzt deutliche Schärfe, und Maddox wurde unruhig.

»So könnte man es bezeichnen.« Jagos Kopf mit dem kurzgeschnittenen Haar nickte. »Ich bin der Militärberater, und was ich vorschlage, wird ausgeführt.«

»In Vietnam dachten viele von uns genauso.« Gunnar stand auf und trat langsam an die Wandkarte. »Wir irrten uns.«

»*Ich* nicht, Kapitän!« Jago schien sich zu amüsieren. »Der ganze Zirkus in Vietnam ging bloß schief durch das Eingreifen von außen her und wegen der blöden Politiker. Zu weich und ohne Mumm, verstehen Sie?«

»Ich halte nichts von sinnloser Brutalität, Major.« Gunnar drehte sich um und musterte Jago mit eiskaltem Blick.

»Das brauchen Sie auch nicht, solange Sie nur meinen Befehlen gehorchen!« Er war jetzt offen unverschämt, und zwei rote Flecken zeigten sich auf Gunnars Wangen. »Sie können Ihre Vermessungen vornehmen, werden aber dabei die Weisungen des Admirals befolgen, die Ihnen von *mir* übermittelt werden. Verstanden?« Jago trat an seinen Schreibtisch und schlug mit der Faust darauf. »Dies ist nicht Vietnam, Kapitän. Hier geben wir den Ton an!«

Maddox räusperte sich. »Sicherlich können die Gefangenen von hier doch nicht entkommen?«

Zum ersten Mal sah Jago ihn an. »Dies ist keine Marineschule, Mister, sondern eine taktische Zone, in der alles möglich ist.« Jago klopfte auf seine Pistolentasche. »Und wenn Sie nächstes Mal an Land kommen, tragen Sie gefälligst Handfeuerwaffen. Sie können nicht vorsichtig genug sein mit diesen schlitzäugigen Halunken!« Auf einmal lächelte er, spreizte die Hände und sagte wieder ganz ruhig: »Aber Sie erhalten ja Ihre Befehle und brauchen sich keine weiteren Gedanken zu machen. Ich habe ein Lokal für Ihre Männer freigegeben, wo sie sich während ihres Landurlaubs ein bißchen amüsieren können, auch wenn es hier kaum etwas anderes als Reiswein zu trinken gibt. Es stehen auch ein paar Mädchen zur Verfügung, aber ich würde dem Doktor raten, vorher ein Auge auf sie zu werfen.« Sein Lächeln verschwand. »Ich werde dafür sorgen, daß Sie heute nachmittag den Oberst sprechen können, Kapitän, um unseren guten Willen zu zeigen. Er wohnt ein wenig vornehmer als wir, in der anderen Hälfte des Forts.« Er lachte kurz auf, was Maddox an Regan erinnerte.

Gunnar fragte schroff: »Ist das alles?«

Jago schien es nicht zu hören. »Denken Sie daran, daß wir für die Leute hier so etwas wie Bonzen sind, wenn wir irgendwo auftauchen. Sie lieben Disziplin und erwarten sie auch!«

Dr. Connell bemerkte trocken: »Wir haben eine Kostprobe davon gesehen, als wir hier herauffuhren.«

Jago stützte sich auf seinen Schreibtisch. »Was um Gottes willen haben Sie denn erwartet? Einen Kindergarten?« Er winkte seinem Feldwebel, der die Szene amüsiert beobachtet hatte. »Rickover, bringen Sie mir den Ordner!« Er reichte ihn Gunnar. »Ich habe hier alles für Sie aufgeschrieben. Wen Sie besuchen, wem Sie aus dem Weg gehen müssen und so weiter.«

Gunnar antwortete: »Ich fange sofort mit der Vermessung an.«

»Das hätte auch ein Schlepper erledigen können!« Unerwartet grinste Jago. »Aber ich vermute, man hatte keinen dafür übrig.«

Maddox konnte sich später nicht daran erinnern, wie sie in den Jeep gekommen waren. Alles, was ihm klar bewußt wurde, waren Ärger und

Enttäuschung. Natürlich konnte der Kommandant keinen Streit mit seinem neuen Vorgesetzten anfangen, aber trotzdem ...

Gunnar unterbrach sein Brüten: »Ein bemerkenswerter Mann, dieser Jago. Wie eine Figur aus einem Alptraum.«

Dr. Connell blickte den Kommandanten an. »Der Alptraum ist bereits Wirklichkeit.«

Maddox blieb stumm, denn er vermutete, daß der wirkliche Alptraum noch gar nicht angefangen hatte.

Seltsam, daß die Räume des nationalchinesischen Kommandeurs so völlig verschieden waren von denen des U.S.-Militärberaters, obwohl sie doch aus dem gleichen Beton bestanden. Der Wohnraum, in den Gunnar von einem ehrfürchtigen chinesischen Diener geführt wurde, hatte etwa dieselbe Größe wie Jagos Bunker; aber da er höher lag, überblickte man von ihm den gesamten Ankerplatz. Die äußeren Mauern waren jedoch so dick, daß nichts von der Hitze hereinzudringen schien. Gunnar sah sein Schiff, eingerahmt von dem großen Fenster wie ein Modell im Schaukasten, dazu die kleinen grünen Inseln und einen Teil des Fahrwassers zwischen ihnen.

Der Wohnraum beeindruckte schon durch seine Einfachheit: Die Wände waren mit hellem Holz getäfelt, auf dem Fußboden lagen kunstvoll gewebte Matten. Einige schwere alte Stühle, mit erlesenen Holzschnitzereien verziert, umstanden einen mächtigen Marmorblock, der im Mittelpunkt des Raums entweder als Tisch diente oder, wie jetzt, als Untersatz für ein großes Aquarium mit winzigen, durchsichtigen Fischen.

Unbehaglich stellte Gunnar fest, daß auch Jago bereits hier war. Ihm schien, das würde für die Dauer seines Aufenthalts in Payenhau immer so bleiben. Offensichtlich traute Jago ihm nicht und wollte verhindern, daß Gunnar allein irgendwelche Kontakte aufnahm und dabei seine mühsam aufgebaute Autorität erschütterte.

Als Gunnar nach seinem ersten Besuch wieder an Bord zurückgekehrt war, konnte er weder essen noch schlafen. Der beleidigende Empfang durch Jago war an sich schon schlimm genug gewesen; aber die übergebene Mappe mit Anweisungen ließ keinen Zweifel daran, daß Gunnar voll und ganz dem Kommando des Majors unterstellt war.

Colonel Tem-Chuan machte nicht die geringsten Anstalten, sich von seinem breiten Sessel zu erheben. Aber Gunnar war deshalb weder überrascht noch beleidigt, denn der Oberst machte den Eindruck, als sei er zu keiner einzigen Bewegung fähig, sondern ein geschnitzter Holzbuddha. Er war so dick, daß sein Rundkopf lediglich eine Fortsetzung seines fetten Körpers zu sein schien. Er war entweder völlig kahl oder hatte sich kürzlich rasieren lassen, denn seine Kopfhaut war nur mit einem feinen schwarzen Flaum bedeckt. Seine Augen verbargen sich hinter den dicksten Brillengläsern, die Gunnar jemals gesehen hatte, und boten keinerlei Anhaltspunkt, was der Mann dachte. Aber er lächelte und zeigte mit kleiner plumper Hand auf den ihm gegenüberstehenden Stuhl. Gunnar nahm an, daß er so aufgestellt worden war, um dem Inselkommandeur jede unnötige Bewegung zu ersparen.

Neben Jago stand ein weiterer Offizier, so groß und hager, als sei er dessen chinesisches Gegenstück. Gunnar hielt ihn für den »perfekten« Major Yi-Fang. Auch er lächelte, aber nur mit den Lippen, seine tiefliegenden schwarzen Augen blieben hart und unbeteiligt.

Der Oberst richtete sich mit einiger Anstrengung auf und strich den olivgrünen Stoff seiner schlichten Uniform glatt, auf der keinerlei Rangabzeichen zu sehen waren.

»Sie sind uns hier höchst willkommen, Kapitän.« Seine Mundwinkel verzogen sich nach oben. »Ich hoffe, Ihr Aufenthalt in Payenhau wird angenehm sein.«

Plötzlich spürte Gunnar eine Bewegung hinter seinem Rücken, hörte leise Schritte auf den Matten, und als er sich umsah, bemerkte er eine junge Chinesin, die vom Hals bis zu den Knöcheln in ein eng anliegendes, weißes Gewand gehüllt war. Sie stellte ein Tablett mit hohen Gläsern und einem großen Krug neben das Aquarium. Gesenkten Blicks blieb sie dann neben dem Stuhl des Colonels stehen, als warte sie auf einen Befehl.

Behaglich meinte der Oberst: »Ich denke, wir sollten Ihren Besuch mit einem Willkommenstrunk feiern, Kapitän.« Dabei griff er mit seiner feisten Hand nach dem Mädchen und spielte mit dem langen schwarzen Zopf auf ihrem Rücken. Sie hielt den Blick weiterhin gesenkt, aber Gunnar sah, daß sie erbebte, als bereite ihr die Berührung körperlichen Schmerz.

Er merkte, daß ihm ein Glas in die Hand gedrückt wurde, und stellte verwundert fest, daß Major Yi-Fang den Raum fast geräuschlos durchquert hatte. Das Getränk war hell und wahrscheinlich gefährlich, trotzdem leerte er sein Glas mit einem einzigen Schluck und spürte sofort ein seltsames Wohlbehagen.

Jago starrte ihn sonderbar an, sagte aber mit seiner monotonen Stimme: »Korvettenkapitän Gunnar wird morgen früh mit dem Vermessen anfangen, Colonel.«

Tem-Chuan nickte gleichmütig. »Einverstanden.« Sein Englisch war perfekt, er lispelte nur wenig. »Ich halte ein Boot zu seiner Verfügung, wie von Ihnen vorgeschlagen.«

Erklärend sagte Jago zu Gunnar: »Es ist ein Fischerboot mit einem alten Dieselmotor. Ich könnte mir vorstellen, daß es für die flachen Kanäle besonders geeignet ist.«

Gunnar nickte, obwohl ihn die Art, wie Jago alle Entscheidungen für ihn traf, ohne sie vorher mit ihm zu besprechen, aufs äußerste reizte. Als *Bonzen* hatte er sich und seine Helfer bezeichnet. Bestimmt hielt er sich für den Oberbonzen. Gunnar nahm ein weiteres Glas entgegen, trank und sah dabei aus dem sonnenbeschienenen Fenster. »Danke.«

Mit einem knappen Lächeln fügte Jago hinzu: »Auf diese Weise behalten wir Ihr Schiff frei für wichtigere Dinge, klar?« Er und Major Yi-Fang blickten sich an wie zwei Verschwörer.

Verdammt sollen sie sein, dachte Gunnar. Sie hatten alles schon bis ins letzte geplant, noch bevor er in die Bucht einlief. Was die Sache noch schlimmer machte: Jago hatte wahrscheinlich recht. Payenhau war zwar viele Meilen vom Festland entfernt, aber nur zweihundert Meilen von einer anderen kleinen Inselgruppe weiter westlich, die zu Rotchina gehörte. Falls irgendein Invasionsplan im Gange war, konnten diese Inseln als Sprungbrett benutzt werden. Er wechselte das Thema: »Wer sind die hiesigen Gefangengen?«

Der Oberst hob die Schultern. »Abschaum. Politische Spinner oder einfach Leute, die nicht in unsere Gesellschaft passen.« Er kicherte. »So viele Leute flüchten vom Festland nach Hongkong, daß es für die Kommunisten leicht ist, auch Agenten und Spione einzuschmuggeln.« Er nahm einen vorsichtigen Schluck aus seinem Glas, und die Bewegung erinnerte Gunnar an ein Nilpferd, das versucht, aus einem Eierbecher zu trinken. »Die kommunistischen Agenten und Aufwiegler behalten wir hier zur Arbeit, den Rest schicken wir weiter nach Taiwan.« Offenbar hatte er bemerkt, daß Gunnar die Stirn runzelte. »Wir müssen nach den Regeln der Kommunisten spielen, Kapitän. Wie ich glaube, benutzten Sie in Vietnam ähnliche Methoden.« Er tätschelte die Pobacken des Mädchens neben ihm. »Mitunter bringt uns diese Methode aber auch kleine Belohnungen.«

Jago grinste. »Sie ist die Tochter eines politischen Agitators, der uns ins Netz ging. Er lebt jetzt hier im Gefangenenlager, somit zahlt es sich aus, wenn sich das Mädchen brav benimmt.«

Gunnar fühlte, wie Übelkeit in ihm aufstieg, und nahm rasch einen Schluck Reiswein. Genau dieselben Fehler hatte man seinerzeit in Vietnam gemacht. Korrupte oder stupide Offiziere waren geduldet oder sogar von aufrichtigen Amerikanern eifrig unterstützt worden. Auch Jago wußte das. Er mußte etwas anderes im Sinn haben.

»Ich hoffe, daß es Ihren Leuten in Payenhau nicht zu langweilig wird, Kapitän.« Tem-Chuan musterte ihn eingehend. »Wir haben hier wenig Gesellschaft für sie.«

Beinahe hätte Gunnar laut aufgelacht. Der Herr dieser elenden kleinen, kahlen Felseninseln redete so hoheitsvoll wie ein mächtiger Potentat vom Festland.

Jago ergänzte: »*Ein* anderer Marineoffizier lebt aber noch hier, nicht wahr?« Sie alle lachten, und Jago fuhr fort: »Sie werden ihn kennenlernen. Es ist Commander Jack Burgess, ehemals Royal Navy.« Die Verachtung in seiner Stimme war nicht zu überhören. »Sie finden Einzelheiten über ihn in der Akte, die ich Ihnen gegeben habe. Seien Sie gewarnt!«

Gunnar fragte. »Was tut er hier?«

»Alles mögliche«, sagte Jago gleichgültig. »Er hat ein Boot und transportiert für uns Vorräte und anderes. Im übrigen ist er ein bißchen heruntergekommen für einen britischen Offizier.«

Die dicken Brillengläser des Obersten blitzten protestierend. »Aber ein guter Kerl! Etwas primitiv, doch sehr nützlich.« Er wandte sich wieder Gunnar zu. »Burgess hatte Unannehmlichkeiten, und ich half ihm aus reiner Menschenfreundlichkeit. Er ist ein einsamer Mann und trägt seine inneren Kämpfe mit großer Tapferkeit aus.«

Jagos Grinsen wurde breiter. »Außerdem tut er alles, wenn er dafür zu trinken bekommt.«

Gunnar wünschte jetzt, er hätte sich mit den ersten Gläsern nicht so sehr beeilt. Er kannte viele Offiziere der Royal Navy, zum größten Teil waren sie höflich, freundlich und tüchtig. Aber dieser Burgess war möglicherweise weder Commander noch überhaupt Marineoffizier.

Jago schien einen Entschluß zu fassen. »Wir müssen noch die Sicherheitsmaßnahmen besprechen. Der Kommandeur hier hat eingewilligt, daß Ihre Leute Landurlaub bekommen, und zwar nur für den Ort und den Strand. Alles andere ist off limits. Wir wollen doch nicht, daß Ihre Seeleute von meinen Soldaten erschossen werden, nicht wahr?«

Nachdenklich sah Gunnar ihn an. »Wie Sie meinen.« Bei der negativen Einstellung der Besatzung zu Payenhau war es unwahrscheinlich, daß jemand die Absicht hatte, lange Spaziergänge zu unternehmen.

»Ein zweiter Punkt: Sagen Sie Ihren Leuten, daß sie sich von den Gefangenen fernhalten sollen. Mir gefiel die Einstellung Ihres Doktors heute morgen ganz und gar nicht. Wenn sie für Ihre Besatzung typisch sein sollte, kann ich Sie nur warnen.«

»Ich bin absolut imstande, mein Schiff und dessen Besatzung unter Kontrolle zu halten, besten Dank, Major.« Gunnar sprach zwar beherrscht, aber seine Augen machten deutlich, daß Jagos Anmaßung ihn anwiderte.

Dieser starrte ihn böse an. »Wir werden ja sehen, Kapitän. Hier ist nicht Vietnam, müssen Sie wissen. Hier stehen Ihnen nicht Düsenflugzeuge zur Verfügung, die Ihnen beim ersten Schrei zu Hilfe kommen. Ich habe keine Lust, alles hier Erreichte zu riskieren, nur weil irgendein rotznasiger Seemann nicht den Mund halten kann!«

Geräuschvoll atmete der Inselkommandeur aus. »Major Jago will lediglich ausdrücken, Kapitän, daß Payenhau Teil eines Experiments ist. Wir wollen es zu einer weiteren nationalchinesischen Festung ausbauen. Sie denken vielleicht, es sei zu klein, aber seine Grundfläche ist genauso groß wie die Hongkongs. Wer weiß, eines Tages wird es vielleicht das Kronjuwel der Chinasee.« Stirnrunzelnd fuhr er fort: »Aber jetzt bin ich müde. Vielleicht können Sie Ihre Aussprache woanders fortsetzen. Heute morgen mußte ich einigen Hinrichtungen beiwohnen, das erschöpft.« Das Mädchen machte Anstalten zu gehen, aber er hielt es am Zopf fest. »Du nicht, meine Liebe. Du bleibst.«

Gunnar versuchte, ihrem Blick zu begegnen, aber in ihrem Gesicht stand nichts anderes zu lesen als hilflose Verzweiflung.

Draußen vor der Tür zischte Jago: »Tun Sie mir einen Gefallen, Gunnar, und versuchen Sie so auszusehen, als glaubten Sie dem alten Idioten! Lassen Sie ihn von seinem Kronjuwel des Ostens träumen, wenn es ihn erleichtert.«

Verbittert sah Gunnar ihn an. »Sind das die Leute, auf die wir uns künftig verlassen müssen?«

»Das haben wir immer getan, Gunnar. Tem-Chuan mag wie ein

einfältiger Fettwanst aussehen, aber er hat in Taiwan gute Beziehungen. Er ist der arme Verwandte einer sehr einflußreichen Familie, also seien Sie gewarnt!«

Der hagere Major Yi-Fang ergänzte: »Frische Blüten treiben oft aus alten Bäumen, Kapitän.«

Es stand kein Jeep bereit, um Gunnar zur Pier zu bringen, also ging er zu Fuß, wobei die Sonne bei jedem Schritt stärker auf seine Schultern brannte. Der Wein war noch gefährlicher gewesen als vermutet, und er wünschte jetzt, daß er sich die Zeit genommen hätte, etwas zu essen.

Jemand fiel neben ihm in Schritt, und als er aufblickte, sah er Rickover, den hochgewachsenen Feldwebel. »Hier ist eine genaue Karte der Insel, Sir. Ich vermute, der Major hat heute morgen vergessen, sie Ihnen zu geben.«

Rickover war ein typischer Angehöriger des US-Marinekorps, groß, schlank und abgehärtet. Unter der weichen Mütze sah Gunnar kurzes blondes Haar, fast so hell wie sein eigenes, und er besaß dieselbe kräftige Derbheit wie Maddox.

Der Feldwebel wischte ein paar bettelnde Kinder mit der Handbewegung eines Mannes beiseite, der Fliegen von seinem Teller scheucht. »Ein gottverlassenes Nest.« Dann kam er zur Sache. »Ich erinnere mich an Sie, Sir, habe von Ihrer Tapferkeitsauszeichnung gehört.« Mit offensichtlicher Bewunderung lächelte er. »Verdammt gute Schau, wie Commander Burgess sagen würde.«

»Sie kennen ihn, Sergeant?«

Rickover nickte, während er einen kleinen Trupp Soldaten beobachtete, der die Straße hinuntermarschierte. »Er ist ein Knallkopf, Sir, aber nett.« Als sie an der alten Pier standen, kurvte das kleine Beiboot der *Hibiscus* heran, und Rickover fuhr wie entschuldigend fort: »Ich wollte Ihnen nur zeigen, daß nicht alle Angehörigen des Marinekorps Ihre Feinde sind, Sir.« Verlegen grinste er. »Der Major ist trotz allem ein verdammt guter Offizier; das Dumme ist, daß er sich nicht nur einbildet, der liebe Gott zu sein – er *weiß*, daß er's ist!« Er lachte noch über seinen Witz, als Gunnar schon zum Schiff zurückkehrte.

In seiner Kajüte versuchte Gunnar, die Gesichter und Namen der Offiziere in Payenhau, die er kennengelernt hatte, zu sortieren. Wenn er alles in Betracht zog, kam er zwangsläufig zu dem Schluß, daß sich hier etwas zusammenbraute. Jago schien jedenfalls mehr zu wissen, als er sich anmerken ließ.

Mit einer Konzentration, die er schon für immer verloren geglaubt hatte, studierte Gunnar die Karte von Payenhau, der »Insel der Bonzen«.

Erstes Blutvergießen

Das alte Fischerboot, das ihnen der Kommandeur zur Verfügung gestellt hatte, überstand drei Tage fast ununterbrochenen Einsatzes ohne jede Störung. Es war ein Glattdecker von zehn Metern Länge, ohne Mast oder Deckshaus, und kam den amerikanischen Seeleuten wie ein Fossil der Insel vor. Am dritten Tag jedoch, als es gemächlich zwischen zwei nördlichen Inselchen durchtuckerte, ließ es plötzlich ein alarmierendes Geräusch hören, und gleichzeitig zeigte der Motor alle Symptome der Überhitzung.

Heiser, ein zäher kleiner Mechanikersmaat aus dem Maschinenraum der *Hibiscus*, kam an Deck, wo Leutnant Peter Inglis stand, zusammen mit Oberbootsmannsmaat Anders. Mit vier Seeleuten hatten sie Auftrag, die nördliche Einfahrt zu vermessen, obwohl dies wegen der zahlreichen Untiefen und hohen Steilufer lediglich von theoretischem Wert war.

Leutnant Inglis, schlank und sonnengebräunt in verschmutzten Shorts, studierte die Karte, während Anders seinen Sextanten hielt und den jungen Offizier amüsiert beobachtete. Inglis schien seine Aufgabe wirklich ernst zu nehmen. Was Anders und die übrigen Seeleute nicht wußten: Die rauhe Schönheit der Inseln und deren Einsamkeit beeindruckten ihn zutiefst. Die letzte Vermessung der Payenhau-Gruppe stammte von Captain Brooks, Royal Navy, mit der Fregatte *Nimrod* im Jahre 1778. Inglis stellte sich die schnittige alte Fregatte vor, Segel backgebraßt, die vielleicht gerade hier ankerte, wo jetzt sein eigenes verbeultes Fischerboot trieb. Die Beiboote wurden von bezopften Seeleuten über das glitzernde Wasser gerudert, während rotgesichtige britische Offiziere das Loten mit dem Senkblei überwachten und dann die Ergebnisse für die Nachwelt in ihre Karten eintrugen.

Er hörte Anders fragen: »Was ist mit dem Motor, Heiser?« Wie viele Berufsseeleute ödete das Vermessen Anders an, und er ließ sich das auch deutlich anmerken.

Heiser rieb die öligen Hände an einem Lappen sauber. »Der Motor ist überhitzt, Sir. Möglicherweise ist die Kühlerwasserzufuhr verstopft.«

Alle warteten, während Inglis sorgsam die Karte zusammenfaltete. »Was können wir tun?«

Heiser hob die Schultern. »Zunächst müssen wir den Motor stoppen, sonst frißt er sich fest.« Er wies mit dem Daumen auf die nächste Insel, die nichts weiter war als eine schräge graue Felsplatte, ungefähr eine Meile lang und allmählich zu einer Klippe von etwa siebzig Meter Höhe ansteigend. Am Fuß der Steilwand, fast verborgen in einem tiefen Spalt, lag ein kleiner Sandstrand. »Wir können das Boot dort aufsetzen, dann werde ich den Motor genau untersuchen.« Heiser schaukelte auf seinen Hacken vor und zurück, während er besorgt dem schmerzlichen Stampfen des Motors lauschte. Inglis schien noch unentschlossen. »Gibt es nichts anderes, was Sie tun könnten?«

Es war jetzt, am frühen Nachmittag, sehr heiß, und Heiser war müde und überreizt. »Ich bin kein verdammter Zauberer, Sir!«

»Das genügt!« Wütend starrte Anders ihn an. »Scheren Sie sich zu Ihrem Motor und warten Sie auf weitere Befehle!« Auch Anders war schlechter Laune, außerdem ging Inglis in seinen Augen zu weich mit den Leuten um. Es war immer dasselbe mit den jungen Offizieren, sie wollten sich beliebt machen und erkannten nicht, wann sie hart durchgreifen mußten.

Resigniert sagte Inglis: »Okay, Chief, dann setzen wir das Boot eben in dieser Bucht auf Grund.«

Anders grunzte und rief dem Seemann am Ruder zu: »Vierkant auf den Strand, Pirelli, aber schön langsam!«

Pirelli, der in der Hitze beinahe eingeschlafen war, grinste, daß die Narbe in seinem Gesicht aussah wie weiße Farbe. »Schon so gut wie erledigt, Obermaat.«

Die Klippe ragte hoch über ihren Köpfen auf, als das Boot mit einem leisen Grollen des Protestes auf den flachen Strand kroch und schließlich mit einem Schütteln zum Stehen kam.

Inglis sagte: »Schicken Sie die Leute an Land und lassen Sie Heiser arbeiten. Und bringen Sie noch eine Vorleine aus für den Fall, daß das Boot abrutscht.«

Die Seeleute sprangen über den Bug an Land und schlenderten den Strand hinauf. Schließlich entdeckten sie einen schattigen Fleck, wo sich drei von ihnen ohne ein weiteres Wort zu Boden fallen ließen.

Pirelli zog die Schuhe aus und watete am Ufer entlang, das dunkle

Gesicht gelangweilt und rastlos. Wie lange sollte diese blöde Vermessung noch weitergehen? Und dann noch mit einem Offizier wie Inglis. Wenn die Männer maulten und grollten, gab Inglis sofort nach, auch bei den wenigen Landgängen in den trostlosen Ort. Zwei Schuppen waren ihnen zur Verfügung gestellt worden, wo sie trinken konnten; dort genügten schon ein paar Funken für einen offenen Streit. Das Üble dabei war, entschied Pirelli, daß man immer die gleichen Leute traf, mit denen man bereits an Bord zusammengesperrt war. Alles andere war für die Seeleute verboten, überall patrouillierten grimmige chinesische Soldaten, die bis an die Zähne bewaffnet waren. Gelegentlich sahen sie Gruppen hagerer Frauen, die auf Schubkarren Säcke oder Kisten aus dem Lager im Zentrum der Siedlung herbeikarrten. Sie trugen alle dieselben groben blauen Arbeitskittel, und es hieß, sie seien Gefangene oder Frauen von Sträflingen. Im Innern der Insel sollte sich ein riesiges Gefangenenlager befinden, das durch kilometerlangen Stacheldraht eingezäunt war. Und jetzt war auch noch dieser klägliche Motor zusammengebrochen.

Trübsinnig kickte Pirelli mit dem Fuß einen Kieselstein ins Wasser und dachte an seinen neuen Freund Bella. Der junge, dunkelhäutige Italiener hatte, wohl zum ersten Mal in seinem Leben, so etwas wie allgemeine Beliebtheit kennengelernt. Er benutzte den Schutz Pirellis, um seine Position innerhalb der Besatzung auszubauen, und schien außerstande, den Mund zu halten über seinen Dienst beim Kommandanten. Er lebte förmlich auf, wenn er einer möglichst großen Zuhörerschaft erzählen konnte, was der Kommandant gesagt oder getan oder bei Gesprächen mit anderen Offizieren entschieden hatte. Pirelli verachtete zwar Autorität jeglicher Art und war auch nicht an einer Beförderung zum Unteroffizier interessiert. Ihm lag aber viel an seiner führenden Stellung im Mannschaftsdeck, und Bellas Geschwätzigkeit störte ihn irgendwie.

Er warf einen Blick in die Runde. Die Klippe war über und über bekleckert mit Vogelkot. Darüber leuchtete der blaue Himmel, und die schroffen Wände hielten die Hitze fest wie ein großer Kachelofen. Aus dem Rumpf des Fischerboots drangen mit Unterbrechungen metallische Geräusche, und Pirelli vermutete, daß Heiser, der jetzt allein an Bord war, eines seiner Abenteuerhefte las und nur gelegentlich mit einem Schraubenschlüssel auf die alte Maschine einhämmerte, damit es so klang, als arbeite er.

Pirelli kletterte über zwei scharfkantige Felsblöcke und schlenderte weiter über den schmalen Strand. Das Hämmern hinter ihm wurde schwächer, und als er zurückblickte, sah er Inglis auf den schrägliegenden Bootsrumpf starren, als erwarte er ein Wunder. Pirelli grinste und zog sich die Schuhe an. Nach zehn Minuten fand er einen Pfad, der hinaufführte zum Rand der Klippe. Es war wohl nur ein Wildwechsel, aber besser als nichts. Er kam sich vor wie ein Schiffbrüchiger. Nichts bewegte sich, und selbst das Plätschern der Wellen war verstummt, als er zügig den Fels hinaufkletterte.

Inglis warf die Vorleine aufs Boot und trat wieder zurück auf den Strand. Er hätte die drei im Schatten dösenden Seeleute herbeirufen können, aber er war ihr ständiges Nörgeln leid. Heisers ölverschmiertes Gesicht blickte von oben zu ihm herunter. »Setzen Sie das Boot vom Strand ab, Heiser.«

Der Mechaniker hörte die Schärfe in der Stimme des Leutnants und beschloß, diesmal ohne Gemecker zu gehorchen. Es hatte drei Stunden gedauert, den Motor zu reparieren, obgleich er es in fünfzehn Minuten geschafft hätte. »Und was dann, Sir?«

Inglis runzelte die Stirn. »Gehen Sie ins offene Wasser und fahren Sie ein paar Mal voraus und zurück, um sich zu vergewissern, daß der Motor jetzt richtig läuft. Dann kommen Sie wieder.«

Obermaat Anders blickte auf und sah, daß die Vorleine unordentlich im Wasser hing, als das Boot vom Strand rutschte. Knurrend stand er auf und platschte ins Wasser, um die Leine an Bord zu werfen, bevor dieser Idiot Heiser sie in die Schraube bekam. Dabei verwickelte sich sein Fuß in einer Schlinge der Leine. Greulich fluchend wurde er in tiefes Wasser geschleppt, bevor er sich befreien konnte. Prustend tauchte er wieder auf und schwamm wütend hinter seiner Mütze her. Am Strand hörte er jemanden lachen.

Nur Inglis bemerkte, was sich im nächsten Augenblick ereignete. Im Sand neben seinen Füßen hörte er einen dumpfen Aufschlag. Blinzelnd blickte er nach oben zum gezackten Rand der Klippe. Er glaubte, dort eine kurze Bewegung zu erkennen, als würde ein Kopf rasch zurückgezogen. Stirnrunzelnd betrachtete er das Ding, das ihn nur um Haaresbreite verfehlt hatte; dann warf er sich entsetzt zurück.

Obermaat Anders hatte gerade seine Mütze erreicht, als die Handgranate detonierte. Instinktiv tauchte er, um sich vor Splittern zu schützen. Der Umstand, daß er durch die Vorleine in tiefes Wasser gezogen worden war, rettete ihm das Leben.

Als er schließlich wieder an Land watete, war der Strand so still wie vorher. Lediglich ein schwarzes Loch im Sand und eine dünne Rauchwolke zeugten von dem tödlichen Zwischenfall. Steif vor Schreck stapfte Anders den Strand hinauf und starrte wie versteinert auf die großen Blutflecken rund um die drei Seeleute, die noch immer in gleicher Haltung dalagen. Aber ihre Körper wiesen klaffende Wunden auf, und Anders war sofort klar, daß sie tot sein mußten. Inglis lag auf dem Rücken; ohne an die Gefahr zu denken, zog ihm Anders das Hemd aus und rollte es zu einer Aderpresse zusammen. Er hörte sich selbst vor Wut und Verzweiflung schluchzen, während er versuchte, das Leben in dem armen, zerfetzten Körper zu seinen Füßen zurückzuhalten. Das Gesicht des jungen Offiziers war eine einzige blutige Masse, und durch ein großes Loch in der linken Wange sah er die Zähne schimmern. Der rechte Arm war unterhalb des Ellbogens abgerissen, und ein Bein lag in unmöglichem Winkel unter dem Körper.

Anders fuhr herum, als er Schritte hinter sich hörte. Erbrochenes quoll ihm in die Kehle, während er auf die nächste Detonation wartete. Doch mit einem Seufzer der Erleichterung sah er Pirellis entsetztes Gesicht.

»Schnell! Ruf Heiser zurück!« schrie er. »Steh nicht gaffend herum!«

Das Boot lief wieder auf den Strand. Taumelnd unter ihrer blutigen Last hoben Anders und Pirelli Inglis' Körper über die Reling. Heiser war nicht zu sehen, aber zwischen dem Stampfen des Motors hörten sie ihn winseln wie ein verängstigtes Kind. Das Boot glitt achteraus, und nach einer halben Ewigkeit kam es frei von den Untiefen, so daß Pirelli Ruder legen und hinaus ins offene Wasser steuern konnte.

Anders blieb bei Inglis, war aber nicht imstande zu helfen oder auch nur zu sprechen. Einmal wälzte der junge Offizier sich in einem Krampf, und die Karte, die er so sorgfältig gehütet hatte, fiel zerrissen und blutbeschmiert an Deck. Anders warf sie über Bord und blickte zurück zur Insel. Wie stille Zuschauer konnte er dort noch die drei toten Seeleute erkennen und hätte fast ihre Namen gerufen.

Pirelli sagte ebenfalls nichts, und wohl zum ersten Mal in seinem Leben konnte er auch nichts sehen, weil seine Augen in Tränen schwammen. Einer der Toten war Grout, sein Freund. Dort drüben lag er wie ein frischgeschlachtetes Schwein. Binnen weniger Sekunden war er von einem gesunden Mann in ein zerfetztes Ding verwandelt worden. Pirelli fuhr sich mit dem Unterarm über die Augen und fluchte knirschend. Er verstand noch immer nicht, was sich ereignet hatte. Er fragte sich nur, was ihn dazu getrieben hatte, diesen einsamen Spaziergang am Strand zu unternehmen, weg von den anderen.

Stunden später, als das kleine Boot tuckernd das Vorland rundete und auf den Ankerplatz zulief, wiederholte Pirelli noch immer monoton: »Diese Hunde! Diese verfluchten Bluthunde!«

Knirschend legte das Boot am Fallreep der *Hibiscus* an, und Anders trat zurück, um die wohlbekannten Gestalten an Bord zu lassen. Er sah Dr. Connell, der sich über den Leutnant beugte, hörte die raschen, dringenden Anweisungen, die er dem Sanitäter erteilte. »Ich glaube, er wird am Leben bleiben«, sagte er schließlich.

Anders sah zu, wie die bandagierte Gestalt über die Reling gehoben wurde, und fragte böse: »Nennen Sie *das* Leben?« Dann trat er, ohne sich um die Zuschauer zu kümmern, ans Schanzkleid und erbrach sich. So sah er nicht das Beiboot, das soeben ablegte und mit Höchstfahrt hinüberfuhr zur Pier.

Pirelli trat vor Kapitänleutnant Regan hin, den im Augenblick ranghöchsten Offizier an Bord der *Hibiscus.* »Ich möchte mich dem Landungstrupp anschließen, Sir!«

Regan musterte ihn wachsam. »Sind Sie dazu in der Lage?«

Pirelli straffte sich. »Diese verdammten Schurken zu bestrafen, bin ich allemal in der Lage. Versuchen Sie's mit mir!«

Regan nickte und beobachtete das sich rasch entfernende Beiboot. Mal sehen, was der neue Kommandant aus dieser Geschichte macht, dachte er.

Major Jago saß steif hinter seinem Schreibtisch und musterte Gunnar, der vor ihm auf und ab ging. Maddox hockte bedrückt auf demselben Stuhl wie bei seinem ersten Besuch und beobachtete ebenfalls die wandernde Gestalt des Kommandanten.

Schließlich sagte Jago: »Ich habe volles Verständnis für Ihr Problem, aber ein Vorgehen, wie Sie es anregen, würde zu nichts führen.« Er deutete mit dem Kopf auf eine Wandkarte. »Ich habe zwei Landungsboote auf die kleine Insel geschickt. Wir sollten jeden Augenblick ihre Funkmeldung bekommen.«

Gunnar blieb stehen, in seiner Brust arbeitete es schmerzhaft. »Was zum Teufel erwarten Sie von mir? Drei Mann tot und ein Offizier in Fetzen gerissen – nennen Sie das ein ›Problem‹?« Kaum erkannte er seine eigene Stimme wieder. Er war mit Maddox auf der Landzunge gewesen, um den günstigsten Platz für einen Radarreflektor auszusuchen, als Oberleutnant Kroner, atemlos und kreideweiß im Gesicht, ihm stammelnd den Überfall meldete. Gunnar hatte den Nachrichtenoffizier an Bord zurückgeschickt und Regan bestellen lassen, er solle sofort seeklar machen und einen bewaffneten Landungstrupp abstellen. Jagos gleichgültige Reaktion konnte er nicht fassen. Im Geist sah er immer noch Inglis' verstümmeltes Gesicht vor sich, als sie ihn ins Lazarett der Festung gebracht hatten. Dr. Connell würde bei ihm bleiben, bis er ausgeflogen werden konnte.

Unbewegt fuhr Jago fort: »Männer kommen jeden Tag ums Leben. Immer gibt es Unfälle, selbst hier. Sie müssen eben ständig auf der Hut sein.«

»Das war kein Unfall!« Mit flammendem Blick blieb Gunnar vor dem Schreibtisch stehen. »Was erwarten Sie von mir? Soll ich mich etwa noch dafür *entschuldigen*?«

Jago runzelte die Stirn. »Ich erwarte von Ihnen verantwortungsbewußtes Benehmen, Kapitän! Es tut mir genauso leid wie Ihnen um den jungen Leutnant und jeden anderen, der hier draußen ums Leben kommt. Aber Sie sollten am besten wissen, daß mit den Roten nicht zu spaßen ist. Wenn Sie mit Ihrer gesamten Schiffsartillerie losballern wollen, sobald einem Ihrer vagabundierenden Seeleute was zustößt, können Sie von mir kein Verständnis erwarten – und schon gar nicht vom Hauptquartier!« Eingehend beobachtete er Gunnars blasses Gesicht. »Wir müssen vorsichtig sein. Die Engländer wären nicht begeistert, wenn wir hier an der Schwelle zu ihrem Malaysia eine Krise auslösten; noch viel weniger würde Washington eine Handlungsweise billigen, die uns möglicherweise Taiwan zum Feind macht. Wir müssen dafür sorgen, daß die Garnison hier funktioniert, sonst können wir ebensogut einpacken. Der Inselkommandeur verfügt lediglich über ein Bataillon und ein paar hiesige Rekruten, die aber noch kaum ausgebildet sind.« Er machte eine Pause. »Trotzdem habe ich einen Funkspruch an den Admiral abgesetzt und um Weisungen gebeten. Ich weiß, daß er mich hundertprozentig decken wird. Also verschärfen Sie Ihre Sicherheitsmaßnahmen und warten Sie ab, Kapitän. Sie können mich unterstützen, indem Sie eine Aufklärungsfahrt zu den Inseln im Norden und Westen unternehmen, am besten schon morgen. Jedes Fahrzeug, das Sie nicht in Ihren Verzeichnissen haben, ist verdächtig. Stoppen Sie es und lassen Sie es durchsuchen, bringen Sie es notfalls auf, aber unternehmen Sie keine verdammten Strafexpeditionen, ist das klar?«

Feldwebel Rickover in seiner Ecke rief: »Da kommt es, Herr Major!«

Das Funkgerät knatterte, und dann sagte eine Stimme in gebrochenem Englisch: »Hallo, Dodger, hier spricht Hunter!«

Jago war auf den Beinen und hatte bereits das Mikrophon in der Faust, bevor die anderen eine einzige Bewegung machen konnten. »Hier ist Dodger, bitte kommen!«

Aus dem Gerät krächzte es: »Hallo, Dodger. Wir sind in Position Four X-Ray und haben die Leichen von drei Seeleuten entdeckt. Zwei Rote wurden gefangengenommen. Over.«

»Haben Sie sie schon vernommen? Over.«

Kurze Pause, dann die Antwort: »Negativ. Beide Roten starben, nachdem der Trupp gelandet war.« Maddox bemerkte die Verbitterung auf Jagos Gesicht, als dieser sich einen Augenblick unbeobachtet glaubte. »Die drei Seeleute sind nämlich nach ihrem Tod noch mit Bajonetten geschändet worden. Erbitte Weisungen, over.«

»Kehren Sie zur Basis zurück, Hunter. Ende.« Jago ließ das Mikrophon fallen. »Sie hatten zwei Rote, möglicherweise Guerillas, die in den letzten Wochen abgesetzt worden sind. Es hat Schießereien gegeben, die Dinge spitzten sich zu.« Wütend schlug er die Fäuste zusammen. »Was würde ich jetzt geben für hundert Marines!«

Kalt sagte Gunnar: »Wann können wir Leutnant Inglis ausfliegen lassen?«

Jago antwortete geistesabwesend: »Morgen früh. Ich habe um einen Hubschrauber gebeten, er wird rechtzeitig hiersein.«

Gunnar sah wieder den eifrigen jungen Leutnant vor sich, wie er beim Auslaufen auf der Brücke gestanden und die Wache übernommen hatte, als hinge sein Leben davon ab. Jetzt war er erledigt und abgeschrieben. Er spürte, wie seine Magenmuskeln sich strafften. Diese Verbrecher! Nicht zufrieden mit dem Morden, mußten sie die drei toten Seeleute auch noch mit ihren Bajonetten verstümmeln. Laut sagte er: »Ich brauche ein weiteres Fischerboot, Major, oder eins Ihrer Landungsfahrzeuge. Ich möchte das Leben meiner Männer nicht länger diesen ausrangierten Eimern anvertrauen.« Nach einer Pause fuhr er fort, und Maddox hörte die Verachtung in seiner Stimme: »Besonders da ihr Leben bei Ihnen nicht viel zu zählen scheint!«

Major Jago lehnte sich zurück, die Hände flach auf dem Schreibtisch. »Besuchen Sie den Engländer Burgess. Sein Boot ist hier das einzige mit einem guten Dieselmotor. Ich werde es beim Inselkommandeur anfordern.«

Gunnar nahm seine Mütze. »Ich sage es nur einmal: Wenn wieder auf meine Männer geschossen wird, sorge ich dafür, daß etwas dagegen unternommen wird, und zwar verdammt rasch!«

Überraschenderweise grinste der Major. »Das ist die richtige Einstellung, Kapitän!«

Gunnar schritt zur Tür. »Zur Hölle mit Ihnen!« antwortete er leise.

Die drei toten Seeleute lagen, in Flaggen gehüllt, in einem anderen Bunker der Festung so dicht nebeneinander, wie sie an dem kleinen Strand gelegen hatten. In einiger Entfernung von ihnen lagen zwei verkrümmte Gestalten in grünen Kampfanzügen, deren Brusttaschen jeweils einen roten Stern trugen. Ihre blicklosen Augen standen weit offen, sie schienen im Tode zu grinsen.

Hauptmann Pak, der chinesische Führer des Trupps, der die Insel abgesucht hatte, deutete auf zwei tschechische Maschinenpistolen und ein Bündel Handgranaten. »Das ist alles, was sie bei sich hatten.«

Gunnar warf einen letzten Blick auf die drei anderen Leichen und salutierte, ohne sich dessen bewußt zu sein. Sie würden ebenfalls am nächsten Morgen ausgeflogen werden. Er hörte Maddox hinter seinem Rücken mit Dr. Connell flüstern. Der Doktor blickte auf die stillen Gestalten und sagte leise: »Leutnant Inglis ist gestorben, Herr Kapitän, ohne das Bewußtsein wiedererlangt zu haben.«

Gunnar konnte ihn nur anstarren. Also nicht einmal Inglis war verschont worden. Diese Inseln brachten nur Tod und Unglück, was sie wahrscheinlich schon immer getan hatten. Heiser fragte er: »Sie haben doch behauptet, er würde durchkommen?«

Dr. Connell hob die Schultern. »Es wurde schlimmer, Sir. Ein innerer Blutsturz brachte das Ende.«

Du herzloser Kerl, dachte Gunnar böse. Typisch für diese verdammten Ärzte!

Connell ging an ihm vorbei und blickte auf die toten Guerillas nieder. Dann schritt er wortlos hinter Gunnar und dem I.O. hinaus in die frische Nachtluft mit ihrem hellen Sternenhimmel und dem beruhigenden Gemurmel der See.

Über seine Schulter fragte Gunnar schroff: »Warum diese Neugier, Doktor?«

Connells Gesicht blieb im Dunkel verborgen. »Mich interessierte nur, Kapitän, wie unsere Männer von diesen Guerillas mit *Bajonetten* durchbohrt worden sein sollen.«

Gunnar fuhr herum. »Ich verstehe!« Er packte Maddox am Ärmel. »Die Maschinenpistolen, die man ihnen abgenommen hat, hatten keine Bajonette!« Er machte eine Pause. »Wenn da nicht noch andere Waffen waren?«

Connell schüttelte den Kopf. »Nein, Kapitän. Wer das unseren Leuten auch angetan haben mag, es war bestimmt keiner von diesen beiden.«

Gunnar drehte sich um und ging eilig hinunter zur Pier. Es rückte allmählich alles auf den richtigen Platz. Die Roten hatten die Wichtigkeit Payenhaus als Basis für die Amerikaner erkannt und ließen sich auch nicht täuschen durch den Vorwand, daß es lediglich als Sträflingslager diene. Es war dasselbe alte Muster von Agenten und Saboteuren, List, Infiltration und Terror. Der arme Inglis war zufällig auf die Guerillas gestoßen. Aber wo waren die anderen, und wie viele gab es noch? Da fehlte ein Glied in der Kette. Gunnar grübelte noch immer, als das Beiboot an der Pier anlegte.

Das Steuerhaus der *Hibiscus* war feucht und stickig. Schwere Regentropfen prasselten gegen die Glasfenster, und tiefhängende, schwarzbäuchige Wolken fegten über die ruhelos anrollenden Wogen, die sich sprunghaft in lange, mit gelblichen Kämmen gekrönte Brecher verwandelten, sobald sie auf den langsam fahrenden U-Boot-Jäger trafen.

Mark Gunnar rieb sich den Mund, um ein weiteres Gähnen zu unterdrücken, und merkte, wie die Müdigkeit seine ausgekühlten Gliedmaßen lähmte. Er spürte das verzweifelte Verlangen, sich hinzusetzen und seine von dem ständigen Ausgleichen der heftigen Schlingerbewegungen überforderten Beine auszuruhen. Mehrmals streifte sein Blick den unbequemen Stahlsitz in der einen Ecke des Steuerhauses, der von Mal zu Mal einladender wirkte.

Seit Stunden stampften sie gegen die aufgewühlte See auf ihrem Weg zum kaum erkennbaren Horizont, der durch die Regenböen immer mehr verblaßte. Alle Stahlplatten und Nieten stöhnten in mißtönendem Protest. Gelegentlich hob eine besonders mächtige See ihr Heck aus dem Wasser, so daß die Schrauben durchdrehten und den gesamten Rumpf von vorn bis achtern schüttelten. Im nächsten Augenblick grub sich das Heck wieder ein, und wie durch Schleusen schoß das schäumende Wasser über Bord. Um diese Jahreszeit waren schwere Stürme im Südchinesischen Meer zwar verhältnismäßig selten, aber wenn sie auftraten, waren sie desto heftiger. Seit zwei Tagen umrundete das kleine Schiff, von Land aus nicht zu sehen, die Inselgruppe. Jedes noch so verschwommene Echo auf dem Radarschirm wurde genau überprüft, was die Nerven der gesamten Besatzung aufs äußerste strapazierte. Wie aus heiterem Himmel hatten sie schließlich einen verschlüsselten Funkspruch aufgefangen, in dem ein Treffpunkt vereinbart wurde, den sie aufsuchen sollten.

Sie hatten zwei Dschunken mit Kurs auf Payenhau gesichtet und beide angehalten. Das Wetter war zu dieser Zeit noch nicht so schlecht gewesen, und Gunnar ließ die *Hibiscus* bei beiden nacheinander längsseit gehen. Die behelmten Geschützbedienungen richteten die dünnen Mündungen der Zweizentimeter-Maschinengewehre auf die hin und her laufenden Chinesen, die sich eifrig bemühten, ihre gerippten Segel zu bergen, wobei sie neugierig auf das hellgraue Kriegsschiff starrten.

Jedesmal war Maddox mit seinem Prisenkommando unverrichteter Dinge zurückgekehrt. Fische, Nahrungsmittel und ein paar Ziegen schienen die ganze Ladung zu sein. Aber Gunnar wußte, daß Menschen und Waffen auf solchen Schiffen geschmuggelt wurden, hauptsächlich in den Doppelböden dieser altertümlichen Fahrzeuge. Maddox hatte jedoch nichts gefunden, selbst nachdem Gunnar ihn noch einmal zurückschickte. Schließlich waren die seltsamen, fledermausartigen Fahrzeuge achteraus geblieben und dann am Horizont verschwunden. Gunnar fragte sich, wie sie wohl diesen plötzlichen Sturm überstanden.

Er zwang sich, an das vor ihm liegende Treffen mit dem U-Boot *Gramrus* zu denken. Es war eins der Unterseeboote, das trotz konventionellen Antriebs schon mit Regulusraketen ausgerüstet war. Jetzt mußte es jede Minute soweit sein. Die Männer am Sonargerät hatten bereits die gleichmäßige Annäherung des Bootes erfaßt, und zweifellos hatte dessen Kommandant die stampfende *Hibiscus* im Radar.

Gunnar versuchte, sich auf das zu konzentrieren, was vor ihm lag, und sich nicht von aufsteigendem Ärger seine Urteilsfähigkeit trüben zu lassen. Weder vertraute man ihm, noch wurde er um seine Meinung gefragt; er und sein Schiff waren nichts anderes als manipulierte Botengänger. Jago mußte bestimmt schon von diesem Treffen gewußt haben, als er die Aufklärungsfahrt um die Insel anregte.

»Auftauchendes U-Boot an Backbord voraus, Sir!«

Gunnar zog sich an der Reling hinaus in die ungeschützte Brückennock. Der heiße, stechende Wind riß ihm fast die Kleider vom Leib, Gischt und Regen durchnäßten ihn bis auf die Haut. Fast mit Neid beobachtete er den häßlichen schwarzen Rumpf, der sich aus der Tiefe hob und seine Schnauze in die ersten heranrollenden Brecher grub. Spritzwasser fegte über den Kommandoturm, wo er bereits Gestalten in Ölzeug erkennen konnte, die wie Robben auf einem überspülten Felsen glänzten. Jetzt konnte er auch den Netzabweiser auf dem Walrücken des Bootes ausmachen, an dem die Tropfen glitzerten.

Erkennungssignale blitzten kurz über das unruhige Wasser, dann wurde ein Schlauchboot über den Ballasttank des U-Boots geschoben. Die hastig geschleuderte Wurfleine der *Hibiscus* wurde von einem der Bootsinsassen ergriffen, und nach ein paar gefährlichen Minuten quietschte es bereits längsseit des narbenbedeckten U-Boot-Jägers.

Gunnar ließ sich die Leiter hinunter, während Maddox und Regan an der Reling warteten. Wegen des heftigen Windes mußte er Maddox seine Anweisungen zuschreien, um sich verständlich zu machen: »Gehen Sie auf Abstand und kommen Sie wieder heran, wenn Sie gerufen werden! Ich beeile mich, soweit das möglich ist!«

Maddox drückte seine Mütze fest und duckte sich vor dem peitschenden Gischt. »In Ordnung, Sir! Das Barometer fällt noch immer!«

Gunnar schwang sich über die Reling und merkte erst jetzt, daß er seine Schwimmweste vergessen hatte. Das kleine Gummidingi stieg aufwärts bis in Höhe seiner Knie und fiel dann ebenso plötzlich in ein tiefes schwarzes Wellental. Es löste möglicherweise alle seine Probleme, dachte er, wenn er jetzt ertränke. Kein mühsames Ringen, kein Todeskampf, lediglich ein Versinken im Nichts, in Vergessenheit. Er schüttelte sich und rief Maddox zu: »Laufen Sie zurück nach Payenhau, wenn es schlimmer wird, und bleiben Sie in Lee der Insel!« Dann fiel er in diese Nußschale aus Gummi zwischen all die ausgestreckten Beine. Im nächsten Augenblick waren sie frei von der Bordwand und glitten durch die tiefen Wellentäler wie eine Wasserschildkröte.

Schnell zupackende Hände zogen ihn auf den algenbedeckten Ballasttank des U-Boots. Wind zerrte an seinen Beinen, dann schoben ihn undeutlich zu erkennende Gestalten zu einer ungewohnten Leiter und hinauf in den Schutz des Kommandoturms. Wie ein hilfloser Gefangener wurde er weitergereicht, während Lukendeckel hinter ihm zuschlugen und der Wachhabende als Letzter hinter den Ausgucksleuten herabstieg.

Er war in einer völlig anderen Welt. Die Nadeln der Tiefenanzeiger fingen an sich zu drehen, während die Männer am Tiefenruder ihre polierten Räder herumwirbelten und die Instrumente beobachteten wie Wettkunden den Totalisator beim Pferderennen. Der Kommandant, ein untersetzter Fregattenkapitän in salzverkrustetem Parka, lächelte Gunnar zu und deutete auf den schwingenden grünen Vorhang zur Zentrale. »Die Lametta wartet schon, Kapitän!« Über die Schulter rief er: »Recht so! Periskop ausfahren!« Zischend fuhr eins der Sehrohre nach oben, und nach kurzem Rundblick fragte der Kommandant: »Wollen Sie mal durchsehen?«

Gunnar beugte den Kopf und konnte im ersten Augenblick überhaupt nichts erkennen. Er duckte sich instinktiv, als plötzlich ein gewaltiger, schaumgekrönter Wellenkamm auf ihn zurollte und die Linse unter sich begrub. Es war ein eigenartiges Gefühl, als schwimme er ganz allein in der stürmischen, aber lautlosen See. Die Optik tauchte wieder auf, und da sah er seine *Hibiscus.* Aus diesem Winkel wirkte sie seltsam hilflos. Ihr Rumpf glänzte matt im grauen Licht, deutlich war ihr Übelkeit erregendes Rollen zu erkennen. Einmal sah Gunnar das von Deck strömende Wasser und die überfluteten Wasserbomben, dann wieder ihren Schlingerkiel und eine rasende Schraube. Auf jeden Fall wirkte sie verlassen und ausgeliefert, dachte er grimmig, während er sich bemühte, sie im Fadenkreuz zu halten. Schließlich trat er zur Seite und sah zu, wie das Periskop zischend zurückglitt in seinen Schacht.

Die modrige Luft verursachte ihm leichte Übelkeit, ebenso der Geruch nach Dieselöl, Schweiß, abgestandenem Essen und zusammengepferchten Menschen. Überall auf der Welt dienten Matrosen unter diesen fürchterlichen Bedingungen. Und wofür? Die meisten Leute zu Hause hatten keine Ahnung, was sich hier abspielte, genossen den Krieg am Fernsehgerät und schliefen ruhig in dem Bewußtsein, daß »irgend jemand« die Schmutzarbeit erledigte, um den Frieden zu wahren.

Der U-Boot-Kommandant sagte: »Gehen Sie bitte in die Messe, dort gibt es Kaffee und etwas zu essen, sobald Ihre Besprechung beendet ist.« Er grinste, so daß sein stoppelbärtiges Gesicht jünger wirkte. »Sie müssen wirklich ganz oben rangieren, um eine derartige Vorzugsbehandlung zu kriegen.«

Gunnar zwang sich zu einem Lächeln und dachte: Wenn du wüßtest! In der winzigen Messe saß ein hagerer, hohlwangiger Offizier vor einem Schachbrett. Er trug Khaki, wirkte aber im Gegensatz zu den

U-Boot-Fahrern entspannt und gepflegt: ein Konteradmiral, grauhaarig und streng wie ein alter Schulmeister. Er schüttelte Gunnar kurz die Hand und sagte: »Mein Name ist Sanders, ich nehme an, Sie haben schon von mir gehört.« Das war nicht Eitelkeit, sondern nur eine trockene Feststellung, wie sie zu diesem Mann paßte.

Gunnar setzte sich auf eine gepolsterte Bank. Natürlich kannte er den Namen Sanders, er war einer der führenden Männer im Marinenachrichtendienst. Obwohl er die Öffentlichkeit scheute, erschien er mitunter auf Gruppenfotos in der internationalen Presse, seien es nun Berichte über die Nato, die Seato, die UN oder eine Gipfelkonferenz. Sanders war so gut wie immer dabei.

Jetzt saß er Gunnar gegenüber an Bord eines getauchten U-Boots mitten im Südchinesischen Meer. Er zog einen Schnellhefter aus einer abgewetzten Aktenmappe, der voll Eselsohren und mit winzigen gekritzelten Notizen bedeckt war.

Konteradmiral Sanders blickte in den aufgeschlagenen Ordner und sagte: »Ich habe von Ihrem Pech gehört. Es tut mir sehr leid um den jungen Inglis. Er kam aus einer guten Familie und hätte es eines Tages weit bringen können.«

Gunnar dachte an Inglis mit seiner quälenden Unentschlossenheit und mangelnden Selbstsicherheit und versuchte, ihn so zu sehen wie der Admiral.

Sanders fuhr fort: »Aber so geht es im Leben. Sie können von roten Heckenschützen erschossen oder von einem betrunkenen Fahrer plattgewalzt werden. Das nennt sich dann moderner Lebensstil.« Er musterte Gunnars übermüdetes Gesicht. »Wie finden Sie Payenhau?«

Das war eine umfassende Frage, und Gunnar antwortete langsam und überlegt: »Ich habe die Vermessungsarbeiten nahezu beendet.« Da der Admiral keine Antwort gab, fügte er hinzu: »Ich rechne damit, bald nach Taiwan geschickt zu werden, um mein Boot dort zu übergeben.« Er versuchte, die Verbitterung in seinem Ton zu unterdrücken, merkte aber, wie der Admiral sich versteifte.

Schließlich sagte Sanders: »Ich fürchte, daß ich Ihnen noch keinen Kommandowechsel ankündigen kann. Gerade jetzt brauche ich Ihr Schiff in Payenhau.«

»Ich verstehe nicht ganz –«, stammelte Gunnar.

»Wenn Sie allerdings Ihr Schiff lieber an einen anderen Offizier abgeben wollen, könnte ich sicherlich einen herüberfliegen lassen.«

Das klang täuschend beiläufig. »Aber natürlich sähe ich es lieber, wenn hier alles still und ruhig bliebe, mit Ihnen am Ruder, sozusagen.«

Gunnar versuchte noch einmal, Aufklärung zu erhalten. »Ich möchte nur gern wissen, was hier gespielt wird, Sir. Offensichtlich bin ich bei Major Jago nicht gerade willkommen, und der Ort selbst scheint nichts anderes zu sein als ein großes Gefängnis.«

Sanders lächelte frostig. »Auch ich habe bereits festgestellt, daß Jago nicht gerade begeistert ist über Ihre Anwesenheit.« Mit einer Handbewegung wischte er die Angelegenheit vom Tisch. »Aber er ist ein guter Mann, und Sie stehen im Augenblick zur Verfügung.« Er neigte den Kopf. »Hören Sie das?«

Gunnar lauschte, während der Admiral ihn beobachtete. Zuerst ganz schwach, dann ständig zunehmend und das Brummen der Elektromotoren übertönend, hörte er das gleichmäßige Stampfen von Maschinen.

Der Admiral grinste. »Ihr Schiff, Kapitän. Es steht jetzt über uns, und jeder Mann an Bord fragt sich, was Sie dort unten treiben.« Er straffte sich. »Jetzt hören Sie mir zu, mein Junge, und zwar genau. Ich kenne Ihre Personalakte und weiß eine Menge mehr über Sie als die meisten anderen, und was ich nicht weiß, kann ich erraten. Sie haben das Gefühl, daß ein Makel auf Ihnen lastet, und deswegen sind Sie verbittert. Das Problem wird sich von selbst lösen, und ich habe nicht die Zeit, mich um Ihre privaten Sorgen zu kümmern. Im Augenblick muß ich mich auf sehr viel dringendere Dinge konzentrieren. Payenhau ist auf dem besten Weg, ein Pulverfaß zu werden. Irgend etwas braut sich zusammen, aber wir wissen noch nicht alle Einzelheiten. Nur eins ist sicher: Die Roten haben ihre Schlitzaugen auf die Inseln fixiert und werden nicht mit sich spaßen lassen. Das Dumme ist«, er blickte hinab auf das Schachbrett, als suche er dort nach einer Lösung, »Rotchina ist diesmal in sehr günstiger Position. Payenhau gehört tatsächlich weder ihm noch Taiwan. Es war unter dem alten Regime lediglich eine kleine Fischergemeinde, die ab und zu von schutzsuchenden Handelsschiffen angelaufen wurde. Die Nationalchinesen haben darauf ihr Sträflingslager errichtet, ohne jemanden zu fragen, dann haben sie es verstärkt, einen Militärgouverneur eingesetzt und so weiter. Aber es bestand dort schon ein selbständiges Gemeinwesen, bevor das Militär die Regie übernahm. Manche behaupten, diese alten Führer liegen nun in Lauerstellung und warten auf den Abzug der Truppen und der Gefangenen. Ihnen und mir ist jedoch klar, daß dies niemals eintreten wird.«

Gunnar merkte, daß er gar nicht mehr müde war. »Was könnten die

Roten schon tun, Sir? Bestimmt würde doch die Siebte Flotte jeden Invasionsversuch im Keim ersticken?«

»So einfach ist das nicht. Wenn die Roten die Inselbewohner davon überzeugen, daß sie im Recht sind und der Kommandeur lediglich ein Lakai der Imperialisten, wenn sie ihnen weiter einreden, dieser stimme zu, daß in Payenhau eine riesige US-amerikanische Flottenbasis errichtet wird, dann könnten sie tatsächlich eines Tages aufbegehren.«

»Ich sehe da gar kein Problem, Sir. Wir könnten doch leicht die ganze Inselgruppe mit Soldaten überschwemmen.« Mit plötzlicher Klarheit erinnerte er sich an Major Jagos Worte: *Wenn ich doch nur hundert Marines hätte.* »Oder die Nationalchinesen könnten es von Taiwan aus tun.«

Der Admiral nahm einen Bauern hoch und schüttelte den Kopf. »Im Augenblick wäre das zu riskant. Wir sind schon über die britischen Behörden in Hongkong gewarnt worden, daß Rotchina eine Massierung unserer Streitkräfte als Bedrohung für die Sicherheit dieser Region ansehen würde.« Energisch machte er seinen Zug. »Nein, das geht nicht, zumindest jetzt noch nicht. Außerdem sind gerade große Flottenbewegungen in Gang, wodurch unsere Seestreitkräfte hier um Payenhau ein bißchen knapp sind. Wir müssen den Funken ruhig beobachten, damit er nicht zur offenen Flamme wird. Zwar haben wir Atom-U-Boote und mit Raketen bestückte konventionelle Boote wie diese hier, aber die sind bei derartigen Krisen völlig nutzlos. Es wäre so, als wolle man eine Fliege mit Wasserbomben umbringen.«

Gunnar lauschte auf das Maschinengeräusch der *Hibiscus*, aber es war nicht mehr zu hören. Er fragte sich, wie Maddox mit dem Schiff im Sturm zurechtkam. Hier unten war es fast unmöglich, sich das Wetter oben vorzustellen, auch verlor man jegliches Zeitgefühl. Schließlich sagte er: »Also ist mein Schiff so eine Art Versuchskaninchen, Sir?«

»Ich sehe in ihm eher meinen Fühler in Payenhau. Um ehrlich zu sein: Ich bin nicht sicher, was sich ereignen wird, aber meine britischen Freunde versichern mir, daß die Roten fürchten, wir könnten uns stärker in Payenhau engagieren. Nein, unsere Aufgabe ist es, die Nationalchinesen hier in die Lage zu versetzen, auf eigenen Füßen zu stehen. Die USA pumpen Milliarden Dollar in jedes Land, das an den kommunistischen Block grenzt. Da ist es unvermeidlich, daß wir gelegentlich auch Länder und Regierungen unterstützten, die es in Wirklichkeit nicht verdienen. Wir haben zwar nicht die Absicht, uns hier draußen voll zu engagieren, aber um unsere Verpflichtungen werden wir uns trotzdem nicht drücken.« Er machte eine Pause. »Lassen Sie sich jetzt auf Ihr Schiff übersetzen und kehren Sie nach Payenhau zurück. Wenn der Sturm nachläßt, helfen wir Ihnen später, so gut wir können. Aber bei den ersten Anzeichen von Unruhe zähle ich auf Ihre Besonnenheit.«

Gunnar war nicht imstande, seine Enttäuschung zu verbergen. Wenn die Kommunisten die Insel angriffen, würde die *Hibiscus* also geopfert werden, um der Siebten Flotte einen Grund zum massiven Eingreifen zu geben. Andernfalls würde das Schiff hier herumhängen, bis jeder seinen Anblick kaum noch ertragen konnte. Schon jetzt schienen Zweifel an der Berechtigung ihrer Anwesenheit aufzukommen.

Der U-Boot-Kommandant steckte den Kopf in die Messe. »Der Sturm oben flaut ab, Sir. Jetzt wäre eine gute Gelegenheit zum Übersetzen, bevor es wieder auffrischt.«

Der Admiral nickte, als sei dies genauso vereinbart worden. »Gut.« Er warf noch einen Blick auf Gunnars düsteres Gesicht. »Bereiten Sie sich auf alle möglichen Störungen vor, mein Junge, aber versuchen Sie, diese möglichst zu vermeiden.« Er streckte Gunnar die Hand hin. »Viel Glück! Eins ist sicher: Payenhau darf kein neues Kuba werden!«

Luft schoß donnernd in die Ballasttanks, und das Deck kippte nach oben. Befehle wurden gerufen, und Gunnar hörte das Öffnen einer Luke. Der Admiral begleitete ihn in die hell erleuchtete Zentrale. »Noch etwas: Denken Sie daran, daß die Einwohner von Payenhau eine geschlossene Gemeinschaft bilden und Einmischungen nicht gern sehen. Wenn irgendeine Andeutung davon in die Weltpresse gelangt«, jetzt lächelte er, »könnte das erheblich zum Absinken Ihrer Beliebtheit beitragen. Also passen Sie gut auf!«

Gunnar stieg hinauf in die frische Luft, in eine Welt, die er kannte und der er mehr vertraute als den Halbwahrheiten, die irgendein Admiral äußerte. Er versuchte, sich selbst so zu sehen, wie er den fernen Planern erschien, die ihn für diese Aufgabe ausgewählt hatten. Sie hätten keinen besseren Mann zum Prügelknaben machen können als ihn. Wenn die seit langem geplante Unternehmung Payenhau günstig ausging, würden andere den Ruhm dafür ernten. War das aber nicht der Fall, bestand kaum ein Zweifel daran, wem man die Schuld zuschieben würde.

Burgess

Robert Maddox leckte sich den Rest Rührei aus dem Mundwinkel und trat hinaus aufs Hauptdeck. Gewohnheitsmäßig kniff er die Augen zusammen und blinzelte ins grelle Licht. Er hatte in der leeren Messe ein spätes Frühstück zu sich genommen und war jetzt bereit für den neuen Tag. Seltsam, bei einem Blick über die Reling nicht mehr das ferne, vertrocknete Gestrüpp auf den Hügeln zu sehen, sondern die Pier selbst.

Als sie von dem Treffen mit dem U-Boot zurückgekehrt waren, hatten sie die *Hibiscus* vorsichtig an dem wackeligen Steg festgemacht. Was immer Gunnar quälen mochte, entschied Maddox, auf jeden Fall konnte er ein Schiff handhaben. Breitbeinig und bewegungslos hatte er auf der oberen Brücke gestanden, die Augen fest auf den schmaler werdenden Wasserstreifen gerichtet. Dann hatte sich mit einem ganz leichten Stoß die *Hibiscus* sanft mit dem Heck zum Land an die Pier geschmiegt.

Nach einem kurzen Besuch bei Major Jago hatte sich Gunnar in seine Kammer zurückgezogen und die Schiffsoffiziere sich selbst überlassen. Von dem Sturm war kaum noch etwas zu merken. Nur eine abgedeckte Hütte am Strand und das zähe Gras auf den Hängen, das aussah, als sei es gegen den Strich gebürstet worden, zeugten von seinem Durchzug.

Jetzt war ein neuer Arbeitstag angebrochen. Maddox beobachtete, wie Kapitänleutnant Regan mit seinen steifen Schultern eine Schlange von Seeleuten über die Pier geleitete und dann weiter zum Vorland. Das Schiff wirkte völlig verlassen, und Maddox mußte sich zusammennehmen, um den Gruß von Obermaat Tasker zu erwidern, der mit melancholischem Gesicht vor ihm stand und über einer Liste brütete.

Tasker musterte Maddox, als kritisiere er stumm dessen spätes Erscheinen an Deck. »Beide Boote sind unterwegs, Sir. Mr. Kroner ist mit der Gig weggefahren, und Obermaat Anders ist mit seinen Lotgasten auf dem anderen Boot unterwegs zur Vermessung der Westeinfahrt.«

Maddox grunzte zustimmend. Sie benannten die verschiedenen Orte hier mit solch beiläufiger Gleichgültigkeit, als seien sie schon seit Jahren auf der Insel. Er blickte hinüber zu der kleinen Gruppe auf der Pier, die Dieselfässer zur Stadt rollte, wobei sie auf den unebenen Planken nur langsam vorwärtskamen. Die Radar-Reflektoren lagen in ihren Segeltuchbezügen schon auf der Pier. Es war Maddox bekannt, daß der Kommandant die Decksladung eigentlich erst dann hatte an Land geben wollen, wenn sie tatsächlich benötigt wurde, aber die Topplastigkeit des Schiffes im Sturm ließ ihnen keine andere Wahl.

»Wie viele Leute sind noch an Bord, Tasker?«

Der Obermaat blickte auf seine Liste. »Zwölf im Maschinenraum und diese zehnköpfige Arbeitsgruppe hier, Sir.«

»Fragen Sie Mr. Malinski, ob er noch ein paar Mann entbehren kann. Wir wollen das Löschen so rasch wie möglich hinter uns bringen, sonst kippen uns die Leute in der Mittagshitze noch um.«

Tasker zog eine verächtliche Grimasse. »Das würden sie nicht wagen«, war seine säuerliche Antwort, aber dennoch stampfte er wie in Gedanken zum Maschinenraum.

Maddox ging zum Achterdeck und blickte hinüber zu der schweigenden Siedlung. Sie schien ihm noch verlassener als sonst. Die Soldaten, die normalerweise die Pier bewachten, waren ebenfalls nicht zu sehen, und Maddox fragte sich, ob sie zu Manövern abgezogen waren oder zu dem, was sich gerade im Norden der Insel abspielte. Gunnar hatte die Aktivität der Truppen erwähnt, als er von Jagos Hauptquartier zurückgekommen war, und Maddox stellte sich vor, daß der Major jetzt in seinem Element war. Kriegspielen, dachte er bitter und sah wieder Inglis vor sich. Er wurde einfach nicht den Verdacht los, daß der Junge sinnlos gestorben war, wegen der Dummheit irgendeines Zuständigen.

Er hörte schlurfende Schritte und sah Malinskis fahles Gesicht hinter dem Schutzschild des Vierzentimetergeschützes auftauchen. »Ich schicke Ihnen beinahe alle meine Leute herauf, Bob«, bemerkte er müde. »Hier gibt es im Augenblick ohnehin nicht viel für sie zu tun.«

Maddox lächelte. »Danke. Dieses Leben verlangt einen ständigen Nachschub an eiskaltem Bier in großen Mengen.«

Malinski nickte und wischte sich die fettigen Hände an den Hüften ab. »Was ist das für eine feierliche Veranstaltung an Land? Eine Wahl?«

Maddox grinste und sah ihn an. »Kommt mir eher vor wie ein Trauertag. Es ist wohl wegen –« Er brach ab, vor Staunen klappte ihm der Unterkiefer herunter. Die breite, staubige Straßengabelung jenseits der Pier, die eben noch völlig verlassen gewirkt hatte, war mit einem Mal von zahlreichen Gestalten blockiert. Eine schweigende, langsam vorwärtsdrängende Menge in schmutzigen Lumpen näherte sich dem Schiff.

Malinski sah in Maddox' besorgtes Gesicht. »Unruhe?«

Maddox leckte sich die Lippen. Er hatte das Gefühl, als verliere er die Kontrolle über die Ereignisse. Die Menschenmenge, die sich der Pier näherte, schien ihn regelrecht zu hypnotisieren. »Ich weiß nicht, was ich davon halten soll«, sagte er. »Aber wenn das Unruhe bedeutet, sollten wir besser etwas unternehmen.«

Langsam erwiderte Malinski: »Ich habe schon ähnliches erlebt. Ich hole den Skipper, Bob, und schlage vor, daß Sie die Arbeitsgruppe zurückrufen.« Damit war er verschwunden.

Langsam stieg Maddox die Gangway hinab, sein Herz schlug schmerzhaft gegen die Rippen. Das Ganze war lächerlich, geradezu idiotisch, sagte er sich. Die Bedrohung existierte nur in seinem Kopf, vergrößert wie alles seit dem Mord an Inglis.

Er winkte den Seeleuten zu. »Zieht euch zurück, Leute!« Und Obermaat Tasker, der wie ein interessierter Zuschauer am Anfang der Pier stand, befahl er: »Formieren Sie die Männer in einer Linie quer über den Steg, zwischen den Vorräten und dieser Menge!«

»Was ist hier los?« Gunnars Stimme klang heiser.

Maddox fühlte Erleichterung. »Ich bin mir noch nicht sicher, Sir.«

»Wie viele Dieselfässer sind schon an Land?« Maddox berichtete. Der Kommandant sah unrasiert aus und schien in seinem Khakizeug geschlafen zu haben. »Und ausgerechnet heute ist Jago nicht hier.«

Maddox folgte ihm durch die Kette der Seeleute und blieb ein paar Meter vor dem Ufer stehen. Rasch überlegte er ihre Optionen. Die Sperre der unbewaffneten Seeleute quer über die Pier würde die Menge vom Achterschiff der *Hibiscus* fernhalten; die Heckleinen hatten sie jedoch bereits erreicht. Um das Schiff loszuwerfen, konnten sie nur noch die Leinen kappen, und niemand vermochte zu sagen, was die feindliche Menge dann tun würde. Maddox fing an zu schwitzen. Er konnte Unsicherheit auf den Gesichtern der Chinesen erkennen, aber auch Zorn und Feindseligkeit. Auf ein dumpfes Geräusch am hinteren Ende der Menschenschlange hin schwoll das zwitschernde, schnatternde Gemurmel zu unartikulierten Rufen und Schreien an. Weder schien es einen Führer zu geben, noch einen festen Plan. Die vordersten in der Menge schwankten und stolperten, als würden sie von hinten gestoßen. Etwa zweihundert Leute insgesamt, dachte Maddox besorgt, und weitere kamen noch die Straße herab.

Gunnar trat vor und stand nun der Menge direkt gegenüber. Er rief

Maddox zu: »Schicken Sie zwei Mann zurück an Bord, sie sollen die Wachen an der Gangway verstärken und mit Gewehren ausrüsten. Der Funkraum soll mit Major Jago Verbindung aufnehmen und ihm mitteilen, was sich hier ereignet.« Er blickte hinauf zur fernen Festung. »Da oben kann kaum noch jemand zurückgeblieben sein.«

Die Menge schien mit ihrem Lärm die Amerikaner einzuschließen. Zwei oder drei Chinesen hatten schon die Pier selbst erreicht, und Maddox spürte die Bretter unter seinen Füßen zittern. Er merkte, daß aufsteigende Wut seine bisherige Angst verdrängte, und rief zornig: »Diese verdammten Schufte!«

Gunnar fuhr ihn an: »Das genügt, Mr. Maddox! Bleiben Sie ruhig!« Ohne sich umzudrehen, rief er zum Schiff zurück: »Sind die Gangwayposten auf Position?«

Eine Antwort wurde gerufen, man hörte das scharfe metallische Klicken des Durchladens.

Gunnar seufzte. »Also, fangen wir an!« Ohne sich um Maddox und die anderen zu kümmern, trat er noch ein paar Schritte auf die Menge zu. Er konnte sie riechen, ihren dumpfen Zorn spüren, hätte ihre geflickten Kittel und verarbeiteten Hände berühren können. Im Gegensatz zu Maddox empfand er weder Furcht noch Wut, sondern eher eine kalte Erregung wie ein Mann, der in etwas Schreckliches verwickelt ist, das seiner Kontrolle entgleitet.

Er hob die Hände. »Bleibt weg von meinem Schiff!«

Ein paar Sekunden schwieg die Menge, aber hinten erschollen bereits wieder schrille, drängende Rufe, fordernd, höhnisch und eindringlich. Gunnar spürte, daß sich Schweiß unter seiner Mütze sammelte. Es geschah also wieder einmal, genau wie damals in Vietnam. Der kopflose Mob wurde von eiskalten Aufwieglern benutzt wie eine Keule, um die Eindringlinge zu vernichten. Aus dem Augenwinkel sah er das Aufblitzen eines durch die Luft fliegenden Steins und hörte einen Mann in seinem Rücken schmerzlich aufschreien.

Das wirkte wie ein Signal. Mit einem mächtigen Ruck drängte die Menge vorwärts, und auf einmal war Gunnar völlig eingeschlossen, halb erstickt unter kämpfenden, geifernden Menschen. Irgend jemand schlug ihm mit aller Gewalt in den Magen, er spürte einen Stoß, der ihn niederwarf. Eine Planke splitterte, ein Mann schrie gellend auf, als sein Bein in dem Spalt steckenblieb und er von den Nachdrängenden überrannt wurde. Blinder Wahn, aber vielleicht auch gezielte Zerstörungswut trieb die bisher apathischen Chinesen vorwärts, und es war Gunnar klar, daß innerhalb weniger Sekunden alles zu Ende sein würde.

Er trat einem Angreifer in die Kniekehle und schob einen anderen mit der Faust zurück. Die Menge drückte ihn gegen einen breiten hölzernen Poller, und er zog sich hinauf. Dort oben sah er sich nach seinen verstreuten Leuten um. Maddox war ohne Mütze, eine Blutspur zog sich über seine Stirn. Zwei Matrosen schwammen im Wasser unter der Pier, hinuntergestoßen oder hineingesprungen. Gunnars Blick blieb an der einzigen Gestalt hängen, die im Augenblick noch Herr der Lage war: Pirelli. Er stand am Heck, und das Gewehr in seinen mächtigen Fäusten wirkte klein wie ein Spielzeug. Er verhielt sich vollkommen still, nur seine Augen folgten aufmerksam der vorwärtsdrängenden Menschenmenge. Pirelli hatte seit dem Tod seines Freundes Grout Landgangverbot, da zu befürchten war, daß er sich an den Insulanern rächen wollte. Seine Neigung zur Gewaltätigkeit war nur allzu bekannt. Aber in diesem Augenblick war Gunnar klar, daß er der Mann war, den er brauchte. So laut er konnte, rief er: »Schießen Sie über ihre Köpfe, Pirelli!«

Von seinem Platz am Heck musterte der riesige Seemann die wogenden Leiber mit eiskalter Genugtuung. Der Gewehrkolben an seiner Wange fühlte sich warm an, langsam hob er den Lauf, bis er den hölzernen Poller, auf dem der Kommandant schwankend stand, genau im Visier hatte. Eine Hand aus der schreienden Menge zerrte bereits mit aller Gewalt an Gunnars Bein und drohte ihn herunterzureißen. Wenn das gelang, war er erledigt.

Pirelli hielt den Atem an und drückte ab. Der Knall des Schusses zerriß die Luft, und im selben Augenblick schrie der Chinese gellend auf. Die Hand verschwand blitzartig, und Pirelli sah Blutstropfen auf Gunnars Hose spritzen. Er feuerte wieder und wieder, bei jedem Schuß hüpfte sein Herz vor grimmiger Genugtuung. Durch den Qualm sah er Grouts verstümmelten Körper vor sich und den armen Inglis, der sich in seinem Blut wälzte wie ein verwundetes Tier. Er schoß noch immer, als Obermaat Tasker sein Gewehr beiseite stieß und ihn von der Reling zerrte.

»Das reicht, du verdammter Vollidiot!«

Pirellis Blick war völlig leer, er ließ sich ohne weiteres beiseite schieben. Unten stob jetzt der Mob verängstigt auseinander. Innerhalb weniger Minuten war die Straße so leer wie vorher – bis auf einen Verwundeten, der grotesk auf einem Bein hüpfte. Zwei Gestalten lagen auf dem staubigen Boden, der eine reglos mit einem Einschußloch zwischen den Augen, der andere bewegte sich noch und versuchte verzweifelt wegzukriechen.

Jetzt quietschten Bremsen, und zwei Jeeps spieen Soldaten mit Stahlhelmen auf die Straße oberhalb des Strandes. Befehle wurden gerufen, und mehrere Feuerstöße waren zu hören. Gunnar lehnte sich gegen den Poller und rieb sich eine Kratzwunde am Arm. Ein Seemann übergab sich auf der Pier, zwei anderen wurde der Kopf verbunden. »Dies hier ist ja noch ein Kind, Kapitän!« rief Dr. Connell hinter ihm erstaunt aus.

Mühsam drehte Gunnar sich um und sah, wie ein Seemann das letzte Opfer Pirellis aufhob. Es war in der Tat ein Kind, ein dunkelhaariges Mädchen von etwa zwölf Jahren; auf seiner Drillichjacke glitzerte es rot im Sonnenschein.

Empört rief der Arzt: »Das war reiner Mord!«

»Hätten Sie lieber das Schiff verloren?« Kalt musterte ihn Gunnar und bemerkte dabei die Stille, die sich über die Siedlung gebreitet hatte. Der Arzt wandte ihm den Rücken zu und beugte sich über das jammernde Kind.

Gunnar rief hinauf zum Heck der *Hibiscus*: »Lassen Sie Pirelli in die Arrestzelle sperren, Obermaat Tasker!« Zu den Leuten in seiner Umgebung sagte er: »Dafür bringe ich ihn vors Kriegsgericht!«

Er sah zu, wie Tasker Pirelli am Arm nahm und nach unten führte, und dabei wurde ihm klar, daß er eigentlich sich selbst bestrafen müßte. Manche mochten sagen, Pirelli habe seinen Befehl überschritten, das sei nicht Schuld des Kommandanten. Aber Gunnar wußte, daß dies nicht stimmte. Er hatte tatsächlich gewünscht, daß Pirelli gezielt schießen sollte, nicht über ihre Köpfe hinweg, sondern in ihre widerlichen, schreienden Gesichter. Er schwankte, hörte das Kind wimmern und wäre ihm gern zu Hilfe geeilt. Statt dessen sagte er schroff: »Wir lassen künftig eine bewaffnete Wache am Fallreep aufziehen, Mr. Maddox. Und wenn Major Jago zurückkehrt, werde ich ihm meine Meinung sagen!«

Maddox sah Gunnar nach, wie dieser über die Pier ging: das Hemd zerrissen, das Gesicht zerkratzt und zerschlagen. Diese schlanke, einsame Gestalt hatte das alles hier zu verantworten und noch vieles mehr, bevor sie wieder aus Payenhau ausliefen. Da hörte er Regans Arbeitstrupp zurückkommen, im Gleichschritt, ohne jede Aufregung. Wie typisch für Regan, dachte Maddox böse. Ihm war zwar klar, daß der Artillerieoffizier richtig handelte, trotzdem haßte er ihn dafür.

Regan inspizierte den Toten und sagte knapp: »Schade, daß ich das versäumt habe. Ich hörte die Schüsse und dachte, die Roten hätten eine Invasion gestartet.« Fragend sah er Maddox an. »Da hat er ja schönen Mist gebaut!«

Wütend fuhr Maddox herum. »Verdammt noch mal, halt bloß die Schnauze!« Er hörte Regans typisches, bellendes Lachen hinter sich, und als er sich umdrehte, sah er angewidert, daß dieser einen Fuß auf den Leichnam setzte, während einer seiner Männer so tat, als fotografiere er die Szene, zum großen Vergnügen der anderen.

Dr. Connell kam über die Pier gelaufen. »Können Sie mit anfassen, Bob? Ich will dieses Kind zu seinen Eltern zurückbringen. Es wird am Leben bleiben, aber ich muß es im Auge behalten.«

Maddox nahm sich zusammen. In diesem ganzen Chaos schien ihm nur der Arzt vernünftig geblieben zu sein. »Wo wohnt sie denn?«

»Im Fischerdorf. Sie sollten doch ohnehin dort die Sache mit dem Boot für den Kommandanten klären.«

Maddox warf einen Blick hinüber zu den Soldaten auf der Straße, sie rauchten oder stützten sich auf ihre Gewehre. Ein Jeep ratterte den Berg hinauf zum Fort, und ein paar Einheimische liefen anscheinend ziellos in den staubigen Straßen herum. War das Ganze nicht doch nur ein Alptraum gewesen? Maddox betastete das geronnene Blut auf seinem Gesicht und sah die Blutspuren auf dem hölzernen Poller, wo der Kommandant schwankend gestanden hatte. Schließlich sagte er entschlossen: »Ich komme mit. Muß mich nur abmelden.«

Dr. Connell sah ihm nach, und Regan bemerkte das nachdenkliche Gesicht des Arztes. Lässig trat er nach dem Leichnam. »Ist Ihnen übel, Doc?« Seine Männer lachten unsicher.

Dr. Connell musterte Regan kalt. »Nein, ich dachte nur gerade, daß sie dasselbe mit Ihrer Leiche tun werden, wenn die Zeit gekommen ist.« Damit ging er wieder zu dem verwundeten Kind.

Regan rief: »Aber bestimmt nicht in diesem Kaff hier!« Doch jetzt lachte niemand mehr über seine Worte.

Das Fischerdorf lag nur eine Viertelstunde von der Hauptsiedlung entfernt, schien sich aber mit seinen zerbrechlichen, dicht am Wasser gebauten Holzhäusern bewußt von ihr abzusetzen. Der Steilhang verhinderte eine weitere Ausdehnung des Dorfes, so daß manche neueren Gebäude zum Teil auf starken Pfählen in der See selbst standen. Am Ufer dümpelten zahlreiche flache Boote inmitten eines Gewirrs trocknender Netze, Schwimmkugeln und handgefertigter Fischkörbe. So dicht gedrängt standen die Häuser, daß die Gassen dazwischen schmalen Tunnels glichen, die Fenster einander auf Armlänge gegenüberlagen und die schnatternden Frauen in die dunklen Hausflure treten mußten, um jemanden vorbeizulassen. Über allem hing ein Duft nach gebratenem Fisch und gekochtem Reis, Gewürzen und geteertem Holz. Überall herrschte emsige Tätigkeit, was man von der Hauptsiedlung keineswegs sagen konnte.

Maddox war schweißgebadet, als er mit dem Doktor den Rand des Dörfchens erreichte, und seine Arme waren taub vom Gewicht des Kindes, das mit großen schwarzen Augen unverwandt zu ihm aufblickte. Die Kugel hatte den dünnen Arm glatt durchschlagen, glücklicherweise ohne den Knochen zu verletzen. Der weiße Verband und die blanke Schiene stachen grell ab von der geflickten, blutverschmierten Kleidung.

Connell trug die Tasche mit dem roten Kreuz und paffte eine dünne schwarze Zigarre, die eine schmale Rauchspur zurückließ.

»Wie weit noch, Doc? Meine Arme sind lahm!« knurrte Maddox.

Connell schielte in die Hauptgasse, von der verschiedene kleine Wege abbogen und in einem Gewirr schiefer Wände, Binsenmatten und überraschend hübscher Laternen verschwanden.

»Hier am Wasser entlang, vermute ich. Dies muß übrigens das Boot sein, das Sie suchen.« Er deutete auf eine einzelne hohe Mastspitze, die sich sanft über den spitzen Dachfirsten wiegte. »Gehen wir am besten zuerst dorthin.«

Die Einwohner waren vor den Haustüren erschienen, meist Frauen, wie Maddox schon erwartet hatte. Die Fischer verbrachten die meiste Zeit draußen auf See und versuchten alles zu fangen, was zur Ernährung der rasch wachsenden Bevölkerung und der Gefangenen beitragen konnte. Aber zahlreiche Kinder waren da, klein und dunkelhäutig, und starrten neugierig die beiden Marineoffiziere an.

Den Dorfbewohnern merkte man deutlich Armut und Entbehrung an, die ihren täglichen Existenzkampf beherrschten, aber keiner brachte ihnen die servile Schmeichelei entgegen, die Maddox erwartet hatte. Genügsam waren sie und verrieten nichts von ihren Gedanken. Jeder auf der Insel wußte wahrscheinlich genau Bescheid über die Schießerei und ihren wirklichen Grund. Aber keineswegs spürte Maddox offene Feindseligkeit, lediglich die übliche wachsame Neugier gegenüber Fremden.

Unerwartet traten die Häuser zurück und gaben einen kleinen Platz frei, auf dessen anderer Seite ein niedriges, weiß gestrichenes Gebäude mit großer Veranda stand. Es wirkte sehr europäisch, ragte jedoch auf verwitterten Pfählen ebenfalls über die klatschenden Wellen hinaus. Durch seine offenen Türen und Fenster sah Maddox die See dahinter und den plumpen schwarzen Rumpf eines großen Arbeitsbootes. Es war ein motorisiertes Fischerfahrzeug des Typs, der während des Zweiten Weltkriegs von den Engländern als Marinetender und Mädchen für alles benutzt und inzwischen längst durch moderne, elegante Hochleistungsboote ersetzt worden war. Sein Name, *Osprey**, stand auf der Seite des kleinen Steuerhauses, und zwei Gestalten waren auf dem breiten Deck eifrig mit Eimern, Wasser und langstieligen Schrubbern beschäftigt.

»Mal sehen, ob hier jemand weiß, wohin das Kind gehört«, meinte Dr. Connell.

Dankbar lehnte sich Maddox gegen die Veranda. Wie auf Signal erschien ein grobknochiger Chinese in zu großer Jacke, lief die glatten hölzernen Stufen zu ihnen herab und verbeugte sich höflich. »Ich nehmen Kind, es gehören Leuten unten!« Er sprach mit hoher, blechern klingender Stimme. »Sie gehen hinein, ja?«

Seine hageren Arme bestanden nur aus Muskeln, und er hob das Mädchen mit derartiger Leichtigkeit auf, daß Maddox keine Zeit zum Protest blieb. Das Kind lächelte strahlend und hob stolz seinen bandagierten Arm.

Stirnrunzelnd trat Dr. Connell heran. »Ich habe das Gefühl, daß wir ihren Eltern eine Erklärung schuldig sind.«

»Ach, lassen wir sie lieber allein, Doc.« Maddox fächelte sich mit seiner Mütze. »Wir können wirklich nicht mehr für sie tun.«

Der Hausboy grinste sie an mit Zähnen, die ungleichmäßig und abgebrochen waren wie die eines alten Hundes. Das Kind in seinen Armen schien eingeschlafen zu sein. Der Arzt gab nach. »Nun, vielleicht ist sie wirklich bei ihren eigenen Leuten besser aufgehoben. Trotzdem werde ich dort einen Besuch machen und mich vergewissern –«

Ein Schatten fiel auf sie, und ein dröhnender Baß sagte: »Aha! Haben Sie sich also endlich entschlossen, mir einen Antrittsbesuch zu machen?«

Maddox starrte den Riesen an und fragte sich verwundert, was er

* Fischadler

eigentlich erwartet hatte. Commander Jack Burgess war groß und mächtig und mußte in der Blütezeit seiner Jahre ein wahrer Gigant gewesen sein. Jetzt war die Muskulatur schwabbeligem Fett gewichen. Ein dichter, graumelierter Bart trug noch erheblich zu seinem piratenhaften Aussehen bei. Er hatte ein Marinehemd und Shorts an, beide mehrfach geflickt und gestopft, aber fleckenlos weiß. Seine riesigen Füße steckten in übergroßen Ledersandalen. Über dem Bart blitzten fröhliche braune Augen, mit denen er die beiden Amerikaner eingehend musterte. »Willkommen, Jungs! Kommt herein und nehmt das Gewicht von euren Füßen!«

Abgesehen von einem Schuppen nebenan schien das ganze Gebäude nur aus einem einzigen Raum zu bestehen, der sich an beiden Enden zu einem Alkoven öffnete. Die Möbel waren einfach, doch auf den Wandborden und niedrigen Tischen standen wunderschöne Holzschnitzereien, und an der einen Wand hing die große verblaßte Fotografie eines Höchstfahrt laufenden Zerstörers der Royal Navy.

Burgess ließ sich in einen Rohrstuhl fallen, der protestierend knarrte, und bellte: »Bring uns was zu trinken, du gelber Affe!«

Maddox beugte mehrmals seine schmerzenden Arme und starrte den Engländer bewundernd, aber auch unsicher an. War das sein eigenes Abbild in vielleicht zwanzig Jahren? Wenn ich jemals wieder von dieser Insel wegkomme, halte ich Diät, schwor er sich, und bemerkte den verschwommenen Ausdruck in den Augen des Riesen, ein sicheres Zeichen von starkem Trinken, jetzt oder in der Vergangenheit.

Ein weiterer Hausboy trippelte herein, ein mit Gläsern und Whiskyflasche beladenes Messingtablett in Händen. Maddox leckte sich die trockenen Lippen. Wie eine Fata Morgana hatte er eiskalte Bierdosen vor sich gesehen, an denen das Kondenswasser herunterlief. Whisky, in der Mittagshitze auf leeren Magen genossen, war nicht ganz das Richtige. Aber es war höchstwahrscheinlich die einzige Flasche, die der bärtige Riese besaß. Was um Gottes willen hatte bloß einen Mann wie Burgess hierher verschlagen? fragte er sich, während der Whisky spritzend in die drei Gläser gegossen wurde. Einsamkeit, Armut, all das war ihm deutlich anzumerken. Also Ende der Fahnenstange für einen Mann, der einmal etwas Besseres gewesen war.

Burgess hob das Glas. »Es tut gut, Kameraden hier zu sehen! Ich hatte mich schon ganz an das Kläffen dieser gelben Wilden gewöhnt.« Er warf einen Blick auf den herumlungernden Hausboy. »Stimmt's, du verdammter Affe?« Der Hausboy grinste seinen Herrn an, und Burgess fuhr fröhlich fort: »Englisch habe ich ihm noch nicht beigebracht, keine Zeit dafür.«

»Was ist mit Ihrem Boot?« kam Maddox zur Sache.

Burgess richtete sich auf und spreizte die dicken haarigen Beine wie die Spaken eines Ankerspills. »Ja, das Boot! Das ist eine wirkliche Schönheit!« Er rieb sich den Magen, den Blick in weite Ferne gerichtet. »Hab's vor ein paar Jahren von einem Kumpel in der Königlichen Marinewerft Hongkong gekauft. Er hat's mir für einen Pappenstiel überlassen.« In lautlosem Gelächter schüttelte er sich. »Das war mir lieb, ehrlich, denn ich besaß nicht viel Bargeld.«

Connell nippte an seinem Whisky. »Wann haben Sie die Royal Navy verlassen, Commander?«

Maddox bemerkte, wie das Gesicht des Riesen sich schlagartig änderte. Ob das an der Erinnerung lag oder daran, daß Connell ihn mit seinem alten Dienstgrad anredete, war nicht sicher. Aber daß er sich zusammenriß, war deutlich zu erkennen.

Burgess richtete sich im Stuhl auf, wobei sein Bart kampflustig nach vorne zeigte. »Vor etwa zehn Jahren, Doktor.« Seine Stimme klang jetzt akzentuiert und formell.

Auch Dr. Connell hatte die Veränderung bemerkt und wurde ernst. »Was ist denn damals geschehen?«

Burgess hob die Schultern, so daß Whisky auf sein Hemd spritzte. »Sturm im Wasserglas, könnte man sagen. Eine unserer früheren Kolonien erhielt ihre Unabhängigkeit ein bißchen zu früh – zu früh für mich.« Stirnrunzelnd blickte er in sein Glas. »Ich hatte das Kommando über eine Patrouille zur Terroristenbekämpfung in den Küstengewässern. Eines Tages ließ ich eine ganze Herde dieser Affen über den Haufen schießen und fand dann heraus, daß ihnen schon die Unabhängigkeit gewährt worden war. Statt Terroristen waren sie jetzt Patrioten! Ganz schön witzig, wenn man sich's überlegt.«

Maddox hörte sich fragen: »Konnten Sie das denn nicht erklären?«

Mit freudlosem Grinsen musterte ihn Burgess. »Erklären – *ich*?« Er warf den Kopf zurück und ließ sein bellendes Gelächter hören. »Der alte Jack Burgess soll einem Rudel verdammter Wogs* sein Verhalten erklären? Der Tag müßte erst noch kommen! Ich sagte ihnen, was sie mit ihrer verdammten Marine meinetwegen machen konnten! *Das* mochten sie aber auch nicht hören!«

* Farbiger

Maddox trank einen Schluck Whisky und spürte ihn in der Kehle brennen. Der Hausboy stand neben ihm, die Flasche in seinen braunen Händen war schon halb leer. Mein Gott, gleich bin ich besoffen, dachte Maddox.

Wie mit Gewalt kehrte Burgess in die Gegenwart zurück und fragte plötzlich: »Wie wär's mit etwas zu essen? Sie müssen mit dem vorliebnehmen, was auf den Tisch kommt, aber auf alle Fälle ist es für Sie eine Abwechslung.« Er zählte an seinen dicken Fingern auf: »Reis und frische Garnelen, dazu Gemüse, wie mein Koch es sich ausdenken wird. Was sagen Sie dazu?« Sein Gesicht hatte sich entspannt, und Maddox erkannte den Eifer in seinen Augen.

»Ja, gern.«

Connell fügte hinzu: »Was ist mit diesem Kind?«

Burgess war bereits aufgestanden, die Flurbretter bogen sich durch unter seinem Gewicht. »Die Kleine ist bestimmt bald wieder in Ordnung, Doc. Die Menschen hier sind hart im Nehmen.«

»Sie haben von der Schießerei gehört?« Connell hielt sein Glas vor sich hin.

»Natürlich. Die armen Narren bildeten sich ein, daß Sie Atomsprengköpfe an Land schafften!« Wieder runzelte er die Stirn. »Es sind primitive Menschen, gutherzig, aber simpel. Deshalb sind sie leicht zu leiten oder besser: zu verführen.«

»Von wem?« Maddox beugte sich vor.

Burgess hob die Schultern. »Hören Sie nicht auf mich. Ich fange schon wieder an zu spinnen, wie üblich.« Sein Ton war bittend, beinahe verzweifelt. »Wir wollen es vergessen, ja?«

Connell nickte. »Klar. Lassen Sie uns lieber echt englische Gastfreundschaft genießen.« Als Maddox seinem Blick begegnete, sah er in des Doktors Augen eine deutliche Warnung. Er leerte sein Glas und lehnte sich zurück, während Burgess, keuchend und vor sich hin kichernd, rasch von einer Ecke des Raumes zur anderen lief, eifrig mit Stühlen und Tellern beschäftigt. Aus der Küche hörte Maddox den Koch mit hoher Stimme singen, während von der Straße her das leise Murmeln von Passanten drang. Laß dich ruhig gehen, sagte er sich, du hast wirklich eine Pause verdient. Das Schiff, Payenhau, ja sogar Mary, alles schien ihm unter dem freundlichen Einfluß des Whiskys in weite Ferne gerückt.

Nur Connell sah so nachdenklich aus, als versuche er, Stücke eines komplizierten Puzzles zusammenzusetzen.

Major Jago setzte seine Bierdose ab und grinste fröhlich. Auch ohne Uniform wirkte er drahtig und militärisch; sein Bademantel hing auf einer Seite tiefer herab, so daß Gunnar vermutete, daß er eine Pistole in der Tasche trug. Jago hatte aufmerksam und ohne Kommentar seiner knappen Schilderung des Zwischenfalls zugehört. Sein Haar glänzte noch feucht von der Dusche, mit der er die letzten Spuren des Manövers fortgespült hatte, das ihm offensichtlich große Genugtuung bereitete.

Schließlich führte der Major Gunnar eine primitive Wendeltreppe hinauf in einen kühlen, kreisrunden Raum, anscheinend den höchsten Punkt des Forts. Von diesem Turm hatte man eine hervorragende Aussicht auf den Ankerplatz und weiter, bis zum Nordende der Insel. Draußen brannte die Sonne auf Häuser und Meer, aber in dem schattigen Adlerhorst war es angenehm kühl und frisch.

Jago setzte sich auf eine Munitionskiste und musterte den Marineoffizier unter seinen graumelierten buschigen Brauen spöttisch. »Sie machen sich zu viele Sorgen, Kapitän.« Er zeigte auf eine andere Kiste, in der Bierdosen in einem Plastikgefäß mit Eis standen. »Bedienen Sie sich.« Er beobachtete Gunnars rasche, ärgerliche Bewegungen und fuhr fort: »Auch Sie werden es lernen, mit all dem fertig zu werden. Aber Sie müssen aufpassen. Ein winziger Mißgriff genügt, und die Errungenschaften eines ganzen Lebens sind dahin.«

Gunnar lehnte sich an die Wand und spürte den kühlen Beton durch sein verschwitztes, zerknittertes Hemd. Er konnte sich einfach nicht entspannen, während Jago weiter eifrig auf ihn einredete.

»Ich bin stolz auf das, was ich aus meinem Leben gemacht habe. Meine Erziehung war nicht gerade berauschend, also mußte ich mich auf meinem Weg immer besonders anstrengen.« Jago griff sich an die Brust, als suche er seine Orden. »Ich trat als einfacher Matrose in die Marine ein, schuftete mich durch den Koreakrieg und stieg durch Ausfall meiner Vorgesetzten allmählich auf. Unsere Offiziere waren junge Burschen wie Ihr Inglis, eifrig, aber grün wie Gras. Es blieb ihnen nur wenig Zeit.« Achselzuckend fuhr er fort: »Aber sie starben genauso eifrig, wie sie gelebt hatten. Ich nahm meine Chance wahr und sah mich niemals um.« Seine schmalen Lippen verzogen sich verächtlich. »Mir ist klar, daß ich kaum jemals eine Position im Stab erreichen werde, aber ich wollte ja auch immer da sein, wo die Kämpfe stattfanden, immer dem Unruheherd am nächsten. Das hat mir Spaß gemacht und sehr genützt.«

Gunnar erinnerte die plötzlich so freimütig eingestandene Verbitterung Jagos an Janets bissige Bemerkung über Leute seinesgleichen.

»Und was die Sache von heute morgen betrifft«, die Stimme des Majors hatte jetzt wieder ihre normale Schärfe, »die war nicht zu ändern. So etwas ereignet sich hier von Zeit zu Zeit. Die Leute sind völlig unwissend und glauben alles, was man ihnen erzählt. Atomsprengköpfe! Haben Sie je so einen Blödsinn gehört?«

»Trotzdem glaube ich, da verbirgt sich mehr dahinter.« Gunnar unterdrückte eine Anwandlung von Mitleid für diesen verbissenen Mann. »Es waren nicht allein Hirngespinste. Ich weiß aus Erfahrung, daß immer irgendein Grund hinter solchen Ausbrüchen steckt. Oder ein gut organisierter harter Kern. Nach allem, was ich so höre, sind die Einwohner nicht gerade glücklich über die militärische Besetzung ihrer Insel. Sie wollen ihre Ruhe, wollen nichts mit den beiden verfeindeten Lagern zu tun haben.«

Jago seufzte. »Damit müssen sie sich eben abfinden. Sie haben das Pech, in einem kleinen Land zu leben, das plötzlich strategisch wichtig geworden ist. Genauso war es in Korea, Vietnam und in all den anderen widerlichen Kloaken. Die Limeys* hatten den Ärger vor uns, und davor waren es die Römer. Der Schwächste wird immer an die Wand gedrückt.«

»Heute steht aber mehr auf dem Spiel –«

Mit einer Handbewegung schnitt ihm Jago das Wort ab. »Klar. Früher waren es ein Dutzend Geschütze, mit denen man tausend Speerträger mit ihrer Steinzeitmentalität in Schach hielt. Heute blöken diese lumpigen kleinen Nationen nur einmal in Richtung Washington oder Moskau, und schon bekommen sie so viele Waffen, wie sie sich wünschen. Niemals gab es bessere Gelegenheiten zur Erprobung moderner Waffen.« Jago öffnete eine weitere Bierdose und betrachtete sie trübe. »Und da sitzen wir jetzt, Sie und ich! Washington und die Siebte Flotte sind weit weg, nur wir vertreten die friedliebende Supermacht.« Das schien ihn zu amüsieren.

Gunnar sah einer Möwe nach, die langsam um den Turm kreiste. »Aber irgendwo auf diesen Inseln sitzt unser Gegenspieler.«

Jago schnaubte verächtlich. »Da liegen Sie ganz falsch! Meine Männer werden mit allem fertig, was sich die Roten ausdenken können. Ihre Kampfkraft wird von Tag zu Tag besser.«

* von *lime* (Limone): Spitzname für Engländer

Zwecklos, dachte Gunnar und wechselte das Thema. »Ich mache morgen mit der Vermessung weiter. Mein I.O. organisiert gerade das neue Boot. Wie zuverlässig ist dieser Commander Burgess?«

»Zuverlässig? Er ist berechenbar, mehr nicht. Er bildet sich ein, *er* habe das Kommando hier.«

Genau wie du, dachte Gunnar kalt. »Seine Stellung ist mir aber nicht ganz klar.«

Jago kicherte in sich hinein. »Der chinesische Standortkommandeur ist ein verschlagener alter Bursche, auch wenn er nicht so aussieht. Er hält sich hier ein paar Engländer für den Fall, daß wir Amerikaner in Schwierigkeiten geraten.«

»Ein paar?«

»Jawohl.« Jagos Augen verengten sich. »Sie haben wohl noch immer nicht alle meine Anmerkungen gelesen?« Dann fuhr er fort: »Seit Generationen hat die Royal Navy hier alles beherrscht, und jetzt ist ihr nur noch Hongkong geblieben. Selbst in Malaysia wird sie lediglich geduldet, weil sie die Halbinsel vor den Roten schützt. Es ist schon so, ein Haufen lumpiger kleiner Nationen gibt neuerdings den Ton an.« Er nahm einen weiteren kräftigen Schluck. Ringsum war er umgeben von leeren Dosen, wirkte aber, als habe er noch keinen einzigen Schluck getrunken. »Trotzdem schätzen es die Limeys nicht, daß *wir* jetzt hier die Herren sind. Wenn sie vermuteten, was wir auf der Insel tun, würden sie möglicherweise eingreifen. Der Kommandeur weiß das und hält sich ein paar Briten unter seinen Fittichen, damit er jederzeit den alten Herren Informationen zukommen lassen und vielleicht sogar ein englisches Kriegsschiff herbeirufen kann.«

Gunnar war nicht so recht überzeugt davon. Jagos Gedankengänge waren ihm zu phantasielos, zu gut organisiert, genau wie der Mann selbst.

Der Major fuhr fort: »Natürlich verdient Burgess seinen Unterhalt. Er kennt diese Inseln wie seine Westentasche, hat ein gutes Boot und möchte um nichts in der Welt seine letzte Autorität verlieren. Die Garnison bezahlt sein Essen und versorgt ihn mit Alkohol. Das ist ungefähr alles, was er noch zum Leben braucht.« Er zog eine Grimasse. »Aber verlassen Sie sich im Notfall nicht auf ihn. Wie alle Limeys hält er uns für ein verdammt unwissendes Bauernpack.«

Gunnar blieb nachdenklich. »Haben Sie meine Schlußfolgerungen über die Bajonette gelesen?«

»Ja, habe ich.« Jago wurde ungeduldig und wollte offenbar die Unterhaltung beenden. »Dieses Durchbohren, das Sie erwähnen, ist eine typische Methode der Roten.«

»Warum haben Ihre Patrouillen nicht die Männer gefunden, die den Überfall wirklich ausführten? Und warum haben sie kein Boot entdeckt?«

»Was soll's? Es dauert nur ein paar Stunden, um sich von einem freundlichen Fischer oder einem zornigen Landsmann zur Insel übersetzen zu lassen. Sie könnten genausogut auch von einem U-Boot gekommen sein. So oder so, wir werden bald auf sie stoßen. Major Yi-Fang hat zugesagt, die Bewachung des Geländes erheblich zu verschärfen.«

Gunnar stand auf, das Bier schwappte in seinem Magen. »Hoffentlich behalten Sie recht.«

»Natürlich habe ich recht! Ich werde doch wegen ein paar Terroristen nicht mein Gesicht verlieren! Weder für die noch für sonst jemanden, Kapitän!« Intensiv musterte er Gunnar. »Die Befehle besagen, daß Sie noch eine Weile hier herumhängen sollen. Tun Sie das, Kapitän, und halten Sie sich bereit für den Fall, daß Sie gebraucht werden.«

»Ich werde bereit sein, nur keine Sorge.«

»Und sagen Sie Ihren Leuten, hier ist genauso Krieg wie überall. Was haben sie denn erwartet – Flagge zeigen und einen Schützengraben anlegen? Mein Gott, Flaggen werden doch erst gehißt, wenn die Schlacht vorbei ist!«

Als Gunnar nach seiner Mütze griff, fügte Jago wie beiläufig hinzu: »Übrigens, Kapitän, Sie können diesen Pirelli freilassen. Geben Sie ihm Urlaubsverbot, wenn Sie's für nötig halten. Aber machen Sie keine Staatsaktion daraus, klar? Ein Kriegsgerichtsverfahren würde nur überall Aufsehen erregen.« Er lachte in Gunnars verkniffenes Gesicht. »Und das wollen wir doch nicht, oder?«

Ohne ein weiteres Wort verließ Gunnar den Turm und fühlte sich hilfloser als je zuvor. Er wurde von anderen manipuliert wie eine Marionette. Selbst seine eigene Besatzung schien ihn zu meiden. Wie blind schritt er hinaus in die grelle Sonne, wo der Jeep wartete, der ihn auf die *Hibiscus* zurückbringen sollte. Ab sofort traue ich niemandem mehr, beschloß er. Wenn ich hier der Sündenbock sein soll, dann werde ich auch entsprechend handeln.

Überraschenderweise fühlte er sich danach besser, und als er auf die beiden bewaffneten Gangwayposten traf, erwiderte er ihren Gruß mit ungewöhnlicher Entschlossenheit.

Der Mensch hinter der Maske

Die beiden offenen Jeeps rasten an dem Fischerdorf vorbei und drehten dann mit einer scharfen Rechtskurve hinein zwischen die Hügel, wobei sie eine lange weiße Staubfahne hinter sich ließen. Der Motorlärm wurde in dem engen Tal sofort vervielfacht, und Gunnar, der steif im ersten Jeep saß, wurde sich außerdem der Tatsache bewußt, daß die See jetzt hinter ihnen verschwunden war. Sergeant Rickover fuhr, blinzelte durch den Staub und drehte mit seinen großen Händen das Rad wie ein Rennfahrer. Das andere Fahrzeug war etwa zwanzig Meter hinter ihnen, und Gunnar fragte sich, wie die Insassen wohl Rickovers Staubwolke verkrafteten. Im zweiten Jeep saßen vier Soldaten mit Maschinenpistolen.

Gunnar blickte sich um, wo Connell unglücklich zwischen seiner Erste-Hilfe-Ausrüstung saß und die niedrigen Seiten des Jeeps gepackt hielt wie ein Reiter beim Rodeo die Box. Er begegnete Gunnars Blick und deutete nach hinten. »Sollen die uns beschützen, oder sollen sie ein wachsames Auge auf uns halten?«

Rickover hörte es und rief fröhlich: »Der Major hält es außerhalb der Stadt für unsicher. Ein paar Soldaten sind hier kürzlich kaltgemacht worden.«

Gunnar musterte die runden Gipfel mit neuem Interesse. Der Ort war für einen Hinterhalt hervorragend geeignet. »Hat man Terroristen gefaßt?«

Der Feldwebel schüttelte den Kopf. »Nein. Vielleicht waren es auch nur eingeborene Arbeiter, die aus irgendeinem Grund einen Groll gegen uns hegten. Sie wissen ja selbst, wie es mit diesen Chinesen ist, Sir. Ein bißchen Spannung herrscht hier immer, seit das Militär eingerückt ist.«

Gunnar konnte sich das gut vorstellen. Genau wie in Vietnam war es auch hier unmöglich, die Verteilung der amerikanischen Hilfslieferungen bis in die letzten Verzweigungen zu überwachen. Lebensmittel, Kleidung, ja selbst Waffen landeten nur allzuoft auf dem Schwarzmarkt.

Er fragte sich noch immer, wieso er sich auf diese Fahrt eingelassen hatte. Während des Frühstücks war der Sergeant zur *Hibiscus* übergesetzt worden, die nach der Schießerei von der Pier abgelegt hatte und nun wieder unter erhöhter Wachsamkeit auf ihrem Ankerplatz lag. Rickover hatte gefragt, ob Dr. Connell ihn zum Sträflingslager begleiten könne. Einer der dortigen Offiziere hatte sich anscheinend ein Bein gebrochen. Jetzt erst fiel Gunnar auf, daß es auf den Inseln keinen einzigen anderen Arzt gab. Wie sie das bei der dichten Belegung des Lagers schafften, ließ die schlimmsten Vermutungen zu. Vielleicht war dies sogar der wirkliche Grund, weshalb man Dr. Connell auf die *Hibiscus* kommandiert hatte. Aber die Chinesen waren wirklich zäh. Die vielen Millionen Bauern in der ungeheuren Weite Chinas hatten eine Gewaltherrschaft nach der anderen überlebt. Die Kaiser, die Banditen, die einander bekämpfenden Kriegsherren und die japanischen Eindringlinge, sie alle hatten auf Kosten der armen Bevölkerung gelebt, während Klima und Landschaft ihnen das Dasein zusätzlich erschwerten. Die meisten Chinesen waren schon zufrieden, daß sie all diese Kämpfe überlebt hatten. Sie hungerten sich von einer kärglichen Ernte zur nächsten durch, ganz gleich, was die jeweils Mächtigen planten.

Selbst in Hongkong war es nicht viel anders. Eng zusammengedrängt unter dem Schutz der britischen Flagge, von weitem überwacht durch die Siebte Flotte der Amerikaner, sahen die Chinesen ihr Los nicht als eine Rettung vor dem Kommunismus, sondern lediglich als zeitlich begrenzten Zustand. Sie liebten die Briten nicht, und mit der amerikanischen Seemacht verbanden sie immer noch die Vorstellung von den Kanonenbooten, die einst ihre Häfen und Küsten kontrolliert und den Handel mit dem Westen ermöglicht hatten. Dennoch waren die Chinesen eine Macht, mit der man rechnen mußte. Siebenhundert Millionen warteten auf die Zeit, wenn ihre Menschenmasse alles andere beiseite fegen würde.

Knatternd fuhr der Jeep eine steile Hügelflanke hinauf, der Weg wurde schmaler und steiniger. Rickover knurrte: »Wenn die Regenzeit kommt, besteht dieses Stück nur noch aus Wasserfällen.«

»Haben Sie hier Unzufriedenheit festgestellt?«

Der Sergeant kicherte: »Jede Menge! Man kann die Leute wirklich nicht dafür tadeln. Früher lebten sie hier als Selbstversorger, aber die zusätzliche Belastung durch die Garnison und das Sträflingslager hat das Gleichgewicht gestört.« Mit einem Achselzucken schob er das Thema beiseite. »Aber es ist wohl überall dasselbe.«

Seine Gleichgültigkeit war typisch für einen kämpfenden Soldaten, dachte Gunnar. Er verteidigte nicht seine Heimat, sondern Interessen, und das in einem undurchschaubaren Krieg, bei dem die Gegner die Seiten wechselten, je nachdem, wie sich die Interessenlage änderte. Ja, es war überall dasselbe.

Rickover bremste und ließ den Jeep langsam über den Hügelkamm laufen, so daß Gunnar im Zentrum der Insel das nahezu flache Becken von etwa fünf Meilen Durchmesser überblicken konnte. Es war fast vegetationslos, bis auf einige halbvertrocknete Ginsterbüsche und ein paar kleine Flecken drahtiges Gras. Das Lager selbst flimmerte im Hitzedunst mit seinen Stacheldrahtzäunen und hohen Wachtürmen an jeder der vier äußeren Ecken. Es war riesig und durch weitere Stacheldrahtzäune in einzelne Sektionen unterteilt, an deren Ecken wiederum Wachtürme standen. Über den Holzbaracken vereinigten sich die Rauchfahnen der Küchenfeuer zu einer großen Dunstwolke. Es war ein deprimierender Ort, in dem jedes bißchen Hoffnung mit der Zeit verkümmern mußte.

Rickover hob den Arm. »Das innere Lager ist besonderen Fällen vorbehalten, wie den Roten und ihren Sympathisanten. Im äußeren Lagerring wohnen Flüchtlinge, verdächtige Zivilisten aus Taiwan und ähnliches Gesindel.« Der Jeep schoß wieder vorwärts, und Rickover sagte unvermittelt: »Ich hasse den verdammten Ort!« Dann fiel er in Schweigen, bis sie an den hohen hölzernen Eingangstoren angekommen waren, die ihnen geöffnet wurden. »Wir nehmen die Jeeps nicht mit hinein«, erläuterte er. »Vor einem Monat haben nämlich Gefangene in einem Lieferwagen einen Ausbruchsversuch unternommen. Sie wurden dann aber unten gefaßt, die armen Schweine.«

»Was geschah mit ihnen?« Dr. Connells Stimme klang heiser.

»Hingerichtet!« Der Feldwebel setzte seine Sonnenbrille auf und schnallte den Pistolengurt um. »Man schlug ihnen die Köpfe ab!«

Gunnar stieg aus und schritt auf das bewachte Tor zu. Was für einen Sinn hatte es, Connell diese Dinge zu erklären? Man mußte längere Zeit mit Chinesen zusammenleben, um sie zu verstehen. Sie waren einerseits freundlich zu Kindern und alten Leuten, andererseits fehlte ihnen jedes Mitleid mit ihresgleichen oder Tieren.

Ein Leutnant verbeugte sich und salutierte. »Wilkommen, meine Herren!«

Rickover schien ihn zu kennen. »Wo ist der verwundete Offizier?«

Der Leutnant grinste. »Hier entlang. Sie folgen?«

Rickover zog ein Päckchen Zigaretten aus seinem Drillichzeug und warf es den Soldaten im zweiten Jeep zu. Während er Gunnar und dem Arzt folgte, erklärte er: »Das muß sein, sonst lutschen mir die Halunken den Tank leer und verkaufen mir mein eigenes Benzin für teures Geld!« Er lachte in sich hinein. »Die klauen Ihnen noch die Goldplomben aus den Zähnen, wenn Sie schlafen.«

Gunnar biß sich auf die Lippen, während sie dem flotten Leutnant ins Lager folgten, und dachte an Jagos Auskunft: sechstausend Gefangene! Diese nur geschätzte Zahl enthielt aber nicht die Frauen und Kinder, die überall herumhingen und die amerikanischen Offiziere gleichgültig musterten. Für sie sehen wir genauso aus wie ihre Wachen, dachte Gunnar bitter.

Der Leutnant blieb vor einem weißen Steingebäude, offenbar einem Wohnblock, stehen. Vor dem Eingang war immerhin ein Farbfleck aus Blumen zu sehen, die zwei chinesische Frauen in abgetragenen Kleidern eifrig jäteten und wässerten.

Der Führer öffnete die Tür, und im Inneren sah man einen nackten Mann auf einem Feldbett liegen. Sein muskulöser, haarloser Körper war verkrampft vor Schmerzen, und seinem verzerrten Gesicht merkte man an, daß er litt.

Rickover machte bekannt: »Dies ist Hauptmann Han, Sir.« An den Doktor gewandt, fragte er: »Können Sie ihm helfen?«

Dr. Connell warf einen Blick auf die beiden chinesischen Sanitäter in viel zu großen weißen Kitteln, die am Fuß der Koje standen. Kalt sagte er: »Ich kann, danke.«

Ein schlankes, dunkeläugiges Mädchen trat ein und stellte ein Schüsselchen mit Tee neben den Kranken. Gunnar erwartete, daß der verwundete Offizier den Versuch machen würde, seine Blöße zu bedecken, aber er sah sie nur streng an und entließ sie mit einem kurzen Nicken. Dann verzerrte sich das Gesicht des chinesischen Offiziers plötzlich vor Schmerzen, und Dr. Connell sagte gleichmütig: »Halten Sie still, bitte.«

Gunnar wandte sich zur Tür, während Rickover sich auf einen Stuhl fallen ließ, um dem Arzt bei seiner Arbeit zuzusehen. Dr. Connell war zwar sehr tüchtig, aber Gunnar hatte das Gefühl, daß Hauptmann Han eine etwas grobe Behandlung bevorstand.

Der draußen wartende Leutnant salutierte. »Was kann tun für Käptn, Sir?«

Gunnar deutete auf den nächsten Wachturm. »Ich möchte dort hinaufsteigen und mir das Geschütz ansehen.« Seltsam, wie leicht ihm die Lüge über die Lippen kam.

Der junge Offizier verbeugte sich mit offensichtlichem Stolz. »Sehr gute Kanone, Vickers!«

Auf dem Weg vom Haupteingang waren sie am Tor zum inneren Lager vorbeigekommen. Es war verschlossen und scharf bewacht, obwohl auch die Wachtürme besetzt waren. Die Arbeitstrupps innerhalb und außerhalb des Lagers wurden nur spärlich bewacht, wozu also diese besondere Vorsichtsmaßnahme? Wohl dazu, um Gunnar nicht zu nahe an das Zentrallager herankommen zu lassen. Aber durch seinen Vorschlag, den in der entgegengesetzten Richtung liegenden Wachturm zu besichtigen, hatte er offenbar die Bedenken des Leutnants zerstreut.

Er folgte ihm auf der ausgedörrten hölzernen Leiter bis hinauf unter das spitze Dach, wo ein Soldat neben einem veralteten Maschinengewehr stand. Gunnar nickte. »Sehr gute Kanone, tatsächlich.« Dann klopfte er sich auf die Taschen. »Ich habe meine Sonnenbrille unten vergessen. Würden Sie sie mir holen?« Er bemerkte das sofortige Mißtrauen im Blick des jungen Mannes.

Offensichtlich erwog er die Situation. Bestimmt konnte Gunnar nicht vom Turm herabsteigen und in so kurzer Zeit am Wohnhaus vorbei zum Zentrallager gehen, ohne angehalten zu werden. Nach dieser Erkenntnis lächelte er. »Gern, Käptn, Sir!« Eilends stieg er die Leiter hinunter.

Gunnar knöpfte sein Hemd auf und zog ein kleines Fernglas heraus. Rasch richtete er es auf das innere Lager. Sein Wachturm stand genau an der richtigen Stelle. Mit überraschender Klarheit erkannte er die Gesichter der Soldaten am Tor. Dahinter war nirgends Leben zu erblicken, nur ein paar im Schatten hockende Gestalten. Es waren keine Frauen dabei. Jetzt richtete er das Glas auf den hellen Betonstreifen hinter den Baracken. Eine Straße? Sofort verwarf er den Gedanken. Es war völlig sinnlos, hier eine Straße zu bauen; die von der Siedlung herauf war bestimmt wichtiger, und man hatte wenig genug zu ihrer Instandsetzung getan. Er erinnerte sich, daß Jago gesagt hatte ... Da hörte er unten das Schlagen der Tür und steckte das Glas rasch wieder in sein Hemd. Eine Start- und Landebahn, das war es! Vermutlich waren die schweren Fälle im Zentrallager mit ihrem Bau beschäftigt. Wenn sie fertig war, würden sie das Lager verlegen, und dann ... Er konnte es nicht glauben. Die Landebahn *war* fertig, er hatte sogar die Träger für ihre Befeuerung gesehen.

Er hörte den Leutnant sagen: »Tut mir leid, Sir, keine Sonnenbrille unten.«

Gunnar sah an ihm vorbei. »Oh, dann muß ich sie wohl im Jeep vergessen haben.« Er warf einen kurzen Blick auf den Soldaten am Maschinengewehr, aber dessen Gesicht blieb völlig desinteressiert. Ihm fiel ein, was Rickover gesagt hatte, und rasch gab er dem Soldaten, der gesehen haben mußte, wie er mit dem Fernglas das verbotene Lager studiert hatte, seine Zigaretten. Der Mann stand stramm und grinste.

Der Leutnant sagte: »Nicht notwendig ganzes Päckchen, Sir. Eine Zigarette genug für einfache Soldaten.«

Unten am Fuß der Leiter fragte Gunnar wie beiläufig: »Was für Leute haben Sie im inneren Lager?«

Das Gesicht des jungen Offiziers blieb unbewegt. »Kommunistische Agenten, böse, gefährliche Männer!« Er blickte zum Himmel auf und wiederholte: »Sehr böse Männer, Sir!«

Gunnar ging zurück ins Wohngebäude und bedachte, was er gesehen hatte. Rickover hatte erzählt, daß die aus dem Lager Geflüchteten enthauptet worden waren. Aber es mußte doch jedem klar sein, daß die Möglichkeit zu einer Flucht von dieser Insel so gering war wie die Aussicht auf Schnee in Ägypten. Der flotte Leutnant behauptete, das innere Lager sei voll gefährlicher Agitatoren. Solche Männer hätte man jedoch gleich hingerichtet, statt sie hier ins Lager zu stekken. Irgendeiner sagte also die Unwahrheit. Aber warum?

Dr. Connell wischte sich energisch die Hände ab, sein Mund war verkniffen und böse. »Ich habe das Bein geschient, Sir. Können wir jetzt fahren?«

Nachdenklich sah Gunnar ihn an. Hier in Payenhau gab es eine Menge herauszufinden, und vielleicht war man dem Arzt gegenüber aufgeschlossener. »Sicher, Doc. Vielleicht halten wir noch im Fischerdorf und erkundigen uns nach dem verwundeteten Mädchen.«

»Ja, natürlich.« Connell schien verwirrt. »Das würde ich gern tun.« Dann nickte er in Richtung Feldbett. »Aber bei dem hier hätte ich fast meinen Eid vergessen.«

Sie bestiegen wieder die Jeeps und fuhren abwärts Richtung See. Am letzten Hügel fing Rickovers Motor an zu husten und starb. Der Tank war leer, ebenso der Reservekanister. Mit ernsten Gesichtern kamen die Soldaten aus dem zweiten Jeep und brachten einen vollen Benzinkanister. Weitere Zigaretten wechselten den Besitzer, und Rickover sagte müde: »Ich hab' nicht daran gedacht, daß wir ja hin *und zurück* fahren!« Er grinste, als der andere Jeep an ihnen vorbeibrauste und die Soldaten sich vor Lachen schüttelten. »Auf alle Fälle merke ich mir diese Burschen, und wenn wir das nächste Mal im Manöver sind –« Er beendete den Satz nicht, denn mit lautem Krachen flog der vordere Jeep in einem gelbroten Feuerball zur Seite. Ein Rad drehte sich noch in der Luft.

Rickover sagte heiser: »Mein Gott, das war eine Mine!«

Gunnar schirmte das Gesicht vor der glühenden Hitze ab und blickte auf den Weg. Eine schmierige schwarze Stelle im Qualm verriet, wo die Mine hastig gelegt worden war. »Sie galt uns«, sagte er leise. »Sie dachten, *wir* würden vorausfahren.«

Dr. Connell lehnte sich an den Jeep, sein Gesicht war leichenblaß. »Gott sei Dank, daß Sie vorhin vergessen haben, diesen armen Teufeln ein zweites Zigarettenpäckchen zu geben, Sergeant.«

»Richtig«, sagte Rickover, steckte die Pistole, die er gezogen hatte, wieder weg und setzte sich ans Steuer. »Ich bin schon lange genug hier, Sir, mich hätten sie längst in die Luft jagen können. Und der Doktor ist völlig harmlos.« Er warf einen Seitenblick auf Gunnars Gesicht. »Bleiben also nur *Sie* übrig, Sir!«

Im Schatten des Sonnensegels lagen die Offiziere der *Hibiscus*, nur mit Shorts bekleidet, auf ausgeblichenen Liegestühlen und genossen die frische Brise, die das sonst spiegelglatte Wasser kräuselte.

Regan hatte sich eine Zeitung über Kopf und Schultern gelegt und schien zu schlafen, während Malinski vertieft war in eine abgegriffene Ersatzteil-Liste. Maddox hatte seine Sonnenbrille auf und die Hände hinter dem Kopf verschränkt. Ein schmaler Sampan, beladen mit verlockenden Wassermelonen, fuhr langsam an dem verankerten Schiff vorbei. Die drei Männer im Boot warfen unter ihren spitzen Kulihüten hervor hoffnungsvolle Blicke zum Deck des Kriegsschiffes hinauf. Von dort kam jedoch keine Antwort. Nur die Fallreepswache beobachtete gelangweilt den vorbeiziehenden Sampan, und Oberleutnant Kroner streckte die langen Beine. »Die Eingeborenen scheinen allmählich etwas freundlicher zu werden«, meinte er gähnend.

Maddox grunzte. Es stimmte zwar, daß jetzt mehr Boote in der Nähe des Schiffes vorbeikamen, aber die meisten hielten noch immer vorsichtig Abstand. Gunnar hatte strikte Anweisung erteilt, kein unangemeldetes Fahrzeug längsseit kommen zu lassen.

Maddox sah auf die Uhr. Der Kommandant hätte eigentlich längst von seinem Besuch im Sträflingslager zurück sein müssen. Was für neue Ideen würde er diesmal wohl mitbringen?

Ein Funker kam aufs Achterdeck und blieb vor Kroners Deckstuhl stehen. »Kommen Sie die Funksprüche abzeichnen, Sir?«

Kroner streckte sich wie ein Hund und gähnte nochmals. »Muß ich wohl.« Er stand auf und ging in die Funkbude.

Maddox konnte sich nun ungestört seinen Gedanken überlassen, und die kehrten wieder zurück zur Schießerei auf der Pier und seiner eigenen Reaktion darauf. Er hatte Angst gehabt wie nie zuvor, hatte die Fassung verloren angesichts der dumpfen Menge und ihrer Entschlossenheit. Noch niemals hatte er so etwas erlebt, und ihm war auch nicht klar, wie er reagieren würde, wenn es sich wiederholte. Der Kommandant jedoch war unter dieser Bedrohung ein ganz anderer Mann geworden, als hätte er neue Kraft geschöpft und gar nichts anderes erwartet. Auf jeden Fall reagierte er weniger unsicher und verwirrt als beim Tod von Leutnant Inglis, an dem er doch gar nicht beteiligt gewesen war. Alles höchst seltsam.

»Boot kommt an Steuerbord längsseits, Sir!« Der Quartermeister schob den Kopf um das Vierzentimetergeschütz und musterte die schweigende Gruppe. »Es ist ein Fischerboot, die *Osprey.*«

Maddox wollte schon Regan wachrütteln, der Offizier vom Tagesdienst war, als ihm einfiel, daß vielleicht Burgess selbst an Bord war. Alles besser als dieses trübe Grübeln. »Danke, ich komme.«

Er stülpte sich die Mütze auf und schlenderte hinüber. Als das bullige Boot längsseit tuckerte, erkannte er das bärtige Gesicht von Burgess in dem kleinen Steuerhaus. Ein großer kräftiger Chinese warf dem Posten Fallreep die Vorleine zu, ein anderer Chinese schoß auf dem segeltuchbezogenen Lukendeckel mit peinlicher Sorgfalt eine Leine auf, und Maddox vermutete, daß unten im kleinen Maschinenraum noch ein dritter Mann stand. Trotz der geringen Besatzung klappte das Anlegemanöver ausgezeichnet, das Boot ging hustend noch ein wenig zurück und legte sich dann gehorsam gegen seine Fender.

Burgess rief einen Befehl unnötig laut, als müsse er sich von der Brücke eines Zerstörers herunter verständlich machen, und sah ungeduldig dem großen Chinesen zu, der daraufhin nach achtern eilte, um auch dort eine Leine zu belegen. Dann setzte sich Burgess eine weißbezogene Mütze auf und stieg langsam und würdevoll auf das Deck der *Hibiscus.*

Maddox stellte fest, daß die Mütze noch immer das Abzeichen der Royal Navy trug, und rief unwillkürlich: »Oberdeck Achtung!«

Burgess wandte sich nach achtern und grüßte zuerst die schlaff herabhängende amerikanische Flagge, dann Maddox. Dieser spürte, daß es ein großer Augenblick für den Engländer war. Er hatte keine Ahnung, wann Burgess zum letzten Mal an Bord eines Kriegsschiffs gewesen war, konnte sich aber vorstellen, was er empfand. Der Blick seiner dunklen Augen blieb ruhig und ernst, jetzt war er wieder Offizier und nicht mehr der gestrandete, trunksüchtige Kolonialist.

Mit seinem dröhnenden Baß rief Burgess: »Melde mich an Bord, Kapitänleutnant!« Augenzwinkernd fügte er hinzu: »Danke für die Höflichkeit!«

Maddox war leicht verlegen. Mehrere Seeleute kamen nachsehen, wer an Bord erschienen war, und die Fallreepwache stand noch immer stramm, bis er endlich rief: »Rührt euch!« Hastig sagte er zu Burgess: »Kommen Sie nach achtern, damit ich Ihnen die anderen Offiziere vorstellen kann.«

Nach wenigen Minuten waren alle wieder zu neuem Leben erwacht. Selbst Malinski wurde einigermaßen gesprächig bei seiner Beschreibung der Werft von Portsmouth, und sogar Regan schien entspannt und freundlich. Maddox setzte sich wieder und beobachtete, wie Burgess' Gesicht alle Spannung verlor. Kroner kam nach achtern, und nach kurzer Bekanntmachung zog er Maddox beiseite. »Ist der Kommandant endlich zurück?«

Maddox sah das Bündel Funksprüche in Kroners Hand und spürte, wie Panik in ihm hochstieg. »Noch nicht. Warum?«

Kroner hielt ihm das Bündel hin. »Dann haben *Sie* hier das Kommando. Dies ist eine Privatsache.« Er lächelte über das besorgte Gesicht des I.O. »Sie müssen es ihm nachher gleich sagen.«

Maddox las die Worte zweimal, bis er endlich ihren Sinn erfaßt hatte. Sie besagten lediglich, daß der Frau des Kommandanten die von ihr eingereichte Scheidung genehmigt worden war und daß von der Personalabteilung das übliche bezüglich Besoldung und so weiter veranlaßt würde. Eine nüchterne Benachrichtigung, die zweifellos nur deswegen als Telegramm geschickt worden war, weil Briefpost wegen ihres unsicheren Aufenthaltsortes zurückgehalten wurde.

Maddox reichte die Funksprüche zurück. »Pfui Teufel!«

Kroner grinste unverhohlen. »Der Mensch hinter der Maske! Man weiß nie, was im Gange ist, stimmt's?«

Mit einem Ohr hörte Maddox, wie Regan zu Burgess sagte: »Ich habe ein Bild davon unten in meiner Kammer. Möchten Sie es sehen?« Die beiden verschwanden.

Kroner war zum Funkraum zurückgegangen, und Malinski schien zufrieden, sich wieder seine Liste vornehmen zu können. Maddox schwang ein Bein über die Reling und betrat das breite Deck des Bootes. Der große Chinese lehnte am Steuerhaus, lächelte Maddox zu und fuhr dann fort mit seiner Arbeit, einem Drahtspleiß. Er war wirklich ein Hüne, breitschultrig und muskulös. Maddox bezweifelte, daß er und Burgess zur gleichen Zeit in dem winzigen Steuerhaus Platz fanden.

Sein Blick fiel auf die andere Gestalt, die noch immer mit dem Aufschießen von Leinen beschäftigt war: ausgewaschene Bluejeans, weite Segeltuchjacke, alles überragt von einem Strohhut von der Größe eines Regenschirms. »Saubere Arbeit«, sagte er freundlich.

Die Gestalt richtete sich auf und sah ihn an. Wie versteinert starrte Maddox in das ernste Gesicht. Es war ein Mädchen! Als er sich wieder gefaßt hatte, stellte er dreierlei gleichzeitig fest: Das Mädchen war jung, ausgesprochen hübsch und offensichtlich Eurasierin. Sie hatte eine zarte, nur leicht getönte Haut, und bis auf die schrägen Augen und den zierlichen Mund hätte sie als Europäerin gelten können. Eine junge Frau, deren Schönheit durch die formlose, handgenähte Kleidung nicht beeinträchtigt, sondern eher betont wurde.

Spöttisch sagte sie: »Wenn Sie mit Ihrer eingehenden Betrachtung fertig sind, teilen Sie mir bitte Ihr Urteil mit!«

Maddox fuhr zusammen und wurde sich seiner eigenen Aufmachung bewußt. Zerknüllte, fleckige Shorts, abgetragene Mütze und Armbanduhr machten seine gesamte Bekleidung aus, und auf seiner Brust waren noch immer die Flecken des Kaffees zu sehen, den er im Liegestuhl verkleckert hatte.

Er streckte ihr die Hand hin. »Maddox«, sagte er heiser. »Bob Maddox.«

Ihre zierlichen Finger berührten die seinen, dann trat sie einen Schritt zurück und sah ihn an. Normalerweise hätte Maddox die Situation genossen. Jetzt aber fühlte er sich geradezu entblößt durch den Blick dieser dunklen, ernsten Augen.

»Amüsiert sich mein Vater gut?« Ihre Worte wurden von einem winzigen Neigen des Kopfes in die entsprechende Richtung begleitet.

»Vater? Sich amüsieren?« fragte er verwirrt. Dann ging ihm ein Licht auf. Natürlich ... Burgess! Also steckte mehr hinter der Entlassung Burgess' als vermutet. Maddox kannte zur Genüge die strengen Regeln der Royal Navy und konnte sich vorstellen, was seine Vorgesetzten dazu gesagt hatten, daß er eine Chinesin heiratete, gleichgültig, wie ihre gesellschaftliche Stellung in ihrer Heimat sein mochte.

Die junge Frau setzte sich auf die Reling und blickte hinunter auf ihre Füße. »Ja, er ist mein Vater.«

Maddox gewahrte oben eine Gruppe beobachtender Seeleute. »Kommen Sie an Bord, wir trinken gerade Kaffee.«

Sie sah das Schiff an, als erblicke sie es zum ersten Mal. »Nein, besten Dank.« Sie hatte einen sehr englischen Akzent, der hier völlig fehl am Platz wirkte. »Sie haben diesen Mörder freigelassen, ich möchte nicht in seiner Nähe sein.«

Sie meint Pirelli, dachte Maddox. »Es war ein Unfall, verstehen Sie?«

»Ich verstehe sehr gut. Sie sind wirklich nicht sehr glaubwürdig.« Wieder lächelte sie spöttisch. »Es ist immer dasselbe mit Ihnen. Sie drängen sich herein, strotzen mit Ihrem Reichtum und erwarten, daß jeder vor Ihnen auf die Knie fällt. Sie verteilen Candy und Comics, wo kein Brot vorhanden ist, und Gewehrkugeln, wo es kein Verständnis gibt.«

Maddox wurde rot. »Nun machen Sie aber einen Punkt!«

Doch sie fuhr fort: »Sie zeigen mit dem Finger auf einen und sagen: ›Dieser Mann ist gut und proamerikanisch, aber dieser dort ist ein *Genosse*‹!« Sie sah Maddox voll ins Gesicht. »Wie wunderbar, wenn man so unfehlbar ist!«

Maddox hörte in der Ferne das Brummen des Beiboots, Gunnar kehrte zurück. Hastig sagte er: »Der Kommandant kommt.« Er drohte ihr mit dem Finger. »Aber gehen Sie nicht weg. Ich möchte noch ein paar Dinge klarstellen.«

Sie setzte ihren Hut auf. »Und ich dachte, *Sie* wären der Kommandant. Sie strahlen soviel Autorität und männliche Sicherheit aus!«

Maddox drehte ihr den Rücken zu und stieg über die Reling. Es war ein kläglicher Rückzug, und er glaubte, sie mit dem Chinesen lachen zu hören.

Maddox stand in der Messe unter dem Deckenventilator, während Gunnar auf der Tischkante saß und die Telegramme durchlas. Als er aufblickte, war sein Gesicht noch immer völlig unbeteiligt. »Kennt sonst noch jemand den Inhalt dieses Funkspruchs?« fragte er.

»Nur Kroner, Sir.«

Erstaunlicherweise lächelte der Kommandant. »Mit anderen Worten, *alle*!« Das schien ihn aber nicht zu beunruhigen. »Na ja, es wird sie eine Weile von ihren eigenen Problemen ablenken.«

Maddox sagte: »Es tut mir leid, Sir.«

Gunnar hob die Schultern. »Danke. Aber die Sache ist längst erledigt.« Dann fuhr er im gleichen gelassenen Ton fort: »Irgend jemand hat soeben versucht, uns in die Luft zu sprengen.«

Maddox blieb der Mund offenstehen. »Wer? Ich – ich meine, wo, Sir?«

Rasch blätterte Gunnar die anderen Funksprüche durch. »Oberhalb vom Dorf. Sie hatten auf der Straße eine Mine vergraben. Sergeant Rickover geht der Sache nach.« Etwas schärfer fragte er: »Haben Sie den Knall denn nicht gehört?«

»Nein, Sir.« Maddox fragte sich schuldbewußt, ob es sich vielleicht gerade in dem Augenblick ereignet hatte, als er mit dem Mädchen sprach.

Gunnar rieb sich das Kinn. »Seltsam. Es zeigt wieder einmal, wie vorsichtig wir sein müssen. Die Geräusche aus dem Hinterland werden von dieser Klippe abgefangen. Wir würden hier draußen nicht das geringste hören. Also sollten wir wieder an die Pier gehen.«

»An die Pier, Sir? Sagten Sie nicht –«

Gunnar unterbrach ihn. »Ich habe es mir eben anders überlegt. Wußten Sie, Bob, daß die Franzosen Indochina verloren haben, weil sie sich wie Igel in ihre Forts zurückzogen? Wir wollen nicht denselben Fehler machen.«

»Sie meinen, unsere Leute sollten sich mehr mit den Ortsansässigen einlassen?« Maddox war perplex. Der schreckliche Tod von Inglis, die Schießerei auf der Pier, und jetzt dieses Attentat ... »Obwohl irgendwer uns hier verscheuchen will, Sir?«

Wieder lächelte Gunnar. »Sie müßten jetzt eigentlich im Bilde sein, Bob: Jemand plant einen Anschlag auf diese Insel. Ich vermute, daß unsere Ankunft ihm einen Strich durch die Rechnung gemacht hat.« Dann kam wieder seine alte Verbitterung durch. »Wenn er wüßte, wie allein wir hier sind, wären wir vermutlich schon erledigt.!«

Hastig sagte Maddox: »Commander Burgess besichtigt gerade das Schiff.«

»Verstehe. Irgendwelche Probleme mit ihm?« Wieder traf ihn dieser durchdringende Blick. »Was macht der *Commander* für einen Eindruck?«

»Wissen Sie, Sir«, Maddox spreizte die Hände, »er ist ein pittoreskes Relikt. Irgendwie rührend.« Dann fuhr er, mit einem Mal stotternd, fort: »Übrigens hat er eine Tochter, sie gehört zu seiner Besatzung.«

Gunnar sah an ihm vorbei und sagte wie zu sich selbst: »Aha, der zweite Mensch britischer Nationalität.«

Maddox verstand ihn nicht. »Aber entzückend, Sir«, fügte er linkisch hinzu, »halb Chinesin.« Eilig fuhr er fort: »Ihr Vater ist ein seltsamer Kauz. Aus der Marine entlassen, weil er ein paar Afrikaner während ihrer Unabhängigkeitsfeier umgelegt hat.«

Gunnars Gesicht wurde ernst. »Ich fürchte, die Sache war anders, Bob. Ich habe mich über Funk in Hongkong erkundigt.«

Maddox verstand noch immer nicht. »So einen Funkspruch habe ich nicht gesehen, Sir.«

»Ich habe heute morgen Jagos Funkgerät benutzt. Commander Burgess war Kommandant eines Zerstörers, wurde vor ein Kriegsgericht gestellt, verurteilt und danach geschaßt.«

»Nun, das sagte ich doch.«

»Das Gerichtsverfahren fand statt, weil er Marinegelder veruntreut hatte, Bob. Er ist ein Trinker und etwa so zuverlässig wie Pirelli als Schütze.«

»Verstehe, Sir.« Maddox war enttäuscht. »Was werden wir also tun?«

»Nichts.« Gunnar klopfte sich den Staub von der Uniform. »Wir benötigen hier jeden potentiellen Helfer.« Er sah Maddox ins Gesicht. »Laden Sie doch einfach Vater und Tochter zum Dinner ein.«

Unruhig trat Maddox von einem Fuß auf den anderen. »Das Mädchen will aber nicht, Sir.«

»So? Ich hätte mir denken können, daß Sie's schon versucht haben.« Er lächelte. »Also bringen Sie Burgess dazu, daß er uns in sein Haus einlädt. Wir könnten dort eine Party veranstalten.«

»Meinen Sie denn, daß es noch sicher ist, unsere Leute an Land zu lassen?«

»Das werden wir bald wissen. Aber hier draußen auf Reede können wir es nicht herausfinden. Jedenfalls ist es Ihr Kommando, Bob, wenn ich doch noch auf eine Mine laufe.«

Als der I.O. die Messe verließ, hörte er Gunnar fröhlich summen, als hätte er auf der weiten Welt keine einzige Sorge.

Die Party für die Offiziere der *Hibiscus*, die Burgess mit großem Eifer veranstaltete, wurde ein voller Erfolg. Sie ließen den verdrossenen Regan als Wachhabenden an Bord zurück und marschierten durch die schmalen Gassen des Fischerdorfs, in denen die reichverzierten Laternen bereits den kühlen Abend erleuchteten. Die Mahlzeit war lang und reichhaltig. Burgess' Bedienstete hatten einen wahren Berg von Speisen zubereitet und auf zahllose Schüsseln verteilt, aus denen es verführerisch duftete. Zu jeder gab es als Grundlage gebackenen Reis.

Gunnar war orientalisches Essen gewöhnt und betrachtete jede Schüssel mit vorsichtiger Erwartung, anders als Kroner, der schon vor Anstrengung schwitzte, bevor das Mahl zur Hälfte um war. Der Reiswein, auf dem Burgess bestanden hatte, war ein richtiger Durstlöscher, aber zu stark, was man an Malinski feststellen konnte, der mit ungewohntem Eifer pausenlos redete.

Gunnar nahm sich Zeit, seine Gefährten zu begutachten. Burgess war bereits volltrunken und außerstande, jemandem noch was vorzumachen. Wie Maddox es ausgedrückt hatte, wirkte er rührend in seinem Bedürfnis, seine alte Welt heraufzubeschwören. Doch Gunnars Blick kehrte immer wieder zu seiner Tochter zurück. Lea Burgess sah ganz anders aus als erwartet. Verschwunden waren die geflickten Jeans und die weite, unkleidsame Jacke; sie trug jetzt ein einfaches, eng anliegendes Seidenkleid in leuchtendem Eisvogelblau, mit hohem Kragen und Seitenschlitzen, so daß ihre schlanken, gebräunten Beine jedermanns Aufmerksamkeit erregten.

Sie war wachsam, aber ruhig und ließ sich keinerlei Wärme oder Willkommensfreude anmerken, selbst wenn Burgess versuchte, sie in die Unterhaltung einzubeziehen. Nur einmal, als Kroner eine große Segeltuchtasche voll mitgebrachter Flaschen auspackte, griff sie sich erschreckt an den Hals und warf einen besorgten Blick auf ihren Vater.

Gunnar sagte: »Ich habe festgestellt, daß die Leute hier Schwierigkeiten bei der Arbeit haben. Es scheint nicht allzu leicht zu sein, nachts oder bei schlechtem Wetter den Fisch auszuladen.«

Burgess räusperte sich und wandte sich mühsam dem neuen Thema zu. »In der Tat, Kapitän. Das Fischerdorf steht auf einem ungünstigen Küstenstreifen.«

Gunnar tat, als trinke er. »Ich denke, wir können zwei unserer transportablen Generatoren entbehren.« Er zeigte auf Malinski. »Mein Leitender Ingenieur hier wird Ihren Fischern gern helfen, elektrisches Licht zu installieren und sogar eine Elektrowinde für die Boote, wenn Sie daran interessiert sind.« Alle sahen ihn so überrascht an, daß er am liebsten laut aufgelacht hätte. Er fühlte sich wie in Trance, als Teilnehmer an einem seltsamen Spiel, dessen Ausgang noch nicht abzusehen war. Jedenfalls mußte er sich beim Trinken zurückhalten und den anderen ein gutes Beispiel geben.

Er sah, wie Maddox das Mädchen mit Blicken verschlang.

Wieder hätte er am liebsten gelacht, zumal er plötzlich an Janet denken mußte, an die ferne, entzückende Janet. Ihre Scheidung war ein Meisterstück. Manchmal hatte er mit dem Gedanken gespielt, die Schuld zu übernehmen, wenn auch nur, um ein Gefühl der Überlegenheit zu wahren. Aber auch diesen Traum hatte sie zerstört. Sie brauchte ihn nicht mehr, weder ihn noch seine Großmut.

Wie aus weiter Ferne hörte er Malinski antworten: »Ja, das mache ich gern, Sir. Dann tun meine Leute wenigstens etwas gegen ihre Langeweile.«

Gunnar nickte. »Es gibt hier vieles, was wir noch tun könnten.« Er merkte, daß Lea ihn aufmerksam beobachtete, ihre dunklen Augen blieben aber im Schatten. Irgendwie spürte er, daß sie diejenige war, vor der man sich in acht nehmen mußte. »Das Dorf hat doch sicher so etwas wie einen Häuptling?«

»Ganz richtig.« Burgess beäugte die nächste Flasche, und Kroner beeilte sich, ihm nachzuschenken. »Tao-Cho ist sein Name. Ein seltsamer Kauz, so alt wie die Hügel ringsum.« Das Sprechen wurde ihm bereits lästig und der Kopf schwer.

Draußen vor der Veranda bemerkte Gunnar neugierige Dorfbewohner, die aber durch die hellen Lampen ferngehalten wurden wie Wildtiere von einem Lagerfeuer. Jeder von ihnen hätte eine Handgranate werfen oder einen Schuß abfeuern können, ohne Entdeckung fürchten zu müssen. Aber es war Gunnar klar, daß es dazu nicht kommen würde. Hier war er sicher, wurde nur beobachtet, während er mit Burgess Pläne schmiedete.

Der Arzt sagte vorsichtig: »Vielleicht könnte ich ein kleines Hospital einrichten, Herr Kapitän?« Das klang so unsicher, als erwarte er, daß sein Vorschlag zurückgewiesen würde.

Gunnar nickte. Dies war die Art, wie er vorgehen wollte, und nun hatte der Doktor unwissentlich in dieselbe Kerbe geschlagen. »Eine ausgezeichnete Idee, Doc!« Er bemerkte die Erleichterung auf Connells dunklem Gesicht. »Und das läßt sich wohl mit Bordmitteln bewerkstelligen.«

Burgess lachte heiser. »Ihr Schiff wird hier noch Wurzeln schlagen, wenn Sie so weitermachen, Kapitän!« Er schwankte und wäre vom Stuhl gefallen, hätte nicht Lea rasch seinen Arm ergriffen und ihm erregt etwas ins Ohr geflüstert.

Gunnar rieb sich das Kinn. Sicherlich führte sie einen ständigen Kampf, um ihn vom Trinken abzuhalten.

Burgess schob das Mädchen weg. »Ich rede mit dem Dorfältesten, Kapitän. Er ist mir noch etwas schuldig.«

Gunnar stand auf. »Also morgen?« Zum ersten Mal blickte er voll in Leas ernstes Gesicht. »Vielleicht können Sie Ihren Vater daran erinnern?«

Sie nickte, dann sah sie weg.

Gunnar ging noch einen Schritt weiter. »Wenn Sie mich jetzt entschuldigen wollen? Ich muß zurück an Bord. Das ist aber kein Grund für Sie alle, ebenfalls aufzubrechen.«

Dr. Connell war der erste, der aufsprang. »Sie wollen allein gehen, Herr Kapitän? Nach dem, was sich auf der Bergstraße ereignet hat?«

Maddox war bereits auf halbem Weg zur Tür. »Das ist zu riskant, Sir! Es war schon gefährlich für Sie, hierherzukommen!«

Gunnar wandte sich um und sah wieder das schlanke schwarzhaarige Mädchen an. Jetzt bist du dran, dachte er. »Was meinen *Sie*, Miss Burgess?«

Sie blickte ihren Vater an und dann hinaus in die Dunkelheit jenseits der Veranda. Gunnar glaubte beinahe, ihr Gehirn arbeiten zu hören, ihre klaren, verzweifelten Gedanken, die ihre Unterhaltung wie ein Tonband aufgenommen hatten. Ihr mußte sofort klar sein, worauf Gunnar hinauswollte. So oder so mußte sie jetzt Stellung beziehen.

»Es ist völlig ungefährlich, Kapitän. Selbst für *Sie*!« Damit drehte sie sich um und trat hinaus.

Gunnar lächelte verstohlen. Das Hilfsangebot für die Dorfbewohner war der Köder, denn sie wußte nur zu gut, was es für diese armen Leute bedeuten würde.

Gunnar trat auf die Veranda, vor die schweigend beobachtenden Gestalten hin. Schwach erkannte er die kleinen Häuser ringsum. Um eine Schlacht zu gewinnen, war es immer notwendig, den Gegner vorher in möglichst viele Fraktionen aufzuspalten. Tao-Cho konnte ein mächtiger Bundesgenosse werden. Erstaunlich, daß Jago noch nicht erfaßt hatte, wer seine wirklichen Gegner waren. Und ebenso erstaunlich, dachte er, daß Burgess' Tochter die einzige war, die ihm ein Zeichen des Verständnisses gegeben hatte.

Ein Name aus der Vergangenheit

Major Jago stand breitbeinig auf einem Felsvorsprung über dem Fischerdorf und starrte hinunter auf die einander überlappenden Dächer. In den schmalen Gassen herrschte ungewöhnliche Betriebsamkeit, und der Fischgestank drang bis zu seinem hohen Aussichtspunkt.

Payenhaus Fischerflotte war wieder einmal eingelaufen, und Jago war die dadurch hervorgerufene Erregung völlig unverständlich. Es waren Gemütsbewegungen, wie er sie bei diesem stoischen Volk nie erwartet hätte: Solchen Jubel hatte er nicht mal in San Francisco erlebt, wenn die US Navy eingelaufen war und die Besatzungen Landurlaub erhielten. Diese kleine Fischerflotte jedoch bedeutete Nahrung und damit Überleben für die nächste Zeit, also auch die Fortdauer von Geburt und Wachstum. Sie brachte die Wiedervereinigung getrennter Familien, denn auf manchen Booten bestand die Besatzung aus allen männlichen Mitgliedern einer Familie. Der Verlust eines solchen Fahrzeugs hätte für die Daheimgebliebenen das Ende bedeutet. Die Boote waren alt und so vielfach repariert wie alles auf den Inseln. Nur wenige waren länger als zehn Meter, und keines machte den Eindruck, als könne es auch nur einen mittleren Sturm überstehen.

Feldwebel Rickover kaute an einer Zigarre und stieß mit dem Fuß einen kleinen Stein über den Vorsprung. »Für ein paar Nächte wird es jetzt unten wild zugehen, Sir.«

»Das können Sie dreimal sagen.« Jagos Stimme klang verächtlich. Wie den meisten, die ihren Weg nach oben hart erkämpfen mußten, waren ihm Unordnung und Disziplinlosigkeit äußerst verdächtig. »Da werden mindestens fünfzig Kinder auf Stapel gelegt!«

In der Ferne war die *Hibiscus* zu erkennen, ihre Sonnensegel flimmerten im Dunst, Brücke und Aufbauten reflektieren die letzten Sonnenstrahlen. Kleine Gestalten mit weißen Mützen bewegten sich an Deck, und Jago stellte fest, daß mehrere Arbeitstrupps in Richtung Siedlung marschierten. Er biß sich auf die Lippen und versuchte, die nagende Unzufriedenheit bei diesem Anblick zu unterdrücken. Die *Hibiscus* war ihm zwar grundsätzlich unerwünscht, aber ihre Anwesenheit hatte doch immerhin die Macht betont, die er repräsentierte. Aber jetzt, nach drei Wochen, hatte sich die Situation deutlich verändert, er wußte nur noch nicht, ob zum Besseren oder zum Schlechteren. Er hatte versucht, Gunnar auszuhorchen – vergeblich. Bei den regelmäßigen Funkkontakten mit seinen weit entfernten Vorgesetzten hatten die üblichen kurzen Antworten keinen Zweifel daran gelassen, daß man an seinen Problemen nicht interessiert war. So hatte er sich denn entschlossen, die Angelegenheit allein zu regeln, wie es ohnehin seine Art war.

Eigentlich hätte er ganz zufrieden sein können, wenigstens redete er sich das ein. Im Augenblick waren die Inseln ruhig, Gunnar schien mit seinem Programm beschäftigt und hatte seinen Frieden mit den Einwohnern gemacht. Der Doktor hielt in seinem Behelfshospital regelmäßig Sprechstunden ab, während Offiziere und Spezialisten der *Hibiscus* ihr Können und ihre Erfahrung für technische Verbesserungen an der Küste einsetzten. Gunnar war ein eiskalter Taktiker, dachte Jago, und kannte eine Menge Tricks, wie man Chinesen behandeln mußte. Aber er ging eigenmächtig vor, und das war es, was Jago nicht gefiel.

Major Yi-Fang, der stellvertretende Standortkommandeur, hatte schon fragende Bemerkungen gemacht, ob Jago noch den Gang der Dinge fest in Händen habe. Er hatte mehr als einmal darauf hingewiesen, daß Gunnars Hilfeleistung für die Einheimischen ihren Wunsch nach Unabhängigkeit von Taiwan eher noch beleben könnte. Doch Jago vermutete, daß es Gunnar vor allem darum ging, das allgemeine Image der Amerikaner zu verbessern. Wenn er es schaffte, dann war höchstwahrscheinlich der nächste Schritt erheblich leichter, und zwar die Ankunft eines größeren Schiffes und schließlich eines Atom-U-Bootes mit all den entsprechenden Versorgungsfahrzeugen und -einrichtungen an Land. Falls Gunnar also den Diplomaten spielen wollte, dann, so entschied Jago, würde er ihm eine Weile seinen Willen lassen.

Er blickte hinunter auf die dümpelnden Fischerboote und überlegte, ob Yi-Fang sich wohl klar war über die Bedrohung, die sie darstellten. Auf See zerstreuten sie sich in alle Winde, und niemand wußte, was das einzelne Fahrzeug trieb. Jeder Fischer konnte Kontakt mit Agenten aufnehmen oder sogar die von den Roten gehaltenen Inseln im Westen anlaufen.

Jago hatte Wochen gebraucht, bis er den Standortkommandeur so weit hatte, daß er die Fischerboote numerieren und ihre Besatzungen registrieren ließ. Das war eine einfache Vorsichtsmaßnahme, aber Jago war vor Frustration halb verrückt geworden, bis er sie durchgesetzt hatte. Die chinesische Art lag ihm nicht. Die ausgedehnten Höflichkeiten, das endlose Teetrinken widersprachen total seiner Vorstellung von einer leistungsfähigen Verwaltung. Wenn er doch nur mehr Hilfe hätte, sagte er sich. Rickover war ein sehr guter Unterführer, aber er hielt sich strikt an seine Arbeitszeit von neun bis fünf. Außerhalb seiner Dienststunden zeigte er kein Interesse für Jagos kleines Königreich. So hörte er ihn auch jetzt so zufrieden an seiner Zigarre saugen wie ein Baby.

In Wirklichkeit war Rickover viel intelligenter, als Jago vermutete, und auch viel gebildeter als er selbst. Er sah Gunnars Standpunkt völlig ein, denn er wußte, daß die Inselbewohner mit ihrer Situation unzufrieden waren. Jetzt betrachtete er, insgeheim lächelnd, Jagos kugelrunden Hinterkopf. Er wußte genau, wie die augenblickliche Situation den Major beunruhigte. Wenn alles gutging und der fernen US-Verwaltung keine zusätzliche Panne gemeldet wurde, hatte Jago durchaus Aussicht auf baldige Beförderung. Sooft ein Hubschrauber von einem durchkommenden Flugzeugträger mit Post eintraf, fragte sich Rickover gespannt, ob Jago schon eine neue Uniform mit den höheren Rangabzeichen bestellt hatte. Falls Gunnar oder sonst jemand diese Ambitionen Jagos durchkreuzte, dann konnte Rickover den Übeltäter nur zutiefst bedauern.

Plötzlich sagte Jago: »Wenn ich doch nur Washington dazu überreden könnte, mir hundert Marineinfanteristen zu schicken – oder wenigstens fünfzig. Dann würde ich's diesen Halunken schon zeigen!« Er drehte sich um und sah seinen Feldwebel an. »Das würde auch Sie entlasten.«

Aber Rickover ging nicht darauf ein. Mich kannst du nicht vor deinen Karren spannen, dachte er amüsiert. Bleib du mal auf deiner Seite des Zauns, ich bleibe auf meiner. Laut antwortete er jedoch pflichtschuldig: »Das wird schon noch kommen, Major. Ganz bestimmt.«

Mike Bella hatte die Ellbogen auf seinen mit Papieren übersäten Schreibtisch gestützt und ließ sich den dunklen Kopf vom schwirrenden Ventilator kühlen. Er starrte auf den vor ihm liegenden Brief mit den wenigen Zeilen in seiner runden Handschrift. Wie sollte es weitergehen? War das alles nicht völlig sinnlos? Er hatte den Brief angefangen, als das Schiff Hongkong verließ, und hatte jeden Tag mühsam ein paar Zeilen hinzugefügt. Aber sie waren bereits drei Wochen in Payenhau, und noch immer gab es keinerlei Anzeichen für eine Rückkehr. Ankerplatz und Küste waren mehrmals vermessen und die Betonfundamente für die Radarreflektoren längst getrocknet. Jedesmal, wenn Bella an Land gekommen war, meistens mit irgendeiner

Nachricht für Major Jago, hatte er in die glatten Gesichter junger Chinesinnen geblickt und in jeder das Mädchen zu sehen geglaubt, das er in Hongkong zurückgelassen hatte. Ihr Name, Peach, über den er zuerst gelacht hatte, klang jetzt in seiner Erinnerung wie ein Signal. Sie war die Tochter einer Flüchtlingsfamilie, die erst seit kurzem in der Kronkolonie wohnte. Mit Geduld und Freundlichkeit hatte Bella ihre Schüchternheit überwunden und mit seinen Geschenken die vorsichtige Familie für sich gewonnen. Zum ersten Mal in seinem Leben wurde er wirklich gebraucht. Jetzt aber war sie hunderte Meilen entfernt, und es bestand kaum noch Aussicht für ihn, sie jemals wiederzusehen. Er schloß die Augen und versuchte, sich an ihr Gesicht zu erinnern, aber es tauchte nur verschwommen und undeutlich vor ihm auf. Eines Tages, sagte er sich voller Angst, würde er sich vermutlich überhaupt nicht mehr ihre traurige Schönheit vorstellen können, ganz zu schweigen von der Berührung ihrer Hände.

»Du hast zu tun, Mike?« Die grobe Stimme Pirellis riß ihn aus seinen Gedanken. Er lehnte in der Tür, in den riesigen Händen eine Pütz mit Feudel.

Seit ihrer ersten Begegnung und der Prügelei hegte Bella einen heimlichen Groll gegen den großen, kräftigen Seemann. Pirelli verkörperte all die Dinge, die Bella mißfielen und die er fürchtete. Aber der Tod seines Freundes Grout hatte Pirelli völlig verändert, hatte aus einem ewig grinsenden und leichtlebigen Seemann einen grimmigen Vulkan gemacht, der kurz vor der Eruption zu stehen schien und von den Unteroffizieren wie von seinen eigenen Kameraden mißtrauisch beobachtet wurde.

»Komm, setz dich.« Bella nahm ein paar Ordner von einem Stuhl und sah zu, wie Pirelli sich mühsam eine Zigarette drehte. Er bemerkte die seltsam vorsichtigen Bewegungen der starken Finger und fragte sich, wie ein solcher Mann derart hassen und töten konnte.

Pirelli hatte Bordarrest und war von Tag zu Tag mürrischer geworden, besonders wenn er von den anderen hörte, welche Freude ihnen die Arbeit an Land bereitete. »Wie ein Trupp Pfadfinder«, hatte er zunächst gelästert, aber die anderen hatten sich gegen ihn verschworen, was sie früher niemals gewagt hätten. Bella ahnte, daß auch er zu Pirellis Gesichtsverlust beigetragen hatte, aber das war ihm keine Befriedigung mehr.

Plötzlich kam ihm eine Idee. An diesem Nachmittag gab es keine Arbeit mehr an Bord, zwei Drittel der Besatzung waren an Land, und einige Offiziere machten in einem geliehenen Boot eine Segeltour, zweifellos gut ausgerüstet mit Whiskyflaschen. Lediglich Oberleutnant Kroner war als Wachhabender an Bord. Bellas Blick fiel auf ein Päckchen Urlaubsscheine, die für die Dauer ihres Aufenthalts in Payenhau vorbereitet waren. Ablenkung würde ihm guttun, aber er hatte keine Lust, allein an Land zu gehen. Er zog eine Karte heraus und begann, sie auszufüllen. Kapitänleutnant Regan hatte bereits alle unterschrieben, da er immer sehr auf Zeitersparnis bedacht war. Es war also ganz einfach. Kroner verbrachte seine Wache in der Messe, wo er las oder schlief, und dem Posten an der Gangway war alles gleichgültig. Hauptsache, ein ordnungsgemäß unterschriebener Urlaubsschein wurde abgegeben.

Vorsichtig fragte Bella: »Was hältst du von einem Spaziergang in der Stadt?«

Pirelli ergriff den Ausweis so vorsichtig, als wäre er eine wertvolle Porzellanfigur. »Hast du das ausgefüllt?« Er drehte die Karte in Händen. »Junge, das wäre eine tolle Abwechslung!« Begeistert versprach er: »Das werde ich dir nie vergessen, Mike. Ich kenne ein Lokal, wo es ganz ruhig ist, wir bekommen dort etwas Anständiges zu trinken, und danach können wir –«

Bella wurde fast verlegen. »Also, zieh dich rasch um, in zehn Minuten treffen wir uns an der Gangway!«

Es war genauso leicht, wie er vorausgesehen hatte. Der Gangwayposten nahm die Karten, blinzelte Bella zu und ließ Pirelli ohne ein weiteres Wort passieren.

Eine Viertelstunde später überprüfte Kroner die Ausweisdurchschläge, als er die neue Wache musterte. Er entdeckte Pirellis Namen und hatte eigentlich vor, der Sache nachzugehen. Aber wenn Regan die Karte unterschrieben hatte, dann genügte ihm das. Mit dem wollte er sich nicht anlegen.

Bald waren Bella und sein riesiger Kamerad in den Gassen der sonnenüberfluteten Siedlung verschwunden, die vom Schiff aus so friedlich und harmlos wirkte.

Maddox zuckte zusammen, als seine vom Wasser aufgeweichten Füße auf scharfe Korallen trafen. Hinter ihm schwamm das Boot im klaren Wasser über seinem eigenen Schatten, das verschossene Segel lag sorglos hingeworfen auf den Bodenbrettern, der Proviantkorb war schon halb leer. Rasch stellte er sich auf einen Fleck kühlen, feuchten Sandes und schüttelte sich wie ein Hund nach dem Schwimmen. Das Bewußtsein seiner Freiheit lief ihm wie ein erregter Schauer über die Haut. Er zog die Badehose zurecht und ließ sich schwer auf einen Stein fallen. Es war ein windgeschützter Platz jenseits des Vorlandes, hinter dem das Fischerdorf lag, und genau gegenüber einer kleinen Insel. Regan saß weiter oben am Strand und trank aus einem Plastikbecher, die Augen hinter einer dunklen Sonnenbrille verborgen. Malinski hockte auf der Spitze eines Felsblocks wie ein zufriedener Gnom. Jetzt war ein Plätschern zu hören: Connell tauchte keuchend aus dem Wasser, hielt kurz an, um Zigarren und Feuerzeug aus dem Boot zu holen, dann setzte er sich neben Maddox.

Zögernd nahm dieser eine Zigarre an und sah dem blauen Rauch nach, der bewegungslos über ihnen in der Luft hing. »Das hat Spaß gemacht«, sagte er.

Connell nickte. »Ja, das Wasser ist herrlich.«

Alles hier wirkte so friedlich, dachte Maddox, ihnen schien keinerlei Gefahr zu drohen. Und doch waren auf der anderen Seite dieser kleinen Insel Inglis und die drei Matrosen auf einem ebenso harmlos aussehenden Strand bestialisch abgeschlachtet worden. Deshalb wunderte es ihn nicht, daß Regan seine Pistole mitgebracht hatte und gelegentlich prüfend zum Rand der Klippen hinaufblickte. So war der nun mal: arrogant und verächtlich, aber auch wachsam und übervorsichtig, ein Mann, den Untätigkeit nervte.

Connell fragte leise: »Was halten Sie jetzt von allem, Bob? Der Skipper scheint sich ja etwas beruhigt zu haben.«

Maddox dachte darüber nach. Es stimmte, daß Gunnar jetzt umgänglicher war, er schien aber trotzdem eigene Pläne zu verfolgen. Während er Maddox großzügig den täglichen Dienstplan an Bord überließ, überprüfte er genau die Arbeiten an Land und disponierte um, was er für richtig hielt, stets ohne Angabe von Gründen.

»Es scheint ihm wirklich besserzugehen«, gab er zu. »Aber er ist nicht gerade mitteilsam.«

»Ich frage mich manchmal, ob wir nicht allmählich unter Verfolgungswahn leiden.« Träge sah Connell einer Möwe zu, die über ihren Köpfen schwebte. »Als Peter Inglis ermordet wurde, hatte ich das Gefühl, daß der Kommandant mit seinem Mißtrauen recht hatte. Aber jetzt bin ich mir nicht mehr so sicher. Vielleicht hat man ihm diesen Auftrag nur gegeben, um zu prüfen, ob er nach seinen schrecklichen Erlebnissen und der Behandlung im Hospital tatsächlich ganz geheilt ist.«

»Mag sein.« Maddox dachte lieber an Burgess, vor allem an dessen Tochter. Der Engländer hatte sich in der vergangenen Woche etwas rar gemacht und es anscheinend noch nicht geschafft, ein Treffen zwischen dem Dorfältesten Tao-Cho und dem Kommandanten zu arrangieren. Auch Gunnar hielt Distanz, als verstünde er, daß der verehrte alte Chinese erst einmal argwöhnisch abwarten wollte, ob die Amerikaner ihren Worten auch Taten folgen ließen.

»Ich denke noch oft an diese Mine«, fuhr Connell fort. »Die Sache hat mich ganz schön erschüttert, kann ich Ihnen sagen. Diese armen Soldaten so elend sterben zu sehen, war schrecklich.«

Maddox wich aus. »Ich weiß. Aber es überrascht mich, daß Sie in dieser Beziehung nicht abgehärtet sind, Doc.«

»Nicht gegenüber unnötigem, gewaltsamem Tod.« Er berührte das kleine Kruzifix auf seiner Brust. »Ich war erstaunt, daß der Skipper die Sache so ruhig aufnahm.«

»Tat er das?«

»Ja, wie ein Polizist bei einem Verkehrsunfall. Kalt wie Eis. Aber vermutlich haben ihn seine Erlebnisse in Vietnam hart gemacht. Nur – wenn Stahl allzusehr gehärtet ist, wird er spröde.«

Maddox legte sich auf den Rücken und tat, als döse er vor sich hin. Für den nächsten Tag wurde ein Hubschrauber mit Post erwartet. Vielleicht bekam er dann auch Nachricht von Mary? Da hörte er Connell fragen: »Was würden Sie antworten, wenn man Sie fragte, ob Sie bereit sind, für einen Ort wie diesen zu sterben?«

Statt Maddox rief Malinski von seinem Felsblock herunter: »Ich würde es denen niemals verzeihen!«

Alle lachten, und Regan rief heiser: »Macht endlich eine neue Flasche auf, ihr Philosophen!«

Der Doktor grinste in sich hinein. In gewisser Weise hatten ihm beide seine Frage positiv beantwortet.

Der lange Wohnraum des Inselkommandeurs war noch genauso, wie Gunnar ihn von seinem ersten Besuch in Erinnerung hatte. Als er durch das breite Fenster nach draußen blickte, hatte er einen Augenblick das Gefühl, als habe er die Orientierung verloren, so weit erstreckte sich das einladende Wasser. Erst als er sich weit hinauslehnte in die Helligkeit, entdeckte er die *Hibiscus* an ihrem Liegeplatz. Oberst Tem-Chuan saß in seinem mächtigen verzierten Sessel, die Augen vergrößert durch die dicken Linsen; aber er lächelte nicht mehr.

Gunnar hatte mit Erleichterung auf des Kommandeurs unerwartete Aufforderung reagiert. Irgend etwas mußte geschehen, jemand mußte bald ein deutliches Wort sprechen.

Schließlich sagte der Oberst: »Ich denke, Sie tun zuviel für mein Volk, Kapitän.«

Aha, jetzt heißt es wieder *mein* Volk, dachte Gunnar. »Es ist wenig genug, Oberst. Ich tue es eigentlich mehr, um meine Leute zu beschäftigen.«

Der Oberst zog das in Erwägung. »Ja, ich verstehe. Ich bin Ihnen in der Tat sehr dankbar.«

Gunnar bemühte sich, sein Staunen über die Erscheinung des Obersten zu verbergen. Tem-Chuan war nackt bis auf ein kurzes Tuch, und sein feister, sackender Bauch bildete eine Menge Fleischringe wie bei dem Reklamemännchen für Michelinreifen. Er mußte mindestens zwei Zentner wiegen, dachte Gunnar.

»Es gibt eine Angelegenheit, Kapitän, die ich mit Ihnen besprechen möchte.« Das klang beiläufig. »Ich habe bestimmte Informationen für Sie und wüßte gern Ihre Meinung dazu.«

Jetzt kommt es, dachte Gunnar, steckte die Hände in die Taschen und wartete.

»Es ist ein Terrorist auf der Insel, Kapitän. Meine Information ist verläßlich, aber spärlich. Dieser Mann kam vor Ihnen nach Payenhau, ob durch Zufall oder beabsichtigt, entzieht sich meiner Kenntnis. Aber auf alle Fälle ist er hier, und sein Name ist Bolod. Kennen Sie ihn, Kapitän?«

Ihn *kennen*? Bolod? Wer kannte ihn nicht, diesen berüchtigten rotchinesischen Agitator? Der schattige Raum schien vor Gunnars Augen zu verschwimmen. Wieder war er in Vietnam, und ein Bild nach dem anderen zog vor seinem inneren Auge vorbei: die entgleisten Züge, die auf grauenhafte Weise ermordeten Passagiere, die wie blutige Puppen herumlagen, die geköpften Melder, die in eine über die Straße gespannte Drahtfalle gerast waren ... Unzählige Greueltaten gingen auf Bolods Konto. War es nur ein Name? Niemand konnte sicher sein, ob sich hinter diesem Namen nicht mehrere Männer verbargen. Aber jede Grausamkeit, jede Zerstörung, jede »Hinrichtung« trug seine Handschrift. Und jetzt war er hier! Damit wurde es ein persönlicher Kampf.

Als er sich wieder umwandte, war sein Gesicht gefaßt, aber blaß und gespannt. »Ich habe von ihm gehört, Colonel. Er ist ein Profi. Haben Sie es schon Major Jago mitgeteilt?«

»Ja, heute morgen, Kapitän. Er ist jetzt mit meinem Stellvertreter, Major Yi-Fang, unterwegs, um die Posten in Alarmbereitschaft zu versetzen. Er ist der Ansicht, daß Bolod wahrscheinlich Ihren Offizier getötet und diese Mine gelegt hat.«

Die Mine ja. Die Morde auf der einsamen kleinen Insel waren wohl mehr ein unglücklicher Zufall. »Vielleicht. Aber wie hat Ihr Informant das herausgefunden?«

Gereizt rieb sich der Oberst den vorstehenden Bauch. »Das ist meine Angelegenheit.«

Ein Fischer höchstwahrscheinlich, dachte Gunnar. Auf alle Fälle war es dringender als je zuvor, daß er sich mit dem Dorfältesten traf. Aber er konnte es nicht erzwingen. Die Erfahrung hatte ihn gelehrt, wie töricht es war, diesen Leuten Eile aufzwingen zu wollen. Ausgerechnet Bolod! Er ballte die Fäuste beim Gedanken, diesen Mann endlich unschädlich machen zu können.

Plötzlich fragte der Oberst: »Und wie fühlen Sie sich in diesen Tagen, Kapitän? Vermissen Sie Ihre Frau?« Einladend zeigte er auf den Türvorhang. »Wenn Sie einsam sind, könnte ich Ihnen die Gesellschaft eines jungen Mädchens vermitteln.«

Gunnar schluckte trocken. »Das ist nicht nötig, danke.« Er fragte sich, wer wohl diese private Nachricht an Land verbreitet hatte. Aber Neuigkeiten machten hier eben schnell die Runde.

Tem-Chuan wechselte das Thema. »Und Commander Burgess – war er für Sie von Nutzen?«

»Ja. Sein Boot ist uns eine große Hilfe.« Von der Pier her hörte er Jazzmusik aus Lautsprechern, Kroner führte den Einwohnern offenbar sein eigenes kleines Kulturprogramm vor. Jeder von ihnen war mit etwas beschäftigt. Die Offiziere segelten, die Besatzung streckte die Beine oder war an Land auf der Suche nach Frauen. Vielleicht war er tatsächlich ein Narr. Jenseits des Türvorhangs wartete möglicherweise das, was ihm am meisten fehlte. Er lächelte über seine Skrupel. »Ich muß jetzt gehen, Colonel.«

Tem-Chuan hob die mächtigen Schultern. »Wie Sie wünschen. Werden Sie auf diesen Bolod achten?«

»Das verspreche ich Ihnen, Colonel.« Gunnars Augen wurden so kalt und hart, daß der Oberst ihn interessiert betrachtete.

»Das ist beruhigend.«

Gunnar blieb an der Tür stehen und fragte, als sei es ihm eben erst eingefallen: »Sie bauen oben im Gefangenenlager eine Landebahn?«

Die dicken Glaslinsen blitzten im Sonnenlicht, als Tem-Chuan sich ihm zuwandte. »Genau wie Sie, Kapitän, beschäftige ich meine Leute.« Damit war er entlassen.

Gunnar trat hinaus in den großen Hof. Dem Fahrer des Jeeps winkte er ab und ging allein im Sonnenschein zur Pier hinunter.

Ein Mann trat hinter einem Melonenkarren hervor, ein riesiger muskulöser Chinese mit flachem Ringergesicht. Gunnar runzelte die Stirn, als der Mann auf ihn zukam, aber dann fiel es ihm wieder ein: Das war der Bootsmann von Commander Burgess. Ob er gerne für einen so unberechenbaren Versager wie Burgess arbeitete?

»Wollten Sie mich sprechen?«

Der Chinese verbeugte sich leicht, war aber auch gebückt fast einen Kopf größer als Gunnar. »Mein Name ist Tsung, Kapitän. Ich komme von Commander Burgess.« Sein Englisch war klar, aber mühsam.

»Ich kenne Sie. Was wünscht der Commander?«

Die Lippen des Mannes lächelten wie über einen Witz. »Das Treffen ist heute nacht, Kapitän«, sagte er, »bei Sonnenuntergang an Bord der *Osprey.*« Er neigte den Kopf. »Einverstanden?«

Gunnar verbarg seine freudige Erregung. »Gut. Ich werde rechtzeitig da sein.«

Burgess besaß anscheinend genug Verstand, um das Treffen auf seinem eigenen Boot zu arrangieren, geschützt vor beobachtenden Blikken. Oder ging es ihm nur um eine weitere Flasche Whisky?

Tsung trottete von dannen, sein Auftrag war erledigt. In der Ferne sah er aus wie jeder andere Chinese, und Gunnar fragte sich, wer von ihnen wohl den Inselkommandeur über Bolod informiert hatte.

Von seinem hohen Fenster aus sah Tem-Chuan Gunnars schlanke Gestalt den Hügel hinabschreiten. Dann watschelte er zum Türvorhang, hinter dem das Mädchen noch immer wartete. Gut, daß der Amerikaner so eilig aufgebrochen war. Mit einem zufriedenen Grunzen ließ er sein Lendentuch fallen und schloß den Vorhang hinter sich.

Das Lokal, das Bella und Pirelli schließlich fanden, war sogar ruhiger, als sie erwartet hatten. Bella kam es vor, als seien sie stundenlang durch die glühende Sonnenhitze des Nachmittags gewandert, größtenteils bergauf. Einmal hatte er Pirelli rasch in eine Seitengasse gezerrt, als ein Jeep vorbeibrauste, in dem Soldaten auf Patrouille saßen. In seiner auffallenden Uniform mit den weißen Gamaschen thronte Obermaat Tasker steif zwischen ihnen, ganz der Vertreter von Gesetz und Ordnung.

Das Lokal, das sie schließlich gefunden hatten, lag in der obersten Straße am Hang, so daß sie von seiner Veranda aus die anderen Häuser weiter unten sehen konnten, deren Reihen wie Stufen hinunter zur See führten. Hier war es verhältnismäßig kühl. Zwei Seiten standen offen, die Bambusjalousien waren aufgerollt. An der Wand hingen bemalte, verblichene Matten, die wie große Flaggen wirkten. Drüben hockten ein paar alte Männer, rauchten und spielten mit schwarzen Ebenholzsteinen.

Ein hochgewachsener Chinese in einer Segeltuchjacke musterte die Seeleute besorgt, bis sie sich abseits von den anderen Gästen auf zwei Bambusstühle fallen ließen. Dann bediente er sie ruhig und respektvoll. Wie zu erwarten, war das Getränk ein lokales Gebräu, eine Mischung zwischen Bier und Wein, und schmeckte bitter. Aber es war kühl, erfrischend und weckte das Verlangen nach mehr.

Eine Stunde verging, und bis auf eine gelegentliche Bemerkung schwiegen Bella und Pirelli, jeder in seine eigenen Probleme vertieft. Die Sonne zog über die Insel hinweg zum fernen Horizont und verschwand dann überraschend schnell. Sofort schien die Umgebung ihre Schäbigkeit zu verlieren. Laternen wurden angezündet, und aus den anderen Räumen des Hauses drang fröhliches Klirren von Tellern und Schüsseln.

Weitere Chinesen strömten herein, zunächst ein wenig scheu, aber sobald sie merkten, daß die Amerikaner harmlos waren, begannen sie ihr Geschnatter, das Bellas umnebeltes Hirn mehr beruhigte als reizte. Er stellte fest, daß Pirelli böse vor sich hin blickte und so schnell trank, wie der Wirt ihm nachschenken konnte; endlich stellte der Chinese einen großen irdenen Krug vor ihn hin, so daß er den anderen Gästen aus der Küche appetitlich riechende Schalen mit Essen bringen konnte. Die Tatsache, daß Pirelli nicht mehr ansprechbar und die chinesische Sprache ihm unverständlich war, deprimierte Bella.

Plötzlich verstummte der Lärm, und er hoffte im ersten Augenblick, daß weitere Besatzungsmitglieder der *Hibiscus* eingetroffen seien. Aber die Neuankömmlinge waren keine Bekannten, sondern zwei Chinesen in Lederjacken, beide sehr kräftig und anscheinend auch tüchtig. Sie sahen sich im Lokal um, bis einer die beiden Amerikaner bemerkte und sich einen Weg durch die jetzt vollbesetzten Tische zu ihnen bahnte.

Bella fühlte sich unbehaglich, denn sie waren weit entfernt vom Schiff und von jeglicher Hilfe. Mit Zeigefinger und Daumen tastete er unter seinem Gürtel nach dem Messer, das er seit seiner Kindheit immer bei sich trug. Unter dem Tisch trat er Pirelli gegen das Bein. »Reiß dich zusammen! Wir haben Gesellschaft.«

Mühsam richtete Pirelli sich auf und starrte wütend die beiden Fremden an, die jetzt an ihrem Tisch standen. Einer von ihnen fragte lächelnd in korrektem Englisch: »Dürfen wir uns zu Ihnen setzen?«

Irgend etwas Besonderes war an diesen Männern, dachte Bella. Die übrigen Gäste hatten sie mit Respekt behandelt, nicht wie Gleichgestellte. Aber was hatten sie schon zu verlieren? Also sagte er: »Natürlich. Nehmen Sie Platz.«

Der Sprecher mußte seinem Freund diese Worte übersetzen. Dann schnippte er mit den Fingern, der Wirt eilte herbei, nervös eine Serviette schwenkend, und der Chinese sagte leise: »Wir möchten essen und einen richtigen Wein, verstanden? Nicht dieses *Gift*! Und zwar für uns alle hier!«

Auf chinesisch fügte er noch ein paar Worte hinzu, und in wenigen Minuten sah der Tisch völlig anders aus. Eine Schüssel mit Reis und appetitlichen Meeresfrüchten, dazu Fingerschalen und eine Flasche Wein erschienen wie herbeigezaubert. Durch den blauen Qualm hörte Bella, daß jemand leise auf einem fremdartigen Saiteninstrument spielte. Die Wirkung war angenehm und beruhigend, zumal ihr neuer Wohltäter die Amerikaner mit großem Respekt behandelte.

Er sagte: »Mein Name ist Shou-Chin, ich bin Kapitän eines Fischerbootes.« Dann strahlte er Pirelli an, der mit neuer Energie den Wein probierte. »Ihr Freund hat großen Durst?«

Pirelli musterte ihn kalt. »Großen Appetit habe ich auch!« Er machte eine obszöne Bewegung, aber der chinesische Fischer hob nur fragend die Schultern.

Langsam hatte Bella das Benehmen seines Kameraden satt. »Er will eine Frau, der alte Bock.«

Der Chinese rollte mit den Augen und sprach rasch auf seinen Gefährten ein. Dieser brach in zwitscherndes Gelächter aus.

Mühsam stand Pirelli auf, das Gesicht wutverzerrt. »Lach mich nicht aus, du schlitzäugiger Affe!«

Bella flüsterte besorgt: »Setz dich, du Idiot! Alle sehen schon her!«

Aber Pirellis Rausch war in Ärger und Verbitterung umgeschlagen und in das Verlangen, alle Chinesen zu schockieren. Er schnappte sich die Weinflasche und starrte Bella trotzig an. »Ich gehe! Du kannst meinetwegen machen, was du willst.«

Bella spürte, daß jemand begütigend sein Handgelenk ergriff. Der englisch sprechende Chinese meinte leise: »Lassen Sie ihn gehen, er bringt hier nur Unruhe.«

Bella war noch unentschlossen. Pirelli konnte alles mögliche anstellen, wenn man ihn alleinließ. Aber als er schon im Begriff war, dessen schwankender Gestalt durch die schweigenden Zuschauer zu folgen, fuhr der Mann eindringlich fort: »Ich muß Sie ohnehin allein sprechen. Ich habe eine Nachricht aus Hongkong für Sie, von einem Mädchen namens Peach.«

Kapitänleutnant Alan Regan ging langsam über die Pier und ließ den Blick prüfend über das Schiff schweifen. Die Festmacher saßen richtig, das Deck wurde von einer Reihe Glühlampen beleuchtet und wirkte dadurch beinahe wie das Oberdeck einer Yacht. Oben auf den Hügeln brannten nur wenige Lichter, lediglich die Scheinwerfer eines Jeeps auf der steil abwärts führenden Straße waren zu sehen. Regan hatte Kroner abgelöst, weil dieser mit den anderen Offizieren an der kleinen Feier teilnehmen wollte, die Connell zur Einweihung seines Behelfshospitals veranstaltete. Regan schätzte zwar keinen Zusatzdienst, aber noch weniger hatte er Lust, dem Arzt zu helfen.

Er warf einen Blick auf die Uhr: Zeit, die Wachablösung zu mustern. Da donnerte ein Jeep auf die Pier, daß diese wild erbebte. Regans Gesicht verfinsterte sich, als er Obermaat Tasker aus dem Wagen springen und zur Gangway rennen sah, wo der Posten Fallreep verwirrt sein Gewehr in Anschlag brachte.

»Hierher, Tasker«, rief Regan.

Tasker blinzelte ins grelle Licht, dann salutierte er. »Ich suche den Wachhabenden, Sir!«

»Seit einer Stunde bin ich das. Was haben Ihre Landurlauber denn verbrochen, daß Sie so in Rage geraten?«

Tasker nahm sich zusammen. »Es ist Pirelli, Sir!«

Regan geriet in Wut. »Was soll der Quatsch? Pirelli hat doch Bordarrest, und ich will ihn mir gerade vornehmen!«

Kühl musterte ihn Tasker. »Er ist an Land, Sir, mit einem von Ihnen unterzeichneten Urlaubsschein!« Er holte tief Luft. »Er hat gerade ein chinesisches Mädchen vergewaltigt und eine Gruppe Soldaten zusammengeschlagen. Davon abgesehen ist alles in Ordnung, Sir.«

Wütend warf Regan seine Mütze an Deck. »Großer Gott!« Er erinnerte sich daran, daß er Urlaubsscheine auf Vorrat unterzeichnet hatte, und bekam einen Verdacht. »Ist Bella bei ihm?«

»Das war er, Sir. Jetzt ist Bella oben in den Hügeln und sucht nach ihm.«

»Kann ich mir denken!« Rasch faßte er einen Entschluß. »Schicken Sie Ihren zweiten Mann hinüber zum Hospital und lassen Sie Mr. Kroner bestellen, er soll sofort an Bord kommen und die Wache übernehmen. Sie bleiben hier, bis ich zurück bin.« Dann rief er dem Posten zu: »Her mit dem Gewehr!« Wütend packte er die Waffe und sprang in den mit laufendem Motor wartenden Jeep. »Fahren Sie los, aber schnell!« befahl er dem chinesischen Fahrer. Bevor Tasker noch ein Wort sagen konnte, donnerte der Jeep bereits der Siedlung zu.

Tasker warf einen Blick auf den Seemann, der ihn begleitet hatte. Müde knurrte er: »Holen Sie Mr. Kroner. Das wird bestimmt eine lange Nacht!«

Harte Tatsachen

Auf dem Motorboot *Osprey* war der Lukendeckel abgenommen worden, so daß der wie schwarzer Samt aussehende Himmel und die hellen Sterne eine natürliche Decke bildeten, unter der mehrere Gestalten saßen. Den Salon erhellten elektrische Lampen, die vom Generator des Bootes gespeist wurden. Es war trotz der späten Stunde warm und feucht.

Mark Gunnar kannte die Neigung der Ostasiaten, aus jeder Versammlung eine große Zeremonie zu machen, und war daher keineswegs überrascht, daß selbst in diesem umgewandelten Fischerboot alle Formalitäten beachtet wurden. Ein Schiffsjunge kam die Leiter heruntergestiegen und brachte Tee, danach wurde das Schweigen nur durch gelegentliches Grunzen oder vorsichtiges Schlürfen des durchsichtigen grünen Getränks unterbrochen. Auch Burgess wirkte zurückhaltend und wachsam. Tao-Cho sah aus wie ein Ahne auf einem alten chinesischen Gemälde. Sein hageres, hellbraunes Gesicht war von zahlreichen winzigen Falten durchzogen und sein Kinn von einem schütteren Bart bedeckt. Seine Kleidung war einfach und ohne besondere Merkmale, er trug sie aber hoch aufgerichtet und mit Würde. Seine Begleiter waren ebenfalls ältere Männer, hingen aber an jedem Wort ihres Führers und warteten unterwürfig, bis er seinen Tee getrunken hatte.

Gunnar hatte im Dorf überall patrouillierende Soldaten bemerkt und das Gefühl bekommen, erwartet zu werden, als sei dieses eine Insel innerhalb der Insel, ein verbotener Ort, zu dem nur Auserwählte Zugang hatten. Auf dem kleinen Marktplatz war ein Kind aus der Dämmerung getreten, hatte wortlos seine kleine Hand in Gunnars geschoben und ihn mit der Sicherheit eines Erwachsenen hinunter zum Anlegesteg geführt, wo Burgess ihn willkommen hieß.

Endlich steckte Tao-Cho beide Hände in die weiten Ärmel seiner Jacke und ließ die Tassen abräumen. Er musterte Gunnar mit unpersönlichem Interesse und fragte in fließendem Englisch: »Nun, Kapitän, was wollen Sie mir sagen?« Seine Stimme klang brüchig, jedoch keineswegs schwach, und Gunnar vermutete, daß der Chinese einst ein rücksichtsloser, unbarmherziger Führer gewesen war.

»Ich brauche Ihre Hilfe.« Gunnar lauschte seiner eigenen Stimme nach und spürte ihre Unaufrichtigkeit. Rasch fügte er hinzu: »Ich nehme an, daß Sie meine ursprüngliche Aufgabe kennen. Aber in letzter Zeit hat sich so vieles ereignet, daß ich glaube, die Insel ist in Gefahr.«

Der alte Chinese ließ sich nicht anmerken, ob er von Gunnars Eröffnung enttäuscht oder überrascht war. »Und warum kommen Sie damit zu mir?«

»Man hat mir gesagt, daß Sie der Anführer dieser Leute sind, daß Sie früher die gesamte Inselgruppe beherrschten und daß man Sie als gerechten und loyalen Mann achtet.«

»Gerechtigkeit – was ist das?« Er strich sich den dünnen grauen Bart. »Ich war einst das, was Sie einen Piraten nennen würden. Davor führte ich Schiffe an, die von hier ausliefen. Die Imperialisten machten uns jedoch den ehrlichen Handel unmöglich. Sie zogen ihn an sich und hatten die Erfahrung und die Kanonenboote dazu.« Lächelnd hob er den Kopf. »Allmählich mußten wir Ihrem westlichen Fortschritt weichen. Manche jüngeren Männer wurden getötet oder von ausländischen Kriegsschiffen gefangengenommen. Andere wieder gingen hinüber aufs Festland oder nach Taiwan, um dort Arbeit zu suchen.« Vielsagend hob er die Schultern. »Natürlich waren sie glücklos. Wie Ernten auf schlechtem Boden ertrugen sie vielerlei, wurden schließlich jedoch weggeschwemmt. Die Kuomintang, die Japaner, die neue nationalistische Regierung – alle forderten ihren Zoll, bis unser kleines Gemeinwesen hier verwaiste. Aber wir sind ein findiges und anpassungsfähiges Volk, wir lernten es, unseren Lebensunterhalt der See abzutrotzen, und dem kargen Boden entrangen wir kleine, aber ausreichende Ernten. Kurz, wir überlebten. Wir besaßen keine Reichtümer außer dem einen: unsere *Freiheit*!« Das letzte Wort spuckte er förmlich aus, die anderen Alten verbeugten sich und murmelten Zustimmung. »Dann kam der Kommandeur, Oberst Tem-Chuan, mit seinen Truppen und seinem Stacheldraht. Wir hatten eine schlechte Ernte und glaubten seinen Versprechungen. Bevor wir die Falschheit seiner Worte merkten, waren noch mehr Soldaten und mehr Geschütze gekommen. Dann wurde das Fort gebaut, um uns alle zu beherrschen!« In plötzlichem Zorn starrte er Gunnar an. »Und jetzt kommen Sie und vollenden, was er begonnen hat: uns hier vertreiben, unsere Hoffnungen mit falschen Versprechungen einlullen!«

Gunnar ging nicht direkt darauf ein. »Ich habe gehört, daß ein kommunistischer Provokateur auf der Insel ist.« Er achtete sorgsam auf erschrockene oder schuldbewußte Reaktionen, konnte aber nichts dergleichen entdecken. »Wenn er Erfolg hat, werden Ihre Leute noch viel schlechter dran sein als vorher.«

»Das sagen *Sie*, Kapitän. Doch wie kann ein Mann wie Sie uns verstehen und ermessen, was wir leiden? So oder so verlieren wir unsere Unabhängigkeit. Weder das kommunistische China noch das von Amerika unterstützte Taiwan mag uns, wir sind beiden lästig. Aber wir müssen einen Weg zurück in die Freiheit finden. Wenn dieser Mann, den Sie erwähnen, uns eine wirkliche Chance zu bieten hat, warum sollten wir nicht seinen Worten glauben statt Ihren?«

Gunnar spürte Entspannung wie nach einer Kapitulation. Es war alles so hoffnungslos, zumal der alte Tao-Cho recht hatte. Aber warum duldete ihn der Kommandeur, für den er offensichtlich nur Haß und Verachtung empfand, außerhalb seines Gefangenenlagers? Das ergab keinen Sinn.

Tao-Cho fuhr gleichmütig fort: »Seien Sie bitte nicht beleidigt, Kapitän. Ich habe Sie seit Ihrer Ankunft beobachtet und glaube, ich kenne Ihre Wünsche. Sie waren besorgt wegen des Arbeiters, der von Ihren Leuten auf der Pier erschossen wurde, aber was hätten Sie dagegen tun können? Ich an Ihrer Stelle hätte möglicherweise jedem Erwachsenen in dieser drohenden Menge die rechte Hand abschlagen lassen. Aber Sie werden bald in Ihr gewohntes Leben zurückkehren und alles hier vergessen. Ich dagegen bleibe für mein Volk verantwortlich.«

»Ich möchte lediglich wissen, welcher Seite Ihre Sympathie gilt. Das reicht mir.« Gunnar beugte sich vor, wie um den alten Mann von seiner Aufrichtigkeit zu überzeugen.

»Verstehe.« Das alte Gesicht erstarrte zu einer Maske. »Ich kann Ihnen nur folgendes sagen: Ich werde mein Volk drängen, gegen jede weitere Besetzung Widerstand zu leisten, außer wenn sie mit *unserer* Zustimmung geschieht und nicht durch separate Abmachung mit dem Inselkommandeur und seiner Regierung.«

Ruhig fragte Gunnar: »Sie sind sich doch darüber klar, daß jeder größere ausländische Staat Sie innerhalb weniger Tage unterjochen kann, wenn Sie nicht unter dem Schutz einer großen Seemacht stehen?«

»Sie haben das alte Wrack in der Bucht gesehen, Kapitän?« Die sonst von den Lidern verdeckten Augen blickten nach oben zur Lampe. »Das war ein japanischer Frachter mit einem kleinen Landetrupp an Bord, schwer bewaffnet und gut ausgebildet. Wir töteten sie allesamt und vernichteten ihr Schiff! Danach versuchten es die Japaner kein zweites Mal. Ein Mann, der diese Inseln kennt, vermag hier noch zu überleben, wenn jeder stumpfsinnige Soldat längst die Hoffnung aufgegeben hat.«

Gunnar merkte, er kam nicht weiter. »Aber für die Außenwelt sind Sie ein Teil Taiwans!«

»Kein Mensch hat jemals *uns* gefragt. Uns wurde immer nur von anderen gesagt, was wir zu tun hätten. Falls wir unsere Freiheit durch Ihre Unterstützung zurückgewinnen können, werde ich Ihnen jede Hilfe leisten, zu der ich imstande bin. Wenn nicht, müssen wir uns sonstwo umsehen, Kapitän. Solange Sie hier sind, werde ich Sie beobachten. Falls Sie nach Ihren Möglichkeiten zu Ihren Worten stehen, will ich es mir noch einmal überlegen. Falls nicht«, wieder hob er die Schultern, »dann muß ich zuallererst an unser eigenes Überleben denken.«

»Sie wissen, daß kürzlich ein Attentat auf mich unternommen wurde?«

»Das weiß ich und vieles mehr. Es wird noch eine Menge Blut fließen, bevor die Zukunft klar vor uns liegt. Wir sind nicht nur Kieselsteine, auf denen man herumtritt, Kapitän! Wir sind Menschen, zumindest in unseren eigenen Augen!«

Gunnar stand auf. »Verstehe. Besten Dank für Ihre Geduld und Ihr Zuhören.«

Tao-Cho ließ sich von seinen Gefährten beim Aufstehen helfen.

»Wir können uns wiedersehen, wann immer Sie wünschen, Kapitän. Ihre Aufgabe ist keine sehr glückliche. Gleichgültig, wie dick die Farbe ist, das Boot darunter bleibt immer dasselbe.«

Dr. Connells Einweihungsfeier war in Gefahr, ebenso abrupt zu enden, wie sie begonnen hatte. Als Kroner an Bord gerufen wurde, blieben die anderen in gedämpfter Stimmung zurück, brachen aber nicht auf. Es war noch früh am Abend, und der kühle Nachthimmel über dem hell erleuchteten Schuppen, den der Doktor kühn »Hospital« nannte, war viel zu schön. Der Arzt stand mit offenem Hemd und in die Hüften gestemmten Armen mitten im Raum und musterte mit glänzenden Augen sein spartanisches, weiß getünchtes Wirkungsfeld, wobei er eine Zigarre paffte. Der behelfsmäßige Operationstisch war mit einer Flagge bedeckt, auf der zwei Emailleschüsseln mit schmelzendem Eis standen und eine große Auswahl Flaschen, von denen die meisten bereits halb leer waren. Er öffnete eine Dose Cola und trank sie auf einen Zug aus.

Malinski saß auf einem Kasten mit Verbandszeug und schwenkte konzentriert ein großes Glas mit Whisky und Eis. Auf einer anderen Kiste saßen dicht aneinandergeschmiegt wie Zwillinge die neuen chinesischen Assistenten des Doktors, die er mit allerlei Versprechungen angelockt hatte. Sie machten einen zufriedenen Eindruck, tranken schweigend und beobachteten ihre neuen Herren.

Maddox schenkte sich noch einen Whisky ein und angelte mit den Fingern nach Eisstücken. Das sah Regan ähnlich, dachte er, Kroner ohne jede Begründung an Bord zurückzurufen. Schon deshalb war Maddox dafür, daß die Party weiterging.

Connell winkte mit seiner Coladose. »Aha! Da kommt ein neuer Gast!«

Maddox erkannte die mächtige Gestalt des Engländers im Türrahmen und blickte schnell an ihm vorbei in der Hoffnung, daß seine Tochter doch noch mitgekommen sei. Aber Burgess war allein. Enttäuscht sagte Maddox: »Nehmen Sie sich was zu trinken, Commander. Es ist noch genug da.«

Burgess ergriff eine Flasche, seine große Hand zitterte dabei. »Habe Ihren Kommandanten mit dem Chinesenhäuptling allein gelassen. Sie scheinen wichtige Dinge zu besprechen.«

Connell setzte sich auf den Tischrand. »Haben sie sich entschlossen, die Friedenspfeife zu rauchen?«

Burgess grinste unbehaglich. »Hören Sie, das ist kein Kinderspiel.« Er leerte sein Glas und schenkte sich sofort nach. »Mir scheint, Ihr Kommandant hat im Augenblick ziemliche Sorgen. Das erinnert mich an die Zeit, als ich in seinen Schuhen steckte.« Ernst schüttelte er den Kopf. »Aber das ist eine andere Geschichte.«

Malinski richtete sich ruckartig auf. »Was war das? Ich glaube, ich habe einen Schuß gehört!«

Burgess hatte sein Glas bereits wieder geleert. »Schon möglich. Eine Schießerei ist hier keine Seltenheit. Könnte aber auch Feuerwerk sein, die Chinesen lieben das.«

Der Ingenieuroffizier gähnte und reichte sein Glas zum Tisch. »Dann geben Sie mir auch mal was zu trinken.«

Burgess ließ sich auf einen Deckstuhl fallen und den Alkohol sein müdes Hirn überschwemmen. Er war den ganzen Tag nervös gewesen und hatte früh begonnen zu trinken. Im kleinen Steuerhaus seines Bootes war ein tiefer Spind, ursprünglich für Signalmunition vorgesehen. Jetzt jedoch war er ein gutes Versteck für alle Dinge, die auf einem anständigen Boot sonst nichts zu suchen hatten. Unter aufgetuchten Flaggen und unbenutzten Segelsäcken hielt er beispielsweise einen Notvorrat Whiskyflaschen verborgen und teilte ihn mit niemandem. Heute aber war er dreimal hinaufgestiegen ins Steuerhaus, um aufzutanken. Außerdem hatte er nichts gegesesen. Seufzend rieb er sich den gewölbten Bauch. Obgleich erst fünfzig, spürte er doch schon sein Alter. Jede Stunde schien ihn neuerdings zu belasten.

Aber diese Amerikaner waren wenigstens nette Burschen, dachte er. Einer von ihnen füllte schon wieder sein Glas, und alle schienen so froh über seinen Besuch zu sein, als fehle auch ihnen neue Gesellschaft. Er mochte Maddox, der schien ihm zuverlässig und intelligent zu sein. Burgess hatte sofort den Ring der Marineakademie an seiner Hand bemerkt und auch seine Sorglosigkeit, die erkennen ließ, daß er nicht nur auf seinen Sold angewiesen war. Er versuchte, sich Maddox neben seiner Tochter Lea vor einer Dorfkirche vorzustellen. Ein Ehrenspalier von Marineoffizieren stand mit gekreuzten Degen vor dem Portal, und er selbst, der Brautvater, hielt eine Rede, stolz und schmuck in seiner besten blauen Uniform, die er noch immer in seiner zinkbeschlagenen Seekiste aufbewahrte. So könnte es sein, wenn sie nur vernünftig wäre. Aber mit jedem neuen Tag schien sie weiter von ihm abzurücken.

Sein Blick benebelte sich zusehends. Eines Tages in gar nicht weiter

Ferne würde er es ihr zeigen! All die Entbehrungen, Lügen und Unsicherheiten konnten sie dann vergessen, und Lea mußte wieder stolz auf ihn sein. Stirnrunzelnd überlegte er: War sie jemals stolz gewesen? Es war leicht, sich die Vergangenheit vorzustellen, aber bedeutend schwieriger, ihren Fäden bis zur Gegenwart zu folgen. Wie Maddox war er Erster Offizier eines kleineren Schiffes im Ostasiengeschwader gewesen. Bei der mächtigen Royal Navy, in die er mit zwölf Jahren eingetreten war, genau wie sein Vater und sein Großvater vor ihm. Er erinnerte sich an die lange Reihe der Korvetten und Zerstörer, auf denen er gedient hatte, an ihre hohen grauen Aufbauten und wehenden Flaggen. Gesichter zogen durch sein Gedächtnis wie Gespenster.

Burgess war gerade in Singapur gewesen, als die japanische Invasion begann. Die exklusive Kolonialwelt, die er verstanden und geschätzt hatte, war gleich beim ersten Bombenangriff zusammengebrochen, bei der ersten tödlichen Salve der selbstsicheren Japaner. Sein Schiff wurde vor Anker versenkt, ohne einen einzigen Schuß abgefeuert zu haben. Mit ein paar anderen Überlebenden hatte er trotz der allgemeinen Panik versucht zu helfen, aber in dem ständig wachsenden Chaos kam ihm die Erkenntnis, daß ihre Niederlage unvermeidlich gewesen war.

Seine Frau war schon vorher nach England zurückgekehrt, und Burgess war sich bewußt, daß ihre Abreise und nicht die Invasion der Anfang vom Ende für ihn bedeutet hatte. Zuerst war es wie ein Spiel gewesen, denn viele Offiziere hatten im geheimen chinesische Freundinnen. Auch in seinem Fall hätte die Affäre ohne Skandal enden können, wäre damals nicht plötzlich seine Frau zurückgekehrt und hätte das Mädchen entdeckt, das er geschwängert hatte. Empört reiste sie ab.

Nach dem Bombenangriff hatte Burgess Leas Mutter in dem qualmenden Hospital wiedergefunden; die Geburt ihres Kindes vollzog sich in aller Eile, wobei es niemanden kümmerte, daß noch ein Leben geopfert wurde. Burgess wußte nicht mehr, ob sie noch ein Wort gesagt hatte. Nur der Blick ihrer Augen hatte gesprochen. Ihre kleinen verzweifelten Hände hatten ihm das eingewickelte Baby hingeschoben, als sei sie ein sterbendes Tier, das noch im letzten Augenblick versucht, ein Asyl für sein Junges zu finden. Dann war sie tot, und Burgess rannte mit dem Neugeborenen in den Armen hinunter zur See, der einzigen Welt, von der er etwas verstand.

Mit einer Handvoll anderer Flüchtlinge war er evakuiert worden. Das Kind Lea wuchs fast wie eine Waise auf, in einem Heim nach dem anderen, in einer Schule nach der anderen, während Burgess seine Karriere bei der Marine zu retten versuchte. Am Ende des Krieges fand er bald heraus, daß nichts mehr so war wie früher. Zuerst zeigte es sich darin, daß jüngere Offiziere an ihm vorbei befördert wurden. Er hatte keine Frau, die ihm helfen, die ihren Einfluß an den richtigen Stellen geltend machen konnte, zum Beispiel in den Klubs oder bei den Parties der Admiralität. Langsam ging es abwärts mit ihm, aber den entscheidenden Fehler beging er, als er versuchte, seine Sicherheit durch Alkohol zurückzugewinnen.

Bald hatte er Leas Internat nicht mehr bezahlen können. Er hatte nicht beabsichtigt, das Geld zu stehlen, es sollte nur ein Darlehen aus der Messekasse sein, das er bald wieder ersetzen wollte. Aber die Richter waren mitleidlos, die Axt war gefallen. Selbst der Vorsitzende, ein Offizier seines Jahrgangs, bemühte sich gar nicht erst, seine Verachtung zu verbergen. Burgess hatte den Ehrenkodex verletzt, dafür gab es keine Entschuldigung.

Danach war es ein langer abschüssiger Weg gewesen, und seltsamerweise wurde Lea seine Rettung. Sie verließ sich völlig und in allem auf ihn. Als kein Geld mehr für die Schule und keine Arbeit für einen in Unehren entlassenen Offizier aufzutreiben war, hatte Burgess den Entschluß gefaßt, nach Ostasien zurückzugehen. In Burma, Malaysia, Siam, überall waren sie gewesen, aber trotz seiner Bemühungen blieb ihm ein geschäftlicher Erfolg versagt. Als der Koreakrieg ausbrach, hatte er an die Admiralität geschrieben und seine Dienste angeboten, ebenso während der Suezkrise. Sogar an die Amerikaner hatte er sich gewandt, als die Kämpfe in Vietnam begannen. Die Antworten, die er erhielt, waren kaum mehr als eine Eingangsbestätigung. Niemand wollte Jack Burgess haben.

Nach außen hin versuchte er noch immer, die Offiziersrolle zu spielen, die er als einzige beherrschte. Aber tief in seiner Seele hatte er das Verlangen zurückzuschlagen, diejenigen zu erniedrigen, die ihn durch ihr Verhalten zu seinen Taten gezwungen hatten. Im Lauf der Jahre sah er immer weniger über den Rand seiner Fallgrube hinweg, und während sich eine Barriere nach der anderen vor ihm aufbaute, wurde er immer verzweifelter.

Als ihm der Job in Payenhau angeboten wurde, hatte er ihn als einen neuen Anfang bejubelt. In Asien brauchte man eben Leute wie ihn, denn die Chinesen waren hoffnungslos schlechte Organisatoren, wenn sie auf sich allein angewiesen blieben. Es war keine besonders günstige

Stelle, aber immerhin war er wieder Kommandant seines eigenen Bootes!

Ab sofort konnte er den Kampf weiterführen, keine Chance dazu sollte ihm verschlossen bleiben. Was zählten da ein paar Lügen? Was machte es, wenn zur Abwechslung mal jemand anderer verletzt wurde?

Das Glas rollte Burgess aus der Hand, sein schwerer Körper rutschte seitlich gegen die Wand. Der Whisky hatte ihn so berauscht, daß er nur noch undeutliche Bilder vor sich sah, die ihn nicht mehr bedrohten.

Maddox musterte den fast Bewußtlosen zweifelnd. »Sollen wir ihn hier liegen lassen?«

Malinski grinste. »Endlich amüsiert er sich wieder.«

»Trotzdem ...« Maddox' verwirrte Gedanken richteten sich mit einem Mal auf ein bestimmtes Ziel. »Ich gehe lieber rasch hinunter und hole seine Tochter.«

Malinski hüstelte. »Mach das, Bob. Und viel Glück!«

Maddox' Eifer ging in Unsicherheit über, als er auf der dunklen Veranda vor Burgess' Haus stand. Er wartete mehrere Minuten, um sich zu orientieren. Die farblosen Jalousien vor den großen Fenstern waren heruntergelassen, aber durch die Schlitze sah er Lea im Schneidersitz auf dem Teppich hocken, in den Händen ein Magazin, das sie konzentriert studierte. Die abgeschirmten Petroleumlampen warfen schwarzblaue Schatten auf ihr langes Haar, und wieder einmal war Maddox fasziniert von ihrem Zauber. Plötzlich blickte sie auf, und ihre Ruhe wich sofort äußerster Wachsamkeit. Sie schien geradewegs durch die Jalousien hindurchzusehen. Maddox klopfte unnötigerweise an die Mattentür und rief viel zu laut: »Tut mir leid, daß ich so hereinplatze, Miss Burgess, aber –« Er kam sich ziemlich töricht vor. Als er die Tür schließlich öffnete, hatte sich die junge Frau erhoben und stand mit dem Rücken zur Wand, als erwarte sie einen Angriff.

Maddox nahm die Mütze ab und blinzelte ins Licht. »Ich wollte Sie nur fragen, ob ich Ihren Vater heimbringen soll.« Ihre dunklen Augen musterten ihn eindringlich. »Er ist ein bißchen zu fröhlich, Sie kennen das ja.«

Sie lächelte nicht. »Sie haben ihn wohl wieder betrunken gemacht? Ich werde die Hausboys oder Tsung nach ihm schicken, sobald Sie gegangen sind.« Ihre Worte klangen abweisend.

»Er fühlt sich hier wohl ein bißchen einsam?« Maddox wollte noch nicht gehen, nun da er schon so weit gekommen war. Er wünschte nur, daß er nicht soviel getrunken hätte, es verunsicherte ihn in ihrer Gegenwart. Daß sie ihn so verachtete, machte ihn jedoch ärgerlich. »Ich hätte ja nicht zu kommen brauchen!«

Jetzt endlich lächelte sie, und das veränderte ihr Gesicht vollkommen. »Nein. Ich nehme an, daß Sie es gut gemeint haben.« Endlich zeigte sie auf einen Stuhl. »Ruhen Sie sich ein bißchen aus, ich verspreche, daß ich Sie nicht beißen werde.«

Dankbar ließ Maddox sich in den Korbsessel sinken und warf dabei einen Blick in ihr Magazin. Es war eine zerlesene Ausgabe des *Esquire*, die Burgess wahrscheinlich von Bord der *Hibiscus* mitgenommen hatte. Die aufgeschlagene Seite zeigte eine große Anzeige mit eleganten Damen vor einem Luxusauto, dem Inbegriff von Reichtum und Zufriedenheit. Auf einmal war er bewegt. Lea litt also unter dem Leben, das Burgess führte, unter der Selbsttäuschung, die er sich aufgebaut hatte, um sein klägliches Versagen zu verdecken. Seine wunderbare Tochter, diese vollkommene Schönheit in verblichenen Jeans und Chinesenkittel, war eine Gefangene dieser Insel, ausgeschlossen von allen Freuden des Lebens.

Erschrocken stellte er fest, daß sie ihn ärgerlich musterte. »Immer starren Sie mich an, Kapitänleutnant! Ich weiß genau, was Sie sich denken!«

»Sie irren sich, das kann ich Ihnen versichern.« Maddox war noch nie so lange Zeit in der Defensive gewesen. »Ich versuche nur, Ihnen ein guter Freund zu sein.«

Sie entspannte sich. Als sie sich auf eine Bank niederließ, konnte Maddox die gebräunte Haut unter ihrem zerknitterten Hemd erkennen. Rasch wandte er den Blick ab und sagte gepreßt: »Ich kann verstehen, wie Sie sich hier fühlen müssen. Es ist bestimmt kein Vergnügen für Sie.«

Lächelnd antwortete sie: »Mir genügt's. Wir kamen ganz gut zurecht, bevor Ihr Schiff einlief. Es sollte wirklich nicht erlaubt sein, daß Sie uns hier alles verderben.«

Maddox sagte rasch: »Wir können Ihren Freunden hier eine Menge Gutes tun. Wir verderben nicht alles, was wir berühren, wie manche Leute denken.«

»Ich würde Ihnen gern glauben, aber nach dem, was ich bisher gesehen habe, fällt es mir schwer. Sie helfen niemals selbstlos, stets sind Bedingungen daran geknüpft. Es ist ein ewiger Handel, und immer sind es die Schwachen, die dabei den kürzeren ziehen.«

Maddox scherzte: »Schauen Sie mich an, sehe ich aus wie ein Ausbeuter der Armen?«

Sie sprang auf. »Jetzt machen Sie sich schon wieder über mich lustig!«

»Nein, wirklich nicht. Es tut mir nur leid, Sie hier so zu sehen, ohne all die Annehmlichkeiten, die Sie verdienen.«

Überrascht sah sie ihn an. »Tatsächlich? Das klang ja fast aufrichtig.«

Maddox grinste unbehaglich. »So was kommt mitunter bei mir vor. Und glauben Sie mir, das mit Ihrem Vater tut mir leid. Wir feierten eine Party, aber irgendwas ist schiefgelaufen.«

»Verstehe.« Ernst musterte sie ihn. »Möchten Sie Tee?« Als Maddox Miene machte aufzustehen, sagte sie rasch: »Ich wollte sowieso gerade welchen aufbrühen.«

»Danke.« Maddox schlug die Beine übereinander, um seine Freude zu verbergen. »Ich würde gern eine Tasse mit Ihnen trinken.«

Sie verschwand durch einen Vorhang, sagte aber: »Reden Sie ruhig weiter, ich höre Sie von hier aus.«

Er sah sich in dem langen, halbdunklen Raum um. »Sie haben hier einige sehr schöne Schnitzereien.«

Sofort erschien ihr Kopf wieder im Spalt des Vorhangs. »Die sind von mir. Ich habe schnitzen gelernt, als wir in Malaysia lebten. Sie sind aber wirklich nichts Besonderes.«

Maddox ergriff die kleine Figur eines Wasserträgers und untersuchte sie. »Und ich sage Ihnen, sie sind sehr gut!«

Als er sich umdrehte, war ihr Kopf gesenkt, weil sie gerade Tee eingoß; aber er konnte trotzdem die Freude in ihrem Gesicht erkennen. Er setzte sich auf die Bank neben sie und spürte die Nähe ihrer glatten Arme. »Sehen Sie, wir können schließlich doch noch Freunde werden.«

Stirnrunzelnd reichte sie ihm seine Tasse. »Bitte mißverstehen Sie mich nicht, Kapitänleutnant. Ich habe ja nichts gegen Sie persönlich, aber ich verabscheue, was Sie tun müssen, ob Sie wollen oder nicht.«

»Das verstehe ich. Aber es ist bestimmt nicht die richtige Einstellung für eine junge Frau wie Sie.«

Sie lächelte traurig. »Und was würden Sie an meiner Stelle tun? Nach Hongkong gehen oder nach Taiwan? Oder ein neues Leben in England beginnen?«

Diese letzten Worte enthielten die ganze Verbitterung ihrer Jugend, und Maddox sagte hastig: »Vergessen Sie das, es ist längst vorbei.« Er spreizte die Finger. »Sie könnten überall hingehen, alles tun. So wie Sie aussehen, würden Sie im Buckingham-Palast Zutritt erhalten, wenn Sie wollten.«

Lachend warf sie den Kopf zurück. »Vielleicht tut mir Schmeichelei nach allem, was ich durchgemacht habe, wirklich gut, Kapitänleutnant!«

»Mein Name ist Bob.« Spitzbübisch grinste er sie an. »Es ist durchaus möglich, daß wir länger hierbleiben, deshalb gewöhnen Sie sich lieber daran.«

»Also gut, Bob. Aber ich möchte Sie etwas fragen: Wenn Ihre Regierung Ihnen Befehl gibt, auf diese Leute hier zu schießen, würden Sie sich dann weigern?«

»Das ist eine verdammt heikle Frage. Auf keinen Fall würde so ein Befehl erteilt, wenn er nicht . . .«

Sie seufzte. »Wenn er nicht als notwendig angesehen würde, stimmt's?«

»Das nehme ich doch an.« Maddox merkte, daß er wieder in die Defensive geriet.

»Wie in Vietnam oder in der Dominikanischen Republik – alles im Namen von Freiheit und Gerechtigkeit!« Sie sah in Maddox' ernstes Gesicht. »Sie lachen mich nicht aus, Bob? Sind Sie nicht überrascht, daß ich mich für Politik interessiere?«

»Nein. Aber ich habe mir das früher wohl nie so richtig überlegt. Ich habe nicht an die unbeteiligten kleinen Leute auf all diesen Kriegsschauplätzen gedacht. Was kann ein einzelner auch für sie tun?«

»Das werden wir sehen, wenn Ihr Kommandant sich entschieden hat.«

»Gunnar?« Maddox ließ vor Überraschung beinahe seine Tasse fallen. »Er ist genauso ein kleines Licht wie wir alle.«

»Das glaube ich nicht, Bob.« Sie starrte an ihm vorbei in eine andere Zeit. »Ich kenne Leute seiner Art. Er wirkt eiskalt und steinhart, zu verbissen in eine Überzeugung, um einen Rückzug auch nur zu erwägen. Ein einsamer Mann.«

»Das glaube ich auch.«

Maddox merkte zu seiner Überraschung, daß es ihm leichtfiel, mit dieser jungen Frau über Gunnar zu sprechen. »Er hat sehr schwere Zeiten hinter sich, das merkt man an vielem, was er tut. Aber in seiner Position ist es abträglich, ein Außenseiter zu sein.«

Sie zog eine Grimasse. »Immerhin hat er ja noch Sie!«

Maddox grinste. »Sie sind eine richtige kleine Kratzbürste, ist Ihnen das klar? Kommen Sie endlich hinter Ihrem Brennesselbusch hervor, damit ich auch einen Punkt machen kann!« Impulsiv ergriff er ihre Hand. Sie war klein, kühl und seltsam beruhigend.

Sanft entzog sie sich ihm und sah ihm mit einem flüchtigen Lächeln in die Augen. Maddox stellte fest, daß ihr Atem ein wenig rascher ging und daß sie etwas von ihrer Gelassenheit eingebüßt hatte.

»Also gut, Bob. Solange Sie nur nicht versuchen, meine Überzeugungen zu ändern. Sie sind alles, was ich habe.«

Maddox schüttelte sich. »Dagegen werden wir etwas unternehmen müssen, Mädchen. Mir scheint, das ist überhaupt der Grund, weshalb ich nach Payenhau gekommen bin.« Er sah die seidige Haut ihres Rükkens, als sie sich vorbeugte, um ihre Tasse abzusetzen, und fühlte, wie ihm das Blut in den Ohren rauschte. Fast hätte er die Hand ausgestreckt, um sie zu berühren, aber mit großer Anstrengung konnte er sich gerade noch beherrschen. Noch nicht und nicht hier.

Bedrückt sagte sie: »Mir ist eben all diese Verlogenheit, diese Scheinheiligkeit total zuwider. Sie macht es schwierig, Dinge und Menschen nach ihrem wirklichen Wert einzustufen.«

»Das glaube ich gern.«

»Hier tragen alle Masken, der Inselkommandeur, Major Jago, Yi-Fang und jetzt auch Ihr Kommandant. Alle haben sie Angst, das Gesicht zu verlieren, also verbergen sie jeden Gedanken, unterdrücken auch die einfachste spontane Regung. Es ist widerlich.«

Draußen auf der dunklen Straße war das Scharren von Füßen und Burgess' protestierende Stimme zu hören. Lea berührte Maddox am Arm. »Die Boys bringen Vater zurück.« Sie wurde wieder traurig. »Wenn er doch nur die Kraft hätte, diese Sucht zu bekämpfen oder wenigstens zuzugeben, daß wir nie mehr unser früheres Leben führen werden.«

Maddox erhob sich. »Werde ich Sie wiedersehen, Lea?«

»Wenn Sie wollen.«

Pfeifend sprang Maddox die Verandastufen hinunter und schritt schnell durch das Dorf, das ihm jetzt viel freundlicher vorkam. Die Dinge liefen besser, als er gehofft hatte. Aber es war ein äußerst knapper Sieg über Gunnar, dachte er. Gunnar war der Kommandant, mehr nicht. Keinesfalls spielte er eine Rolle in Maddox' privaten Plänen mit Lea Burgess.

Die Luft in der Messe war abgestanden, aber kühl so kurz vor Sonnenaufgang. Mit übermüdeten Gesichtern saßen die Offiziere um den Tisch herum und hörten teils verärgert, teils schuldbewußt Gunnar zu. Connells Party war längst vergessen, nur der Kater danach belastete diese frühmorgendliche Versammlung zusätzlich.

Gunnars Uniform war schmutzverschmiert, und in seinem blassen, verärgerten Gesicht glänzten die Augen fieberhaft. Er warf einen Blick auf Maddox und sagte: »Nun, jedenfalls haben wir ihn verloren. Er ist längst irgendwo oben in den Bergen, und Gott weiß, was er noch alles anstellen wird.«

Regan fuhr sich über das lange Pflaster auf seiner Stirn. »Ich wollte, ich hätte den Kerl jetzt hier!«

Gunnar begann, auf dem ausgefransten Teppich hin und her zu gehen. »Gerade Sie hätten es besser wissen sollen, Mr. Regan. Pirelli ist einer Ihrer eigenen Leute. Offenbar hat sich keiner von Ihnen sonderlich bemüht, mehr über seine Division herauszufinden, seine Männer zu seinem Team zusammenzuschmieden.« Jedes Wort war wie ein Peitschenhieb, und Maddox wand sich in seinem Stuhl. »Wenn ich nur eine einzige Stunde nicht an Bord bin, was geschieht?« Wieder starrte Gunnar böse in Regans grimmiges Gesicht. »Sie laufen hinter diesem Deserteur her wie zur Hasenjagd, bewaffnet wie ein Sheriff im Film. Was zum Teufel hatten Sie denn vor, ihn zu *erschießen*?«

Wütend zuckte Regan mit den Schultern. »Ich wollte nur, ich hätt's getan!«

»Nun, statt dessen hat er *Sie* erwischt, nicht wahr?« Gunnars Stimme war ohne jedes Mitleid. »Was noch schlimmer ist, er hat Ihnen sogar das verdammte Gewehr abgenommen, bevor er flüchtete!« Gunnar hob die Hand und zählte die einzelnen Punkte an den Fingern ab: »Pirelli hat einen Offizier niedergeschlagen, ist desertiert, hat eine Chinesin vergewaltigt und unseren gesamten Auftrag gefährdet, alles nur wegen Ihrer Unfähigkeit!«

Heiser warf Maddox ein: »Das ist ein bißchen hart, Sir.«

»Vielleicht kommt er ja zurück, wenn er Zeit hatte, sich die Sache zu überlegen, Sir.« Malinski wollte den Kommandanten abwiegeln. »Er hat eine Menge zu verlieren.«

Gunnar lächelte bitter. »Würden Sie das an seiner Stelle tun? Er hat mindestens zehn Jahre Gefängnis zu erwarten, und Gott allein weiß, was er noch alles anstellen wird, bevor wir ihn erwischen. Falls er überhaupt jemals erwischt wird.«

»Er kommt nicht sehr weit, Sir.« Maddox war sauer über die unerwartete Entwicklung, die diese Nacht genommen hatte.

»Er ist ein Seemann. Ich wette, daß er gerade darüber nachdenkt, wie er ein Fischerboot stehlen kann. Was mich aber am meisten bedrückt, ist die Nachlässigkeit, die Sie sich allesamt angewöhnt haben!« Mit kalter Verachtung musterte er sie. »Dem Mann wird erlaubt, das Schiff zu verlassen, weil einer meiner Offiziere zu faul ist, meine ständigen Befehle zu befolgen. Sie sind alle so verstrickt in Ihre eigenen Interessen, daß Sie noch immer nicht begreifen, was wir hier zu tun haben.«

Kampflustig schob Maddox den Unterkiefer vor. »Es ist uns auch wirklich noch nicht klar, Sir.«

»Und das wird auch so bleiben, wenn Sie sich nicht endlich ein bißchen Disziplin angewöhnen!« Das Gesicht des I.O. rötete sich. »Sie waren völlig ahnungslos, bis es Ihnen schließlich doch noch einfiel, zum Schiff zurückzukehren!«

Maddox öffnete den Mund, schwieg dann aber.

»Ich lasse den Ruf dieses Schiffes nicht ruinieren, nur wegen Ihrer verdammten Schlamperei, verstanden?«

Dr. Connell öffnete sein Zigarettenetui, ließ das Rauchen dann aber lieber sein. »Wird dieser Zwischenfall etwas ändern am Benehmen der Chinesen uns gegenüber, Sir?«

»Sie werden bestimmt nicht darüber lachen, wenn Sie das meinen!« Gunnar fuhr sich mit den Fingern durchs Haar. »Gerade als wir anfingen, ihr Vertrauen zu gewinnen, mußte das geschehen! Ich weiß genau, was Jago sagen wird, wenn er zurückkommt. Er zieht sowieso alles ins Lächerliche, was wir hier tun.«

Jetzt herrschte Schweigen, und keiner der Offiziere sah seinen Nachbarn an. Draußen hörte man die kleinen Wellen gegen die Bordwand plätschern und oben an Deck den langsamen Schritt des Wachhabenden.

Gunnar fiel nichts mehr ein. »Nun, hat keiner von Ihnen etwas zu bemerken?«

Regan sagte matt: »Wenn alles mein Fehler war, dann werde ich auch die Verantwortung dafür übernehmen.«

»Den Teufel werden Sie!« Gunnars Stimme bebte vor Wut. »*Ich* trage die Verantwortung für alles, und das sollten Sie eigentlich wissen! Jede Gedankenlosigkeit, jede Gleichgültigkeit und Unfähigkeit Ihrerseits wird immer dem Kommandanten angelastet. Eines Tages werden

Sie das begreifen, falls Sie lange genug am Leben bleiben!« Müde ließ er die Schultern sinken. »Ich gehe jetzt in meine Kammer.«

Maddox erhob sich. »Was sollen wir also tun?«

»Meinetwegen können Sie Massenselbstmord begehen. Aber bitte denken Sie daran, daß wir morgen früh neu anfangen. Von jetzt ab werde ich jeden einzelnen von Ihnen überwachen. Unser Auftrag lautet, so lange hier zu bleiben, bis wir andere Befehle bekommen oder abgelöst werden. Payenhau ist wichtig, sonst gäbe es mehr Proteste über das, was wir hier tun. Es passiert weiß Gott genug, und wenn Sie sich die Zeit nehmen, neben Ihren Zerstreuungen auch einmal über Ihre Aufgabe nachzudenken, werden Sie feststellen, daß mehr dazu gehört, sich seinen Sold zu verdienen, als nur die Uniform zu tragen.« Er blickte durch ein offenes Bullauge hinüber zu den dunklen Bergen. »Das ist alles. Machen Sie weiter, Maddox.«

Damit ging er, und die anderen standen oder saßen in tiefem Schweigen da und lauschten seinen verhallenden Schritten.

Schließlich sagte Regan: »Jetzt ist die Party endgültig aus.«

Maddox setzte sich wieder und merkte, daß er zitterte vor Schuldgefühl und Ärger, verletztem Stolz und bitterem Groll. Er wollte etwas sagen, fand aber nicht die richtigen Worte. Gunnars kalte Wut hatte einen Keil zwischen sie alle getrieben.

Gunnar stand in seiner engen Kammer und stützte sich mit der Hand am kalten Stahl der Bordwand ab. Er fühlte das leise Vibrieren der Generatoren, das Leben, das auf jedem Schiff zu spüren ist, selbst wenn es ruht. Ihm war klar, daß er auf keinen Fall würde schlafen können, und er fürchtete die Einsamkeit des Wartens auf das erste Morgenlicht. Sein Ausbruch beschämte ihn, aber er war notwendig gewesen. Es gab keine Möglichkeit, die Verantwortung beiseite zu schieben oder mit irgend jemandem zu teilen. Eine Schiffsbesatzung konnte zusammengeschweißt werden auch durch den gemeinsamen Haß auf ihren Kommandanten. Gunnar setzte sich und rieb sich die Augen, dann fing er an, die Funksprüche zu lesen. Nun, wenn sie es so haben wollten, dann sollten sie es auch bekommen.

Außerhalb der schlafenden *Hibiscus* würden weiterhin andere für sie planen. Oben in den Bergen zwischen Stechginster und Gestrüpp saß jetzt womöglich Pirelli und blickte hinunter auf das glitzernde Wasser und das abgeschirmte Licht an der Gangway. Und er besaß ein Gewehr. Er war nicht mehr nur ein Mann, sondern eine Gefahr. War auch Bolod dort draußen? Wartete er darauf, seine blutigen Siege durch den größten aller Coups zu krönen?

Wenn ja, dann würde bald etwas geschehen. Der verborgene Feind wußte, daß die Landebahn in den Hügeln fast fertig war, wußte eventuell auch über die vorgesehene Basis Bescheid und über alles andere.

Wenn es geschah, dann bestimmt schnell und überraschend.

Gunnar berührte nochmals die Stahlwand. Das müde alte Schiff, das anfangs seinen Ehrgeiz zu verhöhnen schien, war langsam ein Teil seiner selbst geworden, trotz aller Widrigkeiten. Vielleicht mußten sie beide erst ihren Wert unter Beweis stellen. Genau wie Bolod, schien hier jedermann auf etwas zu warten.

Der getarnte Tod

Es war ein ganz neues Gefühl, ein anderes Schiff auf Reede zu sehen. Der Frachter mit seinem hohen Schornstein hatte sich schwerfällig, aber voller Selbstvertrauen den Weg durch die westliche Einfahrt gebahnt, wobei seine Sirene ständig röchelte wie eine alternde Todesbotin. Jetzt lag er, umgeben von einheimischen Booten, vor Anker, und alles um ihn herum quirlte vor Betriebsamkeit.

Gunnar stand neben Major Jagos steifer Gestalt oberhalb des Strandes, wo drei Landungsfahrzeuge im flachen Wasser ihre Laderampen gesenkt hatten, um die endlose menschliche Prozession aufzunehmen, die dort mit rührender Geduld schon lange vor Hellwerden gewartet hatte. Soldaten sahen immer wieder in ihren Listen nach, und die jüngeren Offiziere standen an den Rampen, der wahrscheinlich letzten Barriere vor der endgültigen Aussicht auf Freiheit.

»Wie viele sind es?« Gunnar hielt im grellen Morgenlicht schützend die Hand über die Augen und beobachtete die Prozession, die jetzt langsam vorwärtsstolperte. Unzählige Kinder schienen es zu sein und nur wenige ältere Leute, denn die hatten die geringsten Überlebenschancen während der langen Strapazen, denen jeder Flüchtling aus Rotchina ausgesetzt war. Der erste Schritt über die Grenze war noch verhältnismäßig leicht, aber dann begann erst die lange Reihe der Täuschungen und Gefahren. Die Bestechungsgelder, die für jeden Schritt benötigt wurden, die Trennung von den wenigen Wertstücken, die sie für diese letzte Reise hatten retten können, der Abschied von sterbenden Freunden und Angehörigen. Dann kam Payenhau, wo sie im Gefangenenlager zusammengetrieben und angeblich ärztlich untersucht wurden, um zuletzt den Verhören ausgesetzt zu werden. Der Inselkommandeur profitierte am meisten von ihnen, denn den Preis für die Verpflegung der Flüchtlinge holte er durch deren unbezahlte Arbeit mehrfach wieder heraus. Jetzt schifften sich also einige von ihnen endlich nach Taiwan ein, ihrem endgültig letzten Zufluchtsort.

Schließlich sagte Jago: »Es sind etwa zweitausend, die heute die Insel verlassen. Gut, daß wir sie endlich los sind.«

Gunnar beobachtete die ferne Gestalt Regans, der von zwei Seeleuten begleitet wurde. Alle drei schritten mit grimmigen Blicken die Reihe der Chinesen entlang und starrten mit wachsamer Aufmerksamkeit in jedes einzelne Gesicht. Endlich gehorchte er den Befehlen, stellte Gunnar mit kalter Befriedigung fest. Sie sollten aufpassen für den Fall, daß Pirelli die Insel inmitten der dichtgedrängten Flüchtlinge zu verlassen suchte. Neben dem ankernden Frachter hatte er auch das Beiboot der *Hibiscus* bemerkt, von dem aus Maddox ebenfalls alles genau überwachte. Die Strafpredigt hatte immerhin Früchte getragen. Aber es war jetzt zwei Tage her, seit Pirelli verschwunden war, und noch immer hatten sie nicht die geringste Spur von ihm gefunden. An Bord der *Hibiscus* spürte man eine wesentliche Veränderung. Befehle wurden prompt und ohne Rückfrage ausgeführt, aber trotzdem war Gunnar klar, daß sie sich in ihrem Groll gegen ihn enger zusammenschlossen.

Die ersten beiden Landungsboote drehten jetzt auf den Frachter zu. Ihre niedrigen Bordwände wirkten fast nach außen gebeult durch die Masse der Chinesen. Nur die Kinder winkten aufgeregt, ihre Eltern schienen den näherkommenden Frachter wie gebannt zu beobachten.

Major Yi-Fang, schlank und selbstsicher, kam über den Strand heran, wobei seine blanken schwarzen Stiefel im Sonnenlicht glänzten. Er salutierte. »Bald sind alle weg.«

»Sie haben sie ziemlich eng zusammengepfercht, Major.« Gunnar sah ihn an und fragte sich, warum er diesen Mann nicht mochte.

»Für die ist das gut genug, Kapitän. Sie sind Schlimmeres gewohnt.«

»Es gibt so etwas wie Nächstenliebe, Major.« Gunnar spürte, wie Ärger in ihm aufstieg.

Yi-Fang hob die Schultern. »Nächstenliebe ist das schlechte Gewissen der Gauner, Kapitän, sonst nichts.«

Jago unterbrach sie: »Hier kommt endlich der verdammte Hubschrauber!«

Gunnar verschluckte seine gereizte Antwort und wandte dem chinesischen Offizier den Rücken. Zuerst ganz schwach, dann mit wachsender Stärke hörte man das Dröhnen des Helikopters, der auf sie zukam. Wie ein riesiger Moskito schwebte er über seinem Schatten auf dem ruhigen Wasser; er füllte die gesamte Bucht mit seinem Getöse, so daß die Flüchtlinge in den Landungsbooten die Hände vors Gesicht schlugen und sich duckten. In einem mächtigen Wirbel von Sand und Staub landete er schließlich würdevoll am oberen Rand des Strandes.

Er war zwei Tage überfällig, aber niemanden schien das zu überraschen. Offensichtlich rutschte Payenhau immer weiter an den Rand der Planung. Auf der Insel war in den letzten Tagen alles ruhig geblieben, vielleicht weil Jagos Männer ständig Patrouille fuhren und die Straßen kontrollierten. Aber in der Haltung der Einwohner war noch keine Freundlichkeit zu merken, kein Ölzweig wurde überreicht, und nichts ließ erkennen, was sie dachten oder worauf sie sich vorbereiteten.

Gunnar sah zu, wie der glänzende Rotor des Hubschraubers anhielt und nach unten klappte, als sei alles Leben aus ihm gewichen. Die Türen wurden aufgeschoben, und mehrere Gestalten in Khaki sprangen hinunter auf den Sandboden. Postsäcke wurden ausgeladen, und Gunnar sah Sergeant Rickover, der sich mit dem Piloten unterhielt und dann mit einem breiten Grinsen ein Päckchen in Empfang nahm.

Was es auch war, es schien Jago zu freuen, denn er sagte überraschend freundlich: »Kommen Sie, lassen Sie uns etwas trinken, Kapitän. Aber ich muß erst mein Päckchen abholen.«

Major Yi-Fang lächelte vielsagend, als Major Jago zum Hubschrauber schritt. »Endlich die ersehnte Beförderung, Kapitän. Wir haben jetzt einen Obersten der Marineinfanterie unter uns.«

Gunnar grunzte etwas Unverständliches und schritt hinunter zum Wasser. Deshalb also war Jago immer so darauf bedacht, daß alles reibungslos lief. Er blickte hinüber zum Steilufer, wo das Fischerdorf lag. Die Boote waren bereits wieder ausgelaufen, genauso rasch wie sie gekommen waren. Der Dorfälteste wußte sicherlich schon von Jagos Beförderung. Als Oberst brauchte er nun eine größere Gruppe Untergebener, Rickover allein würde ihm sicherlich nicht mehr genügen.

Am Ende des Strandes setzte sich Gunnar auf einen Stein, plötzlich müde von der drückenden Hitze. Zwischen ihm und der nächsten Insel lag die See glatt und einladend da, das grüne Wasser schimmerte beinahe milchig in der Sonne. Nur oben auf dem höchsten Punkt der Nachbarinsel blinkte die Waffe eines Wachtpostens und verlieh der Szenerie etwas Bedrohliches.

Gunnar musterte die hohen steilen Felsen hinter dem Strand. Alles ruhig und still. Die Leute waren entweder in der Siedlung oder auf den Booten, um mit dem Frachter Handel zu treiben. Diese Chance kam zu selten, um sie ungenutzt verstreichen zu lassen. Spontan entschloß sich Gunnar zum Baden und begann, Hemd und Hose abzulegen. Seufzend zog er die schwere Pistole aus dem Gürtel, bedeckte sie mit seiner Mütze und legte sie oben auf den Kleiderstapel. Dann stieg er, nur mit seiner kurzen Unterhose bekleidet, ins klare Wasser und ließ sich dankbar in die verlockende Kühle sinken.

Oberleutnant Don Kroner stand schwitzend und wütend auf der Back. Zehn Matrosen in Weiß, mit Karabiner und Munition, wurden von Obermaat Tasker scharf gemustert, während er mit konzentriertem Gesicht die Reihe entlangschritt.

Der Mann am rechten Flügel, ein großer, schlaksiger Kanonier namens Chavasse, stieß mit den Gewehrkolben zornig aufs Deck und starrte den Offizier an. »Was soll das eigentlich noch, Herr Oberleutnant? Pirelli ist doch längst über alle Berge!«

Die anderen wurden unruhig und murmelten Zustimmung.

Kalt musterte sie Kroner. »Sie werden tun, was Ihnen befohlen ist! Sie werden in den Außenbezirken zu Fuß patrouillieren und alle Kneipen überwachen für den Fall, daß er sich dort zeigt.«

Damit wandte Kroner sich ab. Es war immer dasselbe. Das Maulen, das Klagen, alle schienen den Eindruck zu haben, das hier sei eine Art Spiel. Er hatte es satt, sich ständig an diesen aufsässigen Berufssoldaten zu reiben. Seit Inglis tot war, hatte sich seine Stellung verändert. Jetzt war er der jüngste Offizier an Bord und wurde entsprechend behandelt.

Der Hubschrauber hob sich vom Strand und donnerte über die Pier, dann kurvte er zu der Lücke zwischen den Inseln. Bald würde der Pilot wieder in seiner geräumigen Messe auf irgendeinem Flugzeugträger sitzen, die *Hibiscus* und dieser blöde Ort waren dann längst vergessen. Nein, dies hier war nicht die Marine, es war *nichts*! Er wandte sich wieder den schwatzenden Seeleuten zu. »Ruhe! Denkt daran, wo ihr seid!«

Tasker kommandierte: »Rechts um!« Unwillig marschierten die Leute über das heiße Stahldeck und dann in einer Reihe hinab zur Gangway. Als Kroner ihnen nachblickte, entdeckte er zu seiner Überraschung dort einen fremden Offizier, der neben einer Seekiste stand und sich so verwundert umblickte, als habe er noch nie im Leben ein Schiff gesehen.

McCord, der Quartermeister vom Dienst, kam herüber und salutierte. »Ein neuer Leutnant hat sich an Bord gemeldet, Sir. Ersatz für Mr. Inglis.« Zweifelnd wiegte er den Kopf. »Grüner als ein frisch gedruckter Dollar, Sir!«

Kroner starrte an ihm vorbei. »Behalten Sie Ihre Meinung gefälligst für sich, McCord.« Ein neuer Offizier, und dazu noch ein Leutnant! Es war zu schön, um wahr zu sein. Er bemerkte, daß der Leutnant ein Bündel Funksprüche in der Hand hielt und jemanden suchte, dem er sie geben konnte. Kroner zog sein Koppel zurecht und ging nach achtern, um ihn zu begrüßen.

Der junge Leutnant salutierte. »Melde mich an Bord, Sir.«

Er war ein fröhlicher Junge mit rundem Gesicht, humorvoll wirkendem Mund und bemerkenswert unschuldigen Augen. Irgend etwas an ihm schien Kroner vertraut, aber er bemühte sich, seiner Stimme einen strengen Ton zu verleihen. Rasch blätterte er die zerknüllten Funksprüche durch. »Ersatz für Mr. Inglis also«, grunzte er. »Nun, Ihr Vorgänger wurde hier umgebracht, also passen Sie gut auf.« Der Junge sollte gleich merken, mit wem er es zu tun hatte.

Aber der lächelte nur zaghaft. »Was für ein Durcheinander, nicht wahr?«

Nun war Kroner verwirrt. »Ich bin Oberleutnant Kroner. Der I.O. ist dort drüben auf dem Frachter und der Kommandant irgendwo an Land.« Irritiert sah er den Leutnant an. »Und wer zum Teufel sind Sie?«

Der Leutnant blickte auf die Papiere in Kroners Hand, als wolle er sagen, daß alles Erforderliche darin enthalten sei. Aber er sagte freundlich: »Maddox, Sir, Keith Maddox.«

Kroner stöhnte. »Nicht noch einer! Unser I.O. heißt auch Maddox.«

Der junge Mann nickte, plötzlich ernst geworden. »Ja, er ist mein Bruder.«

Kroner bekam den Mund nicht mehr zu. »Donnerwetter! Weiß er, daß Sie kommen?«

Maddox junior schüttelte den Kopf. »Nein. Ich habe mit dem Leutnant getauscht, der eigentlich zu Ihnen kommen sollte. Ich dachte, es ist vielleicht eine freudige Überraschung für ihn.«

»Freudige Überraschung?« Kroner grinste. »O Gott, sein Bruder!«

»Wie ist der Kommandant?«

»Das werden Sie schon selbst merken.« Kroner überlegte. Die Stimmung zwischen Maddox und dem Kommandanten war ständig gereizter geworden. Die Ankunft eines weiteren Mitglieds der Maddoxfamilie konnte vielleicht die anderen Offiziere ein wenig entlasten. Auch hatten sie jetzt einen Wachgänger mehr, was sich natürlich günstig auswirken mußte. Der I.O., der seit dem Krach mit dem Kommandanten wie ein Bär mit Kopfschmerzen herumlief, konnte seine Wut jetzt vielleicht an dem Junior abreagieren. Kroner strahlte. »Willkommen an Bord, Mr. Maddox!«

Der junge Mann betrachtete ihn mit großen unschuldigen Augen. »Meine Freunde nennen mich Pip«, sagte er.

McCord sah ihnen nach, als sie davongingen, und betrachtete die teure Seekiste des jungen Leutnants. Wenn man noch immer Offiziere herschickte, um die Lücken der Besatzung aufzufüllen, dachte er, dann bedeutete dies, daß die *Hibiscus* noch eine ganze Weile im Dienst bleiben würde. Wütend spuckte McCord über die Reling. Diese Neuigkeit würde in der Mannschaftsmesse bestimmt nicht begeistert aufgenommen werden, dachte er verdrießlich.

Mike Bella stand reglos oben auf der salzverkrusteten Leiter und lauschte angestrengt. Das alte Wrack auf der Sandbank hatte erheblich stärkere Schlagseite, als es von See aus schien. Er mußte sich daher mit einer Hand festhalten, wobei er kritisch das zerstörte Brückendeck musterte. Er hörte seinen rasselnden Atem und das Pochen seines Herzens, während er sich vergewisserte, daß ihm niemand gefolgt war. Jetzt, da er sein Ziel erreicht hatte, empfand er Angst.

Alles hatte damit angefangen, daß er beim Landgang mit Pirelli diesen chinesischen Skipper getroffen hatte. Seitdem beherrschte ihn das Gefühl, in einer Falle zu sitzen, in einem von ihm selbst gesponnenen Netz.

In jener Nacht, nachdem er das seltsame chinesische Lokal verlassen hatte und sein Kopf noch rauchte von neuer Hoffnung und halbfertigen Plänen, hatte er Obermaat Tasker und seine Leute getroffen und von ihnen gehört, was Pirelli angestellt hatte. Ohne Begeisterung hatte er sich der Patrouille angeschlossen, die nach dem Übeltäter suchte, denn seine Gedanken waren noch immer bei seiner Freundin in Hongkong. Er hörte Unzusammenhängendes über Vergewaltigung und tätlichen Angriff, über Pirellis Flucht in die Berge. Das konnte für ihn gefährlich werden, wenn herauskam, daß er selbst ihm den Urlaubsschein gegeben hatte.

Der chinesische Skipper hatte erzählt, daß er mit Peachs Familie in Hongkong befreundet sei. Er habe von Bellas vergeblichem Versuch gehört, das Mädchen zu heiraten, und versprochen, daß er Bella ausfindig machen und ihnen helfen würde, wieder zusammenzukommen.

Bella war völlig verwirrt durch diese neue Wendung. Er hatte versucht, mehr herauszufinden, aber der Chinese hatte mit einem Achselzucken nur geantwortet: »Unsere Welt ist klein.« Damit mußte Bella sich zufriedengeben.

Später in derselben Nacht, als er an einem Berghang nach Pirelli suchte, war dieser plötzlich hinter einem Busch hervorgekommen, ohne das geringste Zeichen von Panik. Er rauchte eine Zigarette und trug ein Gewehr unter dem Arm. Bella hatte ihn angeschrien, ihn aufgefordert, mit an Bord zu kommen, aber Pirelli hatte ihn nur amüsiert gemustert. »Reg dich ab, Mike. Diesmal bist du dran.«

Bella leckte sich mit plötzlicher Nervosität die Lippen. »Wieso?«

»Ich habe am Fenster zugehört, Mike, habe *alles* gehört! Wie dieser Schurke dir anbot, dein chinesisches Frauenzimmer aus Hongkong zu schmuggeln, nur aus reiner Nächstenliebe.«

»Und warum nicht?« Bella versuchte, so unbesorgt wie möglich zu wirken.

»Gute Frage, alter Freund. *Warum* tut er das, aus Liebe zu dir? Daß ich nicht lache! Was verlangt er als Gegenleistung? Raus mit der Sprache!«

»Nichts. Ich – ich meine, nicht viel.« Bellas Nerven drohten zu versagen, als ihm die volle Bedeutung von Pirellis Fragen klar wurde.

Beinahe begütigend redete dieser weiter. »Sei kein Kind, Mike. Du bist der Schreiber des Kommandanten, du liest Telegramme und hörst Dinge, die kein anderer erfährt.« Der Griff, mit dem er ihn gepackt hielt, wurde härter. »Worauf sind sie aus? Was wollen sie von dir wissen?«

»Nur ein paar Kleinigkeiten. Ob die *Hibiscus* ausläuft oder nicht und solche Dinge.« Wie ein gefangenes Kaninchen hatte er sich gewunden. »Zum Teufel, es ist wirklich nichts dabei! Vielleicht schmuggeln sie ein bißchen, das ist alles!«

»Kann sein, ist mir auch egal. Aber du wirst mir ebenfalls mitteilen, was vor sich geht, klar? Wenn sie dein Frauenzimmer hier hereinbringen, dann können sie mich auch *herausbringen*!«

Dann hatten sie das Geräusch eines die Straße heraufkommenden

Jeeps gehört. Pirelli nahm rasch sein Gewehr auf und wollte verschwinden. Er blieb jedoch noch einmal stehen und sagte: »Also, Mike, vergiß nicht, was ich von dir weiß. In zwei Tagen treffen wir uns unten im Wrack auf der Sandbank. Wenn ich nicht da bin, hinterlegst du für mich Lebensmittel auf der Brücke. Geh jeden Tag wieder hin, bis du mich triffst, klar?« Wild glühten seine Augen im Widerschein der Autoscheinwerfer. »Denn sonst, Mr. Bella, werde ich dich zu finden wissen! Es ist eine sehr kleine Insel!«

Angstvoll war Bella an Bord zurückgekehrt. Dort kursierten die schlimmsten Latrinengerüchte, aber niemand kümmerte sich um ihn. Selbst Regan schien nicht gewillt, die Frage der Urlaubsscheine zur Sprache zu bringen, anscheinend hatte er genügend andere Sorgen.

Bella schwankte zwischen der Absicht, Pirellis Treffpunkt zu verraten oder das auszuführen, was er von ihm forderte. Seine Gedanken weigerten sich, mit dem plötzlichen Dilemma fertigzuwerden, statt dessen kreisten sie lieber um die Chance, mit seiner Peach wieder vereint zu werden. Alles andere schien ihm daneben unwichtig.

Bis jetzt. Das alte Wrack mit seinen Geräuschen und Erschütterungen machte ihm wieder Angst. Seetang und Schwämme hingen in den Gängen und von den Decksstützen herab. Es war immer noch ein Schiff, auch wenn es schon seit Jahren verlassen und völlig ausgeplündert war. Ein Geisterschiff mit leeren Türen, ausgebeulten Platten und einer toten Besatzung.

Dies war schon Bellas zweiter Besuch. Verängstigt trat er in die erste Brückenkammer, in der einst der Kapitän gewohnt hatte. Jetzt war sie nichts weiter als eine große Blechbüchse, verrostet, verschmutzt und salzverkrustet. Vorsichtig spähte er ins Halbdunkel und wäre beinahe gestürzt, als er das scharfe metallische Klicken dicht neben seinem Ohr hörte.

Wortlos starrte Pirelli ihn an, sein schmutziges, stoppelbärtiges Gesicht verriet keinerlei Wiedersehensfreude. Schließlich senkte er das Gewehr. »Da bist du also.«

Bella legte ein Bündel auf den Tisch und sagte: »Es wird immer schwieriger, unbemerkt herzukommen.«

Pirelli riß das Bündel auf und schob einen Fleischkloß zwischen die Zähne. »Also, was gibt's Neues?« Er aß wie ein halbverhungertes Raubtier, seine rotgeränderten Augen blickten wild und böse.

Er ist verrückt, dachte Bella. Völlig durchgedreht. Laut jedoch sagte er nur: »Sie suchen immer noch nach dir.«

»Laß sie! Ich bin hier gut aufgehoben, wenn du spurst. Wenn nicht . . .« Er hob sein Gewehr. »Dann mache ich dich fertig!«

»Heute ist ein neuer Offizier an Bord gekommen.« Bella zermarterte sich das Gehirn, wie er Pirelli besänftigen könnte. »Ein junger Leutnant, ein Greenhorn, aber der kleine Bruder des I.O.«

»Er würde mich also nicht erkennen.« Pirelli kaute nachdenklich. »Was macht denn der Kommandant?«

Bella hob die Schultern. »Er ist heute morgen an Land gegangen. Wir haben noch nichts von ihm gehört.«

»Der lausige Schuft!« Pirelli starrte wütend zur Tür. »Ich würde ihn am liebsten umbringen!« Er durchsuchte das Bündel. »Wollte mich vors Kriegsgericht bringen, mich wohl erschießen lassen!« Wild lachte er auf, daß es in dem alten Schiff widerhallte. »Und das alles nur, weil ich so einen Gelben erschossen habe! Aber der Schuft hat nichts unternommen, als die Chinesen meinen Freund ermordeten!« Er nickte energisch. »Jawohl, Mr. Gunnar, dafür mache ich Hackfleisch aus dir!«

Bella wurde unruhig. »Ich muß zurück an Bord, der I.O. wird nach mir fragen.«

»Sicher. Mach nur weiter, Mike.« Pirelli wurde auf einmal wieder ruhig und vernünftig. »Du bist ein guter Junge. Ich werde dir das nie vergessen.«

Bella lächelte zaghaft. »Hoffentlich weißt du, was du tust.«

»Auf keinen Fall gehe ich ins Gefängnis, das sage ich dir!«

Bella blickte in den sonnengesprenkelten Gang, ob alles klar war. Hastig sagte er: »Ich komme morgen wieder, okay?«

Pirelli lachte leise. »Gut. Und bring mir endlich eine Flasche Whisky mit!«

»Ich tue, was ich kann.«

Bellas Schritte dröhnten im ganzen Schiff, als er sich zurück zum Oberdeck tastete. Über die verrottete Leiter stieg er hinunter auf den Sand, wo ihn der Schiffsrumpf gegen Sicht vom Ankerplatz und der Siedlung dahinter verbarg. Dann schritt er davon, während die auflaufenden Wellen an seinen Schuhen leckten. Er steckte in einer doppelten Zange, denn sowohl Pirelli wie der Chinese übten Druck auf ihn aus. Aber der Gedanke an Peach, die vielleicht schon ihre Reise zu ihm angetreten hatte, machte ihn wieder froh.

Maddox senkte den Arm, mit dem er seine Augen vor der grellen

Sonne geschützt hatte, als die Sirene des alten Frachters zum letzten Mal aufheulte, während er auf die Ausfahrt zudrehte. Seine Decks waren gerammelt voller Menschen, und einige Flüchtlinge waren sogar in die Takelage geklettert, um einen Blick zurück auf die Insel zu werfen. Maddox seufzte und stieg aus dem stampfenden Boot an Deck der *Hibiscus*, wo ihn Kroner ungeduldig erwartete.

»Lassen Sie mich raten.« Maddox starrte in Kroners gespanntes Gesicht. »Der dritte Weltkrieg ist ausgebrochen, und ich soll als Fallschirmjäger über Peking abspringen!«

Kroner lächelte fein. »Nein, es sind gute Nachrichten. Wir haben einen neuen Leutnant als Ersatz bekommen, und das bedeutet weniger Dienst für uns alle.«

»Und es bedeutet, daß wir hier Wurzeln schlagen!« Maddox blieb unbeeindruckt. »Sonst noch was?«

»Eigentlich nicht.« Kroner warf einen Blick zum Frachter, der sich langsam entfernte. »Der Kommandant ist noch an Land, und der schneidige Mr. Jago hat von der dankbaren Nation eine verdiente Beförderung erhalten.«

»Das hat uns gerade noch gefehlt!«

Ein dumpfer Knall rollte über die Reede und scheuchte schreiende Möwen von den Klippen auf. »Was war das? Wieder eine Mine?« Maddox nahm dem Quartermeister das Glas ab und blickte hinüber zur Siedlung. Ein paar Soldaten starrten hinauf zu den Hügeln, doch dort regte sich nichts.

»Vielleicht ein Feuerwerk?«

Maddox grunzte wenig überzeugt. »Kaum. Aber es soll nicht unsere Sorge sein. Noch nicht.«

»Soll ich den Neuen zu Ihnen schicken? Er möchte sich gern bei Ihnen melden.«

»Kann ich mir denken.« Trübsinnig vertagte Maddox die Dusche, auf die er sich schon gefreut hatte. »Gut, schicken Sie ihn her.«

Kroner lächelte aalglatt. »Wird mir ein Vergnügen sein.«

Maddox ließ sich auf einen Stuhl fallen. Ihm war, als ersticke er. Nichts wünschte er sich so sehr, wie an Land zu gehen und dort Dampf abzulassen, zu trinken oder wenigstens in der glühenden Sonne herumzulaufen, bis er vor Erschöpfung zusammenbrach.

Er hörte ein leises Klopfen an der Tür, und ohne aufzublicken rief er: »Herein!«

Dann starrten sich die beiden Brüder eine volle Minute lang

stumm an, der junge Leutnant mit fröhlichem Grinsen, Maddox völlig perplex.

Schließlich explodierte der Erste. »Soll das ein Witz sein? Was in Dreiteufelsnamen suchst du hier?«

Keith nahm die neue Mütze ab und legte sie vorsichtig auf den Tisch. Sein dunkles Haar war kürzer als das seines Bruders, aber genauso widerborstig. »Ich dachte, es würde dich freuen.« Wieder lächelte er unschuldig. »Oberleutnant Kroner hieß mich herzlich willkommen, als ich sagte, daß du mein großer Bruder bist.«

Maddox lehnte sich zurück und starrte den Jungen an. »Das kann ich mir denken. Dieser hinterlistige Gauner!« Dann ließ er den Blick langsam über die schlanke Gestalt vor sich gleiten. »Herrgott, Pip, du bist ganz schön gewachsen seit dem letzten Mal!«

Sein kleiner Bruder setzte sich auf die Tischkante und sah sich in der Kammer um. »Nicht toll für einen I.O. Ich hätte mehr erwartet.«

Beide lachten, das Eis war gebrochen. »Wie sieht's aus in New York?« Maddox fühlte sich schon wie ein Ausländer.

»Es ist immer noch groß und hektisch, Bob.«

»Und Mutter?«

»Nicht groß, aber noch hektischer.« Pip öffnete seine Brieftasche. »Ich habe ein paar Fotos mitgebracht, vielleicht gefallen sie dir.« Erstaunt sah er, daß Maddox sie mit dem Bild nach unten auf den Tisch legte. »Willst du sie nicht?«

Maddox lächelte unbehaglich. »Später. Momentan bin ich sehr in Eile.« Er wollte jetzt nicht an zu Hause denken. Später, wenn das Schiff zur Nacht ruhig war, würde er jedes einzelne Foto sorgfältig studieren.

Pip sagte beiläufig: »Ich heirate übrigens.«

Mühsam erhob sich Maddox. »Du bist verrückt! In deinem Alter! Das ist doch völliger Wahnsinn!«

»Besten Dank für deine Glückwünsche, Bob.«

Maddox ließ sich wieder auf den Stuhl fallen und starrte seinen Bruder schweigend an. Ihm war, als sähe er ein altes Foto von sich selbst aus der Zeit, als er von der Akademie gekommen war: schlank, selbstsicher, eifrig. Und doch war da ein Unterschied. Pip wirkte auf seltsame Weise entschlossener. Vorsichtig fragte er: »Was sagt Mutter denn dazu?«

»Oh, die ist natürlich einverstanden.«

»Du weißt, daß es ein großes Problem ist, sich als junger Leutnant schon zu binden? Die Frauen mögen das viele Herumreisen nicht, die Trennungen und alles andere.«

»Nein, das weiß ich nicht. Und ich vermute, daß auch mein großer weiser Bruder es nicht weiß.« Lächelnd fuhr er fort: »Sie wird dir gefallen. Wie geht es übrigens Mary?«

Maddox wurde rot. »Das ist vorbei.«

»Das überrascht mich. Ich dachte, diesmal hättest du die Richtige gefunden. Aber Mutter las wohl mehr aus deinen spärlichen Briefen heraus als gewöhnlich.«

Maddox seufzte. »Hast du dich schon an Bord eingerichtet?« Die Geschichte von Pips bevorstehender Heirat hatte ihn ziemlich erschüttert. Er verspürte zwar keine Eifersucht, sondern lediglich ein Gefühl des Verlustes, wie ein Mann, der plötzlich feststellt, daß das Leben an ihm vorbeigegangen ist und er nichts vorzuzeigen hat.

»Ja, das habe ich alles geregelt.« Pip schlenkerte mit den Beinen. »Es ist ein mieses Schiff, aber soviel ich gehört habe, konnten sie kein anderes entbehren. Ich kam von Taiwan auf einem Flugzeugträger, und sie schienen dort zu denken, daß sich in der Formosastraße etwas zusammenbraut. Eine Menge größerer Einheiten wurde dorthin in Marsch gesetzt. Aber ich bin hier unten wohl sicher und geborgen in der Obhut meines großen Bruders.«

Maddox grinste unbehaglich. »Verlaß dich nicht drauf! Denke daran, ein I.O. kann einem Greenhorn das Leben zur Hölle machen.«

Pip schien beeindruckt. »Dann werde ich mich beim Kommandanten beschweren!«

Maddox bedeutete ihm zu schweigen. »Nicht so laut! Im Schiff herrscht im Augenblick eine Stimmung wie seinerzeit auf der *Bounty* unter Captain Bligh.«

»Mir scheint, ich muß die Dinge hier ein wenig zurechtrücken. Wie ist er übrigens?«

»Der Kommandant? Jung, sehr eifrig und im Augenblick arg beunruhigt.«

»Eine großartige Beschreibung, Bob. Sie klingt, als hättest du ihn bisher überhaupt noch nicht kennengelernt.«

»So fühle ich mich auch im Augenblick. Aber ernsthaft, er ist gerade jetzt ein wenig schwierig.«

Pip nickte. »Kroner hat mir von dem Fahnenflüchtigen erzählt und von dem Offizier, der umgebracht worden ist. Steckt noch mehr dahinter?«

»Ich bin nicht ganz sicher. Der Kommandant glaubt es, aber er ist ein wenig voreingenommen.«

»Ich habe gerade einen Artillerielehrgang gemacht, als er in den Staaten war.« Der Leutnant blickte in die Ferne, als mache er sich zum ersten Mal klar, daß er auf einem Schiff zwölftausend Meilen von zu Hause entfernt war. »Ich habe alles über die Auszeichnung gelesen, die er vom Präsidenten persönlich erhalten hat. Er muß ein toller Bursche sein.«

Maddox betrachtete seinen Bruder liebevoll. »Ich nehme an, das war er früher wirklich. Aber ich bin mir nicht sicher, ob es auch jetzt noch zutrifft.« Er stand auf und fügte unbeholfen hinzu: »Ich bin mir auch nicht ganz sicher, ob ich dir das alles sagen sollte, Pip, aber ich bin so verdammt froh, dich zu sehen. Das letzte Mal scheint eine Ewigkeit her zu sein.«

Pip nahm seine Mütze und wischte sorgfältig den Staub ab. »Das war es auch.«

Es klopfte, Bella kam herein und blickte die beiden Offiziere an. »Ich habe hier zwei Befehle, die unterschrieben werden müssen, Sir. Aber den Kommandanten kann ich nicht finden.«

Maddox zog seinen Füllfederhalter. »Geben Sie her.« Er warf einen vielsagenden Blick auf seinen Bruder. »Das ist nur eine der vielen Lasten dieser Stellung.«

Pip lächelte hinter dem breiten Rücken seines Bruders. »Jetzt begreife ich, warum der Kommandant so lange an Land bleiben kann: weil *du* hier bist!«

Bella wartete nervös. »Sonst noch was, Sir?«

Maddox musterte ihn. »Sollte denn noch was sein?«

»Irgendwelche Auslaufbefehle, die kopiert werden müssen, Sir?«

»Zum Teufel, nein! Wir bleiben wohl noch ewig hier!« Beide sahen dem Schreibergefreiten nach, als dieser langsam zurückging in seinen Dienstraum. »Er scheint ein bißchen bedrückt zu sein.«

Pip hob fragend die Augenbrauen. »Ist er sonst in Ordnung?«

Maddox zuckte mit den Schultern. »Wir haben alle unsere Probleme, mein Lieber.« Dann warf er einen Blick auf seine Armbanduhr. »Komm mit, ich will dich den anderen vorstellen.«

Maddox fragte sich, was Pip wohl von Lea Burgess halten würde; aber es wäre unklug, die beiden schon so früh zusammenzubringen. Er selbst hatte Lea seit der Einweihungsparty im Hospital nur ein einziges Mal getroffen, und das nur kurz an Bord der *Osprey*. Immerhin war es ein Anfang, und sie schien ihm jedesmal schöner geworden, wenn er sie sah.

Unvermittelt fragte Pip: »Was hat denn dich und Mary auseinandergebracht?«

Maddox schubste ihn vor sich her in die Messe. »Kümmere dich lieber um deine eigenen Angelegenheiten, Junge. Es gibt wichtigere Dinge im Leben als eine Heirat.«

Regan sah von seinem Magazin auf, als sie eintraten. »So, das ist also die andere Hälfte der Maddoxfamilie?« Es klang feindselig.

Der junge Leutnant ging zu ihm hinüber. »Ich habe mir das 7,5 cm-Geschütz auf der Back angesehen, Sir, und wüßte gern, ob Sie mir ein paar Fragen dazu beantworten würden.« Ein wenig hilflos hob er die Schultern. »Ich fürchte, im Kurs lernt man nicht genug über dieses Geschütz.«

Regan ließ das Magazin sinken und zog einen Stuhl heran. »Also, setzen Sie sich.« Er räusperte sich. »Nun, dieses hier ist gewissermaßen ein Ladenhüter, aber es gibt ein paar Punkte, die man beachten muß . . .« Die beiden begannen ein technisches, aber freundschaftliches Gespräch.

Von der anderen Seite der Messe her zwinkerte Malinski dem überraschten I.O. zu. Offenbar hatten sie alle den Neuen unterschätzt.

Mark Gunnar trieb auf dem Rücken, die Augen vor der grellen Sonne geschlossen. In dem ruhigen Wasser bedurfte es kaum einer Bewegung. Die ihn umgebende Wärme schien ihn zu beruhigen und jeden schmerzenden Muskel zu entspannen. Er fühlte sich ein wenig schläfrig und ließ seine Gedanken genauso treiben wie seinen Körper im Wasser.

Jago hatte also seine sehnlich erwartete Beförderung erhalten, aber die Verwaltung der Insel hatte sich seit Ankunft der *Hibiscus* kein bißchen verändert. Sie alle wollten ihn offenbar loswerden, und zwar aus verschiedenen Gründen. In dieser ruhigen, friedlichen See erkannte Gunnar auch ganz deutlich ihre Gesichtspunkte. Was hatte er anderes als Unruhe über die Insel gebracht? Trotzdem, er fühlte noch immer, daß Gefahr im Anzug war. Was hätte wohl ein anderer Kommandant getan? Blinzelnd beobachtete Gunnar einen über ihm kreisenden Kormoran. Ein anderer Kommandant hätte wahrscheinlich seinen Auftrag buchstabengetreu erfüllt und sich damit zufriedengegeben. Stumpfsinnige Routine war eher die Regel als die Ausnahme.

Aber ihn hatte die ständige Erinnerung an Vietnam vergiftet, hatte seine Urteilsfähigkeit getrübt, so daß er nichts mehr als normale Routine akzeptierte. Er lächelte bitter. Selbst Bolod konnte reine Erfindung sein, nur ein Prügelknabe für jene, die es nicht geschafft hatten, die Terroristen zu vernichten.

Er versuchte, sich die Zukunft vorzustellen. In ein paar Monaten war er dreißig, und was dann? Da gab es mehrere Möglichkeiten: Rückkehr in die Staaten oder Annahme einer anderen Kommandierung hier draußen, falls ihm eine angeboten wurde. Oder die Ereignisse zogen auch an ihm vorbei, er wurde dankbar vergessen von denen, die zwar seine Personalakte kannten, aber darüber schwiegen. Müde drehte er sich um und schwamm langsam auf die Küste zu. Was auch passieren mochte, jetzt war er hier. Und was zu geschehen hatte, mußte *er* tun. An Bord würden sie sicherlich schon auf ihn warten, bereit, ihm zu gehorchen, wenn auch widerstrebend.

Er wischte sich das Wasser aus den Augen und blickte hinüber zum Strand, wo der kleine Stapel seiner Kleider lag. Eine zierliche Gestalt stapfte dort durch den Sand, gekleidet in einen geflickten Kittel: die Kleine mit dem weißen Armverband, die Connell noch immer in Behandlung hatte. Gunnar holte kräftiger aus. Sie blieb stehen, beschattete die Augen, um ihn zu beobachten, und hüpfte von einem Fuß auf den anderen, während ihr rundes Gesichtchen erwartungsvoll strahlte. Trotz seiner Sorgen mußte Gunnar lächeln. Die Kleine war eine bekannte Persönlichkeit geworden, die Besatzung gab ihr Süssigkeiten oder nahm sie auf ihren Fahrten mit. Es gehörte zu ihrer grotesken Situation, daß sie ausgerechnet auf den Kommandanten wartete, der den Schießbefehl gegeben hatte und jetzt in seiner Unterhose herumschwamm.

Er stieß auf Grund und stolperte den Strand hinauf. Die Kleine lachte übers ganze Gesicht und lief ihm entgegen, wurde aber abgelenkt von dem unordentlichen Kleiderstapel. Gunnar rutschte im losen Sand aus, deshalb war sie eher bei seinen Sachen als er. Ihre Hand ergriff Gunnars Mütze und reichte sie ihm wie ein Geschenk. Gunnar lächelte, aber dann erstarrte er vor Entsetzen.

Als sie die Mütze anhob, war ein scharfes Knacken zu hören, und als die Kleine überrascht hinunterblickte, rollte eine glänzende Handgranate langsam von Gunnars Hemd herab und landete vor ihren nackten Füssen.

Im Bruchteil einer Sekunde erfaßte Gunnar die Situation. Jemand hatte eine Granate unter seine Mütze gelegt und so genau ausbalanciert, daß der Auslösehebel nur durch das Gewicht der daraufliegenden Mütze eingedrückt wurde, obwohl der Sicherungssplint schon herausgezogen war.

Mit einem verzweifelten Aufstöhnen warf Gunnar sich mit seinem tropfnassen Körper auf das Mädchen. Das Kind schrie entsetzt auf, als Gunnar es in seine Arme riß und, ohne Geschwindigkeit zu verlieren, mit demselben Schwung weiterflog auf den Sandboden.

Er hörte das Detonieren der Granate nicht, spürte aber einen gewaltigen, klopfenden Schmerz in seiner Lunge. Seine Augen standen offen, und er sah, daß das Kind unter ihm schrie, aber er hörte nichts. Er wollte es beruhigen, alles erklären, da wurde es um ihn herum dunkel. Er hatte ein Gefühl, als würde er durch leeren Raum getragen.

Irgend jemand rannte herbei, aber das Sonnenlicht war verblaßt, und er konnte nicht erkennen, wer es war. Der Schmerz in seiner Lunge wurde zuviel. Er bemühte sich verzweifelt, bei Bewußtsein zu bleiben, doch die Dunkelheit hüllte ihn gnädig ein.

Angesichts der Flagge

Der Alptraum war womöglich noch intensiver, noch realistischer als sonst. Vor dem verschwimmenden roten Hintergrund saß der Vernehmungsoffizier starr wie eine Statue, während die Wände um ihn herum zu verschmelzen schienen und immer mehr Drehmoment bekamen, wie das Auge eines Taifuns. Gunnar versuchte zu schreien, sich zu bewegen, war aber wie stets völlig hilflos. Er konnte nichts sehen außer dem schwarzen unbeweglichen Inquisitor. Er hörte ihn nicht sprechen, aber die hämmernden, erbarmungslosen Fragen brannten sich trotzdem in sein Hirn. Doch diesmal gab es einen Unterschied: Der Inquisitor hatte Persönlichkeit, hatte einen Namen. Es war Bolod . . . Und obwohl er kein Gesicht besaß, erkannte Gunnar ihn so deutlich, als stünde er vor einem Porträt. Dann wurde es Zeit für den Schmerz, für die Bambusmesser, und die grausame Folter ließ Gunnar erwachen.

Es war nur sein üblicher Traum, von dem Gunnar sich schließlich befreien konnte mit der Verzweiflung eines Mannes, der einer Todesgefahr entrinnt. Es war eine rein physische Anstrengung, die ihn endlich zu sich kommen ließ. Aber wieder merkte er einen Unterschied zu sonst. Diesmal konnte er sich nicht bewegen, und er hörte sich immer noch schreien. Von irgendwoher, wie aus einem schwarzen Tunnel, sagte eine Stimme: »Er kommt wieder zu sich. Halten Sie ihn fest!«

Die Nebel begannen sich zu lichten, der Alptraum wich zurück in die Dunkelheit, und Gunnar öffnete mühsam die Augen. Er lag unter einer abgeschirmten Lampe, und zwei blasse, verschwommene Gestalten beugten sich über ihn. Sie verschmolzen miteinander, verschwanden und tauchten schließlich wieder auf, diesmal klar und deutlich. Beide Gesichter wirkten angespannt und konzentriert, und Gunnar versuchte vergeblich, sich zu bewegen. Der junge Mann im verschwitzten, schmutzigen Hemd hielt ihn auf einer Art Bett fest. Die junge Frau, deren schwarzes Haar im Lampenlicht schimmerte, hantierte besorgt an ihm herum. Gunnar entspannte sich. Er schien in Burgess' Haus zu sein, seine Tochter und dieser fremde junge Mann hatten ihn offenbar am Strand gefunden. Plötzlich kehrte die Erinnerung zurück, und ein heißer Schrecken durchfuhr ihn. Er versuchte sich aufzusetzen.

Der junge Mann sagte: »Ruhig, Sir. Bleiben Sie noch eine Weile liegen.«

Gunnar blinzelte. »Wer zum Teufel sind Sie?«

Lea Burgess trat heran, und er spürte ihre kühle, glatte Hand auf seiner Stirn. Leise sagte sie: »Sie haben Schweres hinter sich, Kapitän. Sie haben ständig geschrien.«

Gunnar legte sich wieder zurück und starrte hinauf zur Decke. »Wie lange bin ich denn schon hier?«

»Sechs Stunden. Sie sind von einem Stein im Rücken getroffen worden. Aber es wird Ihnen bald besser gehen.«

Die Handgranate, der Mund des Kindes, aufgerissen in einem unhörbaren Schrei, und danach das Nichts ... Heiser fragte er: »Die Kleine? Ist sie in Ordnung?«

Die junge Frau lächelte. »Es geht ihr gut, Kapitän, und das verdankt sie Ihnen.« Sie drückte ihm ein feuchtes Tuch auf die Stirn. »Ich war gerade am Strand und wollte sie rufen, als ich die Detonation hörte. Ich habe alles gesehen. Es war großartig, wie Sie sie gerettet haben.«

Mit Mühe wandte Gunnar den Blick von Leas Gesicht ab und starrte den jungen Mann an. Dieser war, was er erst jetzt bemerkte, ein Marineoffizier.

Ein wenig unbeholfen sagte er: »Ich bin Ihr neuer Leutnant, Sir. Heute mit dem Hubschrauber angekommen.«

Gunnar verfiel in Schweigen. Ich muß wie ein Verrückter geschrien und um mich geschlagen haben, dachte er. Bewacht und festgehalten von diesen beiden, hatte er wieder einmal jeden schrecklichen Moment seines Traums durchlebt. Dann sah er seine Uniform auf einem Stuhl neben dem Bett, und eine weitere Erkenntnis jagte ihn von dem schweißnassen Bett hoch. »Lassen Sie mich aufstehen!«

Aber der junge Leutnant hielt ihn nur noch fester, und sein Gesicht war zugleich entschlossen und um Entschuldigung bittend. »Es ist alles in Ordnung, Sir. Wirklich!«

Sprachlos starrte Gunnar ihn an. Ein dünnes Tuch bedeckte ihn von der Taille abwärts, und darunter war er völlig nackt. Der Schweiß brach ihm aus, als ihm klar wurde, daß diese beiden seinen Rücken gesehen hatten. In hilfloser Wut keuchte er: »Lassen Sie mich los! Ich muß hier raus!«

Die dunklen Augen der jungen Frau blieben ernst und traurig. »Machen Sie sich keine Sorgen, Kapitän. Es gibt nichts, dessen Sie sich schämen müßten.« Ihre Stimme war sanft, aber überzeugend, und nahm ihm alle Entschlossenheit.

Der Leutnant warf ihr einen dankbaren Blick zu. »Außerdem, Sir, ist im Augenblick kein Schiff für Sie da.« Gunnar konnte ihn lediglich anstarren, während der junge Mann rasch fortfuhr: »Wir haben einen Funkspruch von dem alten Frachter aufgefangen, Sir, er hat seine Schraube verloren und ist in Seenot. Die *Hibiscus* ist ausgelaufen, um ihn in Schlepp zu nehmen. Wie ich weiter gehört habe, ist schon ein Bergungsschlepper von Taiwan unterwegs.« Er grinste flüchtig, was Gunnar irgendwie vertraut vorkam. »Ich glaube, die Passagiere werden verdammt froh sein, wenn sie endlich in Taiwan ankommen.«

Gunnar fragte: »Wie heißen Sie?«

»Keith Maddox, Sir. Jetzt sind Sie wahrscheinlich der Ansicht, daß unsere Familie Sie verfolgt.« Hilflos hob er die Schultern. »Ich werde versuchen, diesen Eindruck zu korrigieren.«

»Maddox!« Gunnar lag still und sah an ihm vorbei zu der jungen Frau hin. »Danke«, sagte er einfach. »Ich habe Ihnen viel Mühe gemacht.«

Sie lächelte, und die Erleichterung war ihrem gebräunten Gesicht deutlich anzumerken. »Männer machen immer Mühe.«

Maddox junior erläuterte: »Der I.O. hat mich zurückgelassen, damit ich mich um Sie kümmere. Der Doktor ist mitgefahren für den Fall, daß er auf dem Frachter gebraucht wird.«

»Das war richtig.« Gunnar zog das Laken bis zum Kinn und sah die beiden einen raschen Blick tauschen. Der Gedanke, daß der Leutnant und vor allen Dingen das dunkeläugige Mädchen seinen entstellten

Rücken gesehen hatten, verursachte ihm Übelkeit. Wenn er sich bewegte, spürte er auch den pochenden Schmerz der Prellung, die ihn zusammen mit der Druckwelle für beinahe sieben Stunden bewußtlos geschlagen hatte.

Während dieser Zeit hatte die *Hibiscus* Anker gelichtet und war ohne ihn ausgelaufen. Hoffentlich wurde Maddox mit all den Schwierigkeiten des Schleppens auf hoher See fertig. Alle möglichen Komplikationen konnten dabei auftreten. Ein Schiff ohne Schraube war ein Ungeheuer, ein schwerfälliger Moloch, der selbst unter erfahrenster Führung seinen Schlepper schwer beschädigen konnte.

Pip Maddox schien jede Gemütsbewegung in Gunnars blassem Gesicht zu erraten, denn er sagte: »Das geht schon in Ordnung, Sir. Das Wetter ist gut, und vor Einbruch der Dunkelheit werden sie bei dem Havaristen stehen. Es wird bestimmt eine Bilderbuchübung!«

Gunnar fühlte sich leer und ausgelaugt, aber die ernste Zuversicht des jungen Mannes vermittelte ihm ein Gefühl der Ruhe. Trotz all seiner Sorgen huschte ein Lächeln über sein Gesicht. »Sie sind genau wie Ihr Bruder. Ich wünschte, ich hätte nur die Hälfte Ihres Optimismus!«

Lea war inzwischen verschwunden und kehrte jetzt geräuschlos mit einem großen Glas zurück. »Es ist Whisky, Kapitän, der wird Ihnen gut tun.« Sie lächelte mit schneeweißen Zähnen. »Der junge Mann hier wird Pip genannt. Haben Sie jemals einen so lächerlichen Namen gehört?«

Gunnar spürte, wie der Whisky belebend durch seinen erschöpften Körper strömte. »Pip? Das ist gut. Zwei Maddoxe auf meinem Schiff wären mir auch zuviel.«

Pip stand auf und fuhr sich mit den Fingern durchs Haar. »Was soll ich jetzt tun, Sir?«

Gunnar seufzte. »War Major Jago schon hier?«

Pip grinste breit. »*Oberst* Jago war hier und ist wieder gegangen. Er hat sich ziemlich aufgeplustert und eine Reihe Anordnungen getroffen. Er hat überall Posten aufgestellt, sogar hier vor dem Haus steht einer, für alle Fälle.«

Lea sagte: »Das war keineswegs notwendig, Kapitän. Die Leute im Dorf werden Sie jetzt beschützen.«

Gunnar musterte sie, bis sie vor seinem Blick die Augen niederschlug. »Sie vertrauen Ihnen, nicht wahr? Ich glaube, Sie kennen sie besser als sonst jemand hier.«

Sie nickte. »Es sind brave Leute. Zwar lehnen sie Eindringlinge ab, aber man respektiert Sie für das, was Sie getan haben.«

»Das war automatisch.«

»Was wird jetzt geschehen, Kapitän? Wird es Repressalien gegen die Insulaner geben?«

»Ich glaube nicht. Dieses Attentat geschah eine Meile vom Dorf entfernt, jeder könnte die Granate gelegt haben. Sie galt mir, wie damals die Mine auf der Straße. Man will meinen Tod.« Er lachte leise. »Allmählich gewöhne ich mich daran.«

Sie sagte: »Ich dachte anfangs, ich würde Sie hassen, aber ich habe mich geirrt.«

Beide Amerikaner sahen sie erstaunt an, und schließlich sagte Pip: »Ich vermute, dies soll ein Kompliment sein?«

Die junge Frau aber sah nur Gunnar an. »Und Sie, Kapitän, was denken Sie?«

Gunnar richtete sich auf. »Ich bin glücklich darüber.« Überrascht stellte er fest, daß er das ernst meinte. »Aber im Augenblick würde ich mich besser fühlen, wenn ich aufstehen könnte. Es gibt eine Menge zu tun.«

Pip Maddox erhob sich und nahm die junge Frau mit. »Also kommen Sie, wir warten nebenan.«

Durch den Vorhang hörte Gunnar ihre leise Unterhaltung, während er sich anzog. Dabei sah er sich in einem großen Spiegel und drehte sich so, daß er das Gewirr von Narben erkennen konnte, das seinen Rücken überzog. Ärgerlich streifte er sein Hemd über. Aber die junge Frau hatte sie gesehen, hatte sie sogar berührt. Bei diesem Gedanken sank er auf die Bettkante nieder und schlug die Hände vors Gesicht. Es war schon immer schwierig gewesen, diese Entstellung zu verbergen, aber mit Lea war es noch anders. Diese aufregende junge Frau hatte seine Verteidigung sofort durchbrochen. Ihre ruhigen Worte: »Es gibt nichts, dessen Sie sich schämen müßten«, fegten seine Scham beiseite und legten seine Schwäche frei mit einer ruhigen Sicherheit, die mehr Ermutigung als Tadel war.

Er war todmüde, aber es gab soviel zu tun. Entweder er oder das Schiff oder beide sollten beseitigt werden. Die *Hibiscus* war zwar klein und schwächlich, aber ein Hebel, der die Schleusentore für eine auswärtige Macht öffnen konnte.

Er rief durch den Vorhang, wobei er sich bemühte, seine Stimme beiläufig klingen zu lassen: »Weiß jemand, daß ich bei Ihnen bin?«

Pip Maddox antwortete überrascht, aber sofort hellwach: »Nein, Sir. Oberst Jago hielt es für das beste, nichts darüber verlauten zu lassen.«

Gunnar schob den Vorhang beiseite und blinzelte in das hellere Lampenlicht. »Besteht eine Möglichkeit, Ihr Boot zu starten, Miss Burgess?«

»Meinem Vater geht es nicht gut, Kapitän.«

Er bemerkte die Röte, die in ihre Wangen stieg. »Das ist ein Jammer. Ich hatte gehofft, wir könnten gleich damit die Küste hinauffahren.« Es war rührend, wie sie ihren Vater zu decken versuchte; wahrscheinlich lag er volltrunken in irgendeiner Kneipe der Stadt.

Mit einem Anflug von Trotz sagte sie: »Ich kann das Boot aber selbst fahren, Kapitän. Ich hole nur schnell Tsung und den Jungen.«

Gunnar sah ihr nach. »Der Mond ist ziemlich hell, wir können vielleicht etwas erkennen.«

»Äh, was denn?« Pip blickte verständnislos, aber eifrig drein.

»Das weiß ich noch nicht.« Gunnar lächelte. »Ich sehe, daß Sie so vernünftig waren, Ihr Gewehr mitzubringen – und hoffentlich auch genügend Munition.«

Pip grinste wie ein Schuljunge. »Klar. Ich habe sogar eine Pistole für Sie mitgenommen, Sir, denn Ihre andere wurde durch die Detonation unbrauchbar.«

Gunnar nickte anerkennend und hörte den Motor der *Osprey* hustend zum Leben erwachen. Bestimmt hatte jeder auf der Insel das eilige Auslaufen der *Hibiscus* bemerkt, aber kaum jemand würde vermuten, daß ihr Kommandant nicht an Bord war. Wenn er jemals eine gute Chance hatte, sich unbemerkt auf den Inseln umzusehen, dann jetzt.

Er ging mit Pip durch die frische Abendluft zum Steg und betrachtete zufrieden den Silberpfad, den der Mond aufs Wasser legte. Quietschend drückte sich das Boot noch einmal gegen seine Fender und drehte dann hinaus aufs offene Meer. Ein Scheinwerfer blinzelte von der Nachbarinsel herab, aber Tsung morste eine kurze Antwort mit der Handlampe, und man ließ sie in Ruhe.

Gunnar lehnte sich gegen das kleine Steuerhaus und beobachtete das Gesicht der jungen Frau, das vom Kompaßlicht schwach beleuchtet wurde, während sie das schwerfällige Boot mit geübter Hand durch die schmale östliche Ausfahrt steuerte.

Gereizt biß er sich auf die Lippen. Vergiß es, ermahnte er sich, sie ist nicht für dich bestimmt. Wenn irgend jemandem, dann gehört sie Maddox. Er wird sie benutzen und dann sitzenlassen, wie all die anderen vor ihr. Als Pip Maddox neben sie trat, merkte er, daß er selbst auf diesen eifersüchtig war.

»Kaffee, Sir?« Der Becher stand vibrierend auf dem Brückenkleid. Maddox grunzte und griff danach, als die *Hibiscus* wieder einmal stark nach Steuerbord überholte.

Er rieb sich die Augen und starrte in die schwarzen Schatten, die vor dem schmalen Bug des U-Boot-Jägers vorüberzogen. Ihm war klar, daß er dieses Manöver gut vorbereiten mußte, damit es klappte, denn sonst ... Unwirsch rief er in die Dunkelheit hinein: »Mr. Regan zu mir!«

Neben seinem Ellbogen sagte dessen Stimme: »Schon da. Wo steckt bloß dieser verdammte Zossen?«

Maddox blickte zum Himmel auf. Zwischen den rasch dahinjagenden Wolken sah man ab und zu einen Stern funkeln.

Alles hatte so gut angefangen. Maddox war im Vollgefühl seiner Freiheit mit der *Hibiscus* unter seinem Kommando auf die glitzernde Linie des Horizonts zugejagt, um dem havarierten Flüchtlingsschiff zu Hilfe zu kommen. Der Schock, den Kommandanten totenbleich und bewußtlos zu sehen, hatte ihm die Bürde seiner Verantwortung noch einmal vor Augen geführt. Aber nun war es doch schwieriger als gedacht, den alten Frachter zu finden. Das Radargerät hatte trotz Kroners ständiger Überwachung seine Mucken, und als der Havarist endlich in Sicht kam, war das Wetter umgeschlagen. Ein frischer Wind aus Ost fegte in unregelmäßigen Abständen mit feuchten Böen heran und verwandelte die träge Dünung in hohe Roller und schließlich in lange gischtgekrönte Kämme, die sich am eifrigen Bug der *Hibiscus* brachen. Zweimal umkreisten sie den havarierten Frachter, während die Morselampen über das unruhige Wasser blinkten. Maddox versuchte, Ruhe zu bewahren. Schleppen war immer eine heikle Sache, selbst mit ausgebildetem Personal und entsprechender Spezialausrüstung. Dieser alte Frachter hatte jedoch sehr wenig von beidem. Sein Kapitän war ein Mischling, wohl zur Hälfte holländischer Abstammung, und sein Erster Offizier war ein reinblütiger Chinese.

Die Zeit wurde allmählich knapp, und da Wind und Strom gegen ihn standen, war Maddox klar, daß das hilflose Schiff rasch nach Westen abtrieb, wo andere Gefahren lauerten als nur schlechtes Wetter.

Mit unendlicher Vorsicht brachte er die *Hibiscus* schließlich in eine günstige Position am Heck des Frachters. Achtern standen Regan und Obermaat Anders bis zu den Knien in einem Gewirr von Stahltrossen und schweren Schleppleinen, während Matrosen mit Lederhandschuhen eine Verbindung zum Frachter herzustellen suchten. Mit einem doppelten Knall schossen die beiden Leinenkanonen die dünnen Wurfleinen hinüber. Die eine flog ins Wasser, die andere aber wurde drüben ergriffen und nach vorne gemannt zum plumpen Bug des Frachters. Die Schlepptrosse folgte über den schmaler werdenden Wasserstreifen hinweg und wurde belegt.

Stunden später starrte Maddox haßerfüllt in die Dunkelheit zu dem hilflosen Frachter zurück. Es war hoffnungslos, die *Hibiscus* war nicht stark genug, ein so schweres Schiff bei diesem Wetter zu schleppen. Dreimal war die Schleppverbindung gebrochen, so daß das nervenaufreibende Manöver wiederholt werden mußte. Nun schien der Havarist endgültig ausbrechen zu wollen. Von Strom und Wind getrieben scherte er mit voller Wucht aus, bis er parallel auf gleicher Höhe mit dem kleinen Kriegsschiff war. Die tiefe Bucht der Schlepptrosse hing zwischen ihnen wie eine Nabelschnur. In der nächsten Bö drehte der schwere Frachter auf die *Hibiscus* zu, sein hoher, rostiger Steven schnitt durch das Wasser und versetzte den Männern auf der Brücke einen solchen Schock, daß sie ihm wie hypnotisiert entgegenstarrten. Maddox packte die Reling und versuchte mit übermüdeten Augen Abdrift und Annäherungsgeschwindigkeit zu schätzen. Aber alles, was er sehen konnte, war der turmhohe Steven, die frenetischen Chinesen und die beiden über der *Hibiscus* hängenden Anker des Frachters, die ihn wie zwei böse Augen anstarrten.

Er wandte den Blick ab und rief: »Beide Maschinen äußerste Kraft voraus, Ruder hart Steuerbord!« Kaum erkannte er seine eigene Stimme.

Kroner schrie: »Mein Gott, der schneidet uns ja in zwei Teile!«

Die *Hibiscus* weigerte sich eigensinnig zu drehen, obgleich die Schrauben das Wasser aufwühlten und mit ihren Umdrehungen die Brücke erschütterten. Kroner schrie: »Schlipp die Trosse! Um Himmels willen, *schlipp*!« Sein Gesicht war kreideweiß und eingefallen wie das eines alten Mannes.

Maddox leckte sich die trockenen Lippen. »Legen Sie Ihr Ruder endlich hart Steuerbord!« Er wußte nicht mehr, was er sagte. Er mußte nur um jeden Preis hier weg.

Die *Hibiscus* gierte und holte stark über. Die Männer schrien und fluchten, als sie auf dem schrägen Deck auf das schäumende Wasser zu rutschten. Verzweifelt krallten sie sich irgendwo fest.

»Kappt die Trosse!« Maddox wurde von zwei Signalgasten hart gegen die Reling gepreßt, während der wildgewordene Frachter bereits seinen Schatten über die Brücke warf. Ein dumpfer Knall, dann rollte die *Hibiscus* zurück auf ebenen Kiel und reagierte endlich auf die Hartlage des Ruders. Aber auch der Frachter schien neues Leben zu gewinnen. Beinahe spielerisch schwang er herum, noch etwas behindert durch das Gewicht der herabhängenden Trosse, jedoch endlich in der Lage, sich so zu bewegen, wie er wollte.

Regan keuchte die Brückenleiter herauf, während Maddox die *Hibiscus* wieder auf Kurs brachte. »Was zum Teufel hatten Sie vor?« Er sah sich verwundert auf der Brücke um, als könne er nicht fassen, daß hier noch alles intakt war. »Um ein Haar hätten Sie alle meine Leute über Bord gefegt!«

Maddox antwortete heiser: »Schluß mit dem Gekläff! Ich mußte es tun, der Frachter hätte uns sonst gerammt.«

Kurz danach wurde es dunkel, und während heißer Kaffee herumgereicht wurde, starrten Maddox und Regan Seite an Seite den Schatten des Havaristen an wie einen Feind. Müde sagte Regan: »Wir warten am besten bis zum Hellwerden.«

Maddox nickte. »Dieser verdammte Schlepper wird es auch nicht schaffen. Außerdem kostet er eine schöne Stange Geld.«

Carkosi, einer der Funker, kam durch die Dunkelheit auf sie zu und meldete: »Er sendet SOS, Sir.« Verächtlich hob er die Schultern.

Maddox packte ihn an der Jacke. »Was sagen Sie da?«

»Der Kapitän ruft um Hilfe, Sir. Er gibt seine genaue Position an, danach steht er weniger als hundert Meilen südöstlich vor dem chinesischen Festland.«

Maddox hörte Regan scharf Luft holen. »Kein Wunder, daß er in Panik gerät. Wenn die Roten herauskommen, bedeutet das schwedische Gardinen für die armen Flüchtlinge.«

Rasch warf Kroner ein: »Er hat sich um fünfzig Meilen verrechnet, der Idiot!«

Maddox rieb sich das unrasierte Kinn. »Verrechnet oder nicht, er hetzt uns das ganze Pack auf den Hals!« Rasch überlegte er. »Ich muß Taiwan um Weisung bitten, sollen die doch entscheiden.«

Regan packte ihn am Handgelenk. »Vergessen Sie's! Die ziehen uns das Fell über die Ohren. Nein, wir müssen bleiben und diesen Verrückten im ersten Tageslicht in Schlepp nehmen.« Carkosi befahl er: »Rufen Sie diesen Idioten an, er soll sofort aufhören zu funken!«

Die Morselampe fing an zu stammeln, Maddox stieg, noch immer zitternd, von den Grätings herab, und Regan übernahm die Wache. Gummikauend erschien Carkosi wieder. »Er hält jetzt die Klappe, Sir.«

»Gut.« Maddox holte tief Atem. Er hatte auf ganzer Linie versagt. Jetzt blieb ihm nur noch wenig Zeit, die galt es zu nutzen.

»Klar zum Schleppen beim ersten Tageslicht«, befahl er.

Regan rieb sich die Hände. »Wenn wir noch näher ans Festland treiben, können wir die Schleppleine bald zu Fuß übergeben.«

»Der Morgen dämmert, Sir. Mr. Regan läßt Sie bitten, auf die Brücke zu kommen.«

Maddox wälzte sich stöhnend von der Koje im Kartenhaus. Er hatte einen schalen Geschmack im Mund und fühlte sich, als seien nur Minuten vergangen, seit er eingeschlafen war.

Die obere Brücke war bereits in orangefarbenes Morgenlicht getaucht. Regan beobachtete durchs Glas den havarierten Frachter. »Bald ist es hell genug«, meinte er.

Maddox nahm eine Tasse Kaffee entgegen und leerte sie wortlos. Die See sah in dem seltsamen Licht bösartig aus, und das alte Schiff vor ihnen glühte wie mit frischer Kupferfarbe gestrichen. Es wehte noch immer stark, aber der Seegang war weniger rauh; die Wellen brachen nur gelegentlich, als wären auch sie soben erst erwacht.

Regan rieb sich das Stoppelkinn. »Wir sollten ihn noch einmal umrunden und versuchen, von Luv aus eine Leine hinübertreiben zu lassen.«

Maddox beobachtete, wie ihre Mastspitze Kreise am Himmel beschrieb, wenn sich die langsam fahrende *Hibiscus* in jedes Wellental stürzte. »Das Wetter sieht unheimlich aus. Solch einen Himmel habe ich noch nie gesehen.«

Regan grinste, als Kroner noch benommen auf die Brücke stolperte. »Ausgeschlafen, Don?«

»Sagen Sie dem Kapitän drüben, wir fangen in fünfzehn Minuten mit dem Manöver an.« Maddox wandte sich um, als ein Signalgast plötzlich rief: »Schiff an Backbord voraus, Sir!«

Maddox fummelte fluchend an seinem Glas herum. Zunächst bekam er nur die rostige Bordwand des Havaristen in den Blick, aber dann hielt er den Atem an, als er einen schmalen Schatten eben über dem Horizont erkannte. Er war noch halb verborgen hinter einer Wolke von Gischt, aber trotzdem deutlich zu sehen. Noch während er überlegte, ob er die *Hibiscus* zwischen den Frachter und den Neuankömmling manövrieren sollte, fing dessen starker Scheinwerfer an zu blinken, als käme der Strahl direkt aus der See.

Auf der Brücke herrschte gespanntes Schweigen, bis der Signalmaat rief: »Ihrer Majestät Zerstörer *Bosworth*, Sir!« Dann las er den Morsespruch weiter mit, den ein Signalgast neben ihm aufschrieb.

Regan lachte trocken auf. »Ausgerechnet ein Brite! Muß wohl aus Hongkong kommen.«

Maddox ließ sich den Schreibblock geben und las die gekritzelte Meldung. »Die *Bosworth* hat einen Marineschlepper dabei, sie will uns Beistand leisten.«

Regan knurrte: »Will ihre verdammte Nase in unsere Angelegenheiten stecken, das schon eher!«

Als die bronzefarbene Sonne über den Horizont stieg, beleuchtete sie die konvergierenden Schiffe wie vergoldete Modelle. Die hohe Bugwelle des großen Zerstörers unterstrich noch den Eindruck der Stärke. Seine elegante Silhouette wurde allerdings entstellt durch eine große Zahl von Radarantennen. Mit Schwung beschrieb er einen Vollkreis und ging dann mit der Fahrt herunter, bis er parallel zur *Hibiscus* fuhr, die in seinem Kielwasser heftig stampfte.

Als Maddox hinüberblickte, sah er eine große schlanke Gestalt in makellos weißer Uniform in der Brückennock stehen und hörte gleich darauf einen Lautsprecher quäken. Der Zerstörerkommandant hatte einen Akzent, der Maddox an Burgess erinnerte.

»Guten Morgen, *Hibiscus*!« rief er munter, worauf Maddox sich vorstellte, daß die britischen Offiziere wahrscheinlich gerade ein ausgiebiges Frühstück beendet hatten. Seine eigene Besatzung dagegen, ungewaschen und unrasiert in schmutzigem Arbeitszeug, lungerte müde und hungrig herum.

Die metallische Stimme fuhr fort: »Wir haben ein SOS gehört und daraufhin Kurs auf Sie genommen.« Nach einer Pause fügte er hinzu: »Da gibt es nur ein Problem . . .«

Regan knurrte: »Jetzt kommt's!«

»Dieser Frachter steht bei uns auf der schwarzen Liste wegen Schmuggels von Flüchtlingen aus Hongkong. Mein Schlepper wird ihn auf den Haken nehmen und zurückbringen, falls Sie nichts dagegen haben.«

Alle sahen Maddox an. Der britische Kommandant war kein Dummkopf. Was hätte Maddox dagegen haben können? Die *Hibiscus* war kein offizielles Geleit für den Frachter, sie hatte lediglich versucht, einem manövrierunfähigen Schiff zu helfen. Was die Nationalchinesen unternahmen, um den Bevölkerungszuwachs für Taiwan zu sichern, war nicht ihre Sache. Er biß sich auf die Lippen und hob das Megaphon.

»Der Frachter kommt aus Payenhau. Hat gestern seine Schraube verloren, und wir haben versucht, ihn in Schlepp zu nehmen.«

»Verstehe. Pech!« Die Stimme klang unverbindlich. »Immerhin ist er nicht *Ihr* Problem, oder? Hongkong ist der nächste Hafen, und ich habe einen starken Bergungsschlepper dabei.« Wie auf Stichwort heulte eine Sirene, und Maddox sah einen Mast kurz über dem rollenden Rumpf des Frachters auftauchen.

Dr. Connell war inzwischen auf die Brücke gekommen, die Augen rot gerändert, aber hellwach. »Sie dürfen ihm den Frachter nicht überlassen, Bob! Diese armen Teufel werden sonst wieder nach Rotchina zurückgeschickt. Die Briten haben doch in Hongkong gar nicht genug Platz für alle.«

Maddox biß die Zähne zusammen. »Gut, Kapitän, er gehört Ihnen!« sagte er ins Megaphon.

Bedrückt beobachtete er, wie ein schnittiges Motorboot hinter dem Zerstörer hervorschoß und stampfend auf den Frachter zuhielt. Der Brite mußte wohl sehr selbstsicher sein, denn das Boot war von Anfang an klar zum Aussetzen gewesen. Die dichtgedrängten Chinesen an Deck des Havaristen brauchten nicht lange, um diese Wende zum Schlechteren zu begreifen: Die qualvolle Ungewißheit, alle Leiden und Entbehrungen waren vergeblich gewesen. Ein vielstimmiges Stöhnen wehte herüber und schien das Unglück aller Flüchtlinge der Welt auszudrücken.

Der Zerstörer drehte, seine Geschütze schwangen herum, um das kleine Prisenkommando zu decken. Der Schlepper machte sich bereits fertig, die Trosse zu übergeben. Voller Neid bemerkte Maddox die Leichtigkeit, mit der die Briten dabei zu Werke gingen.

Kroner beobachtete, wie der Frachter den Bug gehorsam in Richtung der neuen Schleppleine drehte. »Arme Schweine!«

Unfähig, sich zu zügeln, fuhr Maddox ihn an: »Arme Schweine?

Das habe ich gern! Gestern schrien Sie, ich solle die Trosse schlippen, weil Sie glaubten, Ihre kostbare Haut sei in Gefahr! Aber jetzt, wo sie vorüber ist, wollen Sie den edlen Helden spielen! Nicht mit mir! Ich habe hier die Verantwortung, und damit ist der Fall erledigt.«

Aufgeregt rief ein Signalgast: »Ein Chinese ist über Bord gesprungen, Sir!«

Gebannt beobachteten sie die verzweifelten Schwimmstöße des Mannes, der unter dem runden Heck des Frachters erschien. Immer wieder verschwand sein dunkler Kopf unter den Wellen, dann tauchte er wieder auf und hielt mit verdoppelter Kraft auf die *Hibiscus* zu.

Jetzt schoß das Motorboot des Zerstörers hinter dem Frachter hervor und nahm schnell Fahrt auf; ein Mann im Bug hielt bereits den Bootshaken bereit.

Die amerikanischen Seeleute hatten alle Müdigkeit vergessen und feuerten den Flüchtling an: »Los, Junge! Schwimm schneller, Tarzan!«

Er erreichte die Bordwand der *Hibiscus*, und Maddox sah die weit aufgerissenen Augen in dem nassen Gesicht, als er zur fröhlich auswehenden amerikanischen Flagge hinaufstarrte. Obermaat Tasker brüllte: »Schnell, eine Wurfleine her! Helft ihm!«

Aber Maddox befahl schroff: »Stopp! Das ist nicht unsere Sache!«

Dem Mann schien klar zu werden, daß selbst diese Anstrengung vergebens gewesen war. Er stieß sich von der Bordwand ab, den Blick noch immer auf die Flagge gerichtet, als das Boot des Zerstörers herankam. Dann riß er mit einem Aufschrei beide Arme in die Höhe und verschwand unter Wasser. Das Boot drehte langsam ab, während ein Besatzungsmitglied dem Zerstörer einen Winkspruch durchgab. Maddox bemerkte, daß ein britischer Seemann im Boot sich in aller Gemütsruhe eine Zigarette drehte. Für sie war das Ganze Routine.

Der Doktor sah über die Köpfe der schweigenden Männer hinweg. »Er ist mit Blick auf unsere Flagge gestorben«, sagte er heiser.

Mit langen Schritten ging Maddox zum Kartenraum. »Setzen Sie einen Funkspruch ab, Mr. Kroner: Wir kehren nach Payenhau zurück. Geben Sie ihnen unsere ETA*.«

Regan rief ihm nach: »Ich möchte wissen, was das arme Schwein von uns gedacht hat!«

Maddox knallte die Tür hinter sich zu und riß eine Seekarte aus

* ETA = Estimated Time of Arrival, geschätzte Ankunftszeit

ihrer Halterung. Als der Signalgast die Annäherung des fremden Schiffes meldete, hatte er zunächst angenommen, es sei ein rotchinesischer Zerstörer. Der Gedanke hatte ihn genauso frösteln lassen wie damals die schreiende Menge auf der Pier. Aber jetzt wünschte er beinahe, es wäre ein feindliches Schiff gewesen.

Bald hatte die *Hibiscus* wieder die See für sich allein. Aber einige ihrer Männer starrten noch immer zurück, als erwarteten sie, dort das Flüchtlingsschiff zu sehen oder den Schwimmer, der in Todesnot vergeblich zu ihrer Flagge aufgeblickt hatte.

Falle im Ginster

Als die dunklen Wolken sich kurz teilten und einen Streifen Mondlicht freigaben, erglühte die Flanke der Insel silbern und schien ihre Form zu ändern. Gunnar richtete sich im Dingi auf, um besseren Überblick zu bekommen. Es war ein öder und freudloser Ort, an dem Inglis und seine Männer umgekommen waren.

Die Wolken verdunkelten den Mond wieder, und Tsung, der kräftige Bootsmann der *Osprey*, legte sich in die Riemen und trieb ihr kleines Beiboot mit raschen Schlägen unter einen überhängenden Felsen. Schon war die *Osprey* achteraus in der Nacht verschwunden. Gunnar überprüfte die Pistole an seiner Seite. Was erwartete er überhaupt hier zu finden?

Das Dingi knirschte auf den Strand. Mit bemerkenswerter Gewandtheit sprang Tsung an Land und zog es höher hinauf.

Gunnar sagte zu dem riesigen Chinesen: »Sie fahren zurück zur *Osprey*. Ich blinke mit meiner Stablampe, wenn Sie uns abholen sollen.«

Sie warteten, bis Tsung unterwegs war, dann sagte Gunnar zu Pip: »Ich möchte ihn nicht hier herumhängen haben.« Es klang aber nicht sehr überzeugend, und Gunnar wußte, der wirkliche Grund war seine Besorgnis um das Mädchen an Bord.

Pip hängte sein Gewehr um. »Wohin zuerst, Sir?«

»Nach meiner Berechnung sind wir nur ein paar Meter von der Stelle entfernt, wo meine Leute in den Hinterhalt gerieten. Wir wollen diese Klippe besteigen und oben nachsehen.«

Schweigend kletterten sie hinauf, traten nur gelegentlich einen Stein los oder machten eine Pause, um sich zu orientieren. Schließlich zog sich Gunnar über die Klippenkante und ging zielstrebig auf eine kleine Senke dahinter zu. Hier etwa mußte der Mann mit den Handgranaten sich verborgen haben. Vielleicht war es sogar derselbe, der versucht hatte, auch ihn zu erledigen.

Nachdenklich sagte Pip: »Alles solider Felsboden.«

Jemand, der sich hier verbergen wollte, hätte also große Schwierigkeiten gehabt, sich einzugraben. Gunnar stieß ein paar lose Steine und Felsblöcke um. Sie waren sandverkrustet und lagen hier sicherlich schon seit Jahrhunderten ungestört herum.

Zusammen stiegen sie den langen Hang zum jenseitigen Ufer hinab. Gunnar sagte: »Auf den anderen beiden Seiten der Insel sind steile Felswände; wenn also jemand hier landen will, muß er es dort drüben tun, hinter dieser Felsnadel.«

Sie hielten an, und Gunnar spähte zu dem seltsam geformten Fels hinüber, der im Mondlicht glitzerte wie der marmorne Turm einer vergessenen Kirche. Er wußte aus der Karte, daß darunter eine kleine geschützte Bucht lag, nicht größer als die, in der Inglis sein Geschick ereilt hatte. Gunnar bedauerte jetzt, daß er so spontan vorgegangen war. Wenn sich wirklich Feinde auf der Insel aufhielten, dann waren Pistole und Gewehr eine kümmerliche Bewaffung.

Sie erreichten die Felsnadel und starrten hinunter in die kleine, im Schatten liegende Bucht. Die Brandungsgeräusche waren hier gedämpft, sie schien also gut geschützt zu sein vor Wind und Wetter. Aber sie war leer, kahl und trostlos wie die ganze Insel. Mit einem Mal fühlte sich Gunnar müde. Er kletterte den mit losem Geröll bedeckten Hang hinab und verspürte dabei den pulsierenden Wundschmerz auf seinem Rücken und eine grenzenlose Enttäuschung.

Was hatte er eigentlich erwartet – daß sich Pirelli hier versteckt hielt? Dafür war dieser Ort zu schwer zu erreichen. Vielleicht ein Munitionslager, verborgen in einer Höhle, das auf die Landung kommunistischer Kommandotrupps wartete? Aber allmählich wurde ihm klar, daß es hier so etwas nicht gab. Diese Insel bot nicht einmal die Möglichkeit eines Verstecks. Gunnar verfluchte sich selbst und warf einen Blick zum Himmel. Gerade zog wieder eine dunkle Wolkenbank rasch auf den Mond zu. Kaum konnte er die Silhouette des Leutnants ausmachen.

»Mich überläuft es kalt«, gestand Pip Maddox. »Ich könnte mir schon vorstellen, daß man es hier oben mit der Angst zu tun bekommt.«

»Wir wollen ein paar Minuten warten, bis es wieder heller wird, dann gehen wir zurück.«

Pip Maddox deutete auf einige dunkle Ginsterbüsche. »Gute Idee, Sir. Darüber könnten wir sonst leicht stolpern.« Er stieß den ersten Busch mit dem Gewehrkolben beiseite. Plötzlich erstarrten sie beide, denn sie hörten ein seltsam blechernes Rasseln wie das Klingeln verstimmter Glöckchen.

Der Leutnant rief: »Was zum Teufel – «, aber Gunnar stieß ihn blitzschnell beiseite, so daß er den Hang hinunterrollte. Gleichzeitig warf er sich selbst hinterher, während die Dunkelheit von einer wilden MG-Garbe zerfetzt wurde. Der Feuerstoß kam von rechts unter ihnen, und Gunnar vermutete, daß die Kugeln sie nur um wenige Zentimeter verfehlt hätten, wenn sie stehengeblieben wären. Blindlings drückte er seine Pistole ab, schwankte aber und fiel, als sich sein Fuß in dem Draht verfing, der den Alarm ausgelöst hatte. Es war die älteste Falle der Welt, und er war wie blind hineingestolpert. Sie bestand lediglich aus ein paar Blechdosen, an einem dünnen Draht aufgereiht, und Pips Gewehrstoß hatte den Mann hinter dem Maschinengewehr klappernd geweckt.

Der junge Leutnant war nirgends zu sehen. Gunnar spürte ein Prikkeln zwischen seinen Schulterblättern, als er in dem staubigen Gebüsch lag und den Atem anhielt. Vielleicht war der Junge schon tot?

Die Pistole in seiner Hand fühlte sich so schwer an wie Blei, und voller Schrecken merkte er, daß er sich nicht erinnern konnte, wie oft er sie abgefeuert hatte. Er hatte noch ein Magazin in der Tasche, aber das leise Klicken des Nachladens würde in dieser Stille den verborgenen Gegner sofort wieder Feuer eröffnen lassen.

Er hätte am liebsten vor Wut geheult, als er das Unmögliche seiner Situation erkannte. Das alles hatte er sich selbst zuzuschreiben. Trotz all der Warnungen, trotz der Versuche, ihn ins Jenseits zu befördern, hatte er noch immer den Helden spielen wollen. Jetzt war es zu spät, und was viel schlimmer war: Er hatte auch das Leben des jungen Leutnants leichtfertig aufs Spiel gesetzt.

Plötzlich hörte er Pips gepreßte Stimme irgendwo hinter seiner linken Schulter, sie klang verängstigt. »Tut mir leid, Sir, ich kann mein Gewehr nicht finden!«

Im selben Augenblick blitzte orangefarbenes Mündungsfeuer über dem dürren Stechginster auf. Das Krachen der Schüsse und schrille Heulen der Querschläger zerriß die Stille der Nacht.

Taumelnd und geblendet sprang Gunnar auf und schrie: »Lauf weg!

Zurück zum Strand!« Gleichzeitig warf er sich nach vorn und hob die Pistole. Pips Ruf und Bewegung hatte das MG-Feuer auf sich gezogen, womit der Schütze in diesen wenigen lebenswichtigen Sekunden seinen Aufenthalt verriet. Mit gefletschten Zähnen feuerte Gunnar wieder und wieder in die Richtung, bis sein Magazin leer war. Im nächsten Augenblick wälzte er sich mit dem Mann am Boden, der versucht hatte, sie umzubringen.

Knurrend und keuchend tastete Gunnar verzweifelt nach einem Halt, bis er glaubte, seine Lunge würde platzen. Er fühlte des Mannes heißen, faul riechenden Atem im Gesicht, wußte, daß dessen Augen nur wenige Zentimeter entfernt waren. Einmal rollten sie über etwas Hartes, und Gunnar empfand wilden Triumph, als ihm klar wurde, daß dies das Maschinengewehr sein mußte. Im nächsten Augenblick verspürte er einen Schmerz, der ihn blendete und zum ersten Mal aufschreien ließ; der Mann hatte ihm mit aller Wucht sein Knie in den Unterleib gestoßen. Schluchzend vor hilfloser Wut warf er sich zur Seite und sah im schwachen Mondlicht einen Schatten, der nach dem Maschinengewehr griff.

Gunnar stöhnte und wartete verzweifelt auf den ersten Feuerstoß. Statt dessen vernahm er einen schwachen einzelnen Knall. Wie ein Geist verschwand der andere Mann im Ginster, wobei sein Aufschlag die Dosen ein letztes Mal scheppern ließ.

»Sind Sie in Ordnung, Sir?« Pip Maddox half ihm aufstehen, seine Stimme klang noch immer verängstigt. Gunnar nickte und hob seine Pistole auf. Wortlos schob er ein frisches Magazin ein, dann knipste er seine Stablampe an und rollte den toten Chinesen auf den Rücken. Dies mußte einer der Männer sein, die Inglis und seine Leute abgeschlachtet hatten. Vermutlich war er von der Hauptinsel aus mit Lebensmitteln versorgt worden.

Er stand auf und leuchtete in die kleine Höhle. Sie war gerade groß genug, daß zwei Männer darin schlafen konnten, mit Kies und Ginsterzweigen getarnt. Er entdeckte einen kleinen Stapel Munition amerikanischer Herkunft und mehrere Konservendosen. Der Mann selbst war groß, kräftig und unvorstellbar schmutzig. Er sah aus wie ein Soldat, trug jedoch keinerlei Abzeichen.

Über die Schulter sagte Gunnar ruhig: »Sie haben gute Reflexe, Pip. Machen Sie sich keine Vorwürfe, es gibt im Krieg keine zweite Chance. Sie haben Ihre genutzt und schneller reagiert als die meisten in Ihrer Lage.«

Kläglich sagte Pip: »Ich habe einfach abgedrückt. Ich hätte nie geglaubt, daß ich das könnte.«

Trotz seiner Schmerzen mußte Gunnar lächeln. »Desto besser für mich.« Er hob das Maschinengewehr auf. »Ein weiteres Stück amerikanischer Militärhilfe, das in falsche Hände gelangt ist.«

Geradezu ehrfürchtig fragte Pip Maddox: »Sie haben *erwartet*, hier oben etwas zu finden, Sir?«

Gunnar hob die Schultern. »Ich weiß selbst nicht, was ich erwartet habe. Aber dies ist lediglich Teil eines Musters. Es beweist, daß ich recht hatte. Zwei Tote wurden uns von Jagos Patrouille gebracht, nachdem Inglis und seine Leute den Handgranaten zum Opfer gefallen waren. Beide trugen volle Uniform, als seien sie soeben von irgendeinem Schiff an Land gegangen. Dieser hier ist in Lumpen. Ich denke, daß die beiden Uniformierten tatsächlich bereits tot waren, als die Patrouille sie fand. Es waren lediglich zwei Kulis, die man aus dem Gefangenenlager geholt und eingekleidet hatte, um uns glauben zu lassen, daß Rote vom Festland hier aktiv seien. Die wirklichen Mörder sind entkommen, und das war auch der Grund, warum keine der Leichen ein Bajonett trug.«

Sie kletterten den steilen Pfad hinunter, wobei ihnen der Wind ins Gesicht blies. Auf halber Höhe rief Pip: »Das Dingi ist schon hier!« Gunnar beschleunigte den Schritt und wäre beinahe mit der jungen Frau und dem hochgewachsenen Tsung zusammengestoßen. Er packte Lea an den Schultern. »Ich habe doch gesagt, Sie sollen warten, bis ich Signal gebe!«

Sie schien ihn nicht zu hören, und er merkte, daß sie zitterte. »Wir hörten Schüsse«, schluchzte sie. »Ich fürchtete, Sie wären in eine Falle geraten, nach allem, was Sie schon durchgemacht haben. Ich dachte – ich dachte . . .« Sie verstummte und preßte sich an ihn; er hielt sie umschlungen und roch ihr duftendes Haar.

Verlegen antwortete er: »Es war nur einer, und er ist jetzt tot.« Vorsichtig drehte er sie zur See hin, so daß der Wind ihr frisch ins Gesicht blies. »Kommen Sie, wir kehren jetzt besser aufs Boot zurück.« Sie ließ sich von ihm zu dem wartenden Dingi führen.

An Bord der *Osprey* überließ sie Tsung das Ruder, während sie sich schweigend vor dem Steuerhaus an Deck setzte, den Blick starr auf den stampfenden Bug gerichtet. Gischt prasselte von dem plumpen Steven wie tropischer Regen; Gunnar und die junge Frau an seiner Seite waren bald naß bis auf die Haut. Doch als er ihr vorschlug, unter Deck zu gehen, schüttelte sie den Kopf. »Nein, ich möchte das auskosten. Ich habe Angst vor morgen, aber jetzt ...« Den Rest ließ sie ungesagt. Gunnar ergriff ihre Hand. Sie war feucht vom Gischt, aber warm.

Pip Maddox stand neben dem Steuerhaus und ließ sich das Gesicht nässen, als wolle er damit Angst und Abscheu abwaschen. Nun, da es vorüber war, mußte er zugeben, daß er eine Euphorie verspürte, die ihn beschämte. Er hatte tatsächlich einen Menschen *getötet*! Ihm war noch immer nicht klar, wie er das geschafft hatte. Verzweiflung, Furcht, Selbsterhaltungstrieb, alles hatte dabei eine Rolle gespielt. Und seine Tat hatte sie alle gerettet. Sie waren jetzt sicher an Bord dieses Bootes, und das unheimliche Inselchen war in der schwarzen See achteraus verschwunden. Er warf einen Blick auf den Kommandanten. Der mußte doch das gleiche empfinden. Aber er schien mit ganz anderen Gedanken beschäftigt. Der Kopf der jungen Frau war zur Seite gesunken und ruhte auf Gunnars Schulter. Trotz der starken Bootsbewegungen und des Gischts schien dort, wenigstens im Augenblick, tiefer Frieden zu herrschen.

Oberst Lloyd Jago steigerte sich rasch in rasende Wut, die sein hartes Gesicht verdunkelte wie die Wolken, die Gunnar eben noch am Mond hatte vorbeiziehen sehen. Jagos Uniformhemd trug dunkle Schweißflecken, und er sah aus, als habe er seit vierundzwanzig Stunden nicht geschlafen. Als er unter der nackten Glühbirne in seinem Bunker auf und ab tigerte, schien er zu wachsen, als sei der Raum nicht groß genug für ihn und seine Probleme.

Plötzlich blieb er stehen und starrte in Gunnars gleichmütiges Gesicht. »Zum Donnerwetter!« explodierte er. »Muß ich es denn dauernd wiederholen? *Ich* habe hier das Kommando!«

Gunnars Stimme klang ruhig, nur rote Flecken auf seinen Wangen verrieten seine Erregung. »Das sagten Sie bereits, als ich zum ersten Mal ...«

Aber Jago unterbrach ihn. »Lassen Sie mich gefälligst ausreden! Gott weiß, daß ich Ihre verschrobenen Ideen toleriert habe, aber dies geht denn doch zu weit! Zweimal werden Sie beinahe in die Luft gesprengt, und dann, noch bevor ich entsprechende Gegenmaßnahmen ergreifen kann, fahren Sie als Zielscheibe zwischen den Inseln herum und werden um ein Haar wieder getötet!« Er starrte Gunnar an. »Dann kommen Sie zurück und erzählen mir diese Moritat von einer Verschwörung, die uns alle vernichten wird.« Er machte eine Pause, um Atem zu holen. »Wirklich, Kapitän, für wie blöd halten Sie mich eigentlich?«

Gunnar setzte von neuem an. »Wenn Sie meine Vorschläge nicht akzeptieren, muß ich mich an eine höhere Stelle wenden, Oberst.«

»Zur Hölle mit Ihnen! Ich habe meinen Bericht bereits durchgegeben, und Ihre untergeordnete Stellung ist abermals bestätigt worden. Sie sind hier kein politischer oder militärischer Berater, sondern lediglich geduldet, soweit es mich betrifft. Sie sind weiter nichts als Kommandant eines alten kleinen Schiffes, eines winzigen Teils der Siebten Flotte. Ist das klar? Ich spreche zu Ihnen nicht als Kamerad oder Landsmann, sondern als Ihr Vorgesetzter, ob Ihnen das paßt oder nicht.«

In einer Ecke saß Sergeant Rickover, hatte den Kopfhörer übergestülpt und führte eifrig ein Funkgespräch.

»Sehen Sie ihn?« Heftig wies Jago hinüber. »Er versucht, die Verbindung aufrechtzuerhalten. Hier ist überall der Teufel los, seit Ihr dämlicher I.O. dieses einfache Schleppmanöver versaut hat!«

Gunnar entgegnete knapp: »Das steht alles in meinem Bericht. Maddox tat, was er konnte. Er hatte keine Möglichkeit, die Briten von dem havarierten Frachter fernzuhalten.«

Jago musterte ihn kalt. »Er hätte überhaupt nicht das Kommando übernehmen dürfen. Wenn *Sie* an Bord geblieben wären, wie befohlen, dann hätten Sie dort draußen das Sagen gehabt. Statt dessen gehen Sie *schwimmen*!« Wild starrte er Gunnar an. »Jetzt sind die hiesigen Chinesen in Aufruhr, mindestens ein Dutzend Zwischenfälle hat es schon gegeben, seit Ihr Schiff wieder eingelaufen ist!«

Gunnar biß sich auf die Lippen. Die Erklärung, die Maddox ihm gegeben hatte, war wirklich recht kümmerlich und das schwächste Glied in der Kette seiner eigenen Argumentation. »Sie werden durch geschulte Aufwiegler aufgehetzt.«

»Mag sein. Aber sie sind überzeugt, daß wir die Flüchtlinge absichtlich an die Engländer ausgeliefert haben. Und daß wir nichts anderes beabsichtigen, als die Insel zur Flottenbasis für uns selbst auszubauen.«

»Nun, das stimmt doch, oder?« Gunnar wurde jetzt ebenfalls lauter. »Wenn Sie den Insulanern gegenüber fair gewesen wären oder versucht hätten, etwas für sie zu tun, statt lediglich mit Ihren sturen Gefängniswärtern zu exerzieren, dann hätten Sie sicherlich mehr Erfolg gehabt!«

»So sehen Sie das also?« Jagos Stimme sank ab zu einem gefährlichen Flüstern. »Aber da irren Sie sich. Wenn hier Kommunisten sind, dann unter Ihren sogenannten Insulanern, klar?« Mit aufreizender Ruhe sah er Gunnar an. »Alles, was Sie hier tun, ist falsch. Dieser Mann, den Sie auf der kleinen Insel umgebracht haben, mag ein kommunistischer Agent gewesen sein, aber vielleicht auch nur ein Bandit oder entsprungener Lagerinsasse. Er interessiert weder Sie noch mich. Was uns aber beide angeht, sind Ihre unverantwortlichen Taten und das Versagen Ihres Schiffes beim Schleppmanöver. Jetzt kann ich nicht einmal die dringend benötigten Marineinfanteristen zu Hilfe rufen, ohne mich noch mehr zu blamieren. Agitatoren werden den Mob noch weiter aufhetzen und ihm einreden, das alles sei von uns seit langem beabsichtigt, und ich habe leider nur chinesische Truppen hier, deren Aufgabe seit Ihrer Ankunft immer mehr erschwert wird.«

»Und was ist mit dem Inselkommandeur?« Gunnar war erschöpft und verbittert. Es stimmte, der Mob durchstreifte die Hauptsiedlung und warf mit Steinen; immer wieder mußten die Soldaten über die Köpfe des Pöbels schießen, um ihn zu zerstreuen.

»Der Kommandeur ist eine absolute Niete!« Jago packte ein Lineal und bog es in seinen starken Händen. »Aber auch er kann nicht ohne plausiblen Grund Truppen anfordern.«

Rickover sah aus seiner Ecke zu ihnen hinüber. »Der Mob hat soeben das Hospital niedergebrannt, Kapitän.«

Gunnar stand auf. »Ist Dr. Connell etwas passiert?«

Rickover schüttelte den Kopf. »Ein Zug Soldaten hat ihn zum Schiff geleitet.«

»Noch etwas, Kapitän«, fuhr Jago fort. »Schicken Sie keine Funksprüche mehr an die Admiralität. Ihr Befehl lautet, absolute Funkstille zu wahren. Sie hören den normalen Funkverkehr ab, mehr nicht. Von jetzt an überlassen Sie das Funken allein mir!«

Gunnar warf einen Blick auf die Wandkarte. »Und Sie glauben wirklich nicht, daß die Roten eine Machtübernahme planen, mit Hilfe von Bolod, zum Beispiel?«

»Natürlich planen sie irgend etwas, aber nichts, was ich nicht im Griff hätte.« Er hob den Zeigefinger. »Dies hier wird kein neues Kuba werden! Hämmern Sie sich das in Ihren Dickschädel und halten Sie sich aus allem anderen raus!«

Gunnar wandte sich zur Tür. »Ich will mit dem Dorfältesten Tao-Cho sprechen. Er wird auf mich hören.«

Ungeduldig zerbrach Jago das Lineal. »Dieser Halunke! Der alte Schurke hätte schon vor Jahren eingelocht werden müssen!«

»Trotzdem bitte ich um Erlaubnis, ihn besuchen zu dürfen. Ganz offiziell, wenn Ihnen das lieber ist.«

Verächtlich schnaubte Jago. »Offiziell? Gut, aber keine Husarenstückchen mehr! Beim geringsten Aufmucken kriegt Tao-Cho als Vergeltung eine volle Ladung ins Gesicht!« Langsam atmete er aus und stellte fest, daß Gunnars Miene völlig unbewegt geblieben war. »Und nehmen Sie gefälligst eine bewaffnete Begleitung mit, klar?«

Gunnar lächelte knapp. »Klar.«

Jago kam auf ihn zu. »Hören Sie, Kapitän, ich habe nichts gegen Sie persönlich. Sie haben eine schwere Zeit hinter sich, und vielleicht hat Sie das stärker mitgenommen, als Sie selbst merken. Ich bewundere Ihre Leistungen, aber sie gehören jetzt alle der Vergangenheit an. Auch ich habe einen Tapferkeitsorden in Korea bekommen, trotzdem erwarte ich nicht, daß der Admiral mir deswegen die Füße küßt.«

Gleichmütig musterte ihn Gunnar. »Auch ich bemühe mich, die Vergangenheit zu vergessen, Sir.«

»Gut. Aber ich möchte hier keine weiteren Toten, sonst fragt uns noch der Senat in Washington, was wir eigentlich treiben. Also seien Sie ein braver Junge und erfüllen Sie Ihre Aufgabe. Sobald ich kann, werde ich Ihr Schiff ablösen lassen. Aber bis dahin müssen wir miteinander auskommen.« Er hob die Schultern. »Wenn nicht, werde ich *Sie* ablösen lassen!« Damit drehte er Gunnar den Rücken zu. »Verbinden Sie mich mit Pak, Rickover. Ich möchte ihn ins Bild setzen.«

Gunnar schlug die Tür hinter sich zu und ging rasch durch den schmalen Korridor. Die Tore draußen standen noch offen, Bewaffnete patrouillierten auf der Brüstung oder lungerten bei wartenden Jeeps herum. Unten auf Reede konnte er die Mastspitzen seines Schiffes erkennen. Die arme, geschundene *Hibiscus*, die zwei vergebliche Versuche gemacht hatte, an der Pier längsseit zu gehen. Maddox war wütend und verzweifelt, und Gunnar wußte genau, warum.

Aber sie hatten nur noch wenig Zeit, und in dieser Frist mußten viele Dinge getan werden, ob es Maddox und Jago nun gefiel oder nicht.

Jack Burgess stand wie ein Felsblock mitten in seinem Wohnzimmer, die blutunterlaufenen Augen fest auf den amerikanischen Offizier gerichtet. Er räusperte sich und sagte verlegen: »Ich denke, es wäre besser, wenn Sie sich bis auf weiteres ein bißchen fernhielten.«

Robert Maddox sah von seinem Glas auf und erwiderte Burgess' Blick ziemlich gleichgültig. »Wie Sie wollen.«

Verblüfft über diese gelassene Reaktion, beschäftigte sich Burgess mit dem Schließen der Fensterläden und dem Aufpumpen der Drucklampe. Vor dem Haus herrschte seit Sonnenuntergang völlige Ruhe. Maddox wußte, daß auf dem kleinen Platz Soldaten standen und ein Jeep an der ersten Querstraße wartete. Es kümmerte ihn nicht weiter. Er konnte sich nicht erinnern, jemals so betrunken gewesen zu sein. Doch der Whisky brachte ihm weder Trost noch gute Laune, machte ihn andererseits aber auch nicht zornig.

Maddox hatte einen höllischen Tag hinter sich. Die Erniedrigung wegen des verpatzten Schleppmanövers war nur der Anfang gewesen. Die Summe seiner Mißerfolge hatte er dadurch aufgerundet, daß er bei der Rückkehr zum Liegeplatz beinahe die Pier rammte; dann, nach einem zweiten vergeblichen Anlauf, hatte er schließlich das arme Schiff mit einem so grauenhaften Stoß längsseit gebracht, daß allen Leuten an Bord die Zähne klapperten. Er war sich wie ein Schuljunge vorgekommen, als er dem Kommandanten, der sofort an Bord gegangen war, Bericht erstattet hatte.

Als er sah, wie Gunnars graue Augen härter und härter wurden, machte er sich auf das Schlimmste gefaßt. Überraschenderweise hatte der Kommandant aber zu den abgebrochenen Schleppversuchen nur wenig gesagt. Dagegen hatte er sich lang und breit über das schmutzige Aussehen des Schiffes ausgelassen.

Maddox hatte hundemüde erwidert: »Herr Kapitän, die Leute sind fix und fertig und seit vierundzwanzig Stunden auf den Beinen! Da kann man nicht erwarten, daß das Schiff aussieht wie bei einer Flottenparade.«

Kalt hatte Gunnar ihn gemustert. »Genau das erwarte ich aber! Das Schiff muß stets in absoluter Bereitschaft für alles sein. Auch für ein weiteres Schleppmanöver, falls nötig.«

Maddox hätte Gunnar am liebsten ins Gesicht geschrien, daß auch er das Schleppmanöver nicht geschafft hätte, wenn er an Bord gewesen wäre. Statt dessen fragte er nur: »Ich nehme an, das geht gegen mich?«

»Oder gegen mich«, hatte Gunnar leise erwidert.

Als Maddox dann seinen jüngeren Bruder gesprochen hatte, war das Faß übergelaufen. Mit offenem Mund hatte er Pips erregtem Bericht über die Ereignisse auf der Insel gelauscht. Blind vor Wut war er dann in die Kammer des Kommandanten gestürmt, wo Gunnar neben seinem überladenen Schreibtisch stand. »Was soll das heißen, den Jungen auf diese Wahnsinnsunternehmung mitzunehmen? Genügt Ihnen denn *ein* Orden noch nicht, müssen Sie unbedingt dieses Kind umbringen, um zu beweisen, welch großer Held Sie sind?«

Einen Augenblick glaubte er, daß Gunnar ihn schlagen würde. Hau' nur zu, du Schuft, dachte er.

Aber Gunnar hatte sich hingesetzt, mit einem Mal völlig ruhig. »Ich will vergessen, was Sie soeben gesagt haben, Mr. Maddox. Aber wenn ich noch ein einziges derartiges Wort von Ihnen höre, lasse ich Sie in die Arrestzelle sperren!«

Maddox hatte ein Gefühl gehabt, als umschließe ihn die kleine Kammer wie ein Schraubstock. All die Enttäuschungen, Beleidigungen und Gefahren hatten seine Vernunft völlig ausgeschaltet.

In eiskaltem Ton hatte Gunnar hinzugefügt: »Ihr Bruder ist kein Kind, sondern Offizier. Die Tatsache, daß er mit Ihnen verwandt ist, heißt noch nicht, daß er vor jeder Gefahr behütet werden müßte. Im übrigen hat er sich sehr gut gehalten, und wenn irgendwelche Orden verteilt werden, dann sollte *er* sie bekommen.« Damit war Gunnar aufgestanden, und erst jetzt hatte Maddox die Überanstrengung in seinem Gesicht und die dunklen Schatten unter seinen Augen bemerkt. »Denken Sie daran, daß dies ein Kriegsschiff ist und keine Yacht. Wenn ich Ihren Rat benötige, wie ich dieses Schiff führen soll, dann werde ich ihn einholen.«

Während der nächsten paar Stunden war Maddox zu eingespannt gewesen, um zu begreifen, welchen Schaden er mit seinem Wutanfall angerichtet hatte. Im Ort hatte es Aufruhr gegeben, eine Kugel war in die Bordwand eingeschlagen, und die *Hibiscus* hatte auf Reede verlegt. Das Hospital war niedergebrannt worden, Dr. Connell war rauchgeschwärzt und völlig verstört zurückgekommen und hatte seitdem kein Wort gesprochen.

Sobald sein Dienst es erlaubte, war Maddox mit einer Flasche Whisky an Land gegangen, um Burgess oder vielmehr dessen Tochter aufzusuchen. Jetzt fing er an, die Wirkung von Alkohol und Überanstrengung zu spüren. Auch der Besuch hatte ihn enttäuscht. Burgess wirkte gereizt und mißtrauisch, als er sagte: »Sie wissen, Kapitänleutnant, daß ich Sie gern habe. Aber Ihre ständigen Besuche hier schaden meinem Ansehen im Dorf. Es hat lange gedauert, bis ich einiges Vertrauen gewinnen konnte.«

Maddox grunzte. »Sicher, das verstehe ich, Commander.«

Burgess schien erleichtert. »Es wird bestimmt vorübergehen. Dann können wir alle wieder vergnügt zusammensein, schließlich haben wir eine Menge gemeinsamer Interessen.«

Einen Dreck haben wir, dachte Maddox böse. In einer Woche, vielleicht sogar schon früher, habe ich dieses Rattenloch endlich hinter mir und Gunnars Verrücktheit ebenfalls. Er mußte nur darauf achten, daß Pip nicht wieder Kopf und Kragen riskierte.

Der Vorhang bewegte sich, und leichten Schritts trat Lea in den Raum. Sie trug ihren geflickten Kittel und die alte Hose, aber für Maddox hätte sie in der neuesten Pariser Création nicht schöner sein können.

Burgess fragte: »Wo warst du denn, doch hoffentlich nicht wieder mit dem Kommandanten zusammen?«

Trotz seines Rausches wurde Maddox hellwach, als er Leas Lächeln sah. Pip hatte zwar erwähnt, daß sie mit Gunnar auf dem Boot gewesen war, aber in seiner Wut hatte er nicht den Rest abgewartet.

Augenzwinkernd fügte Burgess hinzu: »Nun, macht nichts, dein Kapitänleutnant ist ja jetzt hier.« Er knöpfte sich den Hemdkragen auf. »Ich muß hinunter zum Boot, um die Festmacher zu überprüfen.« Mit seiner mächtigen Hand schlug er Maddox auf die Schulter. »Ich würde eine Menge dafür geben, wenn ich hier wegkönnte. Aber die Zeit wird kommen, vielleicht schon bald.« Er blickte seine Tochter an. »Lea wird eines Tages jemandem eine gute Frau werden, Bob. Eine *sehr gute* Frau.« Dann trank er sein Glas aus und schwankte aus dem Zimmer.

Maddox beobachtete die junge Frau, die sich ruhig auf das äußerste Ende der Bank setzte, die er vor so langer Zeit mit ihr geteilt hatte. Er stand auf und schenkte sich nach, füllte dann, ohne zu fragen, auch ein Glas für sie.

Schwerfällig ließ er sich neben sie auf die Bank sinken und drückte ihr das Glas in die Hand. »Trinken Sie, das tut gut.«

Er spürte die Wärme ihres Körpers, sah die winzigen Schweißperlen auf ihrer Oberlippe, denn es war sehr heiß. Das Blut pochte in seinen Schläfen wie ein Hammer.

»Ich glaube, Ihr Vater hätte mich gern als Schwiegersohn, Lea.« Langsam legte er ihr den Arm um die Schultern und drückte sie an sich. Er spürte, wie sie sich versteifte, sagte aber leichthin: »Und Sie gefallen mir auch sehr.«

Sie lächelte seltsam, ihre Lippen glänzten feucht im Lampenlicht. »Sie haben wohl etwas gefeiert?«

»Den Teufel habe ich!« Maddox sah sie so fest an wie ein Schütze, der sein Ziel auffaßt. »Ich mußte nur ein bißchen Dampf ablassen, das ist alles.« Hinter halb gesenkten Lidern musterte er sie. »Dieser Narr von einem Kommandanten hat mich beinahe die Wände hochgetrieben!« Er sah, daß sich ihr Kinn trotzig hob, und fragte grob: »Sind Sie etwa auf diesen verkrampften Kerl hereingefallen?«

Sie wandte sich ab. »Das ist eine unfaire Frage.«

Maddox drückte sanft ihre Schulter. Durch den dünnen Stoff spürte er ihre warme Haut und vermutete, daß sie darunter nackt war. »Er wird Sie nehmen und danach sitzenlassen, Lea.«

Mit einem Ruck stand sie auf, und Maddox verfluchte sich selbst wegen seiner Unbeholfenheit; sie kam natürlich vom Trinken. Aber wenigstens wußte er jetzt, wie es um sie stand. Hastig sagte er: »Das war doch nur Spaß. Setzen Sie sich wieder, bitte.« Er zog sie zu sich auf die Bank herunter, aber so derb, daß sie das Gleichgewicht verlor und gegen ihn fiel.

Mit einer raschen Bewegung drehte Maddox sie zu sich herum und hielt sie fest. Mit der freien Hand liebkoste er ihren Hals. Sie wehrte sich, aber er drückte sie fester an sich. »Sei friedlich! Niemand will dir wehtun!« Er griff ihr in den Ausschnitt und fummelte an den Knöpfen herum. Heftig zerrte er an ihrem Kittel, bis er die glatte Haut darunter spürte; gleichzeitig hörte er sie laut aufschreien.

Im nächsten Augenblick bekam er eine so heftige Ohrfeige, daß er der Länge nach auf den Boden fiel. Kurz sah er noch das tränenüberströmte Gesicht der jungen Frau vor sich, die den zerrissenen Kittel über der Brust zusammenhielt, dann blickte er in die wütenden, rot geäderten Augen von Burgess, der über ihm stand.

»Scheren Sie sich aus meinem Haus, Sie unverschämter Flegel!« Burgess war aufs äußerste gereizt. »Raus, bevor ich Sie umbringe!«

Maddox hatte ein Gefühl, als würde ihm übel. Schwankend stand er auf und nahm seine Mütze vom Stuhl. Seine Demütigung war vollkommen. »Gut, ich gehe!« Mit ungeheurer Anstrengung riß er sich zusammen. »Sie können Ihre kostbare Tochter behalten! Ich kriege sie ein anderes Mal!«

Böse runzelte Burgess die Stirn. »Lea ist ein anständiges Mädchen! Ich dulde nicht, daß ...« Aber er schien plötzlich den Faden verloren zu haben.

Vom anderen Ende des Raumes rief Lea: »Ist schon gut, Vater. Er wußte nicht, was er tat.« Sie sah in Maddox' gerötetes Gesicht.

»Möchten Sie mir jetzt immer noch Amerika zeigen?« Bitter lachte sie auf, dann verschwand sie durch den Vorhang.

Beim Abschied murmelte Burgess: »Das war keine böse Absicht. Sie wären gerade der Richtige für Lea, da bin ich ganz sicher. Vielleicht hat sie es sich anders überlegt, wenn Sie wieder mal hereinschauen.«

Angewidert wandte Maddox sich ab und schwankte wie blind hinaus in die Dunkelheit.

Sturmwarnung

Gunnar blieb vor Burgess' Haus stehen und beschattete die Augen, um zum Himmel aufzublicken. Der wirkte verwaschen und blaß, eine Dunstschicht verwandelte den Sonnenschein in diffuses, blendend weißes Licht. Das Dorf lag jetzt ruhig da, aber der schwüle, ablandige Wind brachte den Geruch nach verbranntem Holz und angesengtem Mörtel mit. Gunnar war vormittags an dem zerstörten und ausgeplünderten Hospital vorbeigekommen, als er zum Dorfältesten Tao-Cho ging. Ohne auch nur einmal den Kopf zu wenden, war er durch das Labyrinth der engen Gassen geschritten, dicht gefolgt von seinen bewaffneten Seeleuten unter Kapitänleutnant Regans Führung.

Das Treffen war mehr oder weniger so ausgegangen wie erwartet. Gunnar verlor jede Hoffnung, als er Tao-Chos maskenhaftes Gesicht sah. Er saß wie beim ersten Mal mit seinen Altersgenossen zusammen, wirkte aber in der kühlen Würde seines eigenen Hauses fern und unerreichbar. Falls noch Zweifel an seiner Einstellung bestanden, wurden diese bald von Tao-Cho selbst beseitigt.

»Ich treffe Sie dieses Mal unter Zwang, Kapitän«, begann er. »Meiner letzten Stellungnahme habe ich nichts hinzuzufügen.« Er verbarg die dürren Hände in den weiten Ärmeln seiner Jacke. »Sie haben uns Geschenke gegeben, aber das geschah nur um Ihrer eigenen Pläne willen, an denen wir nicht beteiligt sind. Sie haben Ihre Entscheidung getroffen, wir die unsrige.«

Gunnar stand unbehaglich unter den abgewetzten hölzernen Deckenbalken. »Sie machen einen großen Fehler. Es gibt keine Verständigung ohne gegenseitiges Vertrauen. Wenn Sie Ihre alte Macht wiedergewinnen wollen, indem Sie sich auf die Seite des Feindes schlagen, begehen Sie einen schweren Irrtum.«

Tao-Cho machte eine ungeduldige Bewegung. »Wir stehen auf

niemandes Seite, Kapitän. Wie alle aus dem Westen können Sie die Wahrheit nicht erkennen. Wir wünschen weder Hilfe von außen, noch erwarten wir sie.«

So war es weitergegangen, fast eine volle Stunde lang: Angebote und Abweisung, Vorschläge und Gegenforderungen, bis Gunnar schließlich sagte: »Ich befehlige ein Schiff, Tao-Cho, aber Ihre Verantwortung ist viel größer. Niemand kann allein von Prinzipien leben, nichts geht ohne Kooperation, selbst wenn die Methoden verschieden sind und Fehler gemacht werden.«

Mit leerem Blick sah Tao-Cho ihn an. »Gehen Sie Ihres Weges, Kapitän. Ich kann keinem Mann Freundschaft anbieten, der mein Haus nur mit bewaffnetem Schutz betritt. Bald werden Sie begreifen, daß sich unsere Wege niemals treffen können. Wir werden kein Teil Ihres Kampfgebietes werden, welchen Preis Sie auch dafür bieten.«

Ohne ein weiteres Wort war Gunnar gegangen. Regan fiel neben ihm in Schritt und fragte: »Was hat der alte Ziegenbock denn gesagt, Sir?«

»Nichts, was wir nicht bereits wüßten. Ich habe Verständnis für ihn, aber meiner Meinung nach ist sein Standpunkt falsch. Verdammt noch mal, ich *weiß*, daß er falsch ist!«

»Es ist gut zu wissen, daß wir die Siebte Flotte herbeirufen können, wenn er übermütig wird.«

Gunnar war in Schweigen verfallen. Es erstaunte ihn immer wieder, daß Männer wie Regan unerschütterliches Vertrauen auf Hilfe von außen setzten, die einfach nur durch einen Funkspruch herbeizurufen sei. Es war aber nicht so einfach, war es niemals gewesen.

Seine bewaffneten Begleiter marschierten zurück zum Schiff, und Gunnar machte sich allein auf den Weg zu Burgess.

Eine Planke knarrte unter seinem Fuß, als er die Veranda betrat. Sein anfänglicher Eifer war dahin, mit einem Mal fühlte er sich unsicher. Alles war jetzt anders als auf dem Deck der *Osprey* nach dem Kampf mit dem Terroristen. Seine Furcht vor dem Tod, dann die Erleichterung über ihre Rettung waren damals einem ruhigen Glücksgefühl gewichen, als die junge Frau den Kopf an seine Schulter lehnte. Doch das war jetzt vorbei.

Der schattige Wohnraum wirkte angenehm kühl nach der staubigen Straße. Mit einem leisen Schreck stellte Gunnar fest, daß die junge Frau am gegenüberliegenden Fenster stand und hinausblickte. Auf einem Tischchen neben ihr wartete Tee, und er bemerkte, daß sie ein eng anliegendes grünes Kleid trug statt ihres sonst üblichen chinesischen Kittels.

»Ich dachte schon, Sie würden gar nicht mehr kommen, Kapitän.« Ihr Gesicht lag im Schatten, aber die Freude in ihrer Stimme ließ sein Herz höher schlagen. Sie fuhr fort: »Ich hätte Ihnen alles sagen können, was Sie jetzt wissen, hielt es aber für besser zu schweigen.«

Rasch durchquerte er den Raum und blickte auf sie herab. Ihr kleines ovales Gesicht war besorgt, und sie beobachtete ihn so eindringlich, wie er es bei ihr noch nicht erlebt hatte.

»Und ich dachte, Sie würden mich hinauswerfen. All das, was ich gesagt, was ich gehofft habe . . .« Hilflos hob er die Schultern. »Genau wie Sie hätte ich es ungesagt lassen sollen. Statt dessen machte ich einen Fehler nach dem anderen.« Er trat ans Fenster und starrte hinaus. »Eine Äußerung meines Ersten Offiziers von gestern hat mich nachdenklich gemacht. Ich habe vorschnell das Leben meiner Männer riskiert, bin sogar verantwortlich für ihren Tod.« Er erinnerte sich an Maddox' wütendes Gesicht. »Er hatte recht.«

Er spürte ihre Hände auf seinen eigenen und daß sie ihn herumzog, bis sie einander wieder ansahen. »Sprechen Sie nicht so, das macht mich ganz nervös! Es ist nicht wahr, und Ihr Erster Offizier ist ein Narr. Er fällt Ihnen in den Rücken, wenn Sie seine Hilfe am dringendsten brauchen.«

Überrascht starrte Gunnar sie an. Hilfe? Brauchte er jemals jemandes Hilfe? In Sekundenschnelle hatte sie eine neue Schwäche bei ihm bloßgelegt: seinen törichten Stolz.

Sie führte ihn hinüber zur Bank und sagte leise: »Trinken wir Tee, danach werden Sie sich besser fühlen.« Sie lächelte, und Gunnar spürte, wie die Spannung von ihm wich. »Hören Sie auf, sich selbst zu quälen, das ist nicht gut.« Sie stellte eine Tasse vor ihn hin, dann kniete sie sich überraschenderweise zu seinen Füßen auf den Teppich. »Als Sie das erste Mal kamen, haßte ich Sie, weil Sie eine Macht repräsentierten, die alles hier verändern konnte.« Ihre Geste umfaßte das ganze Haus und das Dorf draußen. »Ich dachte immer, dies hier sei mein endgültiges Zuhause. Ich konnte mir auch durchaus vorstellen, hier allein zu leben. Mein Vater braucht mich. Er spricht zwar noch mitunter davon, wegzugehen, aber bevor Ihr Schiff einlief, waren seine Träume seltener geworden. Mitunter war er beinahe zufrieden mit seinem Los.« Ihr Blick ging in die Ferne. »Aber als Sie kamen, ging eine Veränderung mit ihm vor – nicht nur mit ihm, auch mit vielen anderen hier. Er führt ja ein regelrechtes Scheinleben. Sie sind ein kluger Mann und müssen das längst gemerkt haben.«

Gunnar nickte nachdenklich. »Er trägt eine Menge mit sich herum.«

»Wußten Sie, daß er von der Marine unehrenhaft entlassen wurde?« Ihr Mund zitterte.

»Ja, das wußte ich.«

Impulsiv ergriff sie seine Hand und drückte sie. »Und trotzdem haben Sie ihn eingeladen. Sie sind ein guter Mensch. Mein Urteil über Sie war so falsch, daß ich mich jetzt dafür schäme.«

»Ich bin derjenige, der sich schämen sollte, Lea. Aber ich bin einfach nur dankbar, daß ich Sie kennengelernt habe.«

Heftig schüttelte sie den Kopf, so daß ihr Haar seine Beine streifte. »Das dürfen Sie nicht sagen! Vor allem deshalb nicht, weil Sie sich vielleicht dazu verpflichtet fühlen.«

Gunnar strich ihr übers Haar. »Sie wissen, daß dem nicht so ist.« Vorsichtig fügte er hinzu: »Ihr Vater kann doch nicht von Ihnen erwarten, daß Sie ewig hier bleiben?«

»Lieber bleibe ich hier, als mit ansehen zu müssen, wie er in einem anderen Land wieder der Schande ausgesetzt wird.«

Gunnar ergriff sie an der Schulter und drückte sie sanft. »Würden Sie weggehen, wenn *ich* Sie darum bäte?«

Sie blickte auf seine Finger, die sich in ihre Haut bohrten. »Für Sie würde ich alles tun. Ich verstehe das selbst nicht, ich weiß nur, was ich für Sie empfinde.«

Gunnar ließ sich vor ihr auf die Knie nieder, sein Blick suchte ihr Gesicht. »Aber ich habe Ihnen noch gar nichts von mir selbst, von meinem Leben erzählt.«

»Ich weiß eine ganze Menge über Sie, Kapitän. Den Rest kann ich mir zusammenreimen.«

In Gunnars Kopf wirbelten die Gedanken, aber er sagte nur: »Dann darfst du mich aber nicht mehr *Kapitän* nennen.«

Sie strich mit den Fingerspitzen über seinen Mund und studierte sein Gesicht. »Aber du bist doch jetzt *mein* Kapitän!«

Gunnar konnte sich nachher nicht daran erinnern, wie lange sie einander festgehalten hatten. Der Tee, noch immer unberührt, war kalt geworden. Der Himmel draußen wirkte jetzt noch fahler und bösartiger, und Gunnar fielen wieder die hoch über dem Dorf kreisenden Möwen ein. Vielleicht kam ein Sturm auf. Beide blickten zum Fenster, als draußen der ungeduldige Ton eines Typhons zu hören war. Er spürte, wie Lea erstarrte.

»Das ist mein Vater, er kommt mit der *Osprey* zurück«, sagte sie leise.

Gunnar spürte das wilde Klopfen ihres Herzens. »Ich möchte dich bald wiedersehen.« Er sah sie an und war sich wieder der vielen Hindernisse bewußt, die sich ihnen hier in den Weg stellten.

»Sehr bald.« Sie zitterte. »Ich vertraue dir. Ich muß dir einfach vertrauen.«

Er hielt sie noch eine Weile umschlungen und spürte, was sie mit dem Wort Vertrauen meinte. Es war ihre Hingabe, die nichts und niemand zerstören konnte.

Dann hörte er, wie das Boot quietschend am Steg anlegte, und fragte rasch: »Du kennst doch die Sandbank bei dem Schiffswrack? Kannst du am Abend hinkommen? Morgen wäre es vielleicht schon zu spät.«

Sie nickte. »Nach Sonnenuntergang bin ich dort.«

Als Gunnar hinaustrat in den heißen Wind, der den Staub auf dem kleinen Platz hoch aufwirbelte, spürte er, daß sie ihm nachsah.

An Bord stellte er fest, daß Regan einen zweiten Anker hatte ausbringen lassen. Mit seiner rauhen Stimme sagte er: »Sturmwarnung, Herr Kapitän. Aber hier sollten wir eigentlich geschützt liegen.«

Gunnar sah, wie der breite Rücken von Maddox auf der anderen Brückenseite verschwand, und begriff, daß dieser ihm absichtlich aus dem Weg ging. In der Messe reichte Kroner ihm einen Funkspruch. »Den habe ich gerade entschlüsselt, Sir.« Kaum konnte er seine Stimme beherrschen. »Es ist der Auslaufbefehl!«

Gunnar riß das Papier an sich und las es zweimal; sein Blick trübte sich, als er den Sinn verstand.

Die *Hibiscus* sollte binnen einer Woche nach Taiwan auslaufen. In Payenhau würde sie nach zwei Wochen von dem Zerstörer *John Dundas* abgelöst werden, der ihre Aufgabe übernehmen sollte, bis die neue Flottenbasis fertig war.

Kroner strahlte. »Das bedeutet Heimaturlaub, Sir!«

Gunnar hörte ihm gar nicht zu. »Dies ist streng vertraulich, denken Sie daran.« Payenhau würde also eine volle Woche lang ohne jeden Schutz durch ein Kriegsschiff bleiben. Er dachte an Lea und ging wie blind in seine Kammer, setzte sich auf den Kojenrand und versuchte, seine Gedanken zu ordnen. Jago würde bestimmt nichts unternehmen, er verließ sich völlig auf die Chinesen. Vielleicht hatte er damit recht, aber andererseits ... Gunnar drückte auf einen Klingelknopf und hörte, wie eine Tür im Gang klappte.

Dann stand sein Schreiber wartend vor ihm. »Sir?« Bella sah um zehn Jahre älter aus, sein dunkles Gesicht war fleckig vor Schlafmangel. Aber Gunnar bemerkte es nicht. »Ich möchte, daß Sie eine Nachricht für Commander Burgess auf der *Osprey* schreiben«, sagte er. »Wenn ich sie unterzeichnet habe, bringen Sie sie selbst dorthin und passen auf, daß er sie auch wirklich liest.«

Wenn er Burgess unter einem Vorwand nach Taiwan schicken konnte, würde er ihm einen umfassenden Bericht an den US-Oberbefehlshaber dort mitgeben. Das sollte Jago eigentlich nicht verägern, falls er überhaupt davon hörte. Es bedeutete zugleich, daß Burgess und seine Tochter nicht in Payenhau sein würden, wenn es tatsächlich hier zu Kampfhandlungen kam. Plötzlich war er ganz sicher, daß es dazu kommen würde.

Da er durch die auferlegte Funkstille behindert war, gab es gar keine andere Möglichkeit. Es war die letzte Karte, die er noch ausspielen konnte. Seine Unruhe war ihm selbst unerklärlich, aber er spürte, daß eine gefährliche Eruption dicht bevorstand.

Bella zog gierig an seiner Zigarette und lauschte dem Wind, der um den Rumpf der *Osprey* heulte. Es war behaglich in dem kleinen Salon, während der riesige bärtige Engländer die beiden Schreibmaschinenseiten studierte, die Gunnar vor zwei Stunden unterschrieben hatte. Bella war nicht direkt zu Burgess gegangen, sondern hatte zunächst das Wrack aufgesucht, um Pirelli Essen zu bringen. Er war erschüttert über die Veränderung, die mit seinem Freund vorgegangen war. Schmutzig und unrasiert, wirkte er wie eine Vogelscheuche und war nur noch ein Schatten seiner früheren kraftvollen Erscheinung. Außerdem ging eine solche Wildheit von ihm aus, daß Bella gern wieder gegangen wäre. Pirelli aber schien nicht gewillt, ihn so früh ziehen zu lassen, obwohl mit jeder Minute die Gefahr ihrer Entdeckung wuchs. Er erkundigte sich nach den nebensächlichsten Dingen über das Schiff, die Besatzung und den täglichen Dienst. Seine Aggressivität schien verschwunden, umgeschlagen in bemitleidenswertes Heimweh nach der einzigen Welt, die er verstand.

Bella hatte ihm schließlich von Gunnars Plan erzählt, Burgess mit der *Osprey* nach Taiwan zu schicken, und Pirelli hatte die Nachricht eifrig und mit einem Schimmer seiner alten Lebhaftigkeit aufgenommen. »Ich kenne das Boot, Mike.« Seine Augen blitzten. »Ich könnte mich an Bord verstecken. Ja, das werde ich!« Verächtlich schürzte er die Lippen. »Es ist sinnlos, darauf zu warten, daß deine unzuverlässigen chinesischen Freunde mich hier wegschaffen. Die sollen doch in den Wind schießen!«

Bella hatte sich abgewandt, damit Pirelli nicht das Schuldgefühl auf seinem Gesicht sah. Er hatte sich mit dem chinesischen Skipper mehr als einmal getroffen, was verhältnismäßig einfach war, weil Bella häufig an Land mußte. Einmal war der chinesische Seemann für mehrere Tage verschwunden mit dem Versprechen, bei seiner Rückkehr Peach mitzubringen. Jetzt aber drängte die Zeit. Wenn Peach erst nach dem Auslaufen der *Hibiscus* hier eintraf, würde er sie niemals wiedersehen, sie würde im Gefangenenlager landen, getrennt von ihrer Familie, eine leichte Beute für jeden.

Aber nun endlich hatte Bella dem Chinesen etwas mitzuteilen und konnte ihn unter Druck setzen. Wenn er ihm sagte, daß die *Hibiscus* nun endgültig an Taiwan übergeben werden sollte, würde ihm klar werden, daß Bella künftig als Informant ausfiel. Leicht konnte er das Auslaufen der *Hibiscus* sogar ein paar Tage vordatieren. Wenn er ihm dann versprach, einen ähnlichen Informationsdienst mit dem Schreiber des ablösenden Zerstörers zu arrangieren, würde der Chinese sich noch mehr anstrengen. Auf jeden Fall war die Sache einen Versuch wert. So wie es jetzt aussah, konnte sich eigentlich alles nur zu seinem Vorteil auswirken.

Burgess faltete das Schreiben zusammen. »Haben Sie eine Idee, was ich nach Taiwan bringen soll?«

Gleichgültig hob Bella die Schultern. »Sicher irgendeinen Bericht oder so.«

»Das könnte wichtig sein.« Burgess überlegte offensichtlich. »Auch für mich.«

Draußen rüttelte der Wind jetzt heftiger an den Aufbauten, und Bella hörte, wie das sonst so ruhige Wasser um die Pfähle des Anlegers gurgelte. »Es wird aber eine rauhe Überfahrt, meinen Sie nicht?«

»Wir haben hier oft Sturm. Meist geht das rasch vorbei.« Burgess wirkte ungeduldig und schien nicht gewillt, die Unterhaltung zu verlängern. Nun, dachte Bella, das paßt mir ganz gut. Desto mehr Zeit habe ich bis zur Dunkelheit.

Burgess lächelte kurz, als der Schreiber aufstand, und konnte kaum seinen Eifer verbergen, ihn von Bord zu geleiten. Als Bella noch einmal zurückblickte, sah er, daß der Engländer bereits mit langen Schritten ins Dorf ging, den Kopf gebeugt gegen den auffrischenden Wind.

Mühsam schritt Bella durch den wirbelnden Staub, die Hände tief in den Taschen, während er überlegte, was er dem Chinesen sagen würde. Er hatte hundert Dollar in Hongkong auf der Bank, die er sich mühsam erspart hatte, und in seinem Spind lag noch einmal die gleiche Summe, dazu ein großes Stück roter Seide für Peach. Das sollte reichen.

Er dachte einen Augenblick an Pirelli. Auch der wäre dann endlich weg, und von da an hatte er freie Hand. Pirelli erkundigte sich immer nach dem Schiff, doch sein Name fiel dort kaum noch. Es war fast, als wäre er zusammen mit Grout und den anderen gestorben. Die Besatzung der *Hibiscus* hatte genug eigene Sorgen, und in der Marine wurden unterbrochene Freundschaften oder ehemalige Kameraden rasch vergessen. Genauso ging es mit dem Andenken an die Toten. Bella versuchte, die Augen vor dem Sandsturm zu schützen, und musterte blinzelnd die Küstenstraße. Sie war leer bis auf einen geparkten Jeep, dessen Insassen nur wenig Schutz unter der Persenning fanden. Nach einem letzten Blick bog er links ab und schlug den steilen Weg bergauf zu dem vereinbarten Treffpunkt ein.

Robert Maddox hob den Kopf und lauschte dem Zwitschern der Bootsmannsmaatenpfeife: Flaggenparade. Aber statt des sonst üblichen farbenprächtigen Sonnenuntergangs war das Licht stark gedämpft, und in der Messe wurde es so dunkel, daß die Stewards die Lampen anknipsen mußten. Nach den Bewegungen des Decks zu urteilen, hätte das Schiff auch auf See sein können.

Maddox spielte mit seinem Kugelschreiber und starrte auf das leere weiße Papier vor sich. Er glaubte selbst noch nicht wirklich an das, was er beabsichtigte. Er sagte sich immer wieder, daß es nur eine Flucht sei, eine Reaktion auf die Schmach, die er durch Lea Burgess erfahren hatte. Er riß sich zusammen und schrieb: *Liebe Mary!* Wie aber sollte er fortfahren? Selbst wenn sie ihm vergab, was sehr unwahrscheinlich war, *wollte* er sie denn wirklich?

Er hob den Blick von dem leeren Bogen und dachte an Gunnar. Der Kommandant hatte ihn in seine Kammer gerufen und ihm den Inhalt des Funkspruchs mitgeteilt: Auslaufbefehl, das magische Wort. Gunnar war korrekt, aber kühl gewesen, seinen wütenden Ausbruch wegen der Gefährdung von Pip, sein Ungeschick beim Schleppen und all die anderen Dinge schien er vergessen zu haben. Dennoch marterten sie noch immer Maddox' Gehirn.

In diesem Augenblick trat Pip in die Messe, die Uniform tropfnaß von Gischt. »Flaggenparade ausgeführt, Sir!« Er grinste ins trübe Gesicht seines Bruders. »Du solltest dir das draußen ansehen, selbst hier auf Reede herrscht bereits ziemlich hoher Seegang.«

Hinter der geschlossenen Durchreiche zur Pantry klapperte Geschirr, als Slattery und seine Gehilfen das Abendessen vorbereiteten. Pip schnüffelte hoffnungsvoll. »Was gibt's zu essen?«

Ohne aufzublicken, sagte Regan: »Wieder den verdammten Büchsenschinken vermutlich.«

Pip ließ sich in einen Sessel fallen und streckte genüßlich die Beine aus. »Vorhin habe ich die Burgess-Tochter getroffen.« Verzückt verdrehte er die Augen. »Eine wirkliche Schönheit!«

»Wo ging sie denn hin?«

Der Junge hob die Schultern. »Weiß nicht. Aber der Skipper schoß ein paar Minuten später an Land. Er macht ihr vermutlich den Hof.«

Maddox richtete sich auf. »Der Kommandant ist von Bord? Verdammt, Pip, das hättest du mir melden müssen!«

Unbehaglich sah Pip seinen Bruder an. »Tut mir leid, Bob, aber er sagte, das sei schon in Ordnung, ich solle niemanden stören.«

»Kann ich mir vorstellen.« Maddox nahm sich zusammen, als Kroner mit seinem Block unter dem Arm in die Messe kam. Er sah sich vorsichtig um, als wittere er verborgene Gefahren, dann sagte er betont feierlich: »Funkspruch von Hongkong an alle: Sturm aus Südost. Sieht ungemütlich aus.«

Maddox beugte sich über seinen Brief. »Meinetwegen kann er die Hölle ausblasen, wenn wir nur endlich hier wegkommen!«

Der Kommandant war also an Land gegangen, um Lea Burgess nachzusteigen. Bestimmt würde sie ihm erzählen, wie sein I.O. über sie hergefallen war. Wäre nicht ihr Vater im richtigen Augenblick hereingekommen – die Erinnerung an ihr tränenüberströmtes Gesicht trieb ihm den Schweiß auf die Stirn. Da hatte nicht viel bis zur Vergewaltigung gefehlt. Er war auch nicht besser als Pirelli. Er schluckte trocken. Sinnlos, sich selbst einzureden, daß sie ihn ermutigt hatte. Das stimmte nicht. Wäre er nicht so grimmiger Laune gewesen und so betrunken, hätte er sich vielleicht völlig anders benommen. Aber eben nur vielleicht. Er konnte seiner selbst niemals mehr sicher sein. Mit einem tiefen Seufzer wandte er sich wieder dem Brief zu.

Liebe Mary... Dann, nach ein paar Minuten, begann er endlich zu schreiben.

In dem schwindenden Licht leuchteten die weißgekrönten Brecher auf dem Ankerplatz besonders hell. Der starke Wind hielt den Ebbstrom zurück, so daß das Wasser, statt allmählich die lange Sandbank freizugeben, noch immer gegen den Rumpf des Wracks brandete. Es zerrte an den rostigen Platten und warf Sand und Kiesel dagegen, als wolle es das Schiff wegen seiner Schande verhöhnen.

Die beiden Fußspuren im Sand trafen und vereinigten sich, als Gunnar die junge Frau erreichte, die im Windschutz des Wracks auf ihn wartete. Ihr sturmgepeitschtes Haar flatterte wie ein schwarzes Banner, und in dem seltsamen Licht wirkten ihre Augen besonders groß und strahlend.

Gunnar ergriff sie am Arm und rief ihr ins Ohr: »Wir müssen irgendwo Deckung suchen! Ich möchte nicht, daß du mir weggeblasen wirst!«

Sie fanden die alte verrostete Leiter, die Pirelli und Bella benutzt hatten, und nach kurzem Zögern stieg Gunnar als erster über die verbeulte Reling des Wracks. Er zog die Jacke aus und breitete sie auf dem schrägen Deck neben dem zerfressenen Schornstein aus. Mit einem nervösen Lachen setzte sich Lea darauf und bändigte ihr aufsässiges Haar. Es war seltsam ruhig auf dem geschützten Deck, selbst die Geräusche der See schienen nun weit entfernt.

Gunnar ließ sich neben ihr nieder. Mit einer raschen, impulsiven Bewegung wandte sie sich ihm zu und lag gleich darauf in seinen Armen. Er hörte sie an seiner Brust sagen: »So soll es bleiben. Alles andere geht uns nichts an. Hier sind wir geborgen.«

Sanft streichelte er ihr über Nacken und Schultern, dann sagte er leise: »Ich muß in ein paar Tagen auslaufen.« Ihm schien, als hätte sie aufgehört zu atmen. »Ich muß dir das sagen, obwohl es natürlich geheim ist.«

Ihre Antwort schien von weit her zu kommen. »Ich werde dich also niemals wiedersehen.«

Die Worte schnitten ihm ins Herz. »So etwas darfst du nie wieder sagen! Ich liebe dich doch!«

Sie hob das Kinn. »Wohin fährst du, was habt ihr vor?«

Er warf einen Blick über die Reling. »Zunächst wohl nach Taiwan, dann vielleicht nach Pearl Harbour. Ich bin noch nicht sicher. Aber auf keinen Fall gehe ich zurück in die Staaten. Nicht, wenn ich es vermeiden kann.«

Sie flüsterte: »Ich wünschte, dies wäre unser Schiff, und wir beide könnten für immer damit wegfahren.«

Er drückte ihr Gesicht an sich. »Du mußt fort von hier. Ich schicke deinen Vater mit seinem Boot nach Taiwan, dort kannst du zunächst bleiben. Ich gebe dir eine Adresse, dort werden wir uns treffen.«

»Wirklich?« Prüfend sah sie ihm ins Gesicht. »Werde ich wirklich so glücklich sein?«

Leise lachte er. »Glücklich bin *ich*!«

Er zog sie an sich und spürte das Beben ihres Rückens unter seinen Händen. Gepreßt sagte sie: »Ich kann es nicht ertragen, dich zu verlassen. Ich will nicht warten, aber ich kann es dir nicht sagen ...« Er spürte, wie sie zitterte, als er sie streichelte und dabei ihre Brust berührte. »Bitte ...«

Zärtlich ließ er den Arm unter ihre Schultern gleiten und richtete sich ein wenig auf. Ihr Haar lag wie ein dunkler Pelz über seiner Jacke, ihre Glieder leuchteten hell. Als er sich über sie beugte, öffnete sie weit die Arme und stammelte: »Es hat noch nie einen anderen gegeben. Ich habe das noch niemals getan ...«

Als er sie schließlich vorsichtig entkleidete, spürte er, wie sich ihre Finger in seine Schultern gruben, getrieben von Schmerz und Sehnsucht. Sein Mund verschloß den ihren und erstickte den Schrei der ersten Lust, die keiner von beiden beenden wollte.

»Sie kentert!«

Laut kratzend wurde eine Stahltrosse über ihm längs Deck geholt. Überrascht blickte Gunnar auf, als er so plötzlich aus seinem Brüten gerissen wurde. Seine Kammertür war geschlossen, konnte aber die Geräusche des zum Leben erwachenden Schiffes nicht fernhalten.

Es war schon später Morgen, aber wegen des heftigen Sturmes herrschte noch Zwielicht. Die See schlug unruhig gegen den schlanken Rumpf, dessen Verbände knarrten, quietschten und stöhnten. Gunnar hörte das Stampfen von Füßen und gelegentlich gerufene Befehle. Ohne auf seine Armbanduhr zu sehen, wußte er, daß es kurz vor der festgesetzten Auslaufzeit war.

Schwer ließ er sich auf seine Koje fallen und drehte die kleine

Schnitzerei in seinen Händen. Es war die gerade beendete kleine Figur eines amerikanischen Marineoffiziers. Lea hatte sie ihm zum Abschied überreicht an dem Tag, als die *Osprey* nach Taiwan ausgelaufen war. In einer kurzen Sturmpause hatte das Fischerboot hastig abgelegt, und Gunnar wurde im gleichen Augenblick bewußt, wie sehr Lea ihm fehlen würde. Aber ihre Abwesenheit machte ihm noch etwas anderes klar: die Tatsache, daß er ihr nichts zu bieten hatte, wenn er in Taiwan eintraf; für ihn selbst gab es dann nicht einmal mehr dieses Schiff. Alles sprach gegen ihn: der Tod seiner Seeleute an Land und die mysteriöse Fahnenflucht von Pirelli. Jetzt kam noch etwas hinzu: Wenige Stunden vor dem Auslaufen war sein Schreiber Bella so spurlos verschwunden, als hätte der Sturm ihn davongeweht.

Im Gegensatz zu seinen Sorgen herrschte an Bord Festtagsstimmung, die aufsässige Verzagtheit der Männer während der letzten Wochen war seit Bekanntgabe ihres Zielhafens wie weggewischt.

Ein Bootsmaat steckte den Kopf zur Tür herein. »Der I.O. läßt melden, Sir, daß in fünf Minuten Auslaufzeit ist.«

Er verschwand, bevor Gunnar antworten konnte. Das war jetzt die übliche Art an Bord, dachte er erbittert. Jeder wußte, daß es endlich vorüber war. Die *Hibiscus* war nicht mehr Teil ihres Alltags, sondern lediglich eine Fahrkarte nach Hause.

Langsam stand er auf und legte das geschnitzte Figürchen sorgfältig unter sein Kissen. Es würde eine rauhe Überfahrt werden, und er merkte, daß er sich unvernünftigerweise darüber freute. Er brauchte eine Herausforderung, um seine Spannung und Enttäuschung auszuleben. Noch immer glaubte er, Leas glatte Haut zu spüren, wußte aber, daß er in ihren Augen bald nicht besser sein würde als ihr Vater: ein aus der Bahn geworfener Versager, mit dem man nur unter Opfern zusammenleben konnte.

Gedankenversunken ging er auf die Brücke. Der Himmel über der Reede war dicht bewölkt, der Sturm zauste die spärliche Vegetation oberhalb der Siedlung und ließ die Flagge der *Hibiscus* steif auswehen. Gunnar bemerkte die kurzen, aber vielsagenden Blicke der Brükkenwache, für die er bereits jetzt ein Fremder war.

Maddox salutierte. »Alle Leinen sind eingeholt bis auf Vor- und Achterleine. Maschinenraum ist klar!« Sein Gesicht war völlig ausdruckslos, und Gunnar hatte das Gefühl, daß er den Mann kaum kannte.

»Danke.« Er ging nach vorn und packte die Reling mit beiden Fäusten. Tief atmete er die heiße, staubige Luft ein, die von der Küste herüberwehte.

Regan stand in der Steuerbord-Brückennock, blickte hinunter zur Pier und wartete darauf, als Wachhabender zu übernehmen, sobald das Schiff losgeworfen hatte. Kroner lehnte nachlässig an der Reling des Achterschiffs, den Blick nach vorn gerichtet, während er auf Befehle wartete.

In diesem Augenblick kam Pip Maddox atemlos auf die Brücke gestürmt, mit vor Erregung rotem Gesicht suchte er den Kommandanten. »Sir! Sie haben Bella gefunden! Als ich gerade auf der Pier das Telefon abschlagen wollte, rief Sergeant Rickover an und sagte es mir.« Sein Gesicht verdüsterte sich. »Bella liegt im Sterben, Sir.«

Gunnars Hände ballten sich zu Fäusten. »Holen Sie den Doktor, schnell.« Als der Leutnant davoneilte, rief Gunnar: »Mr. Maddox, stoppen Sie alles! Der Sanitätstrupp soll eine Bahre bereithalten!« Der langsam fahrende Jeep, den er kurz zuvor auf der Küstenstraße entdeckt hatte, bekam damit eine neue, grimmige Bedeutung. Die schweigenden Zuschauer machten Platz, um ihn auf die Pier zu lassen; Gunnar sah Oberst Jago steif neben dem Fahrer sitzen und die zugedeckte Gestalt auf dem Rücksitz.

Dr. Connell und seine Assistenten hoben schon die Tragbahre mit Bella über die Reling, als Gunnar herunterkam. Grob schob er die murmelnden Seeleute beiseite. »Wie geht es ihm?« Kaum erkannte er das totenbleiche Gesicht seines Schreibers.

Jago stieg an Bord. »Er ist fast in zwei Teile zerschnitten. Meine Sanitäter haben ihm eine Morphiumspritze verpaßt, aber das ändert wohl nichts an seinem Zustand.«

Gunnar schwankte. Ein neues Opfer seiner Torheit! »Wie ist es passiert?«

»Vielleicht war es ein Dorfbewohner, der seinen Haß abreagieren wollte. Eine Patrouille fand ihn außerhalb der Stadt. Er versuchte zu kriechen, obwohl ihm das Gedärm heraushing.«

Gunnars Blick wurde eiskalt. »Sie müssen meinen Auslaufbefehl ändern, Oberst! Am besten schicken Sie einen Funkspruch ab, daß Sie mein Schiff jetzt hier brauchen.«

Verwundert sah Jago ihn an. »Aber ich brauche Sie nicht, Kapitän. Offen gesagt bin ich froh, wenn ich Sie von hinten sehe!« Er warf einen Blick auf die Wolken. »Da braut sich ein neuer Sturm zusammen, und Sie wären besser schon im offenen Seeraum, wenn er losbricht.«

Gunnar schluckte seine Wut herunter. »Ist das ein Befehl?«
»So ist es.«
»Sie begehen einen Fehler, Oberst, ist Ihnen das nicht klar?«
Jago lächelte dünn. »Vergessen Sie's. Kehren Sie zurück zu Ihrer Siebten Flotte und überlassen Sie diese Art Krieg den Profis, Kapitän.« Er streckte ihm die Hand hin. »Viel Glück!«
Gunnar ergriff kurz seine Hand und wandte sich zur Brückenleiter. Über die Schulter sagte er leise: »Das wünsche ich *Ihnen*, Oberst. Sie werden es bald nötig haben.«
Er kehrte auf seinen Platz zurück. »Alle Leinen los!« Es war zu Ende. Bellas Rückkehr hatte diese Endgültigkeit nur bestätigt.
»Beide Maschinen langsame Fahrt zurück!« Das Deck begann zu vibrieren, und er sah zu, wie die Pier vorüberglitt. Erschrocken stellte er fest, daß seine alten Angstgefühle wiederkehrten, die er längst im Lazarett zurückgelassen glaubte. Er zwang sich, die Fahrt des Schiffes über die Reede zu beobachten, während beide Schrauben es noch immer achteraus zogen, auf eine der kleinen Inseln zu. Bestimmt sah er dies alles zum letzten Mal.
»Beide Maschinen stopp!« Er wartete, während der Querwind den Bug langsam auf die westliche Ausfahrt zudrehte. Auch das Schiff schien eifrig darauf bedacht, so schnell wie möglich hier wegzukommen.
»Beide Maschinen langsame Fahrt voraus, Ruder hart Backbord!« Die *Hibiscus* drehte von dem schmalen Strand weg und fuhr vorbei an dem unordentlichen Gewirr der Fischerhütten, wo so vieles für ihn angefangen hatte. Hinter ihm kam ein Signalgast auf die Brücke gestiegen, die aufgetuchte Gösch unter dem Arm. Sie wurde nicht mehr benötigt.
Eine kleine Insel ragte an Backbord auf, als das Schiff sich in die schmale Ausfahrt fädelte. Aber am Ruder stand ein guter Gefechtsrudergänger, er brauchte weder Hilfe noch Ermutigung. Die See empfing sie grau und feindlich, die Sonne zeigte sich nur silbern im Dunst.
»Alles seefest, Sir.« Maddox war auf die Brücke zurückgekehrt. »Soll ich übernehmen?«
Gunnar nickte. »Ja, bitte. Ich gehe nach unten zu Bella.«
Verlegen sagte Maddox: »Die Sache mit ihm tut mir sehr leid, Sir. Zu allem anderen nun auch noch das.«
Gunnar sah ihn kalt an. »Drehen Sie auf Südwest, sobald wir ganz aus der Einfahrt sind. Bei dem Sturm möchte ich gut frei von Land sein, bevor wir auf unseren endgültigen Nordkurs gehen.«

»Aye, Sir.« Maddox blickte hinüber zu seinem jüngeren Bruder, der sich abwandte, als brächte er es nicht übers Herz, Gunnars Rückzug mit anzusehen. Der Kommandant war erledigt, er hätte eben nicht so früh wieder auf See geschickt werden dürfen, wenn überhaupt. Bedrückt stützte sich Maddox auf das Brückenkleid und dachte an Mary und den inzwischen fertigen Brief, den er in Taiwan zur Post geben wollte.

Dr. Connell sah auf, als der Kommandant eintrat und schwankend zwischen den weißen Kojen stehenblieb.

»Irgendeine Änderung, Doc?«

Connell schüttelte den Kopf. »Nein, nichts Neues.« Ihn wunderte das Interesse des Kommandanten für Bella. Der arme Kerl, der jetzt sterbend in der unteren Koje lag, war zwar sein Schreiber gewesen, aber das bedeutete wenig. Trotzdem schien Gunnar außerstande, von Bellas Koje wegzubleiben. Mehrere Stunden war die *Hibiscus* bei ständig rauherem Wetter nach Südwesten gestampft, weg von der Inselgruppe und dem Schutz ihrer Riffe, bevor sie nach Norden auf ihren endgültigen Kurs eingedreht hatte. Jetzt hatte sie die tobende See für sich allein. Kein Horizont war zu sehen, in dem grauen Dämmerlicht leuchteten nur die weißen Schaumkämme, von denen sich lange Streifen Gischt lösten und davonflogen. Connell hatte noch nie einen so starken Sturm erlebt. Er heulte und fauchte um das Schiff, als wolle er es haßerfüllt zum Kentern bringen. Von oben hörte man das Klappern der Signalrahen, das Verrutschen von Möbeln, und durch jede Ritze trieb der Sturm Gischt herein, bis die Männer selbst in den Innenräumen durchnäßt waren.

Gunnar setzte sich auf die Koje und blickte in Bellas fahles Gesicht. Es war schon eingesunken wie ein Totenschädel.

Connell sagte leise: »Wenn ich ihn nur in ein richtiges Krankenhaus bringen könnte! Dies hier ist kaum besser als eine Ambulanz auf offenem Feld.« Bittend sah er Gunnar an. »Besteht denn gar keine Aussicht, Hilfe herbeizurufen, Sir?«

Gunnar schüttelte den Kopf. »Kein Hubschrauber würde uns bei diesem Sturm finden, vorausgesetzt, daß er überhaupt starten könnte.« Bella rührte sich in seiner Koje, und Gunnar fragte rasch: »Was gibt's?«

Connell rieb sich die Sorgenfalten. »Nichts. Er ist manchmal halb bei Bewußtsein und hat einmal sogar von einem Mädchen gesprochen, das er heiraten wollte.« Er biß sich auf die Lippen. »Armer Kerl!«

Gunnar betrachtete seine Hände. Was für einen Sinn hatte sein Warten? Bella würde ihm nichts erzählen können. Es war besser, ihn in Frieden sterben zu lassen.

Vorsichtig fragte Connell: »Der Sturm scheint noch schlimmer zu werden?«

»Stimmt.« Gunnars Gedanken kehrten in die Gegenwart zurück. »Es weht mit Stärke acht bis neun und wird noch schlimmer.« Es war sinnlos hinzuzufügen, daß das Barometer in den letzten Stunden mit erschreckender Schnelligkeit weiter gefallen war. Aber das konnte vieles bedeuten. Im Südchinesischen Meer richteten sich die tropischen Stürme nicht nach den in anderen Seegebieten geltenden Regeln.

Ein Telefon summte neben ihm, rasch hob er ab. Es war Kroner, und seine Stimme klang, als käme sie aus weiter Ferne, so wurde sie vom Heulen des Windes verzerrt. »Das Schiff läßt sich auf dem neuen Kurs nicht halten, Sir!«

Gunnar überlegte. »Ich komme nach oben.« Er fügte hinzu: »Wie sieht's sonst aus?«

»Schlecht, Sir, verdammt schlecht. Das Barometer fällt noch immer, aber nicht mehr so schnell. Die Sicht beträgt nur vier Meilen.« Der Rumpf summte wie ein verrücktgewordenes Musikinstrument. »Mein Gott, es wirft uns herum!«

Gunnar stand auf und hielt sich an der Koje fest, als das Deck plötzlich unter ihm wegsackte. »Passen Sie gut auf, Doc, und rufen Sie mich sofort, wenn er versuchen sollte, etwas zu sagen.«

Mit Mühe öffnete er eine Tür und fiel beinahe an Deck, als ein riesiger Brecher über die Reling einstieg und gegen das Zweizentimetergeschütz donnerte. Es ging wirklich wild her. Jetzt bedauerte Gunnar, daß er die Funksprüche mit den Sturmwarnungen ohne großes Interesse gelesen hatte. Plötzlich waren sie mittendrin.

Die obere offene Brücke war wegen des Sturms längst verlassen worden. Wie bei solchem Wetter üblich, drängten sich alle Wachgänger im Steuerhaus. Dieses wirkte dadurch noch kleiner, während die wütenden Seen von draußen mit voller Wucht dagegenschlugen.

Gunnar mußte sich mit aller Kraft festhalten, um nicht rückwärts über die Reling geschleudert zu werden, als die Brücke hoch über ihm emporstieg. Aus dem Augenwinkel sah er das Wasser so kochend an der Bordwand entlangschießen, als würde es tief unten in einem Kessel aufgeheizt. Er wartete, bis das schwer arbeitende Schiff sich wieder aufgerichtet hatte, dann schob er sich rasch ins Steuerhaus und schlug die Tür hinter sich zu. Über die Fenster strömte außen der salzige Gischt, während innen das Kondenswasser an ihnen herunterrieselte.

Kroner rutschte herüber und rief: »Es ist wirklich schlimm, Sir. Der Rudergänger schafft es kaum, Kurs drei-fünf-null zu halten!«

Gunnar hangelte sich bis hinter den breitbeinig stehenden Rudergänger vor, dessen angestrengtes Gesicht im Kompaßlicht gelb leuchtete, und warf einen Blick nach achtern. Die See rollte heran in langen Wogen und traf die *Hibiscus* von Steuerbord achtern. Ein Wellenberg folgte dem anderen; einige brachen mit gelben Gischtkronen, andere standen steil über ihnen wie schwarze Wände. Er beobachtete, wie solides Wasser das schmale Heck himmelwärts hob. Wie ein Spielzeug wurde die *Hibiscus* in ein tiefes Wellental geworfen, das den Bug bis weit hinter das Geschütz auf der Back begrub.

Paice, der Gefechtsrudergänger, schrie heiser: »Sie fällt ab, Sir!«

Der Kompaß tickte unbarmherzig rund, während Kroner brüllte: »Ruder hart Backbord!«

»Drei-fünf-fünf, drei-sechs-null!« Paice schluchzte: »Ich kann sie nicht mehr halten!«

Gunnar schlang den Arm um eine Deckstütze und spürte, wie das Schiff ihn abwärtszog. »Backbordmaschine äußerste Kraft zurück! Steuerbord halbe Fahrt voraus!« Er spürte ein Prickeln im Nacken, als der Maschinentelegraf schepperte, und stellte sich Malinski dort unten in seinem Reich vor, das jetzt ganz auf der Seite lag.

»Drei-fünf-fünf, drei-fünf-null!« Paice stieß einen Seufzer der Erleichterung aus. »Schiff dreht nach Backbord, Sir!«

»Beide Maschinen volle Fahrt voraus!«

Paice wirbelte mit starken Händen das Rad herum, während er versuchte, die Schraubenbewegung des Bugs aufzufangen. Das war knapp, dachte Gunnar. Wenn das Schiff bei dieser schweren See querschlug, war es nicht mehr zu halten. Dann würde es kentern und innerhalb von Sekunden untergehen.

Die Schiebetür in der Rückwand des Steuerhauses wurde geräuschlos aufgeschoben, der Funker torkelte wie betrunken herein. »Eine neue Meldung von Hongkong Radio, Sir!« Seine Augen weiteten sich im Halbdunkel, als er zum ersten Mal die See zu Gesicht bekam. »Mein Gott, was für ein Durcheinander!«

Gunnars Gesicht wurde hart beim Lesen. »Da haben wir's, Kroner.« Er spürte die Angst des Oberleutnants, als sie sich zusammen über den Kartentisch beugten. »Es ist ein Taifun. So wie es aussieht, laufen wir parallel zu seiner Zugbahn.«

Taifun! Das Wort schlug im Steuerhaus ein wie ein Blitz. Paice blickte vom Kompaß auf und sah den Mann am Maschinentelegrafen an, die Lippen zu einem lautlosen Pfiff gespitzt.

Gunnar fuhr fort: »Das Zentrum liegt bei zwanzig Grad Nord und hundertzweiundzwanzig Grad Ost und bewegt sich in nordwestlicher Richtung.« Er legte das Parallellineal an. »Er kommt direkt aus der Luzonstraße«, sagte er böse. »Wie läßt sie sich steuern, Paice?«

Paice schluckte trocken. »Das Rad fühlt sich an wie aus Gummi, Sir. Aber Kurs drei-fünf-null liegt jetzt an.«

Nicht mehr lange, dachte Gunnar grimmig. Die See wurde vor dem Taifun hergeschoben, und das über hunderte Meilen offenen Wassers, bis sie auf das einzige feste Objekt traf, das Steuerbord-Achterschiff der *Hibiscus*. Er klopfte mit dem Bleistift gegen seine zusammengebissenen Zähne und starrte auf die Karte hinunter. »Ein Taifun, Kroner, ist etwas sehr Häßliches.«

Kroner sah ihn an, als erwarte er ein Wunder von ihm. »Wie rasch bewegt sich das Zentrum?«

Gunnar fuhr zusammen, als wieder eine See gegen die dünnen Platten des Rumpfs schlug und das Schiff bis auf dreißig Grad überlegte. Selbst mit äußerster Kraft machte die *Hibiscus* nur soviel Fahrt, daß sie gerade noch steuerfähig blieb, ohne die geringste Reserve. Wenn die windgepeitschten Seen sie vollends überholten, dann war das Ruder nur noch ein nutzloses Gewicht. »Mit zwei- bis dreihundert Meilen pro Tag. Aber durch den Sturm, den wir vorher hatten, wird es möglicherweise noch beschleunigt.«

Gunnars Stimme drückte weder Furcht noch Hoffnung aus, und Kroners Gesicht nahm einen grünlichen Farbton an. Unten auf dem überfluteten Hauptdeck sah er eine kleine Gruppe im Ölzeug, die sich an das Strecktau klammerte, während sie versuchte, eine zusätzliche Zurring um das Rettungsboot zu legen.

Unvermittelt sagte Gunnar: »Behalten Sie den Radarschirm im Auge. Vielleicht ist da noch irgendein anderer Unglücklicher unterwegs.«

Eine besonders hohe See rollte heran und hob sich mühelos über die Steuerbordreling. Aber gerade als ihr Rücken sich anschickte, unter dem Schlingerkiel des Schiffes durchzulaufen, kippte ihr Kamm vornüber und brach. Gunnar sprang zum Maschinentelegrafen und riß an den Griffen. Der Posten dort starrte mit angstverzerrtem Gesicht nach achtern, hypnotisiert wie ein Kaninchen. »Ruder hart Backbord! *Hart Backbord*, Paice!« Gunnar hielt sich fest, als das Gebirge aus Wasser mit dem Getöse eines D-Zugs über das Achterschiff herfiel. Die Backbordmaschine lief bereits rückwärts, aber ihre wirbelnde Schraube zeigte keinerlei Wirkung. Das Schiff glitt hilflos am Rand eines tiefen Wellentals entlang, das sich unter seiner Leereling öffnete und es zu verschlingen drohte.

Paice klammerte sich an das Rad, seine Füße suchten verzweifelt nach Halt, sein Gesicht war nur wenige Zentimeter vom Kompaß entfernt. Ein Signalgast fiel hin und rutschte auf dem Rücken gegen die Backbordtür, wo er mit schmerzverzerrtem Gesicht liegenblieb, während das schwere Flaggenspind, das sich losgerissen hatte, in ihn hineinkrachte.

Paice schrie: »Ich kann sie nicht halten, Sir!« Entsetzt starrte er auf den Kompaß. »Null-eins-null! Mein Gott, sie kentert!«

Das Deck lag jetzt so schräg, daß Kroner im Winkel von fünfundvierzig Grad in der Luft hing. Die Backbord-Brückennock schien bereits die kochende See zu berühren. Als Kroner nach unten blickte, sah er tatsächlich grünes Wasser durch die Türritzen eindringen. Seine Stimme war nur noch ein Wimmern: »Wir kentern!«

Das Schiff war abgerutscht und lag jetzt mit schwerer Schlagseite unten in dem ungeheuren Wellental. Ihre Welt verengte sich plötzlich auf zwei hohe Wände aus glänzendem schwarzem Glas, über denen ein schmaler Streifen silbergrauen Himmels schwebte. Am unheimlichsten aber war die überraschende Stille, da der Sturm hoch über ihnen hinwegfegte.

Gunnar spürte einen stechenden Schmerz in den Rippen, als er gegen den Maschinentelegrafen gedrückt wurde. Irgendwie gelang es ihm, einen Telefonhörer abzunehmen, er fragte sich aber, ob Malinski wohl noch imstande war, sich zu melden. Doch dieser schaffte es. »Hier spricht der Kommandant!« Gunnar schrie es ins Telefon. »Wir werden gleich drehen!« Nach einer Pause, in der er glaubte, den Ingenieuroffizier husten zu hören, fuhr er fort: »Wenn ich Signal gebe, gehen Sie mit der Steuerbordmaschine auf volle Kraft zurück, ohne Rücksicht auf den roten Strich!«

»Okay, Sir.« Malinskis Stimme klang müde.

»Und die Backbordmaschine dann äußerste Kraft voraus!« Gunnar musterte die erstarrten Gestalten ringsum. Aller Blicke hingen an seinem Mund. Wie ein Haufen Taubstummer, dachte er wütend. »Also, Kroner, lassen Sie uns anfangen!« Er zog sich zum Telegrafen und brachte den Messinggriff in die entsprechende Stellung. »Ruder hart Steuerbord, Paice!«

Das Schiff begann so heftig zu vibrieren, als wollten sich die Maschinen von ihren Lagern losreißen, während die beiden Schrauben unter dem Heck gegeneinander kämpften. Gunnar wischte sich Schweiß aus den Augen und starrte gespannt auf den Kreiselkompaß. Doch der bewegte sich nicht. Die *Hibiscus* blieb auf der Seite liegen, den Kiel frei in Erwartung des letzten Stoßes, der sie zum Kentern bringen und unter Wasser drücken würde.

Dann sagte Paice verwundert: »Sie dreht, Sir!« Seine Worte klangen, als glaube er selbst nicht, was er sah. »Null-eins-fünf, null-zwei-fünf liegt an . . .«

Die gläsernen Wände wichen langsam zurück, und der Sturm begann wieder zu heulen. Es klang mörderisch und endgültig. Gunnar sah einen schwarzen, hoch oben weiß gekrönten Wasserberg über ihre Steuerbordseite brechen, hörte ihn gegen den Schornstein krachen, daß dessen stählerne Stagen so schrill aufheulten, als wollten sie sich aus ihrer Verankerung reißen. Viele Tonnen Wasser schossen brüllend über das schräge Deck, bevor sie sich in Sturzbäche auflösten und durch die Leespeigatten gurgelten. Als das Schiff sich endlich müde wieder aufrichtete, um dem nächsten Ansturm zu begegnen, sah Gunnar, daß die Davits der Gig leer waren und die Reling darunter aussah wie eine dicke Drahtrolle. Aber die brave *Hibiscus* kämpfte noch, sie versuchte es mit allen Tricks ihrer dreiundzwanzigjährigen Erfahrung und wandte sich mit verbissenem Trotz stets wieder einem neuen Gegner zu.

Gunnar stieß den Posten Maschinentelegraf beiseite und packte mit eiskalten Händen die Messinggriffe. »Steuerbordmaschine stopp!« Er rieb sich die schmerzenden Rippen und blickte durch die rotierende Klarsichtscheibe. Der Bug war gerade sichtbar, ein schmaler Keil aus wasserüberströmtem Stahl, der sich aber bald wieder verlor in dem Wirrwarr schwarzer Roller und weißer Schaumkämme. Jetzt, da die *Hibiscus* die See von vorne nahm, konnte sie wieder Atem holen. »Gehen Sie auf eins-zwo-null!«

Paice war ein erfahrener Rudergänger, und unter seinen geschickten Händen drehte das Schiff willig auf den neuen Kurs. Erst danach ging

Gunnar etwas mit der Fahrt herunter. Stolz beobachtete er, wie der Bug himmelwärts kletterte. Jede Niete, jede Decksnaht schrie in dieser irrsinnigen Höllenmusik, aber sie hielten das Schiff zusammen. Er wischte sich das Gesicht und merkte, daß seine Hand zitterte. »Alles in Ordnung?« fragte er Paice.

Der Rudergänger blickte nicht auf, aber seiner Stimme merkte man deutlich die Erleichterung an. »Jetzt ja, Sir. Die nächste Reise mache ich wieder mit Ihnen!«

Gunnar lächelte mühsam. Er fühlte sich leer, aber so zufrieden, als wäre dieser Überlebenskampf eine persönliche Prüfung für ihn gewesen, die er nun bestanden hatte.

Der Signalgast schob das schwere Flaggenspind von sich weg und richtete sich auf. Benommen stammelte er: »Diesmal dachte ich, es ist zu Ende.«

Kroner, grün im Gesicht, schien Schwierigkeiten zu haben, die Worte richtig zu artikulieren, während er Telefone und Sprachrohre überprüfte. Schließlich meldete er mit noch schwankender Stimme: »Alle Verbindungen okay, Sir. Bei der Besatzung ein paar Kratzer oder Schnitte, aber niemand ist über Bord gegangen.« Er fuhr zusammen, als eine See sich turmhoch vor dem Bug aufbaute und dann in ganzer Länge über das Schiff hereinbrach. Sie mußte an die fünfzehn Meter hoch gewesen sein. »Was jetzt, Herr Kapitän?«

Gunnar beugte sich über den Kartentisch. »Auf keinen Fall können wir nach Taiwan weiterfahren, das ist sicher.« Selbst den Signalgasten mußte es klar geworden sein, daß es für sie alle den sicheren Tod bedeutet hätte, wenn sie wieder auf den alten Kurs gegangen wären. »Wir können den Sturm abreiten und hoffen, dem Zentrum zu entkommen, oder wir können irgendwo Deckung suchen.«

Kroner sagte bedrückt: »Hier gibt es nirgends Deckung, Sir.« Hoffnungslos blickte er auf die völlig leere Karte. »Nicht das geringste, was Leeschutz bieten könnte.«

»Sie geben gar zu leicht auf, Kroner.«

Ein Telefon schnarrte, und Gunnar hörte Malinskis Stimme wie aus weiter Ferne. »Alles in Ordnung oben, Sir?«

Gunnar lächelte schuldbewußt. »Tut mir leid, das hätte ich Ihnen durchsagen sollen. Besten Dank für Ihre großartige Hilfe!«

Malinski hustete. »Tja, ich merkte ja, daß wir noch schwammen, sonst wären die Fische bei uns unten aufgetaucht.« Dann wurde sein Ton wieder förmlich. »Ich würde Sie ja fragen, ob ich Wasserballast aufnehmen soll, aber«, Gunnar konnte beinahe sehen, wie Malinski die Schultern hob, »ich denke, Sie wissen vielleicht noch andere Auswege, Sir.«

Gunnar runzelte die Stirn. Wie konnte Malinski so etwas vermuten? Wußte er denn selbst schon, was er tun wollte? Er hatte ein Gefühl, als warte er auf irgend etwas, auf einen Hinweis von außen, der ihm zeigen würde, welchen Weg er und das Schiff jetzt einschlagen sollten. Schließlich schloß er: »Ich sage es Ihnen rechtzeitig.« Den Männern im Steuerhaus befahl er: »Sehen Sie zu, daß Sie irgendwo Kaffee auftreiben können.«

Überrascht stellte er fest, daß mehrere Gestalten mit angelegten Schwimmwesten hinter dem Steuerhaus Schutz gesucht hatten. Auf sinkenden Schiffen kletterten die Menschen stets auf den höchsten Punkt – wie Ratten, bevor sie dann doch ins Wasser sprangen. Es war ein mitleiderregendes, sinnloses Verhalten.

Ein Seemann rief: »Gut gemacht, Herr Kapitän!« Das war einer der Männer, die noch am Morgen mit beiläufiger Gleichgültigkeit an Gunnar vorbeigesehen hatten. Jetzt blickten sie zu ihm auf. Zum ersten Mal, seit er das Kommando übernommen hatte, wurde er als Kommandant anerkannt. Weil sie ihn brauchten, dachte er verbittert.

Kroner rief: »Anruf vom Arzt, Herr Kapitän.«

Gunnar packte das Telefon, sein Mund wurde plötzlich zu einer harten schmalen Linie. »Ja, Doktor?«

Connells Stimme klang wie die eines ganz alten Mannes. »Bella stirbt, Sir. Er hat nur noch wenige Minuten.«

Gunnar sah sich ungeduldig um. »Wo ist der I.O.?«

»Hier, Sir.« Maddox stieg über das Süll und schüttelte sich wie ein nasser Hund. »Ich habe versucht, die Wasserbomben festzuzurren.«

Gunnar nickte kurz, dann schob er sich an Maddox vorbei. »Halten Sie den neuen Kurs. Ich gehe hinunter zu Bella.« Damit verschwand er.

Maddox hangelte sich zum Kompaß und starrte ihn ungläubig an. »Mein Gott, wir sind ja bald wieder in Payenhau, wenn wir diesen Kurs beibehalten!«

Er klammerte sich an die Sprachrohre und hatte wieder das Gefühl, es sei noch nicht alles vorüber. Irgend etwas in Gunnars Augen hätte ihn warnen sollen.

Verräter oder Patrioten?

Als die Nacht sich auf das sturmgepeitschte Wasser senkte und die *Hibiscus* mit allmählich müde werdendem Trotz einer anrollenden See nach der anderen die Stirn bot, kam der Regen. Zuerst unterschieden sich die großen Tropfen kaum von dem prasselnden Gischt, dann aber schienen die tiefhängenden schwarzen Wolken mit einem Mal aufzubrechen, so daß der Regen als kompakte Wasserwand herabstürzte. Er peitschte das Oberdeck und prasselte gegen die Brückenfenster wie Hagel, und wenn ein glückloser Seemann ins Freie mußte, wurde er von den Wassermassen derartig eingedeckt, daß er keuchend nach Luft schnappte.

Gunnar klammerte sich an der Koje fest und lauschte dem Prasseln des Regens über seinem Kopf. In den Arzneischränken klapperte und klirrte es, und mehrmals hörte er nebenan dumpfe Aufschläge, wenn sich schwere Gegenstände losgerissen hatten. Alles übertönte jedoch das schrille Heulen des Sturms.

Er versuchte, seine Ohren vor dem Lärm zu verschließen, und starrte konzentriert in Bellas schmerzverzerrtes Gesicht. Dessen schweißnasse Haut wirkte bereits durchsichtig, und die Augen, die gelegentlich unter den langen dunklen Wimpern aufflackerten, glänzten wie schwarze Seide.

Connell sagte: »Ich gebe ihm wieder eine Spritze. Diese Schmerzen sind ja nicht auszuhalten!« Vorwurfsvoll sah er sich um, als mache er das Schiff für Bellas schlimmen Zustand verantwortlich.

Gunnar beugte sich vor und betrachtete den Sterbenden. »Nein, lassen Sie's!«

Fassungslos starrte Connell ihn an. »Das kann ich nicht. Er wird gleich wieder Schmerz verspüren, wenn ich noch warte.«

Gunnar schien ihn nicht gehört zu haben. »Ich muß ihn zum Sprechen bringen. Das ist ungeheuer wichtig.«

Noch während der Arzt den Mund öffnete, um zu protestieren, fing Bella an, sich mit schmerzverzerrtem Gesicht zu winden, soweit es die Lederriemen zuließen, mit denen er angeschnallt war. Gunnar ergriff seine eiskalte Hand. »Was ist, Bella? Was möchtest du mir sagen?« Sein Blick bohrte sich in das Gesicht des Sterbenden. »Los, Junge, sag's mir!«

Connell packte Gunnar am Arm. »Um Himmels willen, Sir! Was tun Sie?«

Die Augen des Kommandanten blitzten hart im Licht der Lampe. »Überlassen Sie das mir, ja?«

Connell stand auf. »Er ist *mein* Patient! Ich bestehe auf der Spritze!«

Gunnar schüttelte die Hand des Arztes ab. »Still! Er versucht zu sprechen.«

Bella öffnete die Augen. Verwundert und ungläubig blickte er die beiden Männer an. »Wo bin ich?« Seine weißen Zähne gruben sich so tief in die Unterlippe, daß Blut hervorsickerte. »O Gott, diese Schmerzen! Diese schrecklichen Schmerzen!«

Gunnar drückte wieder seine Hand und drängte mit leiser Stimme: »Ich bin es, Bella, der Kommandant. Sag mir, was passiert ist. Ich *muß* es wissen!«

Bella schwieg, und einen Augenblick glaubte Gunnar, er sei schon tot. Dann aber begann er in kindlich klagendem Ton: »Sie haben versprochen, Peach aus Hongkong herzubringen. Sie haben es mir fest versprochen! Sie wollten alles über das Schiff wissen und was wir hier tun.« Er brach ab, und seine dunklen Augen füllten sich mit Tränen. »Vergeben Sie mir, Sir, ich wußte nicht, was ich tat!« Dann riß er den Mund auf und schrie so gellend, daß es in dem kleinen Raum widerhallte und selbst den Sturm übertönte.

Gunnar sagte ruhig: »Erzähl mir, was sich ereignet hat.«

Dr. Connell schluchzte auf. »*Bitte*, Sir, lassen Sie ihn in Ruhe!« Eine Spritze glitzerte in seiner Hand, aber Gunnar schob sie grob beiseite.

»Warten Sie!« An Bella gewandt, fuhr er fort: »Was hast du ihnen erzählt?«

Die Augen des Schreibergefreiten blieben fest geschlossen, man sah, wie sich sein Körper unter der Decke vor Schmerzen krümmte. Gunnar biß sich auf die Lippen und konzentrierte sich nur auf Bellas Worte. Selbst den fürchterlichen Gestank, der ihm fast den Magen umdrehte, ignorierte er.

Bella flüsterte: »Ich habe ihnen gesagt, daß wir auslaufen, aber das Datum ein paar Tage vorverlegt.« Er fletschte die Zähne wie ein gefangenes Tier. »Sie – sie haben versprochen, daß sie mir Peach aus Hongkong bringen.« Tränen flossen über seine eingesunkenen Wangen. »Sie haben gelogen! Sie wußte nicht mal davon!« Sein Kopf rollte von einer Seite zur anderen, und Gunnar stützte ihn mit der freien Hand. Es war wie ein Alptraum, wie eine mittelalterliche Folter, aber er durfte nicht aufhören, noch nicht.

»Wer waren *sie*? Wer hat dir das angetan, Bella?«

»Ich weiß nicht ... Chinesen. Den einen kannte ich vom Sehen. Es war am letzten Tag, als ich sagte, ich würde Ihnen alles melden, wenn sie ihr Versprechen nicht hielten.« Er krümmte sich und schrie wieder, sein Atem wehte heiß und übelriechend in Gunnars Gesicht.

Gunnar merkte, daß Bellas Leben verströmte wie Wasser aus einem zerbrochenen Krug. »Wer war's?«

Der Sterbende lag wieder ruhig, und sein Gesicht wirkte beinahe kindlich. »Er nannte sich *Führer*. Oder Mann aus Stahl.« Plötzlich brach er in Schluchzen aus. »Lassen Sie ihn bitte nicht herein! Er soll mich nicht anfassen!« Ein Blutstrom quoll aus seinem Mund. Dann wurde er still, seine Augen blieben in weite Fernen gerichtet.

Gunnar stand auf und wäre beinahe gestürzt, als das Schiff unter ihm wegsackte.

Der Arzt schüttelte ihn. »Sie brutaler Kerl! Sie wahnsinniger Menschenschinder!« Er hängte sich an ihn, als Gunnar zurückwich. »Sie konnten ihn nicht mal in Frieden sterben lassen!«

Mit der anderen Hand löste Gunnar Connells verkrampfte Finger. »Es war ungeheuer wichtig und hat mir weiß Gott keine Freude gemacht.« Als Connell wieder auf ihn losging, packte er ihn am Hemd und zog ihn dicht an sich heran. »Hören Sie zu, Doktor! Es kümmert mich einen Dreck, was Sie von mir denken. Sie können mich anzeigen, wenn wir in der Flottenbasis sind, können tun, was Sie wollen.« Er hielt den Arzt auf Armeslänge von sich ab. »Sie suchten doch Abenteuer, stimmt's? Ihre Einschiffung hier an Bord bedeutete für Sie ein kleines Experiment, nicht wahr?« Damit stieß er den Arzt hinunter auf eine Koje. »Sie Heuchler mit Ihrem gönnerhaften Getue! Sie denken doch an niemand anderen als an sich selbst! Die ganze Welt könnte um Sie herum explodieren, solange Sie nur Ihre Prinzipien haben!«

Er blickte hinab in Bellas stilles Gesicht und sagte leise: »Auch er dachte, er sei schlauer als die anderen. Verkaufte Informationen gegen eine vage Hoffnung.« Wütend fuhr er fort: »Man kann aber mit diesen Verbrechern keinen Handel abschließen!« Damit griff er nach unten und zog die Decke über Bellas blicklose Augen. »Aber er hat mir einen Gefallen getan, ohne es zu wissen: Er hat das Auslaufdatum vorverlegt, und wir sind tatsächlich früher ausgelaufen. Wenn irgend etwas auf der Insel passiert, dann in diesem Augenblick!« Er warf einen Blick auf die zusammengesunkene Gestalt des Arztes.

»Haben Sie das vorhin gehört, Doc? ›Mann aus Stahl‹ nannte er sich. Ins Mongolische übersetzt heißt das *Bolod.* Verstehen Sie jetzt?«

Maddox stand in eine Ecke des Steuerhauses verkeilt, als der Bordlautsprecher zu krächzen begann. »Alle Offiziere auf die Brücke!« Ihm tat jeder einzelne Knochen im Leibe weh, der übersät war mit blauen Flecken.

Der Kommandant stand auf der anderen Seite und blickte gespannt durch die nassen Fenster, die Schultern so straff wie bei einer Parade. Der Kompaß zeigte noch immer denselben Kurs, eins-zwonull.

Ein Offizier nach dem anderen stolperte in den feuchten Raum und schien die Bedrohung durch den Sturm zu vergessen, als er die gespannte Atmosphäre bemerkte. Nur Malinski blieb entschuldigt fern, da er den Maschinenraum nicht verlassen konnte.

Maddox meldete: »Alle Offiziere anwesend, Sir. Ich werde ihnen jetzt mitteilen, was Sie vorhaben.« Regan hob erstaunt die Augenbrauen, und des Arztes normalerweise gleichmütiges Gesicht wirkte leer und benommen.

Gunnar nickte kurz. »Gehen Sie in den Kartenraum. Ich gebe Ihnen drei Minuten.«

Sie folgen Maddox in die kleine, muffig riechende Kammer und schlossen die Tür hinter sich.

»Was ist denn passiert?« maulte Regan und rieb sich das stoppelige Kinn. »Schon wieder ein Unglücksfall?«

Warnend blitzte ihn Maddox an, und erstaunlicherweise schwieg Regan sofort. »Es ist folgendes.« Maddox merkte, daß er so kurzatmig sprach wie nach raschem Lauf. »Der Kommandant beabsichtigt, nach Payenhau zurückzufahren.« In ihre überraschten Gesichter hinein sagte er: »Er glaubt, daß dort heute eine kommunistische Invasion stattfindet.«

Kroner fragte nervös: »Wann hat er denn das erfahren?«

»Gerade eben, vor wenigen Augenblicken!« Maddox fluchte, als er gegen den Tisch geschleudert wurde. »Bella ist tot. Der Doktor sagt, daß der Kommandant ihn in Schmerzen sterben ließ.« Er sah in Connells zerfurchtes Gesicht, als suche er dort Beistand. »Stimmt's?«

Der Doktor nickte müde. »Es war schrecklich. Ich durfte ihm keine schmerzstillende Spritze geben. Er wollte um jeden Preis, daß Bella redete.«

Energisch fuhr Maddox fort: »Gunnar erwartet von uns, daß wir zu den Inseln zurückfahren und die Gefahr dort bekämpfen. Er hat die Wahnsinnsidee, daß die Kommunisten gerade in diesem Augenblick landen.«

Kroner fragte: »Hat er den Admiral um Erlaubnis gebeten?«

»Nein, hat er nicht«, sagte Maddox triumphierend. »Er behauptet, die würde ihm doch nur verweigert.«

Regan grunzte. »Bestimmt. Man rechnet aber im Hauptquartier möglicherweise damit, daß er vor dem Taifun Schutz sucht.«

Kroner starrte das Schott an, als eine See dagegendonnerte wie ein Riesenhammer. »Er wird also in Payenhau Schutz suchen?« Seine Stimme klang so bedrückt, daß der I.O. ihn anstarrte. »Ihr habt kein einziges Wort verstanden, wie?«

Regan hob die Hand. »Augenblick! Bedeutet dies hier, daß der Kommandant Sie gebeten hat, unsere Meinung dazu einzuholen?«

Zornig blickte Maddox zu Boden. »Nein. Ich wollte ihn mit unserem geschlossenen Protest konfrontieren. Falls wir nach Payenhau zurückkehren, gibt es bestimmt eine kriegsgerichtliche Untersuchung; dazu kommen noch all die anderen Zwischenfälle. Gunnar kann von Glück sagen, wenn man ihn nicht feuert. Ich möchte ihn wissen lassen, daß wir alle gegen seinen verrückten Plan sind. Wenn wir das klarstellen, wird man uns nichts anhaben können.«

Trotzig reckte Regan das Kinn vor. »Ich bin bei der Marine, um vorwärtszukommen, aber nicht scharf auf ein Kriegsgerichtsverfahren. Andererseits möchte ich mir aber auch nicht Befehlsverweigerung vorwerfen lassen.«

Achselzuckend entgegnete Maddox: »Wie du willst.« Dann sah er seinen Bruder an. »Ich habe dem Kommandanten klar gesagt, daß es mich nicht betrifft, wenn Oberst Jago ihn zur Strecke bringt!«

Nun sprach Pip Maddox zum ersten Mal. »Das hätte ich euch niemals zugetraut!« Die anderen starrten ihn verwundert an, als er schokkiert fortfuhr: »Nach allem, was er durchgemacht hat – nach allem, was er getan hat, bringt ihr nicht einmal den Schneid auf, ihm jetzt beizustehen?«

Sein Bruder sagte grob: »Halt den Mund, Pip! Du weißt ja nicht, wovon du sprichst.«

»Ach, weiß ich das nicht? Ich glaube, ich kenne den Kommandanten besser als jeder von euch! Er würde sich ein Bein ausreißen, wenn einer von euch in Schwierigkeit geriete. Aber *ihr*?« Suchend sah er einen nach dem anderen an. »Ihr wißt ja nicht mal einen Handschlag von ihm zu schätzen!«

Maddox nahm den Telefonhörer und wartete, bis er die Stimme des Kommandanten hörte. »Ich habe mit den Offizieren gesprochen, Sir.« Er wandte sich ab, so daß er Pips verächtlichen Blick nicht sah. »Sie wissen jetzt, was Sie beabsichtigen. Gibt es keine Alternative?« Er wartete, den Blick auf die nasse Stahlwand gerichtet.

Gunnars Worte dröhnten dem Ersten in die Ohren. »Entweder wird mein Plan ausgeführt, oder *Sie* übernehmen das Schiff, Mr. Maddox.« Ratlos sah der Erste die anderen an. »Ich werde mich krankmelden, dann können Sie das Schiff durch den Taifun bringen.«

Maddox sah wieder das rollende Schiff vor sich, das Gunnar so geschickt gegen die See gedreht hatte. Schon damals mußte der Kommandant seinen Entschluß gefaßt haben, wobei das Wetter als sein Bundesgenosse fungierte.

»Ich – das Schiff übernehmen?« Laut wiederholte er diese Worte und hörte sofort Regans scharfen Einwand: »Den Teufel wirst du! Ich fahre lieber unter dem Kommando meiner alten Mutter als unter deinem!«

Maddox gab nach. »Gut, Sir, wenn Sie so wollen?« Dann fügte er lauter hinzu: »Aber Sie haben kein Recht, das Schiff in Gefahr zu bringen, nur um eine alte Rechnung zu begleichen!« Doch der Kommandant hatte bereits aufgelegt, und wütend knallte auch Maddox den Hörer auf.

Regan nahm seine Mütze. »Nun, meine Herren, ich habe Wache. Wenn Sie mich jetzt entschuldigen wollen?« Freudlos grinste er Maddox an, als er an ihm vorbeiging. »Wieder hat er Sie in einem einzigen Augenblick mattgesetzt, alter Junge.«

Wütend sah Maddox ihnen nach, als sie wieder auf ihre Stationen gingen. »Die verdammten Idioten begreifen nicht, daß ich es für *sie* getan habe!« sagte er zu seinem Bruder.

Verlegen schob Pip ihn beiseite. »Hast du das wirklich, Bob? Mir kam es nicht so vor.« Dann ging auch er.

Als Maddox wieder das Steuerhaus betrat, schien dort alles normal zu sein. Gunnar stand entspannt hinter dem Rudergänger, den Arm um den Maschinentelegraf gewinkelt; Regan hatte das Glas erhoben und spähte durch die Klarsichtscheibe, als gerade ein weißer Schatten an Backbord querab vorbeiraste. In der Schwärze der Nacht erkannte man lediglich die Schaumkämme der Brecher. Maddox war klar, daß er das Schiff niemals durch diesen Taifun führen konnte, nicht in tausend Jahren. Gunnars Gesicht verriet nicht, ob er seine Drohung wahrgemacht hätte. Aber zuzutrauen war es ihm. Mit leerem Blick starrte Maddox aus dem Fenster; in dem salzverkrusteten Glas hing sein Spiegelbild wie ein Gespenst. Trotzdem sah er statt seiner selbst nur das enttäuschte und beschämte Gesicht seines Bruders.

Hinter sich hörte er Gunnar im Plauderton sagen: »Lassen Sie sich Zeit mit dem Ruderlegen, Paice, machen Sie keine Schwerarbeit daraus.«

Im gleichen Ton antwortete Paice: »Klar, Sir. Sie schwimmt jetzt so stetig wie ein satter Wal.«

Maddox' Augen brannten. Was war los mit diesen Idioten? Bevor es mit Gunnar zu Ende ging, würde er sie noch alle mit sich in den Abgrund reißen!

Wieder einmal kletterte der scharfe Steven der *Hibiscus* himmelwärts. Gunnar biß die Zähne zusammen und hielt sich fest, während er im Geist die Sekunden zählte. Ihm war, als kämpfe er allein mit der See und gebrauche dabei das Schiff wie eine Waffe. Sein Mund war staubtrocken, und er mußte ständig zwinkern, um klar sehen zu können.

Sie durchfuhren jetzt den Rand des Taifunwirbels und kämpften sich durch sintflutartige Regengüsse, die sie fast blind machten. Mehrere Stunden waren vergangen, seit Gunnar Maddox' Protest abgeschmettert hatte, aber die Zeit schien jede Bedeutung verloren zu haben. Nur eins war wirklich: die rollende, tropfende Welt des Steuerhauses.

Die Stärke des Sturms, der mit seinem irrsinnigen Heulen jeden Gedanken unmöglich machte, hatte noch zugenommen. Der letzte, verstümmelte Funkspruch besagte, daß die Windgeschwindigkeit hundert Knoten überschritten hatte und weiter stieg. Gunnar warf einen Blick auf die geduckten Gestalten, die alle um den Rudergänger herumstanden. McCord, der Quartermeister, hatte Paice abgelöst und führte jetzt seinen Privatkrieg mit dem bockenden Rad. Wie gebannt starrte er auf den Kompaß, wobei ihm vor Anstrengung der Schweiß über das hagere Gesicht lief. Gunnar packte den Maschinentelegrafen fester, als das Schiff seitwärts taumelte, getroffen von einem wuchtigen Brecher, der sich entgegen allen Regeln quer zum Weg seiner Gefährten gegen sie warf.

»Ruder hart Steuerbord! Beide Maschinen volle Fahrt voraus!«

McCord fluchte, meldete dann jedoch heiser: »Schiff dreht nach Steuerbord, Sir. Null-acht-fünf geht durch, null-acht-acht liegt an.«

Gunnar ließ seinen Halt los und hangelte sich zur festgeklammerten Karte. »Komm auf!« Ständig hatte er den Kurs überprüft und berichtigt, während sie sich mühsam der Payenhau-Gruppe näherten, die jetzt irgendwo in dem Toben recht voraus liegen mußte.

Eine Tür schlug zu, und er hörte Kroner neben sich keuchen. McCord rief: »Schiff liegt auf Kurs, Sir!« Er schien selbst überrascht zu sein.

Gunnar fing einen Bleistift auf, der vom Tisch rollte. »Backbord zehn, McCord. Gehen Sie auf null-vier-fünf.« Vorsichtig hangelte er sich wieder zurück. Ein plötzliches Überholen, und er konnte besinnungslos geschlagen werden. »Hatten Sie Glück mit dem Radar?« Er blickte Kroner in das kreideweiße Gesicht.

Der schüttelte den Kopf. »Nur verzerrte Geisterbilder, Sir.«

»Das habe ich vermutet. Die See geht zu hoch.«

Heiser fragte Kroner: »Wie sieht's aus, Sir?«

Gunnar zuckte die Schultern. »Wir sind jedenfalls noch am Leben.«

Ein Telefon schnarrte, Kroner nahm ab. »Ja, ich habe verstanden.« Heftig nickte er. »Ich melde es dem Kommandanten.« Mit neuem Respekt sah er Gunnar an. »Radar meldet, er hat kurz einen Schatten von Payenhau gesehen, Sir. Er hat ihn wieder verloren, aber der Bereich ist klar. Es liegt recht voraus, Entfernung zehn Meilen.« Kopfschüttelnd fuhr er fort: »Mein Gott, Sir, ich weiß nicht, wie Sie es bei diesem Sturm finden konnten!«

Gunnar lächelte flüchtig und dachte: Das weiß ich auch nicht. »Sagen Sie dem Maschinenraum, sie sollen mit der Fahrt auf fünfzehn Knoten heruntergehen. Wir bleiben noch draußen und laufen erst bei Tageslicht ein.« Das Schiff schüttelte sich und erweckte die erschöpften Wachgänger zu neuem Leben.

»Halten Sie Kurs!« Gunnar trat hinter den Rudergänger und beobachtete den tickenden Kompaß. Durch seine Schuhsohlen spürte er, wie die *Hibiscus* kämpfte. Die gefährliche Einfahrt lag noch vor ihnen, aber das Schlimmste war vorüber. Schon glaubte er, die neue Zuversicht des Schiffes zu spüren, und hoffte nur, daß auch seine eigene Kraft ausreichen würde. Alle hielten ihn für verrückt, und vielleicht war er das auch. Bestimmt hatte Burgess inzwischen seinen Bericht in Taiwan übergeben. Danach konnte der Admiral nicht länger im Zweifel darüber sein, was er zu tun hatte. Auf keinen Fall würde er sich weiter durch Jagos schöngefärbte Berichte beruhigen lassen, und wenn inzwischen eine Invasion stattgefunden hatte, konnte ein Funkspruch direkt an die *Hibiscus* Gegenmaßnahmen auslösen. Wenn Gunnar in Vietnam nichts anderes gelernt hatte, so doch dies mit Sicherheit: Es war besser, rasch und riskant zu handeln als überhaupt nicht.

Wieder flog die Tür auf, und Maddox trat ein, das Gesicht rot vom peitschenden Regen. Formell meldete er: »Alles auf Schäden überprüft, Sir, und keine festgestellt.«

Gunnar nickte. »Gut. Sorgen Sie bitte dafür, daß die Männer etwas zu essen bekommen.« Und zu Kroner: »Überprüfen Sie das Radar persönlich, ob Sie mehr herausfinden können.«

Kroner war ständig auf Trab gewesen zwischen Funkraum und Radargerät und wäre anfangs fast zusammengeklappt; aber jetzt hatte er offenbar die Krise überwunden. »Es ist doch erstaunlich«, meinte er. »Unsere Astronauten landen auf dem Mond, aber wir bringen es nicht fertig, daß dieses verdammte Radar anständig arbeitet!«

Überrascht sah Gunnar ihn an, und die unrasierten Männer ringsum grinsten zum ersten Mal. Kroner hatte tatsächlich einen Witz gemacht! Jetzt mußte es ja besser werden.

Als die kleine *Hibiscus* sich im Schutz der hohen Felsen mühsam ihren Weg durch die südwestliche Einfahrt suchte, tobte der Sturm auf den Hügeln der Hauptinsel noch immer mit unverminderter Heftigkeit. Er legte die regennassen Ginsterbüsche auf den Hängen flach wie nasses Pelzwerk.

Sergeant Rickover lag in seinem Feldbett und hielt ein Buch so, daß das gelbe Licht der flackernden Petroleumlampe darauf fiel. Einige Stromkabel waren durch einen umstürzenden Mast oberhalb des Forts beschädigt worden, der Generator war ohnehin unzuverlässig, und der Mangel an ausgebildeten Elektrikern machte baldige Reparaturen unwahrscheinlich.

Er las nur mit halber Aufmerksamkeit, lauschte gleichzeitig dem fernen Heulen des Sturms und dem peitschenden Regen. Siedlung und Ankerplatz lagen auf der Leeseite der Insel und waren somit durch die Hügel dahinter etwas geschützt. Rickover hatte hier schon einmal einen Taifun erlebt und in anderen Teilen der Welt Schlimmeres durchgemacht. Im Fort war es sicher und gemütlich, und wenn der

Sturm vorbei war, würde man ihnen von der Basis sicherlich einen Sanitätstrupp und Handwerker schicken, um aufzuräumen und die schlimmsten Schäden zu reparieren.

Rickover dachte an die *Hibiscus* und fragte sich, wie es ihr wohl ergehen mochte. Unter Gunnars Führung würde dem Schiff nichts passieren. Der Fehler war nur, daß er alles zu persönlich nahm. Die Admiralität traf doch die Entscheidungen, also war es sinnlos, sich aufzuregen. Wenn es so weiterging, war es sowieso nur eine Frage der Zeit, bis die Welt in zwei völlig getrennte Lager geteilt sein würde.

Das Feldtelefon schnarrte in seinem Ledergehäuse, und mit einem unwilligen Grunzen rollte Rickover sich auf die Seite und nahm ab. »Sergeant Rickover. Was ist?«

Es war ein chinesischer Unteroffizier, ein kleiner, rundlicher Mann, offenbar jetzt wachhabender Patrouillenführer. »Großes Durcheinander, Sergeant! Alle Telefonleitungen kaputt!« Er machte eine Pause, und Rickover hörte sein schweres Atmen.

»Was soll das?« Müde setzte Rickover sich auf und kratzte sich den Kopf. »Melden Sie es Ihrem wachhabenden Offizier!«

»Kein Offizier da, Sergeant. Alle weg!«

Rickover schwang die Beine über den Kojenrand und starrte das Telefon verärgert an. Alle weg? Wie war das möglich? »Okay, Alka-Seltzer, ich komme gleich runter.« Er wartete darauf, daß der Mann beim Gebrauch seines Spitznamens kicherte, was er normalerweise tat. Sein wirklicher Name war für Rickovers ungeübte Zunge viel zu schwierig. Aber kein Kichern kam, alles blieb still.

Rickover stand auf und streckte sich. Telefon kaputt, das war eine Sache, aber wo zum Teufel steckten die chinesischen Offiziere? Es mußten doch immer eine ganze Menge von ihnen auf Wache sein. Also würde er selbst nach dem Rechten sehen. Sie hießen hier zwar »Berater«, dachte er trübsinnig, in Wirklichkeit aber waren sie nichts als Kindermädchen.

Ein Gedanke kam ihm, er drehte die Kurbel eines anderen Telefonapparats und wartete auf Jagos Ausbruch. Statt dessen plapperte auch dort eine chinesische Stimme in sein Ohr: »Colonel nicht hier. Er ausgegangen.« Klick.

Jetzt war Rickover mit einem Ruck hellwach und besorgt. So etwas war bisher noch nie vorgekommen. Immer teilte Jago seinem Feldwebel mit, wohin er ging, und immer blieb ein chinesischer Offizier im Bunker am Funkgerät, für den Fall eines Notrufs.

Rickover zog seine grüne Uniform an und schnallte Pistole und sonstige Patrouillenausrüstung um. Sicherheitshalber stülpte er auch den Helm auf und musterte sich nachdenklich im Spiegel. Er sah aus, als zöge er in den Krieg. Verlegen grinsend ergriff er Karabiner und Stablampe, dann trat er hinaus in den Korridor.

Vom heftigen Regen geblendet, arbeitete er sich über den offenen Platz zur Wachstube am Tor, wo Alka-Seltzer und zwei Soldaten seelenruhig hinter der Tür saßen. Überrascht starrten sie den riesigen Amerikaner in regennasser Uniform und voller Ausrüstung an.

»Was geht hier vor?«

Der Unteroffizier sah verängstigt aus, und Rickover merkte erst jetzt, daß er unbewaffnet war, während die anderen beiden Soldaten wie üblich ihre Karabiner trugen.

Alka-Seltzer schien verzweifelt. »Alle weg«, sagte er mit schwacher Stimme.

Rickover warf einen Blick aus der Tür und lauschte dem Heulen des Sturms. Auf der Reede würde schwerer Seegang herrschen, trotz des Landschutzes. Ein Jammer, daß es zu dunkel war, um etwas zu erkennen. »Wo ist der Oberst?«

»Bitte, ich nicht wissen, Sergeant!«

Rickover drehte sich nicht um, sondern musterte die Spiegelbider der anderen beiden im Fensterglas. Es brannte nur eine kleine Petroleumlampe im Raum, aber er sah deutlich, daß Seltzer am ganzen Körper zitterte. Zum Teufel, was ging hier vor? In diesem Augenblick reagierte Alka-Seltzer: klein, dick und nicht sehr intelligent in Rickovers Augen, aber treu. Keuchend sprang er den Sergeanten an und entriß ihm mit einer einzigen Bewegung den Karabiner. Im selben Augenblick löste sich ein Schuß, und der kleine Raum schien zu explodieren. Als Rickover durch den blauen Qualm spähte, der die Wachstube jetzt füllte, sah er den einen Soldaten die Arme hochwerfen, sein Gesicht hatte sich in eine obszöne rote Masse verwandelt. Aber der zweite Soldat feuerte jetzt ebenfalls.

Blitzschnell zog Rickover seine schwere Pistole, ließ sich auf die Knie fallen und schoß. Der zweite Soldat fiel, während der dicke Unteroffizier Rickovers Hüfte umklammerte und wie ein Kind heulte. Als er ihn unverletzt sah, schien er Mut zu fassen.

»Laufen Sie weg, Sergeant! Rennen Sie, oder diese Teufel bringen Sie um!« Seine Stimme war ein verzweifeltes Geschrei. »Sie haben mir befohlen, Sie herunterzurufen! Sie wollten uns beide umbringen!«

Tränen rollten über sein gelbliches Gesicht. »Aber sie haben nicht damit gerechnet, daß Sie voll bewaffnet sein würden!«

Rickover steckte die Pistole weg, nahm seinen Karabiner auf und blickte durch den Qualm auf die beiden toten Soldaten nieder. Schaudernd erkannte er sie als Angehörige der regulären, von Jago so sorgfältig ausgebildeten Truppe. Leise fragte er: »Was hat sich hier abgespielt?«

Alka-Seltzer schloß stöhnend die Augen. »Es ist Meuterei, Sir, eine Revolte! Sie wollen ganze Insel haben. Insulaner rebellieren gegen Soldaten.«

Rickover legte sich den Arm des Mannes um die Schultern und zog ihn hoch. »Ist ein Jeep draußen?« Aber er wartete die Antwort nicht ab, sondern schleppte den verwundeten Unteroffizier zur Tür, stieß sie mit dem Fuß auf und kämpfte sich durch Sturm und Regen zum Fahrzeugschuppen neben dem Haupttor. Entsetzt sah er, daß dieser leer und die Tür weit offen war.

Ein Jeep jedoch stand draußen, dankbar hob er den Verwundeten auf den Rücksitz und erweckte den Motor mit einiger Mühe zum Leben. Er hörte Kugeln gegen die Seitenwände des Fahrzeugs klatschen, achtete aber nicht darauf, sondern konzentrierte sich auf die kurvenreiche Straße. Dabei versuchte er, sich ein Bild zu machen, wartete jedoch unwillkürlich noch immer auf ein plötzliches Erwachen aus diesem Alptraum.

Ein Aufstand, eine Meuterei? Es war zu schrecklich, sich die Einzelheiten auszumalen. Wo steckte Jago bloß? Was sollte er machen, wenn keine Funkverbindung zustande kam? Es würde länger als eine Woche dauern, ehe das nächste Schiff einlief, und bis dahin ... Wild fluchte er, als zwei rennende Gestalten vor seinen schwachen Scheinwerfern auseinanderspritzten, Soldaten oder Zivilisten, es kümmerte ihn nicht. Wenn Jago in Gefangenschaft oder umgebracht war, blieb ihm nur noch Yi-Fang. Der würde wissen, was zu tun war. Über die Schulter schrie er nach hinten: »Wo ist dein verdammter Major, Alka-Seltzer?«

Die schmerzverzerrte Stimme des Unteroffiziers war kaum veständlich: »Er bei den Rebellen, Sir. Er schlechter Mann.«

Rickover hielt am Straßenrand und lehnte die Stirn ans Rad. Was für einen Sinn hatte das Weiterfahren? Wohin, zu welchem Zweck? Müde fragte er: »Ist denn die ganze Garnison übergelaufen?«

»Ich nicht wissen, Sergeant.« Alka-Seltzers Gesicht triefte vor Nässe. »Hat alles nur eine Stunde gedauert. Zuerst die Offiziere weg, dann ich von meinen eigenen Männern entwaffnet.« Deutlich schwang jetzt Ärger in seiner Stimme mit. »Aber ich nicht zulassen, daß sie Sergeant töten!«

»Danke.« Ermutigend klopfte ihm Rickover auf den Arm. »Ich muß sehen, daß du wieder zusammengeflickt wirst.« Er starrte in den strömenden Regen. »Wohin sollen wir bloß fahren?«

Alka-Seltzer packte ihn am Ärmel. »Nehmen Küstenstraße, Sir, fahren zur Westseite. Alles ruhig dort.« Stöhnend ergänzte er: »Yi-Fang im Gefangenenlager, hat dort große Guerillatruppe.«

Rickover holperte zurück auf die Straße, in seinem Kopf drehte sich alles. Mit jedem Augenblick wurde es schlimmer. Wenn Yi-Fang hinter der Meuterei steckte, mußte er verrückt geworden sein. Das Gefangenenlager war doch vollgestopft mit Terroristen, Kommunisten und deren Sympathisanten, und wenn die alle freikamen, bedeutete es das Ende von Payenhau!

Er fühlte, daß Angst mit eisigen Fingern seinen Magen umkrampfte, und merkte erst jetzt, daß er wie blind und mit Vollgas durch den Sturm raste. Gunnar hatte also doch recht gehabt! Aber er war nicht mehr hier! Als Rickover sich die Hoffnungslosigkeit seiner Lage klarmachte, wurde er mit einem Mal ruhig, ja beinahe frohgemut. Er packte das Rad fester und riß den Jeep um die engen Kurven der Küstenstraße, daß Sand und Kies gegen seinen Helm prasselten. »Los, Junge, wir zeigen es den Halunken!«

Ihm fiel Jago ein, und er malte sich aus, was dieser jetzt wohl dachte, falls er noch am Leben war. Im Licht seiner Scheinwerfer tauchte ein quer auf der Straße liegender Wagen auf und ein zweiter Jeep, der seine Nase in den seitlichen Abhang gebohrt hatte. Während der Schrecksekunde, bevor er auf die Bremse stieg und sich von seinem Sitz warf, den Karabiner bereits im Anschlag, sah Rickover die undeutlichen Silhouetten mehrerer Köpfe und das Funkeln erhobener Waffen.

Dann hörte er zu seiner ungeheuren Überraschung Jagos Stimme wie eine Säge durch den Regen schneiden. »Verdammt, Rickover, ich dachte schon, Sie würden überhaupt nicht mehr kommen!«

Es war eine Höhle oder tiefe Spalte im Berghang, durch die der Regen wie ein Sturzbach abfloß. Rickover fragte sich nicht nur deshalb, ob er sich freuen sollte, hier auf Jago getroffen zu sein. Was die Sache noch schlimmer machte: Jago war verwundet und saß da mit einem geschienten und bandagierten Bein, das er wie einen weißen Stoßzahn vor sich hin streckte. Nach und nach hatte Rickover endlich den Ablauf der Ereignisse erfaßt, und das Ergebnis war nicht ermutigend. Yi-Fang hatte sich also auf die Seite der Einheimischen geschlagen und die Insel als unabhängig sowohl von der militärischen Besatzung als auch von der nationalchinesischen Regierung, von den Amerikanern und allen anderen erklärt. Die Wachtposten waren überwältigt, Telefonleitungen zerschnitten, Waffen und Munition an Mitverschwörer verteilt worden. Über Nacht hatten die Aufständischen es unter dem Schutz des Taifuns geschafft, die Insel zu übernehmen.

Jago war gerade zu einer Besprechung bei Oberst Tem-Chuan gewesen, als es losging. Er sprach nicht weiter darüber, aber es war offensichtlich, daß er ohne die Hilfe einer Handvoll treuer chinesischer Soldaten nicht mehr am Leben gewesen wäre. So aber hatte er sich den Weg nach draußen freigeschossen und seine kleine Streitmacht in einer improvisierten Verteidigungsstellung auf der Küstenstraße um sich geschart. Noch immer begriff Rickover nicht, wie das alles hatte geschehen können. Yi-Fang hatte niemals die geringste Sympathie für die Insulaner und am allerwenigsten für den Dorfältesten gezeigt. Als Berufsmilitär schien er seinen Vorgesetzten in Taiwan besonders treu ergeben. Aber jetzt war er praktisch Herr der Insel, und wenn die Insulaner nun ihre Unabhängigkeit erklärten, was sollte man dagegen tun? Rickover hatte Jago zwar gelegentlich über die theoretische Möglichkeit einer Rebellion sprechen hören, es aber angesichts seiner gut ausgebildeten Truppe immer für unwahrscheinlich gehalten. Angewidert schlug er den Kragen hoch und zog eine Grimasse. Von wegen gut ausgebildete Truppe!

Trotz der Dunkelheit bemerkte er Jagos Gereiztheit. Der Oberst schien außerstande, die neue Situation zu akzeptieren. Selbst jetzt noch brüllte er seine Befehle zu den geduckten Gestalten hinüber, von denen wahrscheinlich einige bereits planten zu desertieren.

Auch ihn fuhr Jago an. »Nun, Sergeant, warum eigentlich sind Sie so niedergeschlagen?«

»Ich frage mich, was wir tun sollen.« Rickover war froh, daß der Oberst seine Augen nicht sehen konnte.

»Tun? Tun?« Ärgerlich wiegte Jago den Kopf. »Wir werden natürlich einen Gegenangriff starten und die Halunken schlagen. Das ist es, was wir tun werden!« Er kicherte in sich hinein. »Die werden bald merken, woran sie sind!«

Rickover versuchte es noch einmal: »Aber, Sir, wir sind als einzige übrig. Falls es überhaupt noch loyale Soldaten gibt, sind sie bestimmt zu verängstigt, um sich zu zeigen.«

Jago schnaubte verächtlich. »Blödsinn!«

Rickover stand auf, er hatte die Verbohrtheit seines Vorgesetzten allmählich satt. »Sie täuschen sich, Sir. Die ganze Insel ist in Händen der Aufständischen, und wir müssen nur einen Weg finden, um zu überleben. Wußten Sie, daß Yi-Fang das Gefangenenlager geöffnet und die Roten freigelassen hat?« Mit erhobener Stimme fuhr er fort: »Und ist Ihnen klar, daß Yi-Fang die ganze Zeit Kommunist war, ohne daß wir es merkten? Er hat die Einwohner aufgehetzt und ihnen eingeredet, daß ihnen die Unabhängigkeit winkt, wenn sie sich auf seine Seite schlagen.« Er schnipste mit den Fingern. »Und jetzt geht er hin und übernimmt das ganze Fort!«

Gekränkt sagte Jago: »Selbst angenommen, daß Sie teilweise recht haben – was würde das schon ändern?«

»Ich bin nur ein einfacher Feldwebel, Sir, aber sogar ich kann das sehen: Wir haben ihm zuviel freie Hand gelassen. Wir haben seine Leute ausgebildet und bewaffnet, aber seine Zuverlässigkeit nie in Frage gestellt. Er hatte jahrelang Zeit, sein inneres Lager mit Guerilleros und Agenten zu füllen. Jedes Flüchtlingsschiff hat wahrscheinlich eine ganze Herde davon hierher gebracht, und er sammelte sie in diesem Lager sicher und behaglich, verschiffte nur die echten harmlosen Flüchtlinge nach Taiwan. Es war so einfach, daß man kotzen könnte!«

Schon etwas kleinlauter sagte Jago: »Und wir haben ihn sogar einen Luftlandeplatz bauen lassen.«

Rickover grunzte. »Ja, das haben wir. Den können sie jetzt mitten in ihrem eigenen Lager halten, bis Verstärkung eintrifft!«

Jago versuchte sich aufzusetzen. »Mein Gott! Wir müssen was unternehmen!«

»Es gibt nichts, was wir im Augenblick tun könnten, Oberst. Absolut nichts.« Brutal fügte Rickover hinzu: »Also hatte Gunnar doch recht, oder?«

»Halten Sie gefälligst den Mund! Ich bin noch nicht am Ende!«

»Das werden Sie aber bald sein. Eine Handvoll verängstigter Chinesen und ein paar Verwundete, was wollen Sie damit anfangen?« Rickover spuckte auf den nassen Boden.

Jago stemmte sich auf dem rutschigen Lehmboden hoch. »Seien

Sie um Gottes willen still! Yi-Fang wird mich nicht im Stich lassen, nicht nach allem, was ich für ihn getan habe!«

Rickover wandte sich entmutigt ab. »Ja, bestimmt, Colonel. Er ist ja auch ein Demokrat durch und durch.«

Jago schien ihn zu vergessen. »Also, mal sehen: Als erstes müssen wir das Fort zurückerobern oder zumindest den Bunker mit dem Funkgerät. Dann können wir Verstärkung herbeirufen und die Rechnung mit diesen Halunken begleichen.« Er kicherte. »Das ist dann ein weiteres Ruhmesblatt für uns!«

Verzweifelt ließ sich Rickover auf eine Munitionskiste sinken. Jago war nicht mehr richtig im Kopf, entweder wegen seiner Verwundung oder weil er den Zusammenbruch seines kleinen Reiches einfach nicht fassen konnte.

»Wenn wenigstens Gunnar hiergeblieben wäre«, dachte er laut. »Dann könnten wir etwas unternehmen.«

Jagos Stimme bebte vor Zorn. »Der? Das ist doch ein Phantast, wie ich in meinem ganzen Leben noch keinen größeren getroffen habe! Reden, reden, reden – damit gewinnt man keine verdammten Kriege!«

Wütend stieß Rickover seinen Gewehrkolben auf den Boden. Und was tust du, Idiot? dachte er. Hierbleiben und umgebracht werden, und sei es nur, um deine dämlichen Fehler zu decken. Er beugte sich über Alka-Seltzers stille Gestalt. »Wie geht's dir?«

Der Unteroffizier nickte mit einiger Anstrengung. »Okay, Sergeant.« Beschwörend fuhr er fort: »Sie falsch, Sergeant! Meiste Soldaten loyal, nur verwirrt. Sie verstehen?«

Rickover starrte mit leerem Blick in den Regen. Wenn ich Admiral wäre, was würde ich tun? fragte er sich. Erst einmal feststellen, was auf Payenhau wirklich los ist. Und dann würde ich ein Atom-U-Boot herschicken und die ganze Insel in die Luft jagen.

Jagos Gebrabbel wurde lauter. »Sobald es hell ist, werden wir einen Gegenangriff beginnen und das Heft wieder selbst in die Hand nehmen, verstanden? Ein kräftiger Schlag in den Magen, und sie fallen um wie Kegel!«

Rickover mußte trotz allem lächeln. »Klar machen wir das, Colonel. Sie, ich und der arme Alka-Seltzer, wir hauen die gesamte kommunistische Armee in den Sack, wenn Sie's befehlen.«

Als er keine Antwort erhielt, sah Rickover den Oberst an und stellte fest, daß dieser wahrscheinlich durch den Blutverlust ohnmächtig geworden war.

Unter Beschuß

Robert Maddox stieß die Tür des Steuerhauses auf und trat vorsichtig hinaus in die offene Brückennock. Obgleich es dunkel war, erkannte er doch die vertraute Landschaft ringsum. Das Schiff selbst allerdings hatte sich verändert. Brücke und Aufbauten leuchteten weiß wie mit Zuckerguß überzogen, auch das Deck war mit einer dicken Salzschicht bedeckt. Die See war noch immer unruhig und schien wie in dumpfer Wut zu atmen, aber es war nur ein kümmerlicher Abglanz der Wildheit, die sie dort draußen beinahe zerschmettert hätte. Es war schwer vorstellbar, daß der Taifun anderswo immer noch in voller Stärke tobte. Bald würde das erste schwache Leuchten der Morgenröte über den Horizont kriechen und ihre Stärken und Schwächen schonungslos bloßlegen. Übermüdung und Furcht hatten Maddox ausgelaugt und frierend zurückgelassen, während der Kommandant jetzt tief und fest schlief, zum ersten Mal seit dem Verlassen der Insel. Der Taifun hatte noch nicht nachgelassen, als Gunnar dennoch sein nahendes Ende spürte. Plötzlich hatte er ruhig und beherrscht im Steuerhaus verkündet: »Wir haben's geschafft. Das Schiff hat sich prächtig gehalten!« Dann hatte er die Führung an Maddox übergeben und war in die Koje gegangen.

Maddox hörte jemanden auf die Brücke kommen und sah überrascht, daß es Malinski war.

Der schmächtige Ingenieuroffizier nahm die Mütze ab und ließ sich das krause Haar von der steifen Brise zerwühlen. »Es tut wohl, wieder aufrecht stehen zu können.« Er zündete seine Pfeife an und fuhr fort: »Vor ein paar Jahren lief ich mit einem kleinen Pott aus Pearl Harbour genau in einen ausgewachsenen Taifun hinein. Wir rollten uns die Seele aus dem Leib und verloren zehn Mann über Bord. Der Himmel weiß, wie wir schwimmfähig blieben, aber wir schafften es.« Zufrieden sog er an seiner Pfeife. »So ein Taifun ist wirklich eine teuflische Herausforderung für jeden Skipper.«

Maddox dachte an Gunnars letzte Worte: »Das Schiff hat sich prächtig gehalten.« Auch das war typisch für diesen Mann. Das Verdienst für ihr Überleben schrieb er dem Schiff zu, nicht sich selbst. Maddox biß sich auf die Lippen, denn ihm war klar, hätte er selbst das Kommando gehabt, wäre das Schiff bestimmt nicht durchgekommen, dessen war er jetzt sicher.

»Was uns hier wohl erwartet?« Er sprach so leise, daß Malinski den Kopf neigte, um ihn besser zu verstehen.

»Ich denke, wir werden Oberst Jago wohl eine Gallenkolik verschaffen.« Fröhlich blubberte seine Pfeife. »Und dann laufen wir wieder aus nach Taiwan.«

Maddox strich sich über das rauhe Stoppelkinn. »Hoffentlich ist es so einfach.«

»Andererseits könnte der Kommandant durchaus recht haben mit seiner Revolte. Ich bin schon so lange bei der Marine, aber eine simple Vermessung, die in einem derartigen Schlamassel endet, habe ich noch nie erlebt.«

Maddox trat unsicher von einem Fuß auf den anderen. »Ich weiß nicht. Der Kommandant ist ein guter Offizier und kann diese alte Schute mit traumhafter Sicherheit handhaben, das gebe ich zu. Aber er ist so tief in diese Ost-West-Gehirnwäsche getaucht worden, daß er sich nichts Einfaches mehr vorstellen kann.«

Malinski kicherte in sich hinein. »Vergiß es. Du hättest mit mir zusammen da unten sein sollen. Wir dachten, das ganze Schiff fällt auseinander.« Er drehte sich um, als die schlanke Gestalt des Doktors auftauchte und sich an der Reling festhielt, weil das Schiff stark überholte. Mit ihrer geringen Fahrt hielt sich die wartende *Hibiscus* gerade noch gegen die Strömung auf der Stelle, aber jede ihrer heftigen Bewegungen war eine Tortur für den Magen und gefährlich für Unachtsame.

Maddox fragte: »Was haben Sie für Probleme, Doc?«

»Ach, es ist wegen Bella.« Connells Stimme klang gedämpft. »Er muß doch bestattet werden.«

Malinski nickte. »Natürlich. In diesem Klima kann man damit nicht lange warten.«

»Ich werde es dem Kommandanten sagen.« Maddox merkte mit Unbehagen, daß er den toten Schreibergefreiten völlig vergessen hatte.

»Danke. Zweifellos würde er ihn lieber an die Haie verfüttern.«

Malinski betrachtete den anderen Mann, dessen Silhouette sich von den weiß schäumenden Brechern dunkel abhob. »Sie sind ja nachtragend, Doc, das überrascht mich. Aber meiner Meinung nach liegen Sie falsch mit Ihrem Urteil über den Kommandanten.«

Connell wandte sich ab. »Das glaube ich nicht. Wenn wir wieder zurückkehren in geordnete Verhältnisse, werde ich ihn für das, was er Bella angetan hat, büßen lassen.« Er trat zur Leiter, und sie hörten ihn hinuntersteigen.

Malinski setzte seine Mütze auf. »Vielleicht ist er religiös, Bob. Das Skalpell verträgt sich aber nicht mit dem Kruzifix, fürchte ich.«

Die Tür wurde einen Spaltbreit geöffnet, und eine übermüdete Stimme meldete: »In zehn Minuten Sonnenaufgang, Mr. Maddox!«

Malinski grinste. »Siehst du? Gott informiert uns rechtzeitig über alle wichtigen Dinge.«

Mark Gunnar legte beide Hände um den Becher und spürte, wie ihn der heiße starke Kaffee belebte. Seltsam, aber in diesen wenigen Stunden hatte er besser geschlafen als seit langem. Nachdem er sich rasiert, geduscht und sauberes Khakizeug angezogen hatte, fühlte er sich nun geradezu frisch und verjüngt.

Er wurde niemals müde, dem Schauspiel des Sonnenaufgangs zuzusehen. Ihn faszinierte die große rotglühende Kugel, die ihren glänzenden Pfad über die aufgeregten Wogen legte, er genoß die zunehmende Wärme, die bereits leichten Dampf von den nassen Decks aufsteigen ließ. Zum ersten Mal sah er jetzt die Spuren der schweren Mißhandlung, die sein Schiff im Kampf gegen den Taifun erlitten hatte, sah die verbogene Reling, die leeren Davits und Floßhalterungen. Irgendwie hatte nur das große Verkehrsboot es geschafft, an Bord zu bleiben. Mit Genugtuung stellte er fest, daß Regan bereits um seine Geschütze herumstrich, die Munition überprüfte und das Salz wie Rauhreif von der zerfetzten Persenning wischte.

Ein Trupp Seeleute versammelte sich um das Verkehrsboot, und Gunnar verspürte Trauer. Ihre allererste Aufgabe in Payenhau würde es sein, Bellas Leichnam an Land zu schaffen und ihn dort zu begraben. Gunnar trat hinaus in die Brückennock und blickte hinunter zu einer anderen Arbeitsgruppe auf der Back. Schläuche und Besen wurden dort ohne Begeisterung gehandhabt, während Obermaat Tasker an dem schlanken Dreizollgeschütz lehnte, einen Zigarrenstummel zwischen den Lippen. Die dunkle Masse von Payenhau schien am Bug vorbeizuschwingen, als drehe sie sich um den Gaffelstock. Er fand, daß die Insel abstoßend und gar nicht mehr vertraut aussah. War es, weil er Lea dort nicht mehr vorfinden würde?

Das Schiff stolperte geräuschvoll in eine Querströmung, und er schlug mit dem Becher auf die Reling. Schluß mit dem Träumen! Dem in der Nähe herumlungernden Bootsmannsmaat rief er zu: »In zwanzig Minuten klar zum Ankern!« Gunnar legte sich den Riemen seines Fernglases um den Nacken und stieg zur oberen Brücke hinauf, wo Kroner und Leutnant Maddox die Detailkarte für das Einlaufen entfalteten. Als er wieder aufblickte, war die Küste schon bedeutend näher, und die im Dunst liegenden Hügel wurden bereits von den ersten Sonnenstrahlen vergoldet.

Maddox starrte voller Verwunderung auf Gunnars adrette Erscheinung. Er selbst war noch immer unrasiert, seine Uniform zerknittert. »Wir kommen jetzt ins Hauptfahrwasser, Sir.«

Gunnar nickte. »Sobald wir auf Reede sind, soll das Verkehrsboot auf Deckshöhe gefiert werden. Ich will gleich nach dem Ankern an Land fahren. Lassen Sie eine gutbewaffnete Wache aufziehen, bis wir genau wissen, was hier vorgeht. Ich habe Regan bereits gesagt, was ich benötige.«

»Wen nehmen Sie mit, Sir?« Maddox spürte die Spannung in Gunnars Stimme. »Eine komplette Beerdigungsabteilung?«

»Nein, nur sechs Mann und Leutnant Maddox.« Hinter sich hörte er den jungen Pip überrascht Luft holen.

Maddox ballte die Fäuste. »Ist das denn notwendig, Sir? Ich meine, er ist schon genügend gefährdet worden.«

»Wenn *Sie* recht haben, besteht hier doch überhaupt keine Gefahr.« Gunnars Ton war eiskalt. »Keinesfalls kann ich einen erfahreneren Offizier entbehren. Also achten Sie jetzt auf die Einfahrt.«

Mit finsterem Gesicht trat Maddox hinter den Kompaß. »Steuerbord null-eins-null!« Verflucht sollte Gunnar sein! Es kam ihm beinahe so vor, als wolle ihn der Kommandant absichtlich reizen.

»Wrackteile an Backbord voraus, Sir!« rief ein Mann in der Brückennock, als ein schwankendes Gebilde aus Holz langsam mit dem Ebbstrom vorbeizog. Gunnar sah ihm nach. Die zerbrechlichen Boote von Payenhau hatten wenig Aussicht gehabt, den Taifun zu überstehen, selbst hier auf der geschützten Reede.

Das Land streckte seine Arme aus und umfing das langsam fahrende Schiff; die tiefschwarzen Schatten, von der niedrig stehenden Sonne geworfen, wirkten auf die Männer wie ein kalter Hauch.

Dann hatten sie die erste kleine Insel passiert und überquerten einen Streifen Sonnenlicht. Gunnar hörte Maddox sagen: »Ruder Steuerbord zehn.« Und nach einer kurzen Pause: »Steuern Sie null-zwei-fünf.«

Seltsam, wie gut Maddox spurte, wenn er wütend war, dachte Gunnar. Aber er vergaß ihn und die anderen, als die *Hibiscus* aus der schmalsten Stelle der Einfahrt hinausglitt in die breite Bucht. Im Glas konnte er das ferne Fischerdorf ausmachen, die zerschlagenen Boote auf dem schmalen Strand und die abgedeckten Häuser. Der Taifun hatte offenbar viele Opfer gefordert.

Er hörte Kroner verdrießlich sagen: »Dieser verdammte Dunst, ich kann überhaupt nichts sehen.« Niemand antwortete.

Es herrschte in der Tat schlechte Sicht. Die Feuchtigkeit des Landes verdunstete in der Sonne, weshalb die Hügel über der fernen Siedlung und das halbverborgene Fort zu rauchen schienen, als schwele unter der Insel ein unsichtbares Feuer.

»Gehen Sie mit der Fahrt herunter auf zehn Knoten, Mr. Maddox.« Gunnar hörte das Scheppern des Maschinentelegrafen und sah, wie der Bug sich leicht senkte. Er straffte sich, als er über dem Fort den schlanken weißen Flaggenmast ausmachen konnte. Es war keine Flagge gesetzt, aber er erinnerte sich nicht, ob diese normalerweise bei Sonnenaufgang gehißt wurde oder Tag und Nacht obenblieb.

Erregt rief Leutnant Maddox: »Das Wrack, Sir! Es hat sich verlagert!«

In der Flutwelle des Taifuns hatte sich der verrostete Frachter mit ganzer Länge von seiner Sandbank weggedreht und war in tieferes Wasser geglitten, so daß jetzt nur noch Brücke und Back zu sehen waren. Wir sind heimgekommen, dachte Gunnar. Selbst Bella, der gehetzte und betrogene Bella, der niemals eine richtige Chance gehabt hatte, kehrte wie ein Geist zum Schlupfloch seiner Mörder zurück.

Von der Back rief Regan: »Steuerbordanker klar zum Fallen, Sir!«

»Alle Maschinen stopp.« Ruhig glitt das Schiff vorwärts, der Steven warf kaum eine Bugwelle auf. Gunnar räusperte sich. Trotzdem war hier alles anders geworden. Keine Leute, nicht mal Hunde ließen sich auf der alten Pier sehen. Er fühlte sich wie nackt ausgesetzt, aber schließlich war es noch sehr früh am Morgen, und sie wurden nicht erwartet. Unwahrscheinlich, daß hier jemand das Schiff mit überschwenglicher Freude begrüßen würde. Ein Gedanke fuhr ihm durch den Kopf, als er die abgedeckten Häuser erblickte: Die Leute würden Hilfe brauchen. »Sagen Sie dem Doktor, er soll beim Verkehrsboot warten und mit mir an Land fahren.«

»Wir sind auf dem Ankerplatz, Sir!«

»Laß fallen.« Er sah Rost und Funken aufstieben, als die Ankerkette durch die Klüse rasselte. »Beide Maschinen langsame Fahrt zurück!« Das Schiff erbebte und schüttelte sich, während der Anker sich in den Boden grub, den er so gut kannte. »Beide Maschinen stopp.«

Ein paar Sekunden standen die Männer auf der Brücke still, jeder in seine Gedanken versunken. Dann hörte man Anders rufen: »Fier weg!« Gleich darauf platschte das Verkehrsboot ins Wasser. Gott sei

Dank ist es übriggeblieben, dachte Gunnar. Die Pier war in sich zusammengesackt, und ein leichter Stoß, selbst von einer Dschunke, mußte ihr den Rest geben.

Gunnar sah Pip an. »Stellen Sie sicher, daß alle Männer im Boot bewaffnet sind, für den Fall, daß es Ärger gibt.«

Kroner rief erstaunt: »Das Fort, Sir – die Tore stehen offen!«

Jago mußte wohl allzu selbstsicher geworden sein. Gunnar stieg die Leiter hinunter. »Ich mache so schnell, wie ich kann.« Er las eine Frage in den beunruhigten Augen des I.O. »Und ich halte Sie über alles auf dem laufenden.«

Slattery, der Steward, wartete an der Reling und reichte Gunnar wortlos Pistole und Gurt. Dann saß er in dem schwankenden Boot und warf von außen einen Blick auf sein Schiff. Er sah die verschrammte Farbe, die stellenweise abgeplatzt war und die alten, geflickten Stahlplatten freigab. Aber die Riemen tauchten flott ein, und einen Augenblick später hatten sie die *Hibiscus* hinter sich gelassen.

Von der hohen Brücke aus beobachtete Maddox das Boot, das aussah wie ein kleiner Wasserkäfer. Noch konnte er den Kopf seines Bruders neben dem Kommandanten ausmachen und den leuchtenden Farbfleck der Flagge über dem Toten.

Regan polterte über die Brücke, die Mütze in der Hand und an einem riesigen Sandwich kauend. »Mein Gott, Bob, Sie sehen ja aus, als hätten Sie in einer Zentrifuge geschlafen!« Grinsend blickte er in Maddox' düsteres Gesicht. »Selbst Ihre Ohren sind blutrot.«

Dann straffte er sich ruckartig, und Maddox fuhr herum, um seinem Blick zu folgen. Auf dem Hang über der Einfahrt, die sie soeben passiert hatten, stand ein braunes Wölkchen in der Luft. Im nächsten Augenblick war es von der Brise verweht, aber Regan sagte überrascht: »Das war ein Schuß!«

Noch während sie hinaufstarrten, hörten sie ein dünnes Pfeifen, unmittelbar gefolgt von einem lauten Klatschen längsseits. Dann ertönte noch einer und schließlich ein dritter Knall, während die Granaten mit grellgelbem Blitz und ohrenbetäubendem Krachen rundum detonierten.

Kroner keuchte: »Was zum Teufel ...«

Aber Regan war bereits auf der Leiter, das Sandwich noch in der Hand. »Ein Mörser! Ein verdammter Mörser!« Er blieb stehen und starrte in Maddox' betroffenes Gesicht. »Geh Anker auf, Bob, um Himmels willen, sie haben uns eingegabelt!«

Wie benommen ging Maddox über die Brücke, sein Herz schlug gegen die Rippen wie ein Hammer. Mit ihm selbst fremder Stimme schrie er: »Alarm an alle!«

Regan rannte bereits über das Vordeck, Maddox war allein auf der Brücke. Er hatte jetzt die Verantwortung. Sich den Schweiß aus den Augen wischend, rief er: »Schlipp die Ankerkette!« Regan trieb bereits die Leute nach vorn zum Spill, seine Arme bewegten sich dabei wie Dreschflegel.

Maddox wurde es mit einem Mal so eiskalt, als höre er sein Todesurteil. Barsch rief er Kroner zu: »Funkspruch an Hauptquartier – schnell! Sagen Sie, daß wir unter Beschuß stehen. Fordern Sie Luftunterstützung an . . .« Nach Luft schnappend brach er ab, als wieder eine Salve Mörsergranaten rund um das Schiff detonierte und weißglühende Splitter pfeifend über die Brücke jagten. »Los, Mann, setzen Sie den Funkspruch ab!« Dann rannte er zum Sprachrohr. »Beide Maschinen äußerste Kraft voraus! Ruder hart Steuerbord!« Er hoffte nur, daß die Kette bereits geschlippt war; dann starrte er hinüber zur Küste, ob er das Verkehrsboot noch ausmachen konnte. Aber das Schiff drehte bereits, und das Boot, falls es überhaupt noch schwamm, war durch das Wrack verdeckt.

Plötzlich merkte er, daß er an Deck lag. Dicht vor seinen Augen sah er große Nieten, und in den Rippen spürte er einen stechenden Schmerz. Seine Ohren waren taub von der Detonation, die er jedoch nicht gehört hatte. Keuchend zog er sich hoch, bis er wieder stand, dann erbrach er sich. Unter der Brücke quoll schwarzer Rauch hervor, und der Schornstein war durchlöchert von Splittern. Das Schiff drehte noch immer, und wäre Maddox nicht vorübergehend taub gewesen, hätte er das Schnattern aus den Sprachrohren und die tierischen Schreie des Signalgasten gehört, der von einem Splitter aufgespießt worden war.

Wie betrunken wankte Maddox zu den Sprachrohren. »Halten Sie genau auf die Ausfahrt zu! Beide Maschinen äußerste Fahrt!« Er duckte sich, als wieder ein Treffer die Brücke erschütterte und den Kartentisch aus seiner Halterung riß. Und zu Regan: »Orten Sie diese Mörserstellung und eröffnen Sie Feuer!« In hilfloser Wut hämmerte er auf die Reling, denn er wußte nicht einmal, ob die Geschütze klar waren. Aber dann vernahm er von vorn das Klicken des Verschlußstücks, und als seine Taubheit ganz nachließ, hörte er Regans grobe Stimme das Heulen der Ventilatoren und das Hämmern der Maschinen übertönen: »Alle Geschütze – Feuer!« Maddox blickte übers Brükkenkleid und sah zu seinem Erstaunen, daß einige Männer sogar Stahlhelme und Schwimmwesten angelegt hatten. Das Dreizollgeschütz fuhr auf seiner Bettung zurück, und Maddox spürte den gleichzeitigen scharfen Knall schmerzhaft in den Ohren. Er konnte nicht erkennen, wohin der Schuß ging, und es kümmerte ihn auch nicht. Es gab zu viel, an das er denken mußte, und die ganze Zeit raste die *Hibiscus* mit Höchstfahrt auf die schmale, gewundene Ausfahrt zu. Er fuhr herum, als Kroner rauchgeschwärzt und wild blickend auf der Brücke erschien. »Haben Sie den Funkspruch abgesetzt?«

Kroner bebte am ganzen Körper. »Dieser letzte Einschlag hat den Funkraum zerstört! Wir konnten nichts mehr absetzen!« Er schien kurz vor dem Zusammenbruch zu stehen. »Mein Gott, dort unten sieht es aus wie im Schlachthaus!«

Maddox stieß den Zitternden vor sich her in das Steuerhaus, dessen Blenden geschlossen waren. »Reißen Sie sich zusammen, Don! Reißen Sie sich um Himmels willen zusammen!« Dem Rudergänger rief er zu: »Recht so steuern, Mitte Ausfahrt!«

Das Schiff streifte eine Sandbank, und einen fürchterlichen Augenblick lang glaubte Maddox, daß sie sich den Boden aufreißen würden; aber mit nervenzerfetzendem Knirschen rutschte die *Hibiscus* über den Sand in tieferes Wasser hinein. Das Abgas aus dem durchlöcherten Schornstein mischte sich mit dem Qualm der Treffer, wehte aber achteraus davon.

Das Geschütz schwieg jetzt, und kurz darauf trat Regan zu ihnen ins Steuerhaus. »Fünf Mann gefallen und zwei verwundet«, meldete er knapp. »Ich hatte nicht die geringste Chance mit dieser Erbsenkanone.«

Maddox rieb sich die Augen und bemühte sich, zusammenhängend zu denken. »Beide Maschinen große Fahrt voraus!«

Leise fragte Regan: »Und was tun wir jetzt, Bob?«

Maddox sah zu, wie das Land querab vorbeiglitt, und erwiderte. »Der Kommandant hatte also doch recht! Verdammt noch mal, und wie recht er hatte!« Ein Nerv zuckte in seinem Gesicht. »Mein Gott, und Pip ist dort drüben bei ihm!«

Als habe er nichts gehört, fuhr Regan gleichmütig fort: »Wir könnten mit Höchstfahrt nach Taiwan laufen und dort Hilfe holen, oder . . .«

Verzweifelt starrte Maddox in die tiefliegenden Augen des Artillerieoffiziers. »Oder was?«

»Zurückkehren!« Mit leisem Lächeln fuhr er fort: »Wir können uns den Weg hinein erkämpfen und deinen Bruder rausholen.« Dann, nach einer Pause: »*Und* den Kommandanten, natürlich.«

»Ich bin mir nicht sicher – ich meine, ich weiß nicht . . .« Unschlüssig sah sich Maddox im Steuerhaus um. »Wenn wir wieder reingehen, schießen sie uns in Stücke!«

»Diesmal sind wir aber bereit für sie.« Regan grinste wölfisch. »Los, Bob, komm! Willst du denn ewig leben?«

Sein Grinsen wurde verächtlich, als Maddox sich abwandte und sagte: »Ich muß erst nachdenken. Schließlich habe ich die Verantwortung.«

»Natürlich hast du die. Du hast jetzt hier das Kommando, und Gott sei uns gnädig!«

Wütend fuhr Maddox herum: »Vergiß das ja nicht!«

Regan öffnete die Tür. »Ich kümmere mich um die Geschütze. Obermaat Tasker habe ich nach unten geschickt, um nach den Verwundeten zu sehen. Ich nehme an, ich bin jetzt Erster Offizier?«

Kroner unterbrach sie mit aschfahlem Gesicht: »Mir ist etwas eingefallen.« Die beiden starrten ihn an. »Sie erinnern sich doch an die Fahrt, die der Kommandant zusammen mit Ihrem Bruder auf der *Osprey* unternahm?« Erregt zeigte er in eine bestimmte Richtung. »Als er die Inseln im Norden absuchte?«

Regan rieb sich das Kinn. »Na und?«

»Er fuhr damals durch die schmale östliche Einfahrt!« Kroner starrte in ihre ausdruckslosen Gesichter. »Begreifen Sie denn nicht? Dieses Fischerboot hatte einen beträchtlichen Tiefgang, mindestens acht Fuß. Aber die *Hibiscus* hat nur siebeneinhalb Fuß!«

Maddox ging zur Karte und spürte dabei ein Zittern in seinen Beinen. »Wir müßten allerdings erheblich mit der Fahrt runtergehen, denn wir sind dreimal so lang wie die *Osprey*.«

»Trotzdem ist es einen Versuch wert.« Eifrig studierte Regan die Karte. »Donnerwetter, Don, ich wußte gar nicht, was alles in dir steckt!«

Kroner starrte ihn an und betupfte sich den Mund mit einem sauberen Taschentuch. »Ich möchte am Leben bleiben, das ist alles. Dort hätten wir eine bessere Chance, als wenn wir hier wie der Stier gegen das geschlossene Tor rennen.«

»Er hat recht.« Maddox zögerte noch immer. »Wenn wir ganz langsam fahren, könnten wir uns durch das östliche Fahrwasser tasten.

Es ist schmal, aber kurz.« Er dachte an den Blick seines Bruders, der ihn voll Enttäuschung und Beschämung gemustert hatte. »Wir versuchen es!«

Regan grinste. »Du bist also doch nicht so eine Flasche, wie ich dachte.« An der Tür blieb er noch einmal stehen. »Eins ist sicher: Falls wir es diesmal vermasseln, wird uns niemand deshalb zur Sau machen. Denn wenn die Goldfasane dahinterkommen, liegen wir alle längst im Knochengarten!«

Maddox zwang sich zur Ruhe. »Drehen Sie nach Backbord auf null-neun-null.« Der erste Schock war verpufft, die Besatzung würde sich bald fragen, was er mit diesem Husarenstück beabsichtigte. Was wollte er eigentlich beweisen? Das alles erschien ihm so sinnlos. Aber sie handelten ja alle wie Fremde, selbst Kroner schien ein anderer geworden zu sein.

Paice wirbelte das Rad herum. »Neuer Kurs liegt an, Sir.«

Maddox griff zum Mikrophon, und nach einem Augenblick des Nachdenkens sagte er: »Hier spricht Kapitänleutnant Maddox. In kurzer Zeit werden wir wieder in Payenhau einlaufen.« Er hörte den Lärm ringsum schwächer werden. »Wenn nötig, werden wir dort den Feind angreifen.« Er hängte das Mikrophon wieder an seinen Platz und lauschte dem Rasseln des Munitionsaufzugs. Den Feind angreifen? Er wußte ja nicht mal, wer der Feind war.

»Legt euch in die Riemen, verdammt noch mal!« Gunnar packte das Dollbord des Bootes, während die erschrockenen Seeleute den Schlagrhythmus wieder aufnahmen, den sie bei der ersten Detonation verloren hatten. Es waren lediglich Minuten vergangen, aber ihnen schien es, als kröchen sie schon seit einer Ewigkeit schutzlos über das offene Wasser.

Entsetzt hatte Gunnar das langsame Vorrücken des Mörserfeuers beobachtet, das ihm vertraute Muster, das Häuser, Truppen, Eisenbahnzüge oder Schiffe vernichten konnte. Dann, als der schlanke graue Rumpf der *Hibiscus* drehte und ausbrach aus dem engen Ankerplatz, hatte er die orangefarbene Glut an der Achterkante Brücke, die wirbelnden Metallsplitter und den aufsteigenden Qualm gesehen. Anders als Geschosse geringeren Kalibers oder mit gestreckter Flugbahn fielen die Mörsergranaten wie Bomben fast senkrecht von oben. Normalerweise waren ihre Trefferchancen gegenüber Wasserstreitkräften gering, aber bei einem langsam fahrenden oder gar stilliegenden Ziel in genau eingepeiltem Gebiet mußte ihre Wirkung um so verheerender sein. Dieser Einschlag von oben hatte sich, ohne den dürftigen Schutz der Panzerung, tief ins Herz des Schiffes gebohrt.

Obermaat Anders hatte laut gerufen: »Das muß den Funkraum erwischt haben, Sir!«

Als das Schiff endlich Fahrt aufnahm und das Verkehrsboot ohne den Schub der Riemen wild schwankte, hatte Gunnar die drohende Gefahr für sie selbst erkannt. Nun war ihr Boot, nur noch ein paar Meter vom Strand entfernt, das Ziel. Mehrere Gischtfedern stiegen bereits neben ihnen auf, und Pip Maddox duckte sich unwillkürlich.

»Gewehrfeuer, Sir.«

Gunnar musterte die angespannten Gesichter der Männer, die sich jetzt mit ganzer Kraft in die Riemen legten. Der Seemann im Bug schrie plötzlich auf, ließ seinen Riemen los und griff nach seiner Schulter. Dr. Connell wollte aufstehen, als er Blut zwischen den Fingern des Mannes hervorsickern sah, aber Gunnar fuhr ihn an: »Sitzen Sie still! Später haben Sie Zeit für ihn!«

Das Boot knirschte auf den sandigen Grund. Gunnar sprang über Bord, spürte das kühle Wasser an seinen Beinen und hörte das undeutliche, nahezu beiläufige Knattern von Gewehrfeuer, offenbar aus dem Fort. Die Tore waren jetzt geschlossen, und auf den Wällen bemerkte er Bewegung.

Das Boot blieb mit starker Schlagseite liegen, und Bellas verhüllter Körper rollte vergessen über die Duchten. »Erwidert das Feuer!« Gunnar zog seine Pistole und warf sich hinter einen Steinhaufen.

Anders schrie. »Ausschwärmen! Und haltet die Köpfe unten!«

Gunnar lag ganz still, sein Herz schlug schmerzhaft gegen die Rippen. Seine Augen tränten vor Konzentration, als er sich vorzustellen versuchte, was Maddox wohl unternehmen würde. Vielleicht fuhr er hinaus und in Sicherheit, solange das noch möglich war. Es gab kaum eine Alternative für ihn.

Anders robbte durch den Sand auf ihn zu, das Gesicht puterrot vor Anstrengung. »Was jetzt, Sir?« Er zeigte auf die orangefarbenen Mündungsblitze in der Ferne. »Die Halunken haben uns hier festgenagelt!«

Gunnar stützte sich auf die Ellbogen. Das Feuer war gefährlich, aber ungenau. Ein einziger Scharfschütze hätte vermutlich mehr erreicht als diese verborgenen Männer auf dem Wall. Das Mörserfeuer zeigte, daß die Rückkehr des Schiffes für den Feind völlig überraschend gekommen war, der sich überwiegend im Inneren oder am anderen Ende der Insel aufzuhalten schien. Beim Gefangenenlager, zum Beispiel. Sie waren ihres Sieges so gewiß, daß sie das Fort nicht gesichert hatten.

»Achtung, hier kommen sie!« rief Pip Maddox verzweifelt.

Gunnar hatte den Jeep bereits gehört. »Rasch, Anders! Schicken Sie drei Männer hin, sie sollen die Küstenstraße verteidigen!«

Aber die durch den Sand kriechenden Seeleute feuerten keinen Schuß ab, als der Jeep nun in Sicht kam. Sie alle erkannten die kräftige, helmbewehrte Gestalt von Sergeant Rickover hinter dem Steuer. Gewehrkugeln schlugen neben den Rädern ein, ein paar prallten von den Stahlseiten ab, aber wie ein gepanzerter Kampfwagen stürzte sich der Jeep über den Straßenrand und kam in einer Wolke von Staub und Qualm zum Stehen.

Respektlos zerrte Rickover Jagos schlaffen Körper vom hinteren Sitz und warf sich mit den anderen drei Verteidigern neben dem Jeep in Deckung. »Mein Gott, Sir, mit Ihnen hatten wir nicht mehr gerechnet!«

Anders grinste säuerlich. »Der Präsident persönlich konnte nicht kommen.«

Gunnar warf einen Blick auf Jago, der alt und grau aussah. »Was hat er?«

Rickover nahm seinen Karabiner von der Schulter und sagte kurz: »Beinschuß. Der Knochen ist zersplittert.« Dann schielte er hinüber zur Straße. »Die verdammten Schufte kommen hinter uns her. Wir haben Barrikaden aus Felsblöcken gebaut, aber das hält sie nur ein paar Minuten auf. Den Rest meiner Männer habe ich zurückgelassen, tot oder verwundet.« Er zeigte auf den verwundeten Unteroffizier und die beiden Soldaten. »Das ist alles.« Mit einem Blick zum Fort fügte er hinzu: »Dort müssen wir hinauf, Sir, denn hier werden wir entweder erschossen oder ertränkt. Oben sind lediglich ein paar Wachen, wir müssen nur das Tor stürmen.« Er grinste ohne jede Fröhlichkeit. »Die Besatzung ist nicht allzu stark, sie haben das Fort eigentlich mehr aus Angabe eingenommen.« Er fluchte greulich, als ein Steinsplitter gegen seinen Helm prallte. »Der Jeep würde es schaffen. Wenn wir erst mal drin sind, können wir ihnen ein paar Stunden lang standhalten und den verdammten Sender in Gang bringen.«

Gunnar sagte: »Ich habe Burgess schon vor meinem Auslaufen nach Taiwan geschickt.« Er robbte näher an den Felsen heran. »Und wenn Maddox zur Flottenbasis durchkommt, können wir schon morgen von dort Hilfe erwarten.«

Erstaunt blickte Rickover ihn an. »Ich verstehe nicht, Sir.« Er spannte seinen Karabiner. »Die *Osprey* ist doch noch hier. Sie liegt an der Westseite vor Anker.« Dann packte er Gunnars Arm. »Sir, was ist mit Ihnen?«

Gunnar wandte sich ab. Trotz aller Beherrschung gelang es ihm nicht, den Schock und die Verzweiflung zu verbergen, die ihn überschwemmten wie eine Flut. Es war unmöglich! Die *Osprey* war nicht ausgelaufen, sondern hatte die ganze Zeit hier gelegen, während die *Hibiscus* sich ihren Weg durch den Taifun erkämpfte! Das war typisch für Burgess, eine genaue Kopie dessen, was er schon einmal gemacht hatte. All sein Elend, der Schmerz über die unehrenhafte Entlassung und sein Fehlverhalten hatten ihn nichts gelehrt; sein Verrat war vollkommen.

Mit dem Handrücken wischte sich Gunnar den Schweiß vom Gesicht und versuchte, seine rasenden Gedanken zu ordnen. Wie mußten sie ihn ausgelacht haben!

Eine kalte, alles verzehrende Wut flammte plötzlich in ihm auf; mit schneidender Stimme schrie er: »Anders! Wir rammen das Tor mit dem Jeep! Deckungsfeuer auf die Brustwehr!«

Pip Maddox rief atemlos: »Ich fahre den Jeep, Sir!«

Gunnar betrachtete ihn aufmerksam. »Nein, diesmal nicht.« Aber sie wirbelten beide herum, als der Motor des Jeeps laut aufheulend zum Leben erwachte.

Rickover brüllte: »Alka-Seltzer! Komm sofort zurück, du schaffst es nicht!«

Anders hob den Karabiner. »Schnellfeuer!« Er warf einen Seitenblick auf die Seeleute. »Schießt, ihr verdammten Banditen!«

Ihr Feuer klang dünn, aber Gunnar sah, wie graues Gestein vom oberen Rand der Brustwehr splitterte; dann sprang er auf und rannte hinter dem Jeep her, gefolgt von Rickover und den beiden Soldaten. Er hörte den Feldwebel keuchen: »Der arme Kerl ist verwundet. Er hat mir heute schon mal das Leben gerettet!«

Mit ungeheurem Krach detonierte der Jeep beim Aufprall auf die beiden großen Torflügel. Das Holz splitterte und schwankte, wurde aber von hinten durch starke Ketten gehalten. In der Mitte hatte sich das Tor jedoch einen halben Meter geöffnet. Der Jeep brannte lichterloh, und Gunnar wurde übel, als er den chinesischen Unteroffizier auf dem Fahrersitz sah, dessen Gestalt in dieser Feuerhölle sofort jede Form verlor.

Aber Rickover war an ihm vorbeigelaufen und riß das Tor vollends auf. Durch die Zähne knurrte er: »Das ist für dich, Alka-Seltzer!« Und feuerte in die Gruppe flüchtender Soldaten hinter dem Wachhäuschen.

Dann waren sie alle im Hof und rannten wie die Verrückten hinauf zum Bunker. Ein Soldat neben Gunnar fiel lautlos, und dieser feuerte direkt in das Gesicht des Schützen, der sich wieder hinter einen Stapel Munitionskästen ducken wollte. Sie stürmten durch den wohlbekannten Gang, ihre Schatten sprangen vor ihnen her im schwachen Schein der Petroleumlampen. Noch ein paar Meter, und sie standen vor Jagos Bunker.

Rickover stemmte die Schulter gegen die Stahltür und drückte sie auf. Aus irgendeinem Grund funktionierte die elektrische Beleuchtung hier noch und enthüllte eine völlig unwirkliche Szene.

Jagos Hauptquartier war ein wüster Trümmerhaufen. Selbst das riesige Wandgemälde »Seesoldaten unter Feuer« war mit chinesischen Parolen beschmiert. Ein junger Leutnant und zwei Soldaten lagen in ihrem Blut an der Wand gegenüber, offenbar drei von Jagos Leuten, die ihm genau wie Alka-Seltzer treu geblieben waren.

Drei schwitzende Chinesen lehnten am Tisch mit dem Funkgerät und starrten Gunnar verängstigt, aber doch irgendwie triumphierend an.

Rickover sah an ihnen vorbei auf das Gewirr von Drähten. »Ich vermute, wir sind zu spät gekommen, Sir«, sagte er langsam.

Gunnar ließ die Arme sinken. Es schien hoffnungslos, so als habe eine höhere Macht beschlossen, all seine Bemühungen zunichte zu machen.

Er sah erst auf, als Rickover empört hervorstieß: »Diese roten Halunken morden, betrügen, foltern und lügen. Sie begehen jedes Verbrechen, aber dann . . .« Er deutete auf die drei, die ihre Waffen sorgfältig neben dem zerstörten Sender abgelegt hatten. »Aber wenn sie dann erwischt werden, erwarten sie sofort faire Behandlung. Nicht mit mir!« Er hob den Karabiner, betäubend krachte ein Schuß durch den Raum. Sein Echo mischte sich mit den nächsten beiden Schüssen, die jeden Schrei übertönten, den die drei Soldaten etwa noch ausstießen. In dem grellen Licht glänzte ihr Blut hellrot und unwirklich.

Rickover klemmte sich den Karabiner wieder unter den Arm. »Sie können mich deswegen zur Meldung bringen, Sir. Aber diese Schurken hatten nichts anderes verdient.«

Gunnar hob die Schultern. In der Ferne hörte er bereits Getrappel im Hof und die volltönende Stimme von Obermaat Anders. »Ich nicht, Sergeant.« Langsam ging er aus dem Bunker, während hinter ihnen das Licht erlosch und den Raum in gnädiges Dunkel tauchte.

Jagos Stimme scholl durch den Gang: »Setz mich hier ab, du Affe! Ich bin doch noch nicht tot!«

Draußen im Morgenlicht musterte Gunnar seine kleine Streitmacht. Es war nicht viel, aber ein Anfang. Obermaat Anders verband gerade die Schulter des verwundeten Seemanns, und Connell widmete sich dem wütenden Jago. Ein Seemann, der riesige Texaner namens O'Brien, hob die mächtigen Arme, die eine amerikanische Flagge bedeckte. Verlegen sagte er: »Ich hab' sie mit heraufgebracht, Sir. Der arme Bella braucht sie im Augenblick nicht so dringend wie wir.«

Gunnar sah in ihre angestrengten Gesichter und war bewegt. Kein Bedauern, kein Wort der Klage oder der Angst wegen der Klemme, in die er sie alle gebracht hatte.

»Na, worauf warten Sie noch, Gunnar?« Ungeduldig zeigte Jago hinauf zur Mauer. »Hissen Sie die Flagge, und wenn es das letzte ist, was wir noch tun können!«

Gunnar stieg die Stufen hinauf, spürte die Sonne im Nacken und hatte ein Gefühl, als ob alle Blicke ihm folgten. Von dem Betonwall blickte er hinunter auf ein Bild der Zerstörung, den ausgebrannten Jeep und dessen verkohlten Fahrer. Er sah die zusammengekrümmten Gestalten im Hof, sah in der Ferne das schiefliegende Verkehrsboot und darin den in Segeltuch genähten Leichnam seines Schreibers. Irgendwie war es das richtige Panorama für diese letzte trotzige Geste. Die große Flagge klebte zunächst am Mast, wehte dann aber in der frischen Brise knatternd aus. Gunnar blickte zu ihr empor und salutierte. Sie würde nicht lange oben bleiben, war aber eine Ermutigung.

Wie das Rauschen einer heranrollenden Woge hörte er in der Ferne ein anschwellendes Geschrei. Die wütend gewordenen Rebellen kamen, um das Werk, das sie begonnen hatten, zu vollenden. Bei dem wir alle mitgeholfen haben, dachte Gunnar, durch unsere Vertrauensseligkeit, Sorglosigkeit und Dummheit.

Rickover schnappte sich einen Sack voller Magazine und sah Gunnar bewundernd an. »Alles, was wir jetzt noch brauchen, ist die verdammte Luftwaffe!«

Jago hatte sich unbeholfen auf eine Kiste neben dem Tor gesetzt, ein Gewehr und zwei Pistolen in Reichweite. »Ich habe Sie unterschätzt, Gunnar«, sagte er leise, »aber ich werde Sie ab jetzt voll und ganz unterstützen, gleichgültig, was Sie unternehmen.«

Gunnar hockte sich an eine Schießscharte und beobachtete die ersten Gestalten, die um die Wegbiegung gerannt kamen. Was tun wir eigentlich hier, fragte er sich, was hat das alles für einen Zweck?

Er wischte sich den Schweiß aus den Augen und sagte entschlossen: »Wartet, bis ich Signal gebe!«

Sache der Artillerie

Pirelli schlug die Augen auf und blinzelte verwirrt ins Halbdunkel. Ein paar Minuten lang blieb er still liegen, während sein schlaftrunkener Geist widerwillig zum Leben erwachte; er starrte nach oben auf den kleinen, kreisrunden Fleck hellen Blaus über seinem Kopf.

Für jeden anderen wäre der enge Kettenkasten der *Osprey* ein untaugliches Versteck gewesen. Er lag vorn gleich hinter dem Steven und war vom Rest des Bootes durch ein Kollisionsschott abgetrennt. Seine einzige Belüftung bestand aus ein paar kleinen Löchern über der Bilge und dem runden Durchlaß im Deck darüber, durch das die Kette beim Ankern rasselte. Jetzt aber stampfte das Boot leicht vor Anker, die glänzenden Kettenglieder hingen senkrecht neben Pirellis Lager herab und verschwanden unten im schmalsten Teil des starken Rumpfs. Sobald Pirelli den Plan gefaßt hatte, als blinder Passagier auf der *Osprey* nach Taiwan mitzufahren, hatte er sich sofort für diesen Raum entschieden. Er war im Schutz der Dunkelheit an Bord geschlichen, denn mit dem Instinkt des erfahrenen Seemanns hatte er erkannt, daß niemand an Bord war.

Genau wie erwartet, war die *Osprey* bald danach ausgelaufen, ihr schwerer Diesel tuckerte gedämpft und gleichmäßig, als das Boot seinen Liegeplatz verließ und seinen plumpen Bug in die ersten Seen bohrte. Die Bewegungen wurden bald wild und heftig, und Pirelli merkte auch in seinem Versteck, daß sich das Wetter verschlechtert hatte. Seltsamerweise störte ihn das nicht. Er hatte sie alle an der Nase herumgeführt und war jetzt auf dem Weg in die Freiheit. In Taiwan würde er schon einen Unterschlupf finden. Alles war besser, als von der Militärpolizei gefaßt und in die nächste Zelle gesperrt zu werden.

Rasch überlegte er, wie viele Menschen sich auf dem heftig arbeitenden Boot befanden. Burgess' schweren Schritt über seinem Kopf hatte er schon erkannt; jetzt lauschte er den Befehlen, die er dem chinesischen Bootsmann erteilte. Außerdem mußte es noch einen Maschinisten geben, und dann war da natürlich das Mädchen.

In der ersten Nacht auf See, als der Sturm den Gischt prasselnd gegen die hölzernen Bordwände trieb und Wasser durch die Decksnähte auf Pirellis Rücken tropfte, war sie in den kleinen Schlafraum heruntergestiegen, so dicht bei Pirelli, daß er sie hätte berühren können. Sobald sie die kardanisch aufgehängte Lampe angezündet hatte, preßte er das Gesicht gegen die Wand und fand bald eine Ritze. Rasch vergaß er den Gestank des Bilgenwassers und des Diesels, die markerschütternden Stöße, wenn der Steven in ein tiefes Wellental fiel, als er zusah, wie sie aus ihren Kleidern schlüpfte und sich auf den Kojenrand setzte, wo sie ihr langes schwarzes Haar kämmte. Gierig beobachtete er jede ihrer Bewegungen. Wie glatt und geschmeidig ihre Schultern waren, wie blaß die kleinen, aber vollkommenen Brüste!

Mit einem Ruck setzte Pirelli sich jetzt auf. Die schlechte Luft und die Erschöpfung hatten ihn wohl benebelt. Denn was kümmerte ihn noch das Mädchen? Irgend etwas war schiefgegangen, aus unerfindlichem Grund war das Boot nach Payenhau zurückgekehrt. Zuerst dachte er, es sei wegen des drohenden Sturms; aber wie die meisten Berufsseeleute konnte auch Pirelli gut beurteilen, was mit seinem natürlichen Element zu tun hatte. Er wußte, das Boot hätte Taiwan noch vor dem Eintreffen des Taifuns erreichen können. Es hatte auch keine Motorpanne gegeben. Burgess schien sogar besonders fröhlich gestimmt zu sein, denn Pirelli hörte ihn öfter oben im Steuerhaus singen.

Er drückte ein Auge gegen eine undichte Plankennaht und starrte hinüber zum nahen Land. Die Stelle war ihm unbekannt, aber er wußte genau, daß es Payenhau war. Warum war Burgess zurückgekehrt? Und dann zu einem anderen Teil der Insel? Besorgnis stieg in ihm auf, und er erwog, sein Versteck zu verlassen und an Land zu schwimmen. Seit Stunden lag er eingekeilt im Kettenkasten, während das Boot auf seinem neuen Ankerplatz wie wild tobte. Der Motor lief, und Pirelli vermutete, daß Burgess damit bei dem Sturm ein Schlieren des Ankers verhindern wollte.

Irgend jemand hatte die *Osprey* trotz des rauhen Seegangs im

Dingi verlassen, und Pirelli rätselte über den Anlaß, der eine so riskante Fahrt erforderlich machte. Jetzt nach Tagesanbruch stellte er fest, daß der Strand höchstens zwanzig Meter entfernt war.

Aber wovon war er aufgewacht? Er versuchte sich aufzusetzen und fluchte greulich, als heftiger Schmerz ihn durchzuckte. Lange konnte er dieses Liegen im eigenen Schmutz nicht mehr ertragen, zumal er nicht wußte, was oben vorging.

Mit einem Knall wurde die Luke geöffnet. Pirelli war sofort sprungbereit, das Gewehr in Händen. Sonnenlicht strömte in den Raum, in dem er das nackte Mädchen beobachtet hatte, und er sah Burgess die Leiter herunterstapfen, seine Tochter hinter sich herzerrend. Er war rot im Gesicht, und sein normalerweise makelloses Hemd war von Gischt und Schweiß getränkt. Das Mädchen trug nur T-Shirt und Jeans und schien zu weinen. Trotzig starrte es seinen Vater an und stieß hervor: »Du hast gelogen! *Gelogen* hast du!«

Burgess trat einen Schritt zurück und hob drohend die Hand. »Du hältst gefälligst deinen Mund! Was geschehen ist, ist geschehen!«

Burgess war betrunken, so schien es Pirelli, aber mehr als das mußte das Mädchen so mitgenommen haben. Verschwunden war ihr ruhiges, geheimnisvolles Lächeln, das Pirelli gesehen hatte, als sie sich kämmte; statt dessen wirkte sie jetzt wie am Rand der Hysterie.

Wild sah Burgess sich um. »Es ist meine einzige Chance, all das zu erreichen, was ich schon immer wollte. Nun ist Schluß mit der Kriecherei! Das Warten ist endgültig vorbei!«

Sie verlegte sich aufs Bitten. »Aber du hast doch versprochen, nach Taiwan zu fahren! Wer zwingt dich denn, nach Payenhau zurückzukehren?« Verzweifelt rang sie die Hände. »Mark Gunnar verläßt sich ganz auf dich, ist dir das nicht klar?«

Burgess schlug mit der Faust auf den Tisch. »Wage nicht, über diesen Schuft zu sprechen! Er ist für mich erledigt!« Mit gefletschten Zähnen starrte er sie an. »Und mach mir keine Vorschriften! Erwähne mir gegenüber nie mehr diesen – diesen ...« Er brach ab, als sie sich weinend an seinen Arm klammerte. »Vergiß deinen kostbaren Kapitän! Er hat eine Hure aus dir gemacht, genau wie deine Mutter eine war!«

Sie fuhr zurück, als habe er sie geschlagen.

»Glaubst du, ich wüßte das nicht?« Burgess' Stimme wurde immer lauter. »Ich habe versucht, dich rein zu halten, dich für den Richtigen aufzubewahren. Aber du weißt ja alles besser! Mein ganzes Leben habe ich gebüßt für einen einzigen Fehler! Das ist jetzt vorbei. Mit diesem Geld kann ich ganz neu beginnen!«

Die junge Frau schien sich wieder unter Kontrolle zu haben. Sehr aufrecht stand sie ihrem Vater gegenüber. »Weil man dir Geld versprochen hat, hast du die Amerikaner verraten und verkauft? Wegen deines Wahns, daß andere an deinem Schicksal schuld seien, bringst du es fertig, Kapitän Gunnar auf Hilfe warten zu lassen, die nun nie eintreffen wird?« Mit bebenden Lippen fuhr sie fort: »Glaubst du wirklich, daß du im Bewußtsein dieser neuen Schuld weiterleben kannst?«

Burgess zerrte eine flache Silberflasche aus der Tasche und setzte sie an. Pirelli sah, wie ihm der klare Schnaps in den Bart lief.

»Gunnar war ein Narr, hierher zurückzukehren«, stammelte er. »Der Coup ist gelungen, die Insel ist in der Hand von Yi-Fang und seinen Leuten, daran läßt sich nicht mehr rütteln. Ich brauchte ihn nur zu informieren.« Anklagend starrte er sie an. »Du hast doch immer behauptet, die Inselbewohner zu lieben, diesen idiotischen Dorfältesten und all die anderen! Wieso freust du dich nicht, daß sie endlich ihre Unabhängigkeit erreicht haben?« Er hustete. »Mein Gott, ich hätte gern ein Pfund für jede britische Kolonie, die ihre Unabhängigkeit mit etwas Blutvergießen erkämpft hat. Dagegen habe ich noch nie einen Amerikaner protestieren hören!«

»Aber es sind doch alles Leute, die wir kennen! Du weißt so gut wie ich, daß der alte Tao-Cho gar nicht daran beteiligt ist. Ihre Unabhängigkeit ist doch nur der Anlaß, den Yi-Fang vorschützt . . .«

Mit einem Aufschrei brach sie ab, weil Burgess sie grob am Handgelenk packte. »Hör sofort auf mit diesem Gequatsche! Ich will hier mit heiler Haut herauskommen!«

Sie entzog ihm die Hand und starrte ihn voller Verachtung an. »Es ist also wahr, du hast heimlich den Kommunisten geholfen. Mark Gunnar hat genau das vermutet!«

Burgess grinste schief. »Dein Mister Gunnar hat gar nichts vermutet. Er dachte, der Angriff würde von außen kommen! Typen seiner Art denken immer so, es ist ihr Pearl-Harbour-Trauma. Aber die Leute hier sind viel zu schlau für ihn. Genau vor seiner Nase habe ich's getan, *ich* habe es getan, verstehst du?«

»Jetzt verstehe ich.« Ihre Stimme war so leise geworden, daß Pirelli sein Ohr an den Spalt drücken mußte, um sie zu hören. »Immer wenn ich dachte, daß du deinen Rausch ausschläfst, hast du wieder eins von Yi-Fangs Landungsbooten hergelotst. Du hast Proviant und Munition für den Aufstand transportiert, wahrscheinlich auch, als Leutnant Inglis ermordet wurde.«

Burgess hob die Hand. »Damit habe ich nichts zu tun. Woher sollte ich wissen, daß dieser junge Narr gerade dann auf der kleinen Insel landen würde? Er wurde von den Männern umgebracht, die dort das Waffenlager bewachen. Yi-Fangs Leute haben danach zwei Gefangene aus dem Lager erschossen und in kommunistische Uniformen gesteckt, um Gunnar irrezuführen. Stell dir vor, der alte Jago glaubte Yi-Fang jedes Wort. Er war ja auch sein Protégé, sein Idol, sein Produkt!« Er stieß ein so irrsinniges Gelächter aus, daß seine Tochter vor ihm zurückwich.

»Und all die anderen Anschläge?« Ihre Stimme klang gepreßt.

Burgess hob die Schultern. »Oh, das waren Yi-Fangs Leute. Sie dachten, sie könnten Gunnar damit verscheuchen oder einschüchtern wie diesen verrückten Bella, der dann umgebracht wurde.«

Pirelli wischte sich das Gesicht und sah sich gehetzt um, als müsse er sich vergewissern, daß er nicht träumte. Bella war also tot? Die *Hibiscus* war zurück und bekämpfte den Aufstand? Was zum Teufel würde jetzt mit *ihm* geschehen?

Dann hörte er Burgess etwas ruhiger sagen: »Ich fahre gleich hinüber, um mir den Rest des Geldes zu holen. Du bleibst hier und hältst dich außer Sicht.«

Auf der Treppe polterten Schritte, und Tsung, der riesige Bootsmann, hob sich gegen das Sonnenlicht ab. Das Mädchen lief zu ihm. »Du mußt mir helfen! Bring mich an Land!« Ihre Stimme brach beinahe. »Bitte, ich erkläre dir alles später!«

Der große Chinese sah sie seltsam an, aber er sprach nur mit Burgess. »Ich gehe jetzt und lasse eine Wache zurück.« Mit einem schwachen Lächeln fügte er hinzu: »Nur für den Fall, daß sie Schwierigkeiten macht.«

Burgess nickte. »Wenn du es für notwendig hältst?« Seine Stimme klang beinahe unterwürfig.

Das Mädchen schrie ihn an: »Was sagst du da? Was hat Tsung damit zu tun?«

Der große Chinese betrachtete sie ausdruckslos, dann stieg er die Leiter hinauf. Über die Schulter zurück rief er: »Ich heiße nicht mehr Tsung. Mein Name ist *Bolod*!«

Wie ein Blinder tastete sich die *Hibiscus* mit langsamster Fahrt auf etwas zu, das wie ein undurchdringlicher Wall herabgestürzter Felsen aussah. Nur ein Streifen weißer Brandung verriet die schmale Einfahrt; es war kaum zu glauben, daß die Karte ihre Breite richtig angab.

Maddox rannte von Backbord nach Steuerbord, beugte sich erst aus der einen, dann aus der anderen Brückennock. Er fror, doch dabei lief ihm der Schweiß ins Hemd und ließ ihn wie im Fieber erschauern.

»Acht Faden, Sir.«

Paice stand am Ruder, hatte die Schwimmweste um und eine schwere Pistole im Gürtel. Wie alle an Bord nahm er ihre Rückkehr ruhig hin. Jeder erfüllte die Aufgabe, für die er ausgebildet war. Während der Stunden, die Maddox gebraucht hatte, um es zwischen den kleinen Inseln und einzelnen Felsen hindurchzuführen, hatte sich das Schiff in eine geschlossene Kampfeinheit verwandelt. Die Geschützbedienung duckte sich, Stahlhelm auf dem Kopf, neben dem Vierzentimeter- und den sechs schlanken Zweizentimetergeschützen, während neben dem grauen Schutzschild der Dreizollkanone auf dem Vorschiff Obermaat Taskers knochige Gestalt zu erkennen war.

»Sieben Faden, Sir.«

Ein niedriger schwarzer Schatten trieb heran und glitzerte kurz im Sonnenlicht. Maddox rannte in die Brückennock und sah, wie sich sofort zwei der schlanken Rohre in seine Richtung drehten, als schnüffelten sie an dem unbekannten Objekt wie eifrige Terriers.

Ein Ausguckposten meldete erleichtert: »Nur ein offenes Boot, Herr Kapitänleutnant!« Er richtete sein starkes Glas auf das Fahrzeug. »Eins der alten Landungsfahrzeuge, wie die Chinesen sie noch benutzen.«

Vorsichtig fuhr das Schiff näher heran. Das Boot hatte sich möglicherweise im Sturm losgerissen. Es gab kein Anzeichen von Leben an Bord, und sein niedriger Rumpf lag sehr tief im Wasser.

»Beide Maschinen stopp!«

Die *Hibiscus* versetzte dem Boot einen leichten Stoß, und Kroner fragte: »Was hast du vor, Bob?«

Maddox beugte sich über die Brückennock und spürte dabei die heiße Sonne auf Nacken und Schultern. »Wir können das Boot vielleicht brauchen. Schließlich haben wir keins mehr.« Er warf einen Blick ins Steuerhaus, als wolle er auf die Karte sehen. »Ich mache mir Sorgen wegen der Wassertiefe. Wenn wir das Schiff leichtern und unnötiges Gewicht ausladen könnten, die Wasserbomben zum Beispiel . . .« Er gab den Leuten an Deck ein Zeichen, und gleich darauf flog ein Wurfanker hinüber und hakte sich im Dollbord des Landungsbootes fest.

»Besser, wir werfen sie allesamt über Bord.« Kroner schien die Aussicht auf eine weitere Verzögerung unerträglich.

Regan trat an die Reling, die Augen zu Schlitzen verengt, und rief zur Brücke hinauf: »Bist du unter die Souvenirsammler gegangen?«

Unbeirrt antwortete Maddox: »Schick ein paar Leute ins Boot, ich will die Wasserbomben umladen.«

Regan schien dies zu billigen, und bald hörte man ihn laute Befehle erteilen, während das schrägliegende Boot längsseits geholt wurde.

Maddox sah die Seeleute über das schmale Seitendeck klettern und mahnte: »Achte auf die Abdrift, Don. Wir wollen das Schiff nicht gerade jetzt aufsetzen.« Er hob sein Glas und blickte hinüber zu den Klippen. Ein öder, bedrohlicher Ort, offensichtlich unbewohnt; die Erkenntnis, daß er die richtige Einfahrt für ihre Rückkehr gefunden hatte, erfüllte ihn keineswegs mit Genugtuung. Denn sobald sie erst aus dem schmalen Kanal heraus waren, würden sie gleich wieder ohne jede Deckung sein.

Gott sei Dank war das Schiff noch mit den kanisterartigen Wasserbomben alter Bauweise ausgerüstet. Die neueren, komplizierteren Typen hätten weitaus mehr Zeit benötigt. Polternd wurden sie über das Oberdeck gerollt, und Obermaat Tasker ließ seine Leute das Ladegeschirr direkt über dem Landungsboot auftakeln.

Kroner sagte: »Wenigstens werden wir dann nicht von unseren eigenen Wasserbomben in die Luft gesprengt!«

Maddox grunzte etwas Unverständliches. Es stimmte, eine einzige Granate, die auf dem Achterdeck einschlug, hätte ihrer aller Ende bedeutet.

Er fuhr sich mit den Fingern durch das widerspenstige Haar. Die Küste kam ihm jetzt schon viel näher vor, und mit einiger Besorgnis stellte er fest, daß die Strömung sie erheblich stärker versetzte als erwartet. An der schmalsten Stelle des Fahrwassers blieben ihnen nur sechs bis sieben Meter auf jeder Seite, und der kleinste Vorsprung konnte das Schiff aufschlitzen.

»Alle Wasserbomben ausgeladen, Sir!«

»Gut. Werfen Sie den Anker des Landungsbootes, und machen Sie es los.«

»Losgeworfen, Sir!« Schwankend blieb das kleine Fahrzeug zurück und legte sich dann an seine steifkommende Ankerleine: ein Boot voll überflüssigem Tod, ein Symbol ihrer eigenen Versäumnisse.

»Beide Maschinen langsame Fahrt voraus, steuern Sie zwo-acht-null!« Das Schiff nahm wieder Fahrt auf. Leise sagte Maddox zum Rudergänger: »Gleich werde ich Ihnen das Steuern überlassen, Paice.« Er sah, wie die Finger des Mannes das Rad fester packten. »Steuern Sie genau Mitte Fahrwasser, was auch geschieht. Es wird keine Zeit für Ruderkommandos bleiben, Sie müssen also selbständig handeln, klar?«

Paice nickte, ohne den Blick vom Kompaß zu nehmen. »Klar, Sir.«

Maddox zwang sich, nicht mehr von einer Brückennock zur anderen zu laufen, während das Schiff langsam auf den gischtenden Brandungsstreifen zufuhr. Schließlich bin ich hierfür ausgebildet worden, sagte er sich, und auch das Schiff wurde geplant und gebaut für derartige Einsätze.

»Halten Sie ein bißchen mehr nach Steuerbord, Paice. Nehmen Sie die Felsnase dort auf dem Vorsprung recht voraus.«

Nun mußte alles klappen. Wenn sie einer Seite zu nahe kamen, war es unwahrscheinlich, daß er das Schiff durch Maschinenmanöver rechtzeitig in die Mitte zurückdrehen konnte. Er spürte, wie die *Hibiscus* kräftig überholte, als sie einen von der starken Strömung gebildeten Strudel querte.

»Sechs Faden, Sir.«

Maddox nagte an seiner Unterlippe. »Sagen Sie dem Maschinenraum, ich brauche Umdrehungen für zwanzig Knoten.« Hohe Fahrt war die einzige Möglichkeit, eine Lektion, die ihn der Taifun gelehrt hatte. Die Strömung würde sie sonst bald überholen, und dann war das Ruder wirkungslos.

»Als wenn man über verdammte Stromschnellen rutscht, Sir!« Paice grätschte die Beine und beugte sich vor. »Denken Sie, daß wir klarkommen?«

»Passen Sie gefälligst auf, und behalten Sie Ihre Bemerkungen für sich!«

Maddox stellte das Glas auf die jetzt eng heranschließenden Klippen ein und fluchte. Die Maschine ging mit ihren Umdrehungen herauf, und der schnittige Vorsteven bohrte sich energischer ins gischtende Wasser. Die Wände des Canyons schossen an ihnen vorbei, so daß Maddox nur kurz sitzende Möwen, Ginsterbüsche und einmal ein Schaf sah, das vorwurfsvoll auf sie herabstarrte.

»Zwei Faden, Sir!« Die Stimme klang spröde.

Maddox hielt den Atem an. Mein Gott! Eine falsche Bewegung, und der Schiffsboden würde an den Felsen aufgerissen werden wie eine Konservenbüchse. »Kurs halten!« Über seine Schulter sagte er: »Ab jetzt Wassertiefe in Fuß melden.«

Kroner schrie: »Um Himmels willen, sieh dir diese Felsbrocken an!«

»Sieh *du* sie dir an!« Erstaunlich, wie ruhig er jetzt geworden war, da ihr Ende unvermeidlich schien.

Das Schiff holte nach Backbord über, Maddox wankte und schrie: »Ruder hart Steuerbord!« Das Schiff stöhnte wie ein lebendes Wesen. »Komm auf! Achten Sie auf den Querstrom!« Er hatte den verräterischen Strudel schwarzen Wassers am Fuß der nächsten Klippe gesehen. Dann rannte er zum Sprachrohr: »Leckkontrolle soll sofort melden, wenn etwas passiert!«

Regan kam ins Steuerhaus, den Helm in der Hand wie einen Kochtopf. »Ist es nicht ein Wunder? Die alte *Hibiscus* benimmt sich wie ein Vollblutrenner.« Bewundernd schüttelte er den Kopf. »Die Bauwerft verdient wirklich eine Medaille.«

»Du auch, wenn wir diesen verdammten Mörser ausschalten!« Maddox starrte ihn an, vergaß ihn aber sofort wieder, als der Ausguckposten rief: »Brecher recht voraus!«

Brecher? Unmöglich! Doch als er sein Glas auf die Stelle richtete, sah er die lange weiße Barre knapp vierzig Meter vor ihnen. Zu spät! »Halten Sie Kurs, Paice!«

Infolge des bei Ebbe ablaufenden Wassers und der zunehmenden Strömung war eine sonst überflutete Sandbank oder, schlimmer noch, eine Reihe herabgestürzter Felsblöcke direkt vor ihnen aufgetaucht.

Regan schlang die Arme um eine Stütze und rief: »Geh besser mit der Fahrt herunter, Bob! Bestimmt laufen wir auf!«

Maddox sah ihn an, von Regans offensichtlicher Angst betroffen. »Doch nicht so einfach, wie? Aber halte mir deine Vorlesung später!«

Regan beharrte: »Wir haben kein Wasser mehr unter dem Kiel, Bob! Laut Echolot müßten wir bereits auf Grund sitzen!«

Der Bug prallte gegen festen Sand und ließ das Schiff wie betrunken taumeln. Einen schrecklichen Augenblick lang erwartete Maddox, daß sie gegen die Felswand stoßen und kentern würden, aber die *Hibiscus* fuhr weiter. Geradezu fanatisch entschlossen knirschte sie über die Sandbank und richtete sich zögernd wieder auf. Es schien, als müßten alle Nieten aus ihren Verbänden geplatzt sein.

Dann ertönte ein dumpfes metallisches Krachen, das im ganzen Schiff widerhallte, und im selben Augenblick rief Paice: »Schiff dreht nach Backbord! O Gott, ich kann sie nicht mehr halten!«

Vor ihnen lag jetzt das weite, ruhige Wasser der Reede. In der nächsten Minute hätten sie es erreicht und die Durchfahrt hinter sich gehabt.

Maddox wäre beinahe gestürzt, als das Schiff das Hindernis berührte. »Steuerbordmaschine halbe Fahrt zurück!« Das Deck krängte stark, und er sah Kroner haltsuchend einen Signalgast umarmen, als sei er betrunken. Überall hörte man Flüche und angstvolle Aufschreie, als das Schiff wie verrückt schwankend vorwärtstaumelte.

Ein Telefon schnarrte, und Maddox hörte Malinski rufen: »Wir scheinen die Backbordschraube verloren zu haben! Geh mit der anderen langsam voraus und laß hart Gegenruder legen!« Und nach einer Pause: »Ich weiß nicht, was ihr dort oben treibt, aber die Hälfte hier unten hat bestimmt Gehirnerschütterung!«

Paice krächzte: »Schiff kommt langsam zurück auf Kurs, Sir.«

Die Back war bereits in Sonnenlicht getaucht. Wie eine verwundete Ente hinkte die *Hibiscus* durch das letzte Stück des Canyons hinaus auf die ruhige Reede.

Mit dem Handrücken wischte sich Maddox die Stirn und drehte sich zu Regan um. Aber der hatte die Brücke bereits verlassen und war unterwegs zu seinen Geschützen. Maddox hatte es tatsächlich geschafft, das Schiff durch die schmale Einfahrt zu bringen! Die verlorene Schraube und die sonstigen Unterwasserschäden interessierten Regan nicht mehr. Ab jetzt war alles eine Sache der Artillerie.

Maddox holte seine Sonnenbrille aus der Tasche. »Hart Steuerbord!« Er beobachtete, wie der Bug sich zögernd der Küste zudrehte. »An alle Stellen: *Klar zum Gefecht!*«

Pip Maddox lag auf dem Betondach des Wachhäuschens und preßte den ungewohnten Karabiner an die rechte Wange. Das Dach würde die reinste Heizplatte werden, sobald die Sonne über die Hügel stieg; aber noch war es eine gute Stellung, wie ihm der Marinefeldwebel erklärt hatte. Nachdem Rickover jeden einzelnen Mann ihrer dürftigen Streitmacht eingewiesen hatte, war er davongeeilt, um einen anderen Teil der Verteidigungsanlagen zu inspizieren. Seither fühlte sich der junge Leutnant hoffnungslos allein. Selbst wenn er sich auf die Ellbogen stützte, konnte er nichts von den anderen entdecken. Er legte sich wieder hin und beobachtete die kleinen Gestalten, die scheinbar ziellos in Schlangenlinien über die Küstenstraße herankamen, bis sie hinter einem Vorsprung verschwanden. Noch waren keine Schüsse gefallen, trotzdem empfand Pip Angst, als die einzelnen Männer bald darauf wieder auftauchten und ihre Positionen für den Angriff einnahmen. Ihm war, als stünde er allein dem Feind gegenüber. Es war alles ganz anders, als er sich vorgestellt hatte.

Erschrocken fuhr er zusammen, als in der Siedlung unter ihm plötzlich ein Horn mißtönend losplärrte. Sofort begann das Gewehrfeuer, langsam zunächst, aber rasch an Stärke zunehmend. Schrecklich, daß der Feind noch immer kaum zu sehen war. Fest drückte Pip den Kolben gegen die Schulter und schielte über Kimme und Korn, bis seine Augen tränten. Es war gar nicht wie im Kino. Im Film wußte man immer genau, welche Kugel für wen bestimmt war. Hier aber verschmolzen die krachenden Schüsse miteinander, und nur das Prasseln der Kugeln an der dicken Mauer machte Pip klar, daß er selbst das Ziel war. Er hörte Gunnar rufen: »Da kommen sie!«

Rennende Gestalten quollen aus ihren Stellungen und Verstecken, aus Gebäuden, schmalen Gassen und selbst aus den Büschen am Straßenrand. Bald verschmolzen sie zu einer schwankenden, kriechenden Masse, die auf ihn zukam. Einige feuerten ihre automatischen Waffen von der Hüfte aus ab, andere schossen ziellos in die Luft wie Indianer im Westernfilm, und während der ganzen Zeit plärrte das Horn ununterbrochen, trieb die Männer vorwärts und zerrte an seinen Nerven.

Eine Trillerpfeife schrillte am Tor, und Pip drückte auf den Abzug. Ringum stimmten die anderen in das spärliche Abwehrfeuer mit ein. Hier und da stürzte ein Angreifer zu Boden, aber es schien dem Gros nicht das geringste auszumachen. Pip merkte, daß er fluchte und schluchzte, während er ein neues Magazin einsetzte. Aus seinem Mund kamen so obszöne Worte, daß er sie kaum selbst verstand.

Jetzt konnte er schon ihre Gesichter erkennen, die haßverzerrten, aufgerissenen Münder der Chinesen, die den Hang vor dem Fort erreicht hatten. Er kroch näher an die Kante, zielte nach unten, sah einen Chinesen fallen und wußte genau, daß *er* ihn getötet hatte. Er bemerkte eine stämmige Gestalt, die nach oben wies und den Männern in der Nähe schrille Befehle zurief. Betonsplitter flogen ihm um die Ohren, während er den Atem anhielt und von neuem feuerte. Der schreiende Anführer drehte sich um seine Achse und fiel, wild um sich schlagend, in den Staub; seine glänzenden Munitionsgurte ringelten sich um ihn wie Schlangen. Pip zog den Kopf ein, als ein langer Feuerstoß an der Kante sägte und ihn mit pulverisiertem Zement überschüttete.

Ein hohles Dröhnen. Er glaubte, die Fundamente des Forts zittern zu spüren, als die Druckwelle der Detonation Qualm und Staub in einem Wirbel über ihre Köpfe emporschleuderte. Dem folgte ein Splittern und markerschütterndes Triumphgeheul.

Pip schluckte Galle und erhob sich taumelnd. Als er hinunterblickte in den Hof, sah er zu seinem Entsetzen, daß das Tor durch eine Handgranate gesprengt worden war und die Lücke bereits von braungekleideten, vorwärtsdrängenden Gestalten gefüllt wurde.

Zwei Seeleute lagen wie Lumpenbündel am Eingang, und ein dritter schien von der Granate in zwei Stücke gerissen zu sein. Pip sah den Kommandanten ohne Kopfbedeckung, eine Pistole in der Linken, die anderen auffordern, sich zurückzuziehen. Die Maschinenpistole in seiner Rechten sprühte Feuer, während er seine Befehle rief.

Ein verwundeter Seemann begann zu laufen, wurde aber zur Seite geschleudert wie von einer unsichtbaren Faust. Zwei Chinesen stürzten sich auf ihn. Pip mußte sich übergeben, als er sah, wie der Verwundete sich auf den Rücken rollte und die Knie anzog in dem verzweifelten Versuch, seinen Unterleib vor den blitzenden Bajonetten zu schützen.

Dann waren auch die Chinesen über ihrem Opfer zusammengebrochen, und im Hof herrschte einen Augenblick Ruhe. In die Stille hinein rief Gunnar: »Zieht euch zurück!«

Ein vereinzelter Feuerstoß mähte Eindringlinge am Tor nieder, und Pip sah Rickover und einen Seemann von der inneren Mauer aus ihren traurigen Rückzug decken. Voller Schrecken wurde ihm klar, daß er im nächsten Augenblick abgeschnitten sein würde; er packte den Rest seiner Munition und rannte zur anderen Seite des Daches, von wo er hinübersprang auf die Mauer. Keuchend lief er darauf entlang, wobei er sich kurz in voller Größe vom hellen Himmel abhob. Kugeln umpfiffen ihn, und eine zerriß sein Hemd, als er sich die letzten zwei Meter nach vorn warf, wo Rickover ihn an den Armen packte und wie ein Kind über die Brustwehr hob.

Jetzt waren sie wieder beisammen. Pip wischte sich das Gesicht und blickte hinüber zu den anderen. Der riesige Texaner O'Brien, staubbedeckt und blutverschmiert, feuerte bereits über die Brustwehr nach unten. Der stämmige Obermaat Anders war völlig in Anspruch genommen von einem Kasten Handgranaten, während Dr. Connell an der

Mauer lehnte wie ein der Sicht und des Gehörs beraubter Mann. Die Augen hielt er vor den grimmigen Vorbereitungen ringsum fest geschlossen.

Sergeant Rickover paffte eine Zigarre, deren Rauch sich mit dem Qualm seines Karabiners mischte, während er jedes Ziel genau auswählte, bevor er schoß. Neben ihm lag ausgestreckt im Staub Oberst Jago, und lediglich sein mühsames, schmerzvolles Atmen verriet, daß er noch lebte.

Pip stellte fest, daß trotz des ständigen Feuers der Chinesen nur wenige Einschläge die Brustwehr erreichten. Er hörte Gunnar scharf befehlen: »Feuer einstellen! Die Verschwendung von Munition ist sinnlos!«

Pip starrte hinauf zur Flagge, auf die die Chinesen zum Zeitvertreib schossen, während Verstärkung ihre Lücken füllte. Ihm wurde klar, daß es Gunnars Gegenwart war, die ihn während des ganzen Angriffs aufrechterhalten hatte. Sein Hemd war am Rücken aufgeplatzt, von seinen Händen troff Blut, und etwas Zwingendes und Schreckliches ging von ihm aus. Er stand im Mittelpunkt von Chaos und Verzweiflung, eine schmale, trotzige Gestalt, die weder Furcht noch Mitleid kannte.

Pip fuhr zusammen, als Jago verdrießlich krächzte: »Greifen die Chinesen denn immer noch an?«

Ein Seemann antwortete müde: »Gleich kommen sie wieder, sie machen nur eine Atempause.«

Jago sank wieder zurück. »Wenn ich doch nur hundert Marineinfanteristen hätte!«

Wütend blickte Rickover zu ihm hinüber. »Warum sprechen Sie das nicht auf eine verdammte Grammophonplatte, Oberst? Die würde sich im Ausbildungslager bestimmt gut verkaufen lassen.« Jago verfluchte ihn mit schwacher Stimme, bevor er wieder bewußtlos wurde.

Gunnar trat zurück zwischen Rickover und Pip Maddox. »Wir werden sie nicht lange aufhalten.« Nicht die geringste Verzweiflung lag in seiner ruhigen Stimme. »Sie können uns berennen, bis sie die Mörser in Stellung gebracht haben.« Er beschattete die Augen und musterte die narbigen Mauern. »Dieses Fort hier wurde mehr zur Schau als zur Verteidigung erbaut.«

Pip nahm seine Mütze ab und reichte sie ihm. »Wollen Sie diese nehmen, Sir?«

Gunnar fuhr sich mit der Hand durchs Haar, als stelle er zum ersten

Mal fest, daß er barhäuptig war. »Vielen Dank.« Er setzte sie auf, und seine Augen entspannten sich, weil er nun nicht mehr ständig in die grelle Sonne blinzeln mußte. »Was meinen Sie, Sergeant, wie viele dort unten versammelt sind?«

Rickover hob die Schultern. »Vielleicht zweihundert. Der Rest ist wohl oben im Lager, sie wollen ihre kostbare Landepiste nicht im Stich lassen.«

»Noch werden sie keine Verstärkung auf dem Luftweg bekommen. Das wäre zu offensichtlich und würde nicht zu dem vorgetäuschten Aufstand der Insulaner passen.« Gunnar schüttelte den Kopf. »Ich vermute eher, daß sie weitere Freiheitskämpfer über See erwarten.« Er sprach mit lässiger Bitterkeit. »Das läuft alles exakt nach Plan. Für die Außenwelt sind es arme Bauern und Fischer, die sich gegen das imperialistische Joch aufbäumen. Und die USA setzen wieder einmal den dicken Knüppel ein, um ein wackeliges Terror-Regime zu stützen.« Seine Stimme wurde härter. »O ja, ich kenne das zur Genüge!«

Rickover stützte sich auf die Ellbogen. »Sie nehmen doch nicht an, daß unsere Leute es ihnen ohne weiteres durchgehen lassen?«

Gunnar hob die Schultern. »Was können sie schon machen? Wenn sie Payenhau eine eigene Regierung bilden lassen, wird diese es den Roten auf silbernem Tablett überreichen, und zwar zu deren Bedingungen. Wenn wir die Insel aber durch Luftangriffe gefügig machen, wird alle Welt den Roten glauben.« Er hämmerte mit der Faust auf den heißen Beton. »Es gibt nur einen Weg: aushalten und das Ganze bereits jetzt stoppen!«

Leise sagte Rickover: »Mir scheint, Sie waren der einzige, der das vorausgesehen hat, Sir.«

Gunnar lächelte verbittert. »Wenn Sie sich einmal die Finger verbrannt haben, werden Sie mißtrauisch.«

Pip Maddox duckte sich, als eine vereinzelte Kugel über die Mauer pfiff. »Aber sie würden doch nicht zulassen, daß ihre eigenen Leute durch Bomben ausgelöscht werden?«

Gunnar musterte ihn kalt. »Aber ohne weiteres, wenn es für die Propaganda notwendig wäre. Ein paar hundert Guerillas mehr oder weniger zählen nicht, verglichen mit dem Erfolg, der ihnen winkt: Sie werden eine starke US-Streitkraft binden, werden unseren Namen durch den Schmutz ziehen wie schon in Vietnam, werden uns zwingen, stärker auf unsere Reserven zurückzugreifen, während sie hier in aller Ruhe die nächste Offensive ausarbeiten können.«

»Aber die *Hibiscus*, Sir?« fragte Pip verzweifelt. »Sie wird doch Hilfe herbeirufen?«

»Ich fürchte, die wird zu spät kommen; zu spät für ein anständiges Ende.« Gunnar stand auf und ging hinüber zum Arzt. Er konnte Pips rührenden Glauben an Recht und Gerechtigkeit nicht länger ertragen. »Sind Sie in Ordnung, Doc?« Er schüttelte Connells Arm und bemerkte ein kurzes Aufblitzen des Erkennens in dem gequälten Gesicht. »Wir brauchen Sie bald!«

Brüsk zog Connell den Arm zurück und schaukelte auf seinen Knien vor und zurück wie ein betender Priester. »Sie werden uns noch alle umbringen, bevor es mit Ihnen selbst zu Ende geht.«

Gunnar ließ ihn los und ging müde hinüber zu dem verwundeten Oberst. Connell hatte recht, in ein paar Stunden würde alles vorbei sein. Sie waren in die Ecke getrieben und geschlagen, mußten aber dennoch durchhalten, weil es keine andere Möglichkeit für sie gab.

Jago starrte ihn an. »Sind schon einige meiner Leute zu uns gestoßen, Gunnar?«

»Nein, noch nicht.« Gunnar merkte, daß der Lebenswille diesen harten und entschlossenen Mann allmählich verließ. Beinahe beneidete er ihn um sein blindes Vertrauen in die Männer, die ihn verraten hatten. »Ich lasse Sie bald zurückbringen in den Turm.« In den kleinen Turm, wo er vor so langer Zeit Jagos Zuversicht bestaunt hatte. »Wenn wir ein Maschinengewehr hätten, wäre es besser. Nur mit unseren Gewehren können wir sie hier nicht aufhalten.«

Jago seufzte. »Ist der Kommandeur denn auch geflüchtet?«

Gunnar dachte an ihren wilden Lauf durch die leeren Gänge der Zitadelle und ihre verzweifelte Suche nach Waffen. In seinen Räumen, von denen man so wundervoll die ganze Reede überblicken konnte, hatte er die mächtige Gestalt des Kommandeurs gefunden. Er hatte ausgesehen wie ein frisch geschlachteter Wal. Ein schwerer Säbel lag neben ihm, aber Gunnar hatte keine Zeit gehabt zu überlegen, ob ihn das Mädchen getötet hatte, das so lange von ihm gequält worden war, oder jemand anderer. »Nein, er ist nicht weggelaufen, Oberst. Er ist tot.«

Heiser rief ein Seemann: »Da kommen sie!«

Dann waren sie wieder alle vorn an der Mauer und feuerten mit der Verbissenheit in die Ecke Getriebener. Ein weiterer Seemann brach zusammen, und nach kurzem Zögern kroch Connell zu ihm; aber als Gunnar hinüberblickte, um zu sehen, ob er dessen tiefe Schulterwunde versorgte, sah er zu seinem Entsetzen, daß Connell nur neben dem Verwundeten kniete und betete, langsam einen Rosenkranz durch die blutigen Finger gleiten lassend.

Obermaat Anders war der nächste, der fiel. Ein Chinese hatte es unbemerkt geschafft, von der Hofseite aus die Mauer zu erklettern. Anders sah ihn im letzten Augenblick, als er schon seine Maschinenpistole auf Gunnars Rücken richtete. Ohne zu zögern sprang er ihn an, und bevor jemand eingreifen konnte, rollten die beiden, fest ineinander verkrallt, über den Rand der Mauer in die Tiefe.

Gunnar zog die Sperrstifte aus zwei Handgranaten und warf sie hinter den beiden her. Er biß die Zähne zusammen, als unten die doppelte Detonation zu hören war. Jetzt würde es nicht mehr lange dauern.

Mit einem Mal war die Luft ringsum von einem neuen Krachen erfüllt, und einen Augenblick glaubte Gunnar, der Feind habe es geschafft, mit Artillerie die hintere Mauer zu übersteigen. Seine Ohren schmerzten vom Dröhnen des Geschützfeuers und dem Heulen der Granaten, den pausenlosen Detonationen und den entsetzten Schreien unter ihnen.

Ein Seemann richtete sich auf, riß die Arme hoch und schrie: »O mein Gott! Es ist das Schiff, Sir! Es ist unsere brave *Hibiscus*!«

Im nächsten Augenblick waren sie alle oben auf der Brustwehr und starrten durch den Qualm hinüber zu der niedrigen Silhouette, die sich durch den Kranz der Felsen auf den Ankerplatz zu schlängeln schien, als führe sie auf Rädern über Land.

Sie feuerte aus allen Rohren, und Gunnar beobachtete schweigend, wie ihr Geschützfeuer die Angreifer von hinten reihenweise niedermähte, ihnen den Fluchtweg verlegte und sie in Stücke riß, wenn sie über die einzige Straße davonstoben. Das Dreizollgeschütz schoß in steiler Bahn über das Fort hinweg, und Gunnar wurde klar, daß es sein Ziel tiefer im Landesinneren suchte: vielleicht die Mörserstellung.

Doch er konnte nicht mehr klar denken, selbst die vertraute Form seines Schiffes schien mit der See zu verschmelzen. Die *Hibiscus* war zurückgekehrt! Für die Ereignisse auf der Insel würde das vielleicht nicht viel bedeuten. Aber für ihn selbst bedeutete es alles.

Der Kettenkasten der *Osprey* hatte sich in einen wahren Feuerofen verwandelt, so daß Pirelli nicht mehr vor sich hindösen konnte. Der Schweiß floß ihm herab, als stünde er unter der Dusche.

Er wußte, daß sich die junge Frau noch immer in der Kajüte hinter seinem Versteck befand, aber weil die Luke jetzt geschlossen war, konnte er nichts mehr sehen; nur gelegentlich hörte er, daß sie sich bewegte. Seine Uhr war stehengeblieben, und er hatte keine Ahnung, wie lange er schon wartete. In der Ferne hörte er gelegentlich Schüsse und undeutliche Explosionen, aber das Gurgeln des Wassers rings um das Boot übertönte alles.

Pirelli straffte sich, als er plötzlich Gelächter hörte, dem das Klirren zerbrechenden Glases folgte. Weiteres Lachen, dann dumpfes Gepolter auf dem Oberdeck und ein Schmerzensschrei. Die an Bord zurückgelassenen Wachen schienen sich gut zu amüsieren, dachte er grimmig.

Er fiel beinahe von seinem Lager, als die Luke mit einem Krachen aufflog und helles Sonnenlicht die Kajüte überflutete. Zwei Männer kamen den Niedergang herunter. Er sah zuerst ihre braunen Beine und die in derben Ledersandalen steckenden Füße. Beide trugen trotz der Hitze gesteppte Kleidung und schwere Pistolen am Gürtel. Einer hielt eine Maschinenpistole wie ein Spielzeug unter dem Arm.

Die beiden Chinesen waren offensichtlich betrunken und standen ein paar Sekunden unsicher blinzelnd in Halbdunkel. Ihre Augen wirkten wie schwarze Schlitze in den runden Gesichtern. Dann setzten sie sich nebeneinander auf den Kojenrand und starrten die junge Frau an, als wäre sie soeben vom Himmel gefallen.

Pirelli verschob sein Gewicht ein wenig, damit er besser sehen konnte. Lea Burgess stand wie erstarrt am fernen Ende des Raumes, die Hände gegen das Holz in ihrem Rücken gepreßt, die Lippen vor Schreck geöffnet. Pirelli sah, daß ihr Hals schweißnaß glänzte und ihr Haar feucht am Kopf klebte. Trotz aller Mühe konnte er das heftige Klopfen seines Herzens nicht unterdrücken, so daß es im ganzen Boot zu dröhnen schien. Der größere der beiden Chinesen war ein breitschultriger Mann mit dem starken Unterkiefer und den dicken, groben Händes eines Bauern. Pirelli bemerkte die Geilheit in seinen dunklen Augen, die jetzt das dumpfe Vergnügen am Trinken verdrängte. Er fragte sich, was wohl mit dem alten Maschinisten geschehen war, und kam zu dem Schluß, daß der Schmerzensschrei, den er gehört hatte, wahrscheinlich sein letztes Lebenszeichen gewesen war.

Zu seiner Überraschung hörte er die junge Frau mit leiser, aber fester Stimme sprechen. »Was sucht ihr hier? Ihr müßt jetzt wieder nach oben gehen!«

Fragend sah der zweite Chinese seinen Gefährten an, der in gebrochenem Englisch sagte: »Du fertig. Alle Yankees tot!« Mit seinem dikken Finger deutete er auf ihre Brust und entblößte grinsend gelbe Zähne. »Bum, bum!« Dann übersetzte er seinem Freund diese Worte, der sich vor Lachen schüttelte.

Pirelli wischte sich das Gesicht. Tot? Der Mann log, einige mußten noch leben. Was hätte sonst das Schießen bedeutet? Aber vielleicht war alles bald vorüber, und was sollte er dann anfangen? Der Gedanke, in die Gefangenschaft der Chinesen zu geraten, verursachte ihm Übelkeit. Er hatte oft genug gehört, was die Kommunisten mit den wenigen Amerikanern taten, die ihnen in die Hände gefallen waren.

Der größere Chinese stand auf und legte sorgfältig seine Maschinenpistole beiseite. Dann nahm er den Pistolengurt ab und legte ihn daneben. Die ganze Zeit behielt er das Mädchen im Auge, während sein Gefährte mit offensichtlichem Vergnügen zusah. Jetzt kommt es, dachte Pirelli verzweifelt, und es gibt nichts, was sie dagegen tun kann.

Entschlossen stieß sie sich plötzlich von der Bordwand ab und rannte zum Niedergang. Pirelli konnte vorübergehend nichts sehen, da ihr schlanker Körper das Sonnenlicht aussperrte. Dann lag sie am Boden, von der Leiter gerissen wie ein hilfloses Kind. Sie öffnete den Mund, um zu schreien, aber der große Soldat schlug ihr wie nebenbei ins Gesicht, so daß ihr Kopf zur Seite flog und sie einen Moment benommen war. Er schleuderte sie auf die Koje, riß ihr den Kittel auf und schob ihre schwachen Hände beiseite, während sein Gefährte sich über die beiden beugte, um besser sehen zu können.

Pirelli wollte die Augen abwenden, aber der Anblick des nackten, schweißglänzenden Körpers, der sich unter dem schweren Mann verzweifelt wehrte, hielt ihn fest. Der Chinese rief seinem Freund etwas zu und riß dann am Gürtel der jungen Frau. In diesem Augenblick flog mit einem Knall die Luke auf, und brüllend vor Wut sprang Burgess in die Kajüte. Sein Zorn schien den ganzen Raum zu füllen und die überraschten Chinesen zu lähmen. Holz splitterte unter seinem Ansturm, er packte den nächsten Chinesen an der Gurgel und warf ihn quer durch den Raum, so daß sein Kopf gegen die hölzerne Bordwand krachte.

Der Größere der beiden hatte sich inzwischen von seinem Schrecken erholt, ließ von dem Mädchen ab und sprang zu seinen Waffen. Burgess jedoch packte ihn mit starken Armen um den Leib, und zusammen rollten sie auf den Boden, wo sie knurrten und fauchten wie Panther, die um eine Beute kämpfen. Lea Burgess stand mühsam auf, an ihrem nackten Oberkörper waren blaue Flecken und Schrammen zu erkennen. Mit schreckgeweiteten Augen taumelte sie an den beiden ringenden Männern vorbei.

Pirelli sah den ersten Chinesen mit gefletschten Zähnen auf allen vieren über den Boden krabbeln, die schwere Pistole in der Hand. Das Mädchen schrie gellend auf. Dieser spitze, verzweifelte Schrei fegte die letzte Schranke in Pirellis rasendem Hirn beiseite; mit einem kräftigen Tritt stieß er die Tür des Kettenkastens auf und stolperte ins Freie.

Jetzt schienen mehrere Dinge gleichzeitig zu geschehen: Der kleinere Chinese zu Pirellis Füßen hob seine Pistole und feuerte den Bruchteil einer Sekunde, bevor der schwere Gewehrkolben auf seinen Schädel niederkrachte. Pirelli stand Auge in Auge dem großen Chinesen gegenüber, dessen keuchende Brust nur eine Handbreit von der Mündung seines Gewehrs entfernt war. Aus dem Augenwinkel sah Pirelli, daß Burgess versuchte, beiseite zu kriechen; sein Hemd war blutgetränkt, wo ihn die Pistolenkugel getroffen hatte.

Pirelli beobachtete das Gesicht seines Gegners und spürte, daß die Kraft in seine verkrampften Glieder zurückkehrte und sie durchströmte wie Alkohol. Beinahe spielerisch schwenkte er den Gewehrlauf von dem keuchenden Chinesen hinweg zur Leiter. Dieser schien einen Augenblick zu gehorchen, warf sich dann aber in einem Hechtsprung vor und griff mit beiden Händen nach Pirellis Gewehr. Beiläufig machte dieser einen Schritt zur Seite, hob die Waffe und stieß den Kolben dem Springenden mit voller Wucht in den Unterleib. Er hörte ihn vor Schmerz jaulen und beobachtete mit grausamer Genugtuung, wie er zusammenbrach. Dann hob und senkte sich der Kolben wieder und traf ihn hinter dem Ohr. In Pirellis Stoß saß die ganze Wut und aller Haß, den er seit dem Tod seines Freundes Grout gespeichert hatte.

»Es wäre schade um die Munition.« Seine Stimme dröhnte laut durch die Kajüte. »Nun wollen wir mal sehen, was wir mit dir machen können.« Mit einer Handbewegung unterband er alle Fragen des Mädchens und beugte sich über den blutenden Engländer. »Ich hatte auf eine Freifahrt nach Taiwan gehofft, aber diese Schufte haben mir die Reise verdorben.«

Burgess sagte heiser: »Sie sind also der Deserteur! Sie müssen sofort auf Ihr Schiff zurück.« Er versteifte sich vor Schmerz, als Pirelli unter sein Hemd griff, um die Wunde zu untersuchen.

Pirelli grunzte: »Schöner Mist!« Er riß ein Handtuch von der Wand und benutzte es als Verband, wobei sein Hirn genauso eifrig arbeitete wie seine Finger. Die *Hibiscus* war also zurück. Was sollte er tun? Aber er konnte sich nicht konzentrieren, denn die langsam und schmerzlich hervorgestoßenen Worte, die der Engländer an seine Tochter richtete, lenkten ihn ab. Burgess entschuldigte sich und bat sie um Verzeihung, und ihre Augen füllten sich mit Tränen, während sie ihm zuhörte. Dein Vater hat nicht mehr lange zu leben, dachte Pirelli finster, die Kugel sitzt zu tief in seiner Brust.

Der überlebende Chinese bewegte stöhnend den Kopf. Pirelli stand auf und packte ihn am Kragen seiner Steppjacke. Der Mann war schwer, aber Pirelli trug ihn die Leiter hinauf und rollte ihn von Deck ins Wasser. In der Ferne hörte er schweres Geschützfeuer. Die alte *Hibiscus* kämpfte also noch. Grimmig grinsend sprang er die Leiter hinunter, um den zweiten Mann zu holen. Dieser war erheblich leichter, und ohne anzuhalten lief Pirelli zur Reling und warf ihn über Bord. Es klatschte so laut, daß die Möwen vom menschenleeren Strand ärgerlich schreiend aufflogen und die *Osprey* umkreisten.

Pirelli wischte sich die Hände an der Hose ab und sah den beiden im Wasser treibenden Körpern nach. Als er die Schritte der jungen Frau hinter sich hörte, drehte er sich um. Sie hatte den kläglichen Versuch gemacht, mit dem zerrissenen Kittel ihre Blöße zu bedecken, aber in ihrem Gesicht stand noch deutlich der Schock, und ihre Schultern bebten, als sei sie geschlagen worden.

Nachdenklich sah Pirelli sie an. »Diese beiden Spaßvögel sind wir los. Aber jetzt müssen wie so schnell wie möglich von hier weg.« Er zeigte zum Steuerhaus. »Sehen Sie nach, ob genug Diesel im Tank ist.«

Verständnislos starrte sie ihn an. »Wohin wollen Sie?«

Pirelli schürzte die trockenen Lippen. »Eins nach dem andern. Gehen Sie ans Ruder!« Er schüttelte den Kopf. »Ich glaube nicht, daß die *Hibiscus* es noch lange machen wird.«

Sie wandte sich ab und sagte leise: »Er muß denken, daß ich ihn verraten habe. Er glaubt sicher, ich hätte ihn angelogen . . .« Sie ließ den Kopf hängen, und Pirelli hörte sie leise schluchzen.

Er vermutete, daß sie den Kommandanten meinte. »Machen Sie sich um den keine Sorgen, der ist zur Zeit voll beschäftigt.« Er packte sie am Arm und schüttelte sie. »Es sind nur noch wir beide übrig.« Er sah ihr ins Gesicht. »Ich fahre zwar direkt in die Arrestzelle, wenn ich zurückkehre, aber jetzt ist nicht die Zeit, die Marine zu verlassen. Selbst Arrest ist besser als diese Schurken!« Er schüttelte sie nochmals. »Gehen Sie endlich ans Ruder, ich hole den Anker herauf.«

Sie machte Miene, zu der kleinen Luke zu gehen, die in den Maschinenraum führte. »Nein, ans Ruder«, wiederholte er. »Sie haben für einen Tag genug Schocks erlebt!« Denn Pirelli hatte die dunklen Blutstreifen gesehen, die zu dieser Luke führten. Sie mußten vom Maschinisten stammen, den die beiden Chinesen erschlagen hatten, nachdem sie den Schnaps fanden. Er biß die Zähne zusammen und stieg hinunter.

Pirelli würgte vor Übelkeit, als er aus dem Maschinenraum zurückkam, mit dem kleinen Bündel auf den Armen, das unten über dem Dieselmotor gelegen hatte. Der winzige Mann verursachte kaum ein Kräuseln, als er ihn über Bord warf, aber er trieb mit ausgebreiteten Armen davon, als nähme er in aller Ruhe ein Bad.

Wieder unten, betätigte Pirelli das große Schwungrad; mit einem Erschauern spuckte der Diesel Funken und begann zu poltern, bis alle Zylinder liefen. Erleichtert sprang er hinauf an Deck, gab dem Mädchen das Klarzeichen und lief nach vorn zum Ankerspill. Als der Anker triefend aus dem Wasser stieg, hörte er, wie Lea Burgess Gas gab. Das Steuern würde sie eine Weile beschäftigen. Zufrieden rülpste er vernehmlich.

Aber Lea informierte ihn: »Der Tank ist fast leer. Mein Vater muß vergessen haben zu bunkern.«

»Vielleicht haben die Chinesen ihn geleert, um einem Betrug Ihres Vaters vorzubeugen.« Er sah den Schmerz in ihren Augen. »Das alles ist doch nicht Ihre Schuld.« Mit einem Blick zur Küste fuhr er fort: »Bleiben Sie dicht unter Land. Auf dem offenen Wasser sehen sie uns eher.«

Dann fiel ihm Burgess unten in der Kajüte ein. Es war unrecht, ihn allein sterben zu lassen. »Ich gehe hinunter zum Skipper. Gibt's hier noch irgendwas zu trinken?« Sie zeigte auf das Spind an der Seite, und er holte eine Flasche heraus, hielt sie gegen das Licht und sagte: »Schnaps kann den Gang der Dinge nicht aufhalten, aber er hilft sie zu ertragen.«

Er stieg hinunter und schleppte den schweren Engländer an Deck, lehnte ihn an den Fuß des Steuerhauses und erneuerte den durchnäßten Verband. Dann reichte er ihm die Flasche und sah überrascht auf dem schmerzverzerrten Gesicht tiefe Dankbarkeit.

»Danke«, krächzte Burgess. »Und ich danke Ihnen auch dafür, daß Sie Lea vor diesen . . .« Ein Hustenanfall beendete den Satz. »Ich habe wirklich nicht gewußt . . .« Jedes Wort mußte er sich mühsam abringen.

Pirelli wurde es leicht ums Herz, eine wilde Freude erfüllte ihn, die beinahe an Verrücktheit grenzte. Das Boot hielt schwerfällig Kurs, ein Boot unter seinem Kommando! Zum ersten Mal im Leben wurde er wirklich gebraucht. Er verspottete sich selbst wegen der Torheit, seine Freiheit zu opfern für etwas, das er nicht einmal richtig verstand. Aber er hatte zu lange bei der Marine gelebt, um sich jetzt noch völlig zu ändern.

Wenn er beim Schiff angekommen war, konnte er weiter nachdenken. Im Augenblick war die *Hibiscus* das einzige Ziel, auf das er sich konzentrieren mußte.

Obermaat Tasker trabte durch die zerschossenen Torflügel ins Fort, wobei der Stahlhelm auf seinem schmalen Kopf hüpfte; sein Gewehr mit aufgepflanztem Bajonett hielt er im vorschriftsmäßigen Winkel. Dann sah er plötzlich Gunnar am Wachhäuschen lehnen und bremste ruckartig. »Die Straße ist frei, Sir.« Mit seinen tiefliegenden Augen musterte er das angestrengte Gesicht des Kommandanten und ließ den Blick dann rasch rund um den Hof schweifen. Es war eine Szenerie wie aus der Hölle. Etwa vierzig tote Chinesen lagen im blutgetränkten Staub, die Mauern ringsum waren voller Löcher, hier und da verschmiert von menschlichen Überresten.

Gunnar beschattete die Augen und starrte hinunter zur *Hibiscus* mit dem glitzerndem Kreuz ihres Mastes. »Ist das Schiff gut fest?«

Tasker senkte sein Gewehr. »Jawohl, Sir. Es war ein Glück, daß sich das Wrack von der Sandbank geschoben hatte. Der I.O. konnte so ohne große Anstrengung längsseits gehen.«

Gunnar nickte. Maddox' umsichtiges Verhalten drang langsam in sein zermartertes Hirn und fand seine Billigung. »Gut. Von dort aus kann sie uns Feuerdeckung geben.«

Tasker sah seinen Kommandanten forschend an. »Wo ist denn mein Kumpel, Sir?« Sein schmaler Mund wurde hart, als er Gunnars Blick sah. »Ich verstehe, Sir.«

Gunnar zeigte auf den Fuß der Mauer. »Obermaat Anders liegt dort. Sehen Sie zu, daß er mitgenommen wird, wenn wir abrücken.«

Taskers Gesicht arbeitete, ein bei ihm seltenes Zeichen innerer Bewegung. »Ich kenne Walter Anders jetzt seit zwölf Jahren, Sir. Ich kann es einfach nicht fassen ...« Er riß sich zusammen und sagte heiser: »Ich lasse ein paar Mann meines Landungstrupps hier aufräumen. Auf halbem Weg hügelabwärts habe ich ein Maschinengewehr aufstellen lassen, das wird die Schurken niedermähen, wenn sie sich noch mal zeigen.«

Ein halbes Dutzend bewaffneter Seeleute kam durch das Tor, und Tasker fuhr fort: »Ich denke mir, daß Sie ziemlich erledigt sind, Sir. Sie gehen jetzt besser zurück an Bord, und ich bleibe hier oben.« Er lächelte, als Leutnant Maddox mit dem leergeschossenen Gewehr in der Hand herbeihinkte. »Bei Gott, Mr. Maddox, Ihr Bruder wird froh sein, Sie heil wiederzusehen!«

Entsetzt sah Pip sich um. »Woher kommen nur all diese Toten?«

Ohne das geringste Mitgefühl antwortete Tasker: »Auf den Hängen liegen noch viel mehr. Sie haben eben nicht erwartet, daß die alte *Hibiscus* zurückkommt und sie mitten im Sprung erwischt.«

Pip schwankte, und Tasker packte ihn am Arm. »Reißen Sie sich zusammen, Sir! Die Jungs können Sie sehen!« Er drückte den Arm des jungen Offiziers. »Sehen Sie doch, Sir, die ›Stars and Stripes‹ wehen noch dort oben! Ist das denn gar nichts?«

Rickover beobachtete ernst, wie die erste Bahre den Hang hinuntergetragen wurde. »Was haben Sie als nächstes vor, Sir?« Er sah, wie es bei dieser Frage in Gunnars zerfurchtem Gesicht arbeitete. »Die Gelben werden von neuem angreifen, sobald es dunkel wird. Sie richten die Mörser und schießen Ihr Schiff in Stücke.«

Gunnar schloß die Augen, spürte die sengende Sonne und atmete tief den Geruch nach Salzwasser und Seetang ein. Jetzt wurde nirgends mehr geschossen, nur irgendwo in der Ferne hörte er eine Ziege schmerzlich meckern, die offenbar gemolken werden wollte.

Er gab sich einen Ruck. »Ich kann nicht viel tun, Sergeant. Ohne Leute ist das Fort nicht zu halten, und selbst wenn wir Glück haben, ist es keineswegs sicher, daß wir die Ausfahrt unbehelligt passieren können.«

»Wir laufen also aus?«

»Ja, wir laufen aus.« Gunnars Stimme bebte vor verhaltenem Zorn. »Ich habe ein Fünftel meiner Besatzung verloren, gute, einfache Seeleute, die nur ausführten, was ich ihnen befahl. Schließlich waren sie ja deshalb in der Marine: um Befehlen zu gehorchen.« Er warf einen Blick auf das Schlachtfeld rundum, wie um sich selbst zu quälen.

»Und *das* haben sie dafür bekommen. Einen Lohn, den sie *mir* zu verdanken haben.«

O'Brien, unverwundet und wie taufrisch, marschierte über den Hof. Drei Gewehre hingen ihm über der Schulter. Er blieb stehen und stellte fest: »Das war's also, Sir.«

Gunnar nickte. »Sie haben sich gut gehalten, O'Brien. Wie alle hier.«

Der riesige Texaner grinste unbehaglich. »Bestimmt kriegen wir einen Orden dafür.« Er schloß die rotgeränderten Augen. »Ich sehe es ganz deutlich vor mir: Die Marinekapelle spielt einen Marsch, der Admiral strahlt übers ganze Zifferblatt und sagt: ›Hier ist Ihr Orden, O'Brien, weil Sie mein schönes Schiff ruiniert haben‹!« Damit ging er lachend von dannen.

Rickover bemerkte Gunnars Rührung. »Sehen Sie, Sir? Es ist gar nichts *Einfaches* an Leuten wie diesen.«

Die Männer hatten das Verkehrsboot wieder aufgerichtet; Gunnar ließ sich schweigend hinüberfahren zu seinem wartenden Schiff. Die Geschütze waren noch feuerklar, die Männer saßen daneben und rauchten. Leere Kartuschen lagen an Deck herum, und er sah die geschwärzte Stelle unter der Brücke, wo die Mörsergranate eingeschlagen war.

Maddox erwartete ihn an der Reling. Er wirkte irgendwie verändert, aber Gunnar traute seiner Urteilsfähigkeit nicht mehr so recht. Er war einfach zu müde.

Der I.O. salutierte, und Gunnar sah eine lange rote Schramme auf seinem kräftigen Unterarm. »Die Männer sind sicherheitshalber auf Gefechtsstationen geblieben, Sir. Ich lasse soeben Essen für sie besorgen.« Impulsiv ergriff er Gunnars Hände. »Tut mir leid, Sir, alles, was ich gesagt habe, tut mir leid. Ich möchte mich dafür entschuldigen.«

Gunnar sah an ihm vorbei auf die Männer, die ihn beobachteten. Ihre verschmutzten und übermüdeten Gesichter waren neugierig, aber ohne Feindseligkeit. Er hörte sich selbst sagen: »Ich danke Ihnen allen dafür, daß Sie zurückgekommen sind. Sie haben Großes geleistet!«

Maddox rang sich ein Lächeln ab. »Ich bin nicht so sicher, daß Sie dabei bleiben werden, wenn Sie hören, daß wir die Backbordschraube verloren haben, Sir.«

Gunnar nickte nur. Er wandte sich um und blickte noch einmal zurück zu den fernen Wällen des Forts. Er sah im Geist die verzerrten

Gesichter der Toten vor sich, häßlich und ohne Würde, den ausgebrannten Jeep vor den geöffneten Torflügeln. Und über allem leuchteten die fröhlichen Farben des Sternenbanners.

Regan und Kroner waren neben Maddox aufgetaucht, und auch sie wirkten irgendwie fremd. Regan sagte: »Willkommen an Bord, Sir. Bedaure, daß wir für die große Party ein wenig spät gekommen sind.«

Gunnar konnte ihnen nicht in die Augen sehen. Ihre Besorgnis, ihr Mitgefühl rührten ihn fast zu Tränen. Sie hätten ihm auch die hohen Verluste ins Gesicht schreien können und sich dann abwenden von ihm, der sie für seinen Glauben und seinen rücksichtslosen Einsatz so teuer bezahlen ließ.

Maddox fragte heiser: »Wo ist Dr. Connell? Ich habe ein paar Verwundete auf dem Achterdeck.«

Erschrocken merkte Gunnar, daß der Arzt nicht mit ihnen zurückgekehrt war. Rickover sagte leise: »Er rannte weg, Sir. Ich versuchte ihn einzuholen, aber er war zu schnell für mich.«

Die anderen Offiziere tauschten unsichere Blicke aus, und Kroner fragte erstaunt: »Desertiert?«

Rickover schüttelte den Kopf. »Nein, nicht desertiert. Er hat nur durchgedreht, es war zuviel für ihn.«

Gunnars Augen wurden schmal, als er über das jetzt ruhige Wasser zur westlichen Ausfahrt blickte. Mit nur einer Schraube würde es nicht leicht werden. Schon gar nicht konnten sie den Weg benutzen, auf dem Maddox das Schiff hereingebracht hatte, nämlich die schmale östliche Einfahrt. Immer noch konnte er kaum glauben, daß Maddox es geschafft hatte. Er fragte sich auch, was Lea wohl in diesem Augenblick tat.

Aber die Zeit lief ihnen davon, er mußte noch ein paar Stunden durchhalten. Danach ... Er wischte sich den Schweiß aus den Augen und sagte: »Wir sollten zwar Funkstille halten, doch der Admiral wird die übliche Meldung von Jagos Sender erwarten. Ich nehme an, daß Yi-Fang beabsichtigte, sie zur Täuschung abzusetzen, aber weil der Sender zerstört ist, wird er sich etwas anderes ausdenken müssen.«

»Werden sie denn von Taiwan aus nicht nach uns suchen, Sir?« Maddox zeigte unbestimmt nach Norden. »Ich meine, wir wurden doch erwartet?«

Gunnar hob die Schultern. »Sie rechnen damit, daß der Taifun uns aufgehalten hat. Zweifellos sind jetzt Suchflugzeuge unterwegs, die versprengte Schiffe aufspüren sollen.« Er merkte, daß die physische

Anstrengung des Denkens beinahe zuviel für ihn war. »Nein, Yi-Fang wird sich beeilen, seine Eroberung zu vollenden. Ihm ist klar, daß wir das Fort ohne Hilfe nicht halten können. Wenn er nur halb so schlau ist, wie ich denke, wird er schnellstens seine Hauptstreitmacht heranführen.«

Maddox riß die Augen auf. »Was, noch mehr Chinesen?«

Regan nickte. »Das wäre nur folgerichtig. Sie wollen ihren ersten Ansturm nicht umsonst gemacht haben. Sobald sie die Insel ganz besetzt haben, können sie in die Welt hinausschreien, daß die Insulaner ihre Unabhängigkeit erkämpft und sich mit Rotchina verbündet haben. *Zufällig* sei gerade ein chinesisches Truppenkontingent vorbeigekommen und habe sie unterstützt.« Forschend sah er den Kommandanten an. »Was sollen wir tun, Sir?«

In ihr bedrücktes Schweigen hinein sagte Gunnar: »Wir werden auslaufen. Hier können wir nichts mehr tun.« Seine Stimme wurde härter. »Wenn sie unsere Hilfe nicht wollen, sollen sie sich zum Teufel scheren.«

Die Stimme des Ausguckpostens ertönte, bevor Maddox antworten konnte: »Da kommt eine Menschenmenge den Strand entlang, Herr Kapitän!«

Gunnar ergriff ein Glas und beobachtete die lange Prozession, die sich über den schmalen Sandstreifen unterhalb der Küstenstraße vorwärtsbewegte. Es waren keine Soldaten und auch keine Guerilleros, wie sie noch vor kurzem das Fort angegriffen hatten. An der Spitze der Kolonne marschierte Tai-Cho mit seinem Vogelgesicht und stieß entschlossen bei jedem Schritt seinen Stab in den Sand. Hinter ihm kamen Frauen und Kinder, mehr und immer mehr, bis sie den ganzen Strand bevölkerten.

»Was hat das zu bedeuten, Sir?« fragte Maddox mißtrauisch. »Ist das vielleicht ein Trick?«

Gunnar trat an die Reling und winkte das Verkehrsboot heran. »Das weiß ich noch nicht. Aber ich fahre hinüber, um mit ihnen zu sprechen.«

Überrascht sah Maddox ihn an. »Was? Nach allem, was sich ereignet hat? Lassen Sie *mich* gehen, Sir!«

Gunnar lächelte. »Nein, Bob.« Dann schien er einen Entschluß zu fassen. »Aber wenn Sie wollen, begleiten Sie mich.«

Regan rief: »Ich decke Sie von hier aus, Sir. Eine falsche Bewegung, und ich mähe das ganze Pack nieder.«

Noch einmal betrat Gunnar den warmen Sand, obwohl seine Beine sich nach Ruhe sehnten. Hinter sich hörte er das Rasseln der Munitionsgurte, als Tasker seinen Maschinengewehrtrupp näher an die Pier brachte. Diesmal gab es keine Hoffnung auf einen Kompromiß. Gunnar empfand nur kalte Resignation und einen letzten Rest Pflichtbewußtsein.

Tao-Cho blieb stehen, und langsam schloß die lange Reihe der Dorfbewohner mit ihren Kindern zu ihm auf, alle schweigend und wachsam, aber ohne Trotz.

Tao-Cho hob seinen langen Stab, und zerbrach ihn mit sichtlicher Anstrengung. Die Stücke warf er auf die Steine zu seinen Füßen. Dann sagte er mit dünner Stimme: »Ich bin gekommen, Kapitän, um mit Ihnen Frieden zu schließen.«

In dem verblüfften Schweigen hörte Gunnar den keuchenden Atem von Maddox und das Klatschen der Wellen am Strand. Er spürte weder Stolz noch Genugtuung. Wenn der Dorfälteste so gesprochen hätte, als er den ersten Kontakt zu ihm suchte, wäre vieles anders abgelaufen. So sagte er nur kühl: »Ihre Geste hat jetzt keine Wirkung mehr.«

Tao-Chos halbverdeckte Augen blinkten wie Bernstein in der Sonne. »Ich habe mein Volk hergebracht, um Ihren Schutz zu suchen. Es sind viele Frauen dabei, weil die Männer mit ihren Fischerbooten auf See sind. Aber wir bringen auch einige Männer, und diese werden tun, was Sie befehlen. Bald werden auch die Bewohner der anderen Dörfer unserem Beispiel folgen.«

Diese Worte hatten Tao-Cho offenbar große Anstrengung gekostet, aber Gunnar blieb unbeeindruckt. »Das macht jetzt keinen Unterschied mehr. Eine stärkere Macht als Ihre hat inzwischen hier die Oberhand, Sie haben sich ihr freiwillig anvertraut, und sie wird Ihnen keine Schonung gewähren, wenn Sie bei mir Hilfe suchen.«

Tao-Cho sagte einfach: »Diese Macht hat schon viele meines Volkes getötet. Ich weiß nun, daß sie mit falscher Zunge redet.« Er machte eine hilflose Bewegung. »Für uns gibt es keine Unabhängigkeit mehr, scheint mir.«

Gunnar nickte. »Das war auch vorher nie der Fall, Tao-Cho.« Er sah, wie die Leute zu beiden Seiten sich vorbeugten, um seine Worte zu hören. Einige verstanden genügend Englisch, andere übersetzten es denen, die weiter hinten standen.

Langsam fügte Gunnar hinzu: »Ich tat, was ich konnte, aber statt

Hilfe und Verständnis bekam ich nur Lügen und Drohungen als Antwort. Meine Männer wurden umgebracht, und mich selbst entehren diese Verluste.«

Tao-Cho sagte mit einem Anflug seiner alten Würde: »Es war nicht nur *mein* Volk, das Ihren Worten nicht glaubte, Kapitän.«

Gunnar dachte an Jago und die ganze Kommandokette. »Das stimmt. Aber warum sollte ich meine Männer auffordern, für euch zu sterben?«

Tao-Cho streckte die Arme aus, und Gunnar sah in ihm plötzlich einen verzweifelten, verängstigten Greis. »Diese Frauen und Kinder, Kapitän, wollen Sie die alle im Stich lassen?«

Gunnar stampfte in den Sand, sein Kopf schmerzte. Es war unfair, ihn so unter Druck zu setzen. »Sehen Sie jetzt ein, daß Ihre Insel zu wichtig ist, um von beiden Seiten ignoriert zu werden?«

»Ja. Und ich weiß auch, daß dieser Bolod in Kürze ein Schiff mit weiteren Soldaten erwartet.«

Gunnar straffte sich. »Sie wußten also, was Bolod hier tat?«

»Ja. Ich wartete ab, um ihn auf die Probe zu stellen.« Tao-Cho warf einen Blick in Gunnars eiskalte Augen. »Er nannte sich hier Tsung.«

Gunnar wandte sich der See zu und starrte aufs glitzernde Wasser. Also Tsung, der Mann, mit dem er gesprochen, den er berührt, dem er sogar gestattet hatte, ihn auf die kleine Insel nördlich von Payenhau zu begleiten. Und er hatte Lea in seinen Händen gelassen! In diesem Augenblick wurde ihm klar, daß er sie lieber tot gesehen hätte, als sie auf Gnade und Barmherzigkeit Bolod ausgeliefert zu wissen.

»Dieses neue Schiff, was wissen Sie davon?« Seine Stimme hatte einen metallischen Klang, und er merkte, daß Maddox ihn verblüfft anstarrte. »Los, reden Sie, Mann!«

Tao-Cho wich vor seinem Blick zurück. »Ich weiß nicht viel, Kapitän. Aber es kommt bald. Yi-Fangs Männer bleiben oben im Lager, bis es eintrifft. Danach werden sie jeden umbringen, der sich ihnen widersetzt.«

Gunnar sagte heiser: »Und danach werden meine Landsleute kommen und die Insel mit Yi-Fang und allem darauf vernichten!« Er machte eine abschließende Handbewegung. »Yi-Fangs Männer werden nicht lange überleben.«

Tao-Cho schlug die Hände zusammen. »*Bitte,* Kapitän!« Irgendwo in der Menge begann ein Kind zu weinen. »Sie können uns nicht zum Sterben hier zurücklassen!«

Gunnar drehte sich um und sah Maddox an. »Was soll ich tun? Ich kann von unseren Männern doch nicht verlangen, daß sie nach all dem immer noch weiterkämpfen.«

Maddox biß sich auf die Lippen. »Es ist allein Ihre Entscheidung, Sir. Aber Sie sollten wissen, daß von unserer Seite keinerlei Einwände kommen werden.«

Gunnar sah den Dorfältesten an. »Bringen Sie Ihre Leute hinauf ins Fort. Geben Sie jedem Mann und auch den Frauen die Waffen, die Sie bei den Toten finden. Bleiben Sie dort, und schießen Sie auf jeden, der sich den Wällen nähert. Aber ich kann und will Ihnen nichts versprechen.« Er zögerte. »Trotzdem werde ich für Sie tun, was ich kann. Ohne Ihre Unterstützung können die Rebellen keinen Propagandafeldzug starten.«

Der alte Mann sank dankbar auf die Knie, und Gunnar meinte, Tränen in seinen Augen zu sehen. »Das werden wir Ihnen nie vergessen, Kapitän!« Der Rest seiner Worte wurde vom Beifallsklatschen der Dorfbewohner übertönt. Es war kein Jubel, sondern ein höfliches, entschlossenes Händeklatschen. Auf seltsame Weise überbrückte es die tiefe Kluft zwischen den beiden verschiedenen Mentalitäten.

Zehn Minuten später war Gunnar an Bord zurück und stand auf der offenen Brücke, das Mikrophon in der Hand.

»Alle herhören!« Er machte eine Pause, den Blick auf die Helme der Geschützbedienung gerichtet. Wieder betete er lautlos darum, daß Lea bereits tot sein möge, erlöst von ihren Leiden und Schmerzen, vor denen es bei Bolod kein Entrinnen gab. Dann räusperte er sich. »Hier spricht der Kommandant. Sie haben gesehen, was sich hier abspielt. Da sind Leute, die unsere Hilfe brauchen, und es ist unsere Pflicht, ihnen zu helfen.« Er zögerte. »Ich weiß nicht, was uns draußen erwartet, außerdem sind wir in schlechter Verfassung für ein Gefecht. Deshalb kann ich Ihnen nicht *befehlen*, für diese Sache Ihr Leben zu lassen, ich kann Sie nur bitten ...« Seine Worte wurden übertönt von dem brausenden Jubel, der ihm entgegenschlug.

Maddox sah lächelnd zu ihm herüber. »Da haben Sie Ihre Antwort, Herr Kapitän.«

Gunnar wandte sich ab und ging mit steifen Beinen zu den Sprachrohren. »Maschine klar zum Auslaufen!«

An Deck erklangen heisere Rufe, als Jago, gestützt von dem laut protestierenden Sergeant Rickover, zur Reling humpelte, den Helm auf den Hinterkopf geschoben, die Zähne vor Anstrengung gefletscht.

Er blickte zur Brücke auf und rief: »Wenn Sie sich einbilden, daß ich mein Fort diesen verdammten Heiden überlasse, haben Sie sich geirrt, Kapitän!«

Grinsend fierten die Matrosen die beiden Marineinfanteristen hinunter ins Verkehrsboot und spendeten Beifall, als Jago und Rickover an Land gepullt wurden. Einige Chinesen rannten herbei, um ihnen zu helfen, aber mit ärgerlicher Entschlossenheit schob Jago sie beiseite, benutzte einen Bootsriemen als Krücke und humpelte den Strand hinauf.

Regan schüttelte den Kopf. »Mein Gott, was für ein Narr!«

Kroner blickte hinüber zu der gebeugten Gestalt auf ihrer Brücke und sagte leise: »Nein, mir scheint, Jago hat endlich verstanden. Es ist das mindeste, was er noch tun kann.«

Pirelli

Pirelli fluchte laut, als sich ein scharfer Stein in seinen Ellbogen bohrte, aber er kroch weiter, bis sein Kopf über den Stechginster ragte. Endlich war er sicher, daß er sich auf einer der kleineren Inseln der Payenhaugruppe befand. Er lag auf dem flachen Gipfel eines kleinen Hügels, und irgendwo unter ihm ankerte die *Osprey*. Aus einem Fluchtfahrzeug hatte sie sich in eine nutzlose Masse Holz verwandelt, als der Motor anfing zu stottern und dann erstarb. Wütend hatte Pirelli den Anker ins flache Wasser geworfen, war über Bord gesprungen und zum nahen Sandstrand geschwommen, immer in Erwartung einer Kugel, die ihn niedermähen würde, während er vorsichtig ans Ufer watete.

Er hatte die junge Frau an Bord zurückgelassen, den Kopf ihres Vaters im Schoß, und fragte sich nun, warum er so vorsichtig zu Werk ging; denn die Insel war wie alles andere ringsum dürr, unfruchtbar und unbewohnt. Er dachte an Burgess, der sich immer noch ans Leben klammerte. Pirelli hatte ihm Whisky gegeben, um ihm das Sterben zu erleichtern, aber statt dessen schien ihm das Getränk neue Kräfte verliehen zu haben. Er sprach mit sich selbst, stellte weitläufige Überlegungen an über sein verflossenes Leben, über Schiffe und Orte, bei deren Erwähnung die junge Frau den Kopf neigte und ihm mit kindlicher Liebe das Haar aus den Augen strich. Sie war jetzt gefaßter, aber das würde sicherlich nicht anhalten, wenn er an Bord zurückkehrte und ihr erzählte, daß seine Suche erfolglos geblieben war. Er war nicht einmal sicher, wonach er überhaupt suchte: ein verlassenes Fischerboot, etwas zu essen, einen Unterschlupf? Er wußte nur, daß er etwas unternehmen mußte.

Pirelli erstarrte, als leises Motorengebrumm in seine wirren Gedanken drang. Er robbte nach vorn zur Kante der Felswand, die unten in einem schmalen Sandstrand endete, und schob dabei das Gewehr vor sich her, bis er nur noch von einem einzigen Ginsterbusch verdeckt war. Wenn sich ein Boot dieser Insel näherte, bedeutete das bestimmt höchste Gefahr. Man würde die hilflose *Osprey* entdecken, und das war dann das Ende.

Überrascht stellte er fest, daß die linke Seite der Felswand durch herabgestürztes Gestein ihre Form verändert und sich in eine natürliche Mole verwandelt hatte. Ein schmutziges Landungsfahrzeug schob soeben seinen plumpen Bug auf den Strand. Pirelli packte sein Gewehr, merkte aber, daß seine Reaktionen schon langsamer waren. Das Boot lief geräuschvoll aus und schien schwer beladen, obgleich er nichts weiter sehen konnte als vier Köpfe über der Bordwand.

Schäumend schoben die Doppelschrauben den Bug höher auf den Strand und erstarben dann nach einem letzten Aufheulen. Die Laderampe fiel herab wie eine Zugbrücke, und Pirelli grunzte vor Staunen, als er die Ladung des Bootes sah: amerikanische Wasserbomben. Er erkannte sogar die großen gelben Nummern, die sie trugen. Es waren die Bomben der *Hibiscus*!

Zwei Chinesen in Steppjacken stiegen über die Laderampe und ließen sich ins flache Wasser hinab, wobei sie ihm den Rücken zukehrten; ein anderer, das Gewehr über der Schulter, lehnte an den Bomben und rief den im Wasser Stehenden etwas zu.

Pirelli senkte den Kopf und versuchte nachzudenken. Die *Hibiscus* hatte diese Wasserbomben möglicherweise aus Gründen der Sicherheit über Bord gegeben, und jetzt waren die Chinesen dabei, sie für ihre eigenen Zwecke zu nutzen. Wie zur Bestätigung hörte er ein Poltern, und als er aufblickte, sah er, daß die erste Wasserbombe über die Laderampe gerollt wurde.

Er peilte durch sein Zielgerät und spielte mit dem Gedanken, den nächststehenden Mann in den Rücken zu schießen. Die zweite Bombe polterte herunter und stieß gegen die erste. Pirelli ließ den Abzugshahn los. Es hatte keinen Zweck, auf diese Entfernung würde er wahrscheinlich nur einen, höchstens zwei Chinesen treffen. Die anderen waren noch in Sicherheit an Bord, und er hatte ein schußbereites Maschinengewehr neben der Ruderpinne bemerkt. Nein, er mußte sich etwas anderes ausdenken, und zwar schnell. Das Landungsboot war als Fahrzeug nicht viel wert, aber es schwamm und war beweglich. Damit konnte er leicht die *Hibiscus* erreichen, bevor sie auslief.

Nur knapp unterdrückte er einen Aufschrei, als eine Hand seinen Arm berührte. Sein Gewehr fuhr herum, und er stieß halb erstickt hervor: »Mein Gott, fast hätte ich Sie erschossen!«

Die junge Frau lag jetzt still, das Gesicht nur eine Handbreit von seinem entfernt. Sie sah an ihm vorbei zum Boot hinunter. »Ich mußte kommen.« Ihre Stimme war ruhig, aber Pirelli sah den Schmerz in ihren dunklen Augen. »Meinem Vater geht es schlechter.« Fragend sah sie ihn an. »Was machen die da unten?«

Mit einiger Anstrengung brachte Pirelli seine Nerven zur Ruhe. »Sie geben Wasserbomben von Bord. Die sind wahrscheinlich zu schwer für das, was sie vorhaben.«

Mit zitternden Lippen sagte sie: »Ich wünschte, wir könnten ein paar von ihnen umbringen!«

»Ich habe einen Plan. Dazu brauche ich aber Ihre Hilfe.«

Sie packte sein Handgelenk. »Ich tue alles, sagen Sie mir nur, was.«

Jetzt, da er notgedrungen das Kommando übernommen hatte, war Pirelli zwar besorgt, aber erfüllt von einem Eifer, den er an sich selbst nicht kannte. Zweifelnd rieb er sich das Kinn. »Ich möchte diese Spaßvögel ablenken. Sie würden ohne Skrupel jeden sofort erschießen, der in ihrem Blickfeld auftaucht, nur *Sie* nicht.« Forschend sah er ihr ins Gesicht.

Ein Ruf ertönte, und eine neue Gestalt erschien an der Laderampe. Pirelli hörte das Mädchen vor Überraschung nach Luft schnappen. »Das ist Major Yi-Fang! Die Sache muß also wichtig sein.«

Pirelli grinste böse. »Wir werden ja sehen.« Er zeigte zur rechten Seite des Strandes. »Könnten Sie von dort aus hier herüberschwimmen? Und drüben ins Wasser gelangen, ohne daß man Sie sieht?«

Sie nickte entschlossen. »Das kann ich.« Schon kroch sie in die Ginsterbüsche und verschwand.

Fieberhaft durchsuchte Pirelli seine Taschen nach Munition, dann wischte er sorgfältig den Sand aus dem Zielfernrohr und überprüfte noch einmal den Abzug. Es gab nicht den allergeringsten Spielraum für Fehler. Er bettete sich bequemer auf die heißen Steine und sah zu, wie die Chinesen eine weitere Wasserbombe über die Rampe rollten.

Dann hielt er den Atem an, als er weiter draußen ein kurzes Aufspritzen sah, ein paar Meter vor der Küste auf der rechten Seite. Seine Schultern und Arme schmerzten vor Konzentration, während er die arbeitenden Chinesen fixierte. Endlich sah er, daß zunächst der eine, dann der andere stehenblieb und überrascht nach rechts starrte, wo die junge Frau jetzt den Strand erreicht hatte und sich anschickte, an Land zu waten. Sie war nackt. Das nasse Haar klebte an ihrer glänzenden Haut, von der noch das Salzwasser perlte. Dann hielt sie an, sah aber nicht zu den Soldaten hinüber, sondern hob langsam die Hände und raffte ihr Haar zusammen.

Die beiden Chinesen fingen an, mit ausgestreckten Armen zu ihr hin zu laufen. Der dritte mit dem Gewehr war bereits von der Laderampe gesprungen, rief ihnen Ermutigungen zu und grinste breit; alles bis auf die nackte junge Frau war vergessen.

Pirelli nahm den Offizier im offenen Boot aufs Korn, er war der einzige, der sich durch den Anblick des Mädchens nicht ablenken ließ. Yi-Fang lief wütend zur Laderampe, seine Pistole hatte er bereits gezogen. Er würde das Mädchen erkennen und sofort durchschauen, was hier gespielt wurde.

Pirelli ignorierte die heiseren Rufe der Soldaten, ihm war klar, daß es nur noch Sekunden dauern konnte, bis sie die hilflose junge Frau erreicht hatten. Die Verlängerungslinie von Kimme und Korn zeigte auf Yi-Fangs Magen, denn es war gefährlich, ein Risiko einzugehen. Sanft drückte sein Finger auf den Abzugshahn, dann spürte er den Rückstoß an seiner Schulter.

Yi-Fang warf die Arme in die Höhe und fiel zur Seite, wobei sein linkes Bein unter ihm zusammenklappte, wie mit einer Axt abgeschlagen. Der bewaffnete Posten stand versteinert da, und Pirellis zweiter Schuß traf genau. Ohne einen Laut von sich zu geben, kippte der Mann nach hinten auf die Wasserbomben.

Die beiden Chinesen blickten jetzt verstört zurück zum Boot. Ohne ihre Waffen waren sie hilflos, nichts war von ihrer Begierde übriggeblieben. Pirelli wartete, bis die junge Frau das Gesicht abgewandt hatte, dann jagte er zwei gutgezielte Schüsse hinunter. Es war vorüber. Die beiden Chinesen lagen nebeneinander, ihre dunklen Gestalten warteten auf die sanft plätschernde Flut.

Pirelli sprang über die Kante und rutschte den steilen Hang hinab. Er lief zum Boot und sah in die starren Augen des Postens, dann drehte er sich zu Yi-Fang um. Der Major lehnte innen an der Bordwand, das Gesicht schmerzverzerrt, während er mit beiden Händen sein zerschmettertes Knie umklammerte. Mit einem Tritt stieß Pirelli Yi-Fangs Pistole ins Wasser und ging dann einmal langsam um die Wasserbomben herum, die sich noch an Bord befanden. Sieben waren es.

Pirelli sah keine weiteren Chinesen; mit einem Blick auf den verwundeten Offizier vergewisserte er sich, daß dieser wirklich hilflos war, dann ging er zurück zum Strand. Die junge Frau stand noch genauso da, wie er sie zuletzt gesehen hatte, und Pirelli wurde erst jetzt klar, welche Überwindung sie dieser Opfergang gekostet haben mußte. Rasch nahm er eine Uniformjacke von der Laderampe und rannte zu ihr. Sie versuchte nicht einmal, ihre Blöße vor ihm zu verbergen, sondern stand nur zitternd da und starrte auf die beiden toten Chinesen zu ihren Füßen.

»Rasch, ziehen Sie das an!« sagte er. »Wir haben keine Zeit, Ihre Sachen zu holen.«

Gehorsam ließ sie sich in die Uniformjacke helfen. Als sie zur Laderampe zurückkehrten, entblößte Yi-Fang die Zähne und stöhnte: »Ihr Narren! Ihr könnt nicht entkommen, auch wenn euer Schiff jetzt ausläuft.« Dann schwieg er, weil Pirelli die Waffe auf seinen Kopf richtete.

Pirelli sagte heiser: »Gehen Sie nach achtern, Miss. Ich passe auf diesen Halunken hier auf.« Stärker als je zuvor spürte er das Verlangen, weiter zu töten.

Yi-Fang keuchte: »Unser Führer weiß, was er tut. Bald kommt ein Schiff, um euern Kapitän und seinen demolierten Eimer zu vernichten!« Seine Worte waren voller Haß. »Dann werdet ihr und alle Amerikaner, die wir lebendig fangen, gefoltert! Aber langsam, bis ihr um den Tod bettelt!«

Pirelli ließ die Laderampe hochklappen. Die *Hibiscus* war also beschädigt? Und sie lief trotzdem aus, um ein chinesisches Kriegsschiff abzufangen. Er hörte das Mädchen drängen: »Wir müssen uns beeilen!«

Pirelli rannte nach achtern zum Ruder. »Und was machen wir mit diesem Verrückten hier? Soll ich ihn über Bord werfen?«

Das Mädchen schüttelte den Kopf. »Nein, er soll sehen, was er angerichtet hat.«

Pirelli seufzte erleichtert, als beide Motoren aufheulend zum Leben erwachten. Mühelos ging er mit dem Boot achteraus in tieferes Wasser und trieb die Umdrehungen zu voller Leistung hoch; dann jagte er am Strand entlang, wo die beiden toten Chinesen noch so lagen, wie sie gefallen waren. Es dauerte zwanzig kostbare Minuten, die Insel zu umrunden und bei der havarierten *Osprey* längsseit zu gehen. Dann schleppte Pirelli Burgess herüber und bettete ihn so bequem wie möglich neben die Wasserbomben, wo er den verwundeten Yi-Fang nicht sehen konnte. Schließlich nahm er das Mädchen am Arm. »Es hat keinen Zweck, wir müssen die *Osprey* versenken«, sagte er und sah den Schmerz auf ihrem Gesicht. »Die Chinesen haben noch Treibstoff, sie würden uns damit verfolgen.«

Er benutzte das Landungsfahrzeug wie einen Bulldozer, schob damit das große Fischerboot in tieferes Wasser und sprang dann hinüber. Vorbei an den Blutspuren, die nun getrocknet waren, stieg er hinab in den stillen Motorenraum. Es dauerte nur einen Augenblick, die Seeventile zu öffnen. Als er auf das Landungsboot zurückkehrte, hatte die *Osprey* bereits starke Schlagseite und fing an zu sinken.

Burgess schrie: »Was ist? Was habt ihr mit meinem Boot gemacht?«

Pirellis Blick suchte das Gesicht der jungen Frau. Sie weinte, aber ihre Stimme klang ruhig. »Das ist schon in Ordnung, Vater. Wir kommen später zurück und heben es.«

Pirelli ließ die Motoren aufheulen, damit Burgess nicht den Wassereinbruch und das Poltern hören konnte, als die *Osprey* sich vollends auf die Seite legte. Da geht das Boot dahin, das mich nach Taiwan bringen sollte, dachte er vage. In dumpfem Erstaunen rieb er sich das wunde Gesicht, aber sein Hirn konnte noch immer nicht ganz erfassen, was er getan hatte.

Nach einer Weile fragte Lea: »Was meinte Yi-Fang mit dem anderen Schiff?«

Er hob die Schultern und beobachtete einen scharfkantigen Felsen, den sie in geringem Abstand passierten. »Es ist klar, daß die Roten hier Verstärkung brauchen. Jeder Aufstand ist ohne Nachschub nutzlos.« Er nickte, als ihm ein Gedanke kam. »Die *Hibiscus* ist alles, was wir noch haben, der Kommandant wird sie damit aufzuhalten versuchen.« Grimmig fügte er hinzu: »Seien Sie unbesorgt, Gunnar ist ein kühler Kopf.«

Sie starrte in sein zerfurchtes Gesicht. »Glauben Sie das im Ernst?«

Pirelli grinste: »Für *Sie* mag er ja ein Goldjunge sein, aber als Skipper ist er verdammt hart.«

Burgess rief: »Sind wir schon da? Sagen Sie dem Quartermeister, ich will sofort den Ersten Offizier sprechen!« Er lachte hohl. »Wir werden ja sehen, wer die Flottenregatta gewinnt!«

Lea begann zu weinen. »O mein Gott, er phantasiert wieder!«

»Lassen Sie ihn. Es ist besser so.« Pirelli sprang auf, als ein ferner Signalton von den Bergen ringsum widerhallte und die Möwen aufjagte. »Verdammt, das ist die *Hibiscus*! Ihr kümmerliches Getute erkenne ich überall wieder!«

Dann war Geschützfeuer zu hören. »Sie ist ausgelaufen, und wir haben sie verpaßt!« Pirelli starrte achteraus ins schäumende Kielwasser des Bootes. »Alles umsonst, all diese Mühe für nichts!«

Sie umrundeten die letzte kleine Insel und sahen den leeren Ankerplatz vor sich. Das Mädchen rief: »Schauen Sie doch, die Zitadelle! Ihre Flagge!«

Pirelli pfiff überrascht. »Es sind doch noch ein paar übrig. Kein Wunder also, daß der Kommandant dieses andere Schiff angreifen will.« Er steuerte zur beschädigten Pier, sein Blick ruhte auf den verkrümmten Toten, auf den geschwärzten Kratern. Gelegentlich waren noch ein paar Gewehrschüsse zu hören. »Heckenschützen.«

Das Boot fuhr in die Stützpfeiler hinein und brachte die angebrochenen Planken vollends zum Einsturz. Dann drosselte Pirelli die Motoren und richtete das im Bug montierte Maschinengewehr auf die Straße. Hinter sich hörte er Lea rufen: »Der Sergeant kommt!«

Es war unverkennbar der lange Feldwebel, der die Straße herabgerannt kam, mit vorgebeugtem Kopf, während er von einer Seite zur anderen sprang und den Karabiner wie einen Speer vor sich hielt. Schließlich warf er sich flach auf die Pier. »Sieh mal einer an!« Grinsend musterte er das Mädchen. »Wieder daheim, wie ich sehe.«

Pirelli krächzte: »Geben Sie mir die Hand«, und half ihm an Bord. Dann sprang er zurück zum Maschinengewehr. »Verdammt, wer war das?« Er hatte eine Bewegung in der Nähe des Strandes gesehen.

Rickover drückte die Mündung nach unten. »Vergessen Sie's. Das ist nur Connell, der Arzt.« Gelassen betrachtete er die unkoordinierten Bewegungen der Gestalt. »Er veranstaltet irgendwelche Riten für die Toten.« Seufzend fuhr er fort: »Er ist in Reichweite der Scharfschützen, aber auf Verrückte schießen sie nicht. Nur kann ich ihn deshalb nicht holen.« Er gewann etwas von seiner alten Haltung wieder. »Kommen Sie mit ins Fort, ich habe die halbe Inselbevölkerung dort oben. Dazu ein paar loyale Soldaten, die sich zu uns durchgeschlagen haben.« Er grinste. »Wie die verdammte Arche Noah!«

Burgess rief: »Wo ist die *Hibiscus*?«

Rickover hob die Schultern. »Sie hat sich gerade ihren Weg freigeschossen und die verdammte Mörserstellung auf dem Vorland vernichtet. Der Kommandant will irgendein feindliches Schiff abfangen. Wir können nur dort oben sitzen und für die *Hibiscus* beten.«

Pirelli zeigte nach vorn. »Yi-Fang liegt dort, verwundet, Sergeant. Nehmen Sie ihn mit ins Fort, ich trage den alten Commander.«

Rickover stieß einen leisen Pfiff aus. »Yi-Fang? Bei Gott, der Oberst wird sich freuen, *den* zu sehen!« Er wuchtete den stöhnenden Offizier hoch und warf ihn sich über die breiten Schultern. »Also, kommen Sie bald nach. Es ist hier unten nicht sehr gesund.«

Pirelli spuckte aus. »Es war auch für *uns* kein Picknick.«

Der Marinefeldwebel lachte und warf einen raschen Blick auf die Straße. »Los geht's! Bleiben Sie auf meiner rechten Seite, dann passiert Ihnen nichts«, sagte er zu Lea.

Doch die blieb zurück. »Ich begleite meinen Vater.«

Rickover wandte sich ab und fiel mit seiner widerspenstigen Last in Trab. Bei jedem Schritt entrang sich dem hilflosen Yi-Fang ein unterdrückter Schmerzensschrei.

Auf dem Boot ließ Pirelli sich neben Burgess nieder und fragte leise: »Ist es sehr schlimm, Skipper?«

Burgess schüttelte den Kopf. »Ich muß mit Lea sprechen. Es ist dringend!«

Es geht also endlich zu Ende, dachte Pirelli und versuchte, Lea nicht ins Gesicht zu starren, als sie sich neben ihren Vater kniete.

Burgess öffnete die Augen. »Du bist ein gutes Mädchen. Ich werde mir nie vergeben, was ich dir angetan habe. Aber es ist noch Zeit, etwas davon wieder gutzumachen.« Er mußte husten. »Ich wollte dir all diese Dinge ersparen . . .«

Pirelli biß sich auf die Lippen. Wenigstens hatte Burgess seine Tochter nicht nackt allein am Strand gesehen, als Köder für die geilen Chinesen. Er straffte sich, weil Burgess hinzufügte: »Bitte geh mit Pirelli. Ich bleibe hier.«

»Ich verlasse dich nicht, Vater.« In ihrer Stimme war kein Beben, nur eine leichte Heiserkeit, und Pirelli hätte sie am liebsten in die Arme genommen.

Burgess mühte sich in eine sitzende Position. »Geh jetzt!« Verärgert fügte er hinzu: »Das ist ein Befehl!«

Ein Poltern war zu hören, dann blickte Rickover zu ihnen hinunter. »Um Gottes willen, müßt ihr denn so lange schwatzen?« Seine Stimme klang besorgt.

Pirelli schob Lea über die Bordwand hinauf, bis Rickover nach ihren Handgelenken griff. Dann beugte er sich noch einmal über Burgess, der ihm etwas ins Ohr flüsterte.

Rickover nahm den Karabinerriemen von der Schulter und sah sich nervös um. »Es ist zu offen hier, wir müssen uns beeilen!«

Lea wollte gerade protestieren, als die Motoren des Landungsbootes donnernd ansprangen. »Was zum Teufel . . .« Rickover zerrte sie von der einstürzenden Pier und sah Pirellis Gesicht im Führungsstand des Bootes auftauchen.

»Ich muß mitfahren! Er kann es allein niemals schaffen!« rief Pirelli ihnen zu.

Rickover schrie: »Komm zurück, du verdammter Narr!« Er riß das Mädchen mit sich zu Boden, als ein Schuß über ihre Köpfe pfiff. »So ein verrückter Hund!«

Das Mädchen wollte zur Pier zurück, aber Rickover hielt es fest in den Armen. »Es ist zwecklos«, sagte er ernst, »sie sind schon draußen.«

In engem Bogen schwang das Boot herum und nahm Fahrt auf. Noch einmal blickte Pirelli zurück und verfluchte sich selbst. Er sah den langen Feldwebel mit dem Mädchen, dem er noch so vieles hatte sagen wollen, so vieles erklären; aber es war zu spät.

Er spürte, daß Burgess an seinem Bein zupfte, und blickte mit einem traurigen Lächeln zu ihm hinunter. »Also los, alter Feuerfresser! Ich binde Sie jetzt am Ruder fest, während ich das Maschinengewehr übernehme.«

Das Landungsboot bog ins Hauptfahrwasser ein und fuhr so dicht an den hohen Felswänden entlang, daß es im toten Winkel blieb. Pirelli schob den toten Chinesen als Stütze neben Burgess und stülpte diesem die Mütze auf den Kopf. »Jetzt wollen wir's ihnen zeigen!« Er griff zur Whiskyflasche. »Wie wär's mit einem letzten Schluck, Skipper?« Das Wasser trat ihm in die Augen, als er den Kopf zurücklegte und den unverdünnten Whisky die Kehle hinunterlaufen ließ.

Burgess saß festgekeilt hinter dem Rad, den Blick auf irgendeinen Punkt vor dem Steven gerichtet; sein Gesicht war eine Maske der Entschlossenheit. Noch einmal blickte Pirelli achteraus, doch die Felswand verdeckte bereits Pier und Ankerplatz. Er fühlte sich mit einem Mal verloren, aber als der Whisky in seinem leeren Magen landete, warf er den Kopf zurück, lachte lauthals und reichte Burgess die Flasche.

Noch lange, nachdem das Kielwasser des Bootes sich geglättet hatte, war sein Lachen zu hören.

»Es wird mir eine Ehre sein!«

»Maschine stopp!« Gunnar trat vom Schanzkleid zurück und ließ das schwere Glas auf seine Brust fallen. Die leichte westliche Brise war beinahe ganz eingeschlafen, so daß die *Hibiscus* mit ihrer Restfahrt flott über die glatte See glitt. Schornsteinqualm schwebte oben um die Signalrahen, und über dem gesamten Schiff hing eine unnatürliche Stille.

Achteraus konnte Gunnar noch immer Payenhau erkennen; es hob sich als verschmierter brauner Pinselstrich schwach von der grünen See ab. Jetzt fand er endlich Zeit, sich darüber zu wundern, wie sie es mit nur einer Schraube bis hierher geschafft hatten. Der Rudergänger hatte um jeden einzelnen Meter mühsam kämpfen müssen. Und sie hatten die lauernde Mörserstellung mit derart intensivem Feuer überschüttet, daß sie innerhalb weniger Minuten schwieg. Schließlich war ein großes Stück der Klippe heruntergebrochen, komplett mit einem Mörser, einem Maschinengewehr und einem halben Dutzend Chinesen.

Die erste Anspannung war vorbei, nun sahen sie einer ungewissen Zukunft entgegen. Die milchige See lag friedlich da, die Leere wurde nur unterbrochen durch ihr eigenes kleines Schiff. War das noch dieselbe See? Der wütende Taifun, die Zerstörungen und das Elend, wo waren sie geblieben?

Gunnar wischte sich das Gesicht, als Maddox auf die Brücke kam und bedrückt meldete: »Besatzung angetreten, Herr Kapitän.«

Alle warteten auf ihn, selbst das Schiff schien die Ohren zu spitzen, als er die Leiter hinunterstieg und über das leise schwankende Hauptdeck schritt. Nur die Geschützbedienungen waren an ihren Kanonen geblieben, einige nickten ihm freundlich zu, als grüßten sie einen zufällig vorbeikommenden alten Freund, andere forschten in seinem Gesicht, als könnten sie davon ihr Schicksal ablesen.

Auf dem Achterdeck lagen die Gefallenen neben der geöffneten Reling ordentlich aufgereiht. Gunnar zögerte, als er sah, wie viele es waren. Ohne besondere Umstände waren sie rasch in Segeltuch eingenäht worden, waren bereits ein Teil der Vergangenheit. Zwei Seeleute hielten die letzte Ersatzflagge über die Reihe wie einen Baldachin, ihre verschmutzten Gesichter wirkten maskenhaft, während sie einander anstarrten wie Fremde. Die Besatzung stand im Halbkreis darum, die Köpfe gebeugt, das Haar in der leichten Brise flatternd. Hier und da verkrampfte sich eine Hand, oder ein Mann wischte sich verlegen übers Gesicht.

Gunnar sah Malinski blaß und angestrengt neben seinem riesigen Obermaschinisten Duggan stehen. Da waren Heizer und Seeleute, der Koch und Slattery, der Messesteward. Leutnant Maddox stand kerzengerade neben Kroner, sein junges Gesicht zeigte Entschlossenheit, aber seine Augen verrieten Unsicherheit.

Maddox überreichte Gunnar eine handgeschriebene Liste und nahm die Mütze ab. Gunnar überflog langsam die Namen, und während er las, schienen die stillen Gestalten wieder zum Leben zu erwachen, zumindest vor seinem geistigen Auge: Obermaat Anders. Bella, der Schreibergefreite. Carkosi, Funker. Norris, Quartermeister. Dabruzzi, Matrose. Chavasse, Matrose. Jackson, Signalgast. Laker, Horcher. Shafer, Maschinenmaat. Carmody, Heizer... Gunnar merkte, daß er ihre Namen laut aussprach. Es waren so viele! Und das Sterben war noch nicht zu Ende. Dem Rest der Besatzung würde vielleicht nicht einmal Zeit für eine Bestattung bleiben.

Er öffnete die abgegriffene Bibel und begann zu lesen: »Wir empfehlen in Deine Hände, barmherziger Vater, die Seelen unserer gefallenen Kameraden...« Wieviel mehr konnte er noch ertragen? Er biß die Zähne zusammen, weil längsseits das erste Klatschen ertönte. Einer nach dem anderen kippte ins Wasser, und er spürte ein nasses Brennen auf den Wangen, als der letzte über Bord ging.

Da blickte er vom Buch auf und in die Gesichter seiner Männer. Es hätte feierlicher sein sollen, viel feierlicher, aber er konnte ihnen nicht mehr bieten als seine Stimme. Irgendwo im Glied hörte er jemanden leise schluchzen, ein anderer hatte den Arm um die Schulter eines Freundes gelegt. Das Deck vor der Reling war wieder leer, nur die beiden Seeleute tuchten schweigend die Flagge auf.

Obermaat Tasker sprach ihn an. »Ich danke Ihnen, Sir. Das hätte ihm gefallen.« Ohne eine Antwort abzuwarten, machte er kehrt und schritt davon.

Maddox salutierte. »Wegtreten lassen, Sir?«

Gunnar nickte. Er hätte gern noch etwas hinzugefügt, wußte aber nicht recht, was. So erwiderte er nur den Gruß. »Gut, Maddox, machen Sie weiter.« Wie blind schob er sich durch die Leute und bahnte sich einen Weg zurück auf die Brücke, wo Regan ihn neben dem Kompaß erwartete, die Mütze unter den Arm geklemmt.

»Maschinenraum soll Umdrehungen für sieben Knoten aufnehmen, Mr. Regan.«

Der Telegraf schepperte, und die Schraube begann erneut zu mahlen. Einen Augenblick noch hatte Gunnar das Bild der eingenähten Gestalten vor Augen, wie sie immer tiefer in die gläserne Finsternis glitten. Dann nahm das kleine Schiff wieder Fahrt auf. Die Wassertiefe unter seinem Kiel betrug nahezu zweitausend Faden. Es war ein langer Weg bis zum Meeresgrund.

Schließlich ließ Gunnar sein Glas über den dunstigen Horizont gleiten und verdrängte das Bild.

Regan meldete: »Wir können uns aufs Radar nicht verlassen, Sir. Es hat gelitten, als wir durch die Enge fuhren.«

Gunnar nickte. Das machte jetzt auch nichts mehr aus.

»Möchten Sie, daß ich übernehme?« Diesmal war Maddox' Stimme ein wenig betreten.

»Danke, Bob, nein.« Fast hätte er es lieber gesehen, daß Maddox trotzig gewesen wäre. »Was werden Sie tun, wenn Sie hier wieder herauskommen?«

»Ich?« Maddox kratzte sich verlegen. »Sobald wir ins Dock kommen, werde ich ihr wohl ein Telegramm schicken und nicht nur einen verdammten Brief.« Er grinste trotz seiner Anspannung. »Warum sollte Pip noch vor mir heiraten?«

Gunnar nickte und wandte sich wieder Regan zu. »Die Ausguckposten sollen die Augen gut offenhalten. Das Schiff wird bei diesem Dunst schwer zu sehen sein.«

Maddox fragte: »Meinen Sie, daß die Roten es tatsächlich darauf ankommen lassen?«

Gunnar zuckte die Achseln. »Es ist lediglich eine Frage von Stunden. Sie werden bald hier sein, ob sie nun mit uns rechnen oder nicht. Auf alle Fälle wollen sie einen raschen Sieg.«

Maddox musterte das Profil des Kommandanten mit wachsender Besorgnis. Anspannung und Gefahr hatten ihre Spuren bei Gunnar hinterlassen. Er bemerkte auch, daß dieser so rasch und nervös die Hände bewegte, als merke er selbst nicht, was er tat.

Es ist wegen Lea Burgess, dachte Maddox. Ständig denkt er an sie statt an sich selbst. Wüßte er sie tot, würde es ihm vielleicht leichter fallen. Aber sie erst gewonnen zu haben und dann so schnell wieder an ein ungewisses Schicksal zu verlieren – Maddox konnte sich vorstellen, was Gunnar aufwühlte.

Hinter der Brücke erscholl ein erregter Ruf, und einen Augenblick glaubte Maddox, das Schiff sei gesichtet. Aber dann kam Kroner herbeigerannt, und sein Filmstargesicht verriet Überraschung. »Sir, ich habe Funkkontakt mit der Insel!« Er trat beiseite, während zwei seiner Leute vorsichtig ein angeschlagenes, in Khaki gehülltes Funkgerät an Deck absetzten. »Es ist das Gerät, das wir während der Vermessung benutzt haben, es stammt von Oberst Jago. Er hatte es uns damals gegeben, als Inglis in den Hinterhalt geriet.«

Kroner kniete neben dem verbeulten Gehäuse nieder und betätigte vorsichtig die verschiedenen Einstellknöpfe. »Hier draußen ist die Reichweite ein bißchen größer ... Hallo, Dodger, hallo, Dodger, hören Sie mich? Hier ist Spartan, kommen Sie, Dodger. Hallo, Dodger, hören Sie mich?«

Dann kam die Antwort, schwach und schwankend in der Lautstärke: »Hier ist Dodger ...« Eine knatternde Störung, und alle starrten das Gerät an, als sei es ein Talisman. Aber es war unverkennbar Rickovers Stimme gewesen.

Wieder quäkte das Gerät. »Wir halten das Fort.« Eine Pause, weitere Störgeräusche. »Wir können Sie vom Turm aus sehen, aber nur verschwommen. Schlechte Sicht.«

Regan fragte überrascht: »Uns sehen? Wie soll das denn möglich sein?«

Gunnar bedeutete ihm zu schweigen. Der kleine Turm überragte die Zitadelle, die ihrerseits auf dem höchsten Berg der Insel stand. Bestimmt konnten sie ein Schiff auf hoher See besser ausmachen als Dinge, die dicht unter Land und durch den Dunst verhüllt waren.

»Fragen Sie ihn, wie viele sich auf der Zitadelle in Sicherheit befinden«, sagte er gepreßt.

Kroner wiederholte Gunnars Frage, stieß aber einen Wutschrei aus, als Maddox ihn beiseite schob und selbst das Mikrophon ergriff. »Hier Spartan. Ist Lea Burgess am Leben?« Seine Worte platzten wie Granaten in das Schweigen auf der Brücke, aber Maddox blickte nicht auf.

Es klang, als ob Rickover lachte. »Am Leben und wohlauf. Sie steht hier neben mir und schickt ihre ...« Ein Rauschen beendete seinen Satz, und Maddox gab Kroner das Gerät zurück. »Tut mir leid, Don. Aber du brauchst so verdammt lange, um zur Sache zu kommen.«

»Ich sehe nicht ...« Dann fing er Maddox' Blick auf und grinste verlegen. »O ja, ich verstehe!«

Maddox fühlte, daß Gunnar seine Schulter drückte, aber als er sich umwandte, stand der Kommandant bereits vorn am Brückenkleid, das Gesicht vor allen verborgen. Mitfühlend dachte Maddox: Endlich einmal eine gute Nachricht für dich, du armer Teufel.

Das Gerät fing noch einmal an zu pfeifen, und Rickover krächzte dringlich: »In zwei Minuten kommen Sie in den Funkschatten der Hügel, dann reicht unsere geringe Wattstärke nicht mehr.« Eine Pause. »Hören Sie gut zu. Nordwestlich von Ihnen ist Rauch, etwa in fünfzehn Meilen Entfernung.« Die Stimme wurde schwächer. »Ja, es ist eine Rauchwolke. Viel Glück!« Damit schwieg Rickover endgültig.

Langsam wandte Gunnar sich um und sah sie der Reihe nach an. »Na, wenigstens brauchen wir uns jetzt nicht mehr auf das defekte Radar zu verlassen.«

Regan fragte scharf: »Der Feind wird gleich in Sicht kommen, Sir. Was ist Ihr Plan?« Er spreizte die Hände. »Wir haben nicht viel anzubieten.«

Gunnar nickte. Nur eine Schraube und dazu ihre dürftige Feuerkraft, so daß er schon einen Rammstoß in Betracht zog. »Ein bißchen Bluff und ein bißchen Mut«, sagte er schließlich. Wie trivial diese Worte klangen! Dennoch hatte er mit seinem Schicksal Frieden geschlossen. Der kurze Funkkontakt hatte seine Verzweiflung hinweggefegt, denn Lea war in Sicherheit. Das wog alles andere auf. Bolod war jetzt nicht mehr wichtig. Selbst wenn er starb, würden bestimmt viele andere wie er folgen.

»Alles auf Gefechtstationen.« Er lauschte der schrillen Alarmglocke. »Und setzen Sie die zweite Flagge. Ich will ihnen zeigen, daß wir es ernst meinen.« Die kann uns dann gleich als Leichentuch dienen, fügte er für sich selbst hinzu.

Regan wandte sich ab. »Ich denke, ich sehe jetzt mal nach meiner kleinen Kanone, Sir.«

Gunnar musterte ihn mit Zuneigung. Was er auch sonst für Fehler haben mochte, in einer Situation wie dieser war er verläßlich. Vielleicht weil er keine Phantasie besaß. Oder weil er wußte, daß sie im Augenblick nutzlos war.

Gunnar sagte: »Ich gehe so nahe heran wie möglich.«

Ein Ausguck auf der oberen Brücke schrie: »Rauch, Sir! Recht voraus!« Jedes Glas wurde nach vorn gerichtet, alle versuchten mit angehaltenem Atem, den Dunst zu durchdringen.

Leise sagte Maddox: »Ich gehe also jetzt nach achtern, Sir.«

»Ja, tun Sie das«, sagte Gunnar. Wenn er selbst hier oben fiel, war dann wenigstens Maddox noch da. Und nach ihm kam Regan an die Reihe. Unwillkürlich drehte er sich um und hielt Maddox die Hand hin. »Danke, Bob, und passen Sie auf sich auf!«

Maddox ergriff seine Hand. »Wir wären wohl alle lieber zehntausend Meilen von hier entfernt.« Er sah besorgt zu seinem Bruder hin, der an der achteren Brückenreling stand. »Aber wenn wir schon hier sein müssen, dann gibt es keinen, dem ich mich lieber anvertrauen würde als Ihnen, Sir.«

Damit trat er ab, hielt aber bei seinem Bruder noch einmal kurz inne. »Paß auf dich auf, Junge, damit wir daheim eine Doppelhochzeit feiern können.«

Pip Maddox wollte lächeln, aber sein Gesicht erstarrte, als es aus dem Lautsprecher ertönte: »Schiff in fünf Meilen Entfernung. Zerstörer, Sir.«

Gunnar spürte, wie es ihm kalt über den Rücken lief. Ein Zerstörer! »Brücke räumen.« Das Steuerhaus bot ihnen, zumindest für eine Weile, besseren Schutz. »Umdrehungen für zwölf Knoten!« Er biß die Zähne zusammen, als die einzige ihnen verbliebene Schraube tapfer den Befehl auszuführen versuchte. Mehr Fahrt als dies war nicht möglich. Gunnar stellte sich in die Backbordbrückennock, blickte hinauf zu den zwei großen Kriegsflaggen und fragte sich, ob er es wohl sehen würde, daß sie auch wieder niedergeholt wurden. Dann riß er sich zusammen und rief: »Der Artillerieoffizier soll warten, bis ich Feuerbefehl gebe!«

Sie würden nicht lange zu warten haben.

Das Steuerhaus kam ihm dunkler vor als sonst, obgleich die Sonne feine goldene Streifen durch die schmalen Beobachtungsschlitze warf und die ernsten Gesichter der Brückenbesatzung beleuchtete. Auch schien ihm die Luft drückender als zuvor.

Kroner sagte: »Es ist ein ehemals russischer Zerstörer der *Gordy*-Klasse, fast zweitausend Tonnen, Geschwindigkeit sechsunddreißig Knoten.« Er schien auch das letzte bißchen Information aus seinen Unterlagen herauszuholen, als könne er die drückende Überlegenheit des Zerstörers damit ausgleichen.

Gunnar beobachtete im Glas seine hohe Bugwelle, als der Steven den flachen Seenebel durchschnitt und sich nun ein wenig von ihm abwandte. Er war wirklich riesengroß. Trotz der schlechten Sicht erkannte Gunnar die mächtigen 12,7-cm-Geschütze, vier im ganzen, und die Mündungen der Torpedorohre. Eine flache Rauchfahne wehte von seinem schräg nach achtern geneigten Schornstein aus wie ein Banner, und er konnte sogar Gläser auf der hohen oberen Brücke glitzern sehen. Er drehte, um den Kurs der sich langsam nähernden *Hibiscus* zu kreuzen.

Gunnar vermutete, daß in den engen Decks des Zerstörers auch Truppen eingeschifft waren, zusammengepfercht wie Sardinen in der Dose: Besatzung für Payenhau, eine zusätzliche Bedrohung.

»Steuerbord fünfzehn!« Er hörte das Rad hinter seinem Rücken quietschen und beobachtete, wie ihr schmaler Bug zu drehen begann. »Komm auf. Recht so!«

Sein Körper schien ihm völlig schwerelos, sein Atem ging kurz und schmerzhaft. Er fühlte sich geschlagen, noch bevor der Kampf begonnen hatte.

»Kurs null-vier-fünf liegt an, Sir.«

»Gut.« Gunnar wischte sich mit dem Taschentuch den Nacken und sah den Zerstörer aus dem Dunst wachsen, überwältigend wie ein Alptraum und unwirklich wie eine Fata Morgana. Er wollte nicht an eine Niederlage denken, mußte aber überlegen, was nach der Versenkung der *Hibiscus* zu geschehen hatte. Die Gedanken wirbelten durch sein schmerzendes Hirn. Vielleicht war es noch möglich, einen Landetrupp abzusetzen, der dann bei der Verteidigung des Forts helfen konnte. Oder sollte er das zerschossene Schiff in der schmalen Einfahrt versenken, um ein rasches Eindringen des Zerstörers zu verhindern?

Regans nüchterne Stimme schreckte ihn auf: »Feuerklar, Sir, Ziel aufgefaßt.«

Mit einiger Anstrengung straffte Gunnar sich. Wenn Regan diese ungeheure graue Stahlmasse nur als Ziel und nicht als Todesboten ansah, dann konnte auch er entsprechend handeln.

Kroner rief: »Sie haben Feuer eröffnet!«

Aber Gunnar hatte schon selbst den kurzen Rückstoß des vorderen Geschützes bemerkt. Die beiden Abschüsse waren in der grellen Sonne kaum zu sehen. Mit dem schrillen Krachen zerreißender Seide fegten die Granaten über ihre Köpfe hinweg und warfen in der ruhigen See zwei hohe Wassersäulen auf.

Überraschenderweise beruhigten sich Gunnars Nerven. Kühl befahl er: »Drehen Sie nach Steuerbord auf null-acht-null. *Feuer eröffnen!*«

Noch bevor der Rudergänger reagiert hatte, knallte die 7,5-cm-Kanone wie eine gewaltige Peitsche.

»Kurz!« Der Telefonübermittler preßte die Hände auf seine Kopfhörer.

Enttäuscht beobachtete Gunnar den ersten Aufschlag der *Hibiscus.* Eine dünne Wassersäule erhob sich direkt in Linie mit der Zerstörerbrücke. Er hörte das Knallen des Verschlußstücks, das Rattern des Munitionsaufzugs und fast gleichzeitig das nächste Kommando Regans: »Feuer!«

Wieder ruckte die Brücke, und ungläubig sah er, daß der Zerstörer auf divergierenden Kurs abdrehte.

Leutnant Maddox rief aufgeregt: »Er haut ab, Sir!«

Gunnar biß sich auf die Lippen. »Er hat Wasserbomben an Bord wie alle Zerstörer. Er will sich nicht durch seine eigene Ladung in die Luft sprengen lassen.«

Er sah die Geschütze des Gegners weiterhin feuern und wartete, wobei er die Sekunden zählte. Wieder das gräßliche Kreischen, gefolgt von dem doppelten Donner und den hohen Wassersäulen. Wie schön sie aussahen, graziös und glitzernd im Sonnenlicht. Sie schienen nur zögernd zusammenzufallen, und Gunnar konnte leicht feststellen, daß sie jetzt erheblich dichter lagen. Der chinesische Kommandant ließ sich auf kein Risiko ein, nicht einmal gegen die Erbsenkanone der *Hibiscus*. Er wollte sich vermutlich außerhalb der gegnerischen Reichweite begeben, um die *Hibiscus* dann mit seinen schweren Geschützen mühelos zu Schrott zu schießen.

»Ich brauche den Kurs zur westlichen Einfahrt!« Gunnar hörte Kroner am Kartentisch arbeiten. Der Zerstörer konnte seine Truppen nirgendwo anders rasch landen als dort, ihre Vermessungen hatten das einwandfrei ergeben. Der chinesische Kommandant erwartete natürlich, daß die behinderte *Hibiscus* sich fernhalten und ihm aus Gründen der eigenen Sicherheit das Terrain überlassen würde.

Gunnar biß die Zähne zusammen. Wenn dies die einzige Möglichkeit war, in Schußweite zu kommen, dann würde er es eben tun.

»Malinski soll auf höchste Umdrehungen gehen, bis ich Gegenbefehl gebe.« Und zu dem schweigenden Rudergänger: »Paice, melden Sie mir sofort, wenn sie anfängt abzufallen.«

»Entfernung viereinhalbtausend Meter!«

Verunsichert durch die Kursänderung der *Hibiscus*, drehte der Zerstörer wieder zurück, diesmal auf Parallelkurs. Das Manöver ermöglichte ihm, die achteren Geschütze einzusetzen, und innerhalb von Sekunden erfolgten die ersten Aufschläge beinahe längsseit der *Hibiscus*. Gunnar spürte, wie der Schiffsrumpf bei jeder Detonation bebte, hörte das Donnern der fernen Geschütze, welche die einsame *Hibiscus* auf das ihr gebührende Zwergenmaß reduzierten.

»Backbord fünfzehn! Komm auf!«

Er hörte Paice fluchen. »Schiff dreht zu schnell nach Backbord, Sir!«

Gunnar sprang zum Sprachrohr. »Fahrtverminderung auf sieben Knoten! Ruder hart Steuerbord!«

Ihm war, als versuche das Schiff, sich selbst durch Flucht zu retten, als sei es nicht länger bereit, sich den Tollheiten der Menschen zu fügen. Als sein schmaler Bug dem Ruder nicht mehr gehorchte, erhoben sich zwei riesige Wassersäulen unmittelbar an Steuerbordseite. Beide Granaten detonierten mit einem markerschütternden Doppelknall an der Oberfläche, nur wenige Meter vom Schiffsrumpf entfernt. Die *Hibiscus* legte sich über, als hätte sie einen direkten Treffer erhalten.

Mein Gott, dachte Gunnar, hätte sie gehorsam auf den neuen Kurs gedreht, wären beide Granaten auf der Back eingeschlagen! Rasch rief er: »Werfen Sie Nebelbojen und sagen Sie Malinski, er soll ebenfalls qualmen. Ich will den besten Rauchschirm, den die Welt jemals gesehen hat!«

Ein Telefon schnarrte, und Kroner meldete: »Zwei Mann der Geschützbedienung durch Splitter verwundet, Sir! Ersatz von der Zweizentimeter wird erbeten.«

»Schicken Sie die hinunter.« Die leichten automatischen Waffen waren in diesem Gefecht ohnehin nutzlos, und im nächsten Augenblick würde möglicherweise sonst die 7,5 cm ausfallen. Er rieb sich die Augen. »Drehen Sie nach Steuerbord auf null-neun-null!«

Von seinem Platz am Kartentisch aus beobachtete ihn Pip Maddox wie hypnotisiert. Also zogen Gunnar und Regan die Show allein ab, dachte er, während Malinski unten bei den Maschinen sein möglichstes tat, um die *Hibiscus* in die tödliche Nähe des Zerstörers zu bringen. Jedesmal, wenn ein Geschütz feuerte oder eine feindliche Granate in ihrer Nähe detonierte, hatte Pip Maddox ein Gefühl, als würde das Leben aus ihm herausgequetscht. Seine Augen waren geschwollen und schienen ihm zu groß für seinen Kopf; er merkte, daß sein Gesicht schweißbedeckt war und so kalt wie Eis, obgleich im Steuerhaus eine Hitze herrschte wie in einem Brennofen.

Er bemühte sich, nicht daran zu denken, was in den nächsten Augenblicken mit ihnen geschehen würde. Statt dessen blickte er Gunnar an, um Kraft aus seinem Beispiel zu ziehen. Wenn er den Kommandanten in einem Restaurant oder im Korridor des Hauptquartiers getroffen hätte, wäre er ihm gar nicht besonders aufgefallen: ein Offizier wie viele andere, nur ein kleines Glied in der langen Kette der Befehlshierarchie. Aber hier war er so allmächtig wie viele seiner berühmten Vorgänger. Pip versuchte, sich an die Namen zu erinnern, die man ihm auf der Akademie eingepaukt hatte: Männer und Schiffe, die ihren Kampf allein ausgefochten hatten, ohne Furcht und oft auch ohne Hoffnung.

Pip bemerkte, daß der Kommandant noch immer die Mütze trug, die er ihm in der Zitadelle gegeben hatte, als auch der Kampf dort schon verloren schien. Dieser Gedanke gab ihm einen Funken Hoffnung zurück, und er klammerte sich daran wie ein Ertrinkender.

Kroner hielt die Hand übers Telefon. »Der I.O., Sir! Er sagt, daß jetzt Landungsboote im westlichen Fahrwasser auftauchen, zwei, vielleicht auch drei.«

Gunnar dachte nach. »Wahrscheinlich kommen sie, um die Truppen des Zerstörers auszubooten . . .« Er duckte sich, als eine heftige Detonation den achteren Teil der Brücke erschütterte und das Steuerhaus mit schwarzem Qualm füllte.

Sprachrohre quäkten, und mehrere Telefone begannen gleichzeitig zu schnarren. Gunnar seufzte erleichtert. »Sehr nah, aber kein Treffer.« Er schraubte eine achtere Blende auf und blickte hinaus. Die Nebelbojen dümpelten bereits achteraus, und der qualmende Schornstein trug ebenfalls zu ihrer Deckung bei; wahrscheinlich war auch von dort der Rauch ins Steuerhaus gelangt. Die Detonation hatte ihn nach unten gesaugt und ihr Achterschiff in eine Rauchwolke gehüllt.

»In einer Minute mache ich kehrt und fahre wieder in den Nebel hinein«, informierte er die anderen. »Dann drehe ich zu seinem Heck auf und nehme die Wasserbomben dort unter Beschuß.« Gunnar wurde allmählich klar, daß der Zerstörerkommandant sich seines Sieges völlig sicher war und es im Augenblick für vordringlicher hielt, seine menschliche Ladung loszuwerden, als das Gefecht zu suchen.

Auf dem Achterdeck rieb sich Maddox die Hände, als die letzte Nebelboje ins Wasser klatschte. Grinsend sagte er zu Tasker: »Jedes bißchen hilft!« Er merkte, wie das Deck leicht überholte: Die *Hibiscus* kehrte in ihren eigenen Nebelschirm zurück.

Maddox öffnete gerade den Mund, um den wartenden Seeleuten ein Scherzwort zuzurufen, da geschah es: Mit entsetzlichem Geheul schlugen mehrere Granaten geschlossen auf und neben der *Hibiscus* ein. Ob die Chinesen nach Kopplung oder mit Radar geschossen hatten, wußte niemand. Auf jeden Fall detonierten zwei Granaten längsseit, eine dritte traf die Steuerbordseite unterhalb der Brücke, und eine vierte rollte als Blindgänger über das Hauptdeck.

Der Mann neben Maddox wurde von den Füßen gerissen und wie ein Bündel Lumpen über Bord gefegt. Maddox merkte, daß Tasker ihn aufrichtete, und hörte ihn wie aus weiter Ferne mahnen: »Die Brücke, Sir!«

Überall rannten Männer schreiend durch ein Gewirr von Schläuchen und verbogenem Metall. Unter der Brücke quollen Flammen und Qualm hervor, und der Rumpf selbst sah aus, als habe ihn die stählerne Faust eines Riesen getroffen.

Maddox drückte sich das Taschentuch vor den Mund und kletterte wie blind die Brückenleiter hinauf. Er rutschte in Blut aus, stolperte über etwas, das die verstreuten Überreste eines Menschen zu sein schienen. Die Stahltür des Steuerhauses klemmte, er mußte sein volles Gewicht dagegenwerfen. Drin war dichter Qualm und sonst nichts zu sehen.

Jemand stolperte ihm aus den Schwaden entgegen. Maddox packte ihn und zog seinen Bruder zu sich heran. Pips Hemd war weg, sein Oberkörper völlig nackt, selbst seine Uhr und seine Erkennungsmarke waren verschwunden. Würgend klammerte er sich an seinen Bruder und keuchte, als die frische Luft in seine Lunge drang.

Tasker sprang ans Rad und stieß den verkrümmten Körper des Gefechtsrudergängers beiseite. Die Hälfte seines Schädels war weggerissen, man konnte nichs mehr für ihn tun.

Als der Qualm durch die offene Tür abzog, sah Maddox das volle Ausmaß des Schadens. Die Seite, die der Detonation am nächsten gelegen hatte, war durchlöchert wie ein Sieb, in einem riesigen Spalt war das Metall nach innen gebogen wie Papier. Der Befehlsübermittler lag nahezu in zwei Teile zerrissen auf dem Boden, die verbogenen Kopfhörer noch immer fest auf seinem glänzenden Schädel.

Tasker rief: »Hierher, Sir! Hier drüben!« Maddox lief zu Gunnar und half Tasker, ihn in sitzende Stellung aufzurichten. Heiser sagte Tasker: »Ich bleibe am Ruder.«

Gunnar öffnete die Augen und starrte in Maddox' grimmiges Gesicht, ohne ihn zu erkennen. Als aber der erste Schock überwunden war, sackte er mit schmerzverzerrtem Gesicht wieder zusammen. »Meine Rippen! Verdammt, Bob, es hat mich erwischt!«

Maddox schob Gunnars Finger weg und zog vorsichtig einen Streifen des blutigen Hemds beiseite. Er beugte den Kopf, um seine Besorgnis vor Gunnar zu verbergen, und sagte beruhigend: »Ich mache es Ihnen ein wenig bequemer.«

Aber Gunnars Bewußtsein schien zurückzukehren, und seine Augen, eben noch vor Schmerz trübe, blitzten zornig auf. »Hebt mich hoch!« Er bemühte sich aufzustehen, noch bevor Maddox den Verband fertig hatte. »Hebt mich *hoch*, verdammt noch mal!«

Hilfesuchend blickte Maddox seinen Bruder an, aber der Junge schien nicht zu merken, was vorging. Gunnar war verwundet – wie schwer, konnte er nur vermuten; ohne sachkundige Pflege würde er vielleicht sterben. Maddox dachte flüchtig an Dr. Connells Versagen. Verdammt sollte der Arzt sein und mit ihm dieses ganze Chaos hier!

Er spürte Gunnars Finger auf seinem Arm und hörte ihn sagen: »Gehen Sie auf Gegenkurs, Bob. Ich muß diesem Zerstörer folgen!«

Schwerfällig drehte die *Hibiscus* um hundertachtzig Grad wieder in die Nebelbank hinein. Auf der Back wartete die Geschützbedienung hinter ihrem Splitterschutz, eine Granate schon im Rohr, andere bereit zum sofortigen Nachladen. Der Göschstock glitzerte im Sonnenlicht, und im nächsten Augenblick stieß das Schiff aus dem Rauchschleier heraus.

Gunnar klammerte sich an eine Deckstütze und hob sein Glas. Der Zerstörer stand noch immer zwei Strich an Steuerbord voraus, sein Rumpf lag jetzt genau quer vor ihnen. Unter dem überhängenden Steven war nur eine winzige Bugwelle zu sehen. Gunnar bemerkte kleine Landungsfahrzeuge, die aus Payenhaus braunem Fels zu quellen schienen, um die Soldaten zu übernehmen. Er spürte den Schmerz in seiner Seite, als stecke er in einem Schraubstock. Das stumpfte seine Sinne ab und legte ihm einen Schleier vor die Augen.

»Die Schäden, Bob«, preßte er zwischen zusammengebissenen Zähnen hervor, und dann, als der I.O. zögernd nach achtern ging: »Hierher, Pip.« Er ignorierte den verzweifelten Blick des Leutnants, legte ihm den Arm um die Schultern und benutzte ihn als Stütze, während er den Zerstörer beobachtete.

Das Geschütz auf der Back feuerte, aber sein Krachen klang gedämpft. Gunnar spürte die glatte Haut des Jungen unter seiner Hand und wurde an Lea erinnert, die in Payenhau auf ihn wartete. Wie geschickt der chinesische Kommandant sein Schiff manövrierte, dachte er. Ein einziger seiner Torpedos würde genügen für die arme *Hibiscus.*

Maddox rief: »Vier Mann gefallen, Sir, und die Steuerbordbatterie außer Funktion!« Nach einer Pause fügte er stockend hinzu: »Auch

Don Kroner ist tot, Sir.« Maddox schluckte und verdrängte das Bild der weit aufgerissenen, entsetzten Augen über Kroners schrecklicher Brustwunde. Dies war nicht mehr der fröhliche N.O. mit seinem gutgeschnittenen Gesicht. Maddox zwang sich fortzufahren: »Maschinenraum meldet Schäden in drei Abteilungen, Sir. Aber die Pumpen können den Wassereinbruch bisher bewältigen.«

Gunnar antwortete nicht, sondern wandte sich an den Leutnant: »Ich will die *Hibiscus* sehen.« Er kämpfte sich mit Pips Hilfe zur offenen Tür und blickte über die volle Länge seines bereits schrägliegenden Schiffes; jeder einzelne Meter ließ ihm das Herz bluten. Er sah die großen, von Granatsplittern gerissenen Löcher, die verbogenen Spanten, den von Flammen geschwärzten Stahl, die tote Geschützbedienung.

Zwei dicht neben der Bordwand aufsteigende Wassersäulen blendeten ihn, und als er herumfuhr, spürte er den Pulvergestank der zusammenfallenden Wassermassen. Er spürte den wohlbekannten, glutheißen Atem in seinem Nacken und duckte sich, als eine weitere Granate ins Schiff einschlug. Er sah den Mast schwanken und dann über Bord kippen, hörte das Poltern umstürzender Maschinen. Durch den Nebel vor seinen Augen sah er die abgerissene Hand eines Mannes auf dem grauen Stahl liegen wie einen weggeworfenen Handschuh, und trotz der explodierenden Maschinengewehrmunition hörte er jemanden schreien. Der schrille Klang tat seinen Ohren so weh, daß er dem unbekannten Schreier den Tod wünschte.

Pip Maddox hatte sich gefaßt. »Steuerbordmaschine hat gestoppt, Sir!« meldete er.

Gunnar riß sich von dem Leutnant los und kämpfte sich zu den Telefonapparaten. »Kommandant hier. Schäden melden!«

Malinskis Stimme klang total erledigt. »Wir sind am Ende, Sir. Tut mir leid, aber dieser letzte Treffer hat die zweite Welle verbogen. Das ist eine Reparatur, die nur in der Werft ausgeführt werden kann.«

Wie blind nickte Gunnar. »Verstehe. Kommen Sie jetzt lieber mit Ihren Leuten an Deck.«

Er ließ das Telefon fallen und hörte Maddox fragen: »Werden wir die Flagge streichen, Sir?«

Gunnar warf einen Blick auf ihre einzige noch wehende Kriegsflagge. »Kaum. Was wäre sonst der Sinn des Ganzen?«

Er stützte sich wieder auf Pip und hob das Glas. Durch die starken Linsen erkannte er den hohen Steven des Zerstörers, die schwarzen Mündungen der Geschützrohre und die Brücke dahinter. Zu seiner

Überraschung stellte er fest, daß eine lange Schramme über dessen Stahlplatten verlief. Zumindest eine der kleinen Granaten der *Hibiscus* hatte also getroffen.

Aber es war vorüber. Die *Hibiscus* konnte weder Fahrt aufnehmen noch manövrieren, und das Deck rollte schwerfällig in der niedrigen Dünung. Eine weitere Granate detonierte nahe am Bug, und Gunnars Herz sank, als nun auch das kleine Geschütz vorn schwieg. Er sah zu Boden, als Tasker den Telefonhörer sinken ließ und meldete: »Totalausfall, Sir!« Zögernd fügte er hinzu: »Und ich fürchte, auch der Artillerieoffizier ist tot.«

Gunnar preßte die Stirn gegen den warmen Stahl. Der arme Regan. Er biß die Zähne zusammen. Die arme *Hibiscus*!

Jetzt war in der Ferne das Rattern eines Maschinengewehrs zu vernehmen. Unwillig wandte er noch einmal den Blick hinaus auf die See. Der Zerstörer drehte wieder, sein Steven grub sich ins Wasser, als seine fünfzigtausend Pferdestärken den Rumpf herumzerrten, so daß die Geschütze notgedrungen schwiegen. Er drehte weg von der *Hibiscus*! Maddox rannte hinaus in die offene Brückennock und folgte ihm mit dem Glas. Vielleicht kamen jetzt die Torpedos? Noch einmal dachte er an Mary, an seinen Bruder und an Lea Burgess; Erinnerungen und Gesichter drängten sich in seinem Kopf.

Der Zerstörer drehte auf einen Kurs, der parallel zu dem des havarierten U-Boot-Jägers verlief, und schien sich aggressiv den wartenden Landungsbooten zuzuwenden. Irgend etwas lief dort drüben schief. Aber was?

Plötzlich hörte Gunnar Tasker schreien: »Ein Landungsboot schießt auf den Zerstörer!« Seine Stimme klang, als könne er nicht glauben, was er sah.

Gunnar beobachtete das Drama wie ein Stummfilmzuschauer. Er sah die winzigen Einschläge, die vom Maschinengewehr des Landungsbootes herrührten, und die vergeblichen Bemühungen des Zerstörers, seine Rohre so tief zu senken, daß er das Feuer erwidern konnte. Aber das rasende Boot war schon zu nahe, und als endlich doch eins der Geschütze des Zerstörers feuerte, schlug die Granate harmlos ins Wasser dahinter.

Maddox schrie: »Mein Gott, das ist Burgess!«

Die anderen rannten aus dem schiefliegenden Steuerhaus. Einer ergänzte: »Und da ist auch der alte Pirelli!« Und noch einer: »Donnerwetter! Das sind genau solche Selbstmörder wie wir!«

Gunnar hörte ihre Worte mit Erstaunen. Es stimmte, Burgess hatte den Angriff des Zerstörers abgelenkt mit der eiskalten Präzision, mit der ein Matador den Stier auf sich zieht. Wo er das Landungsfahrzeug aufgetrieben hatte, interessierte im Augenblick nicht. Er kam ihnen zu Hilfe, und obgleich diese Geste genauso fruchtlos war wie seine eigene, merkte Gunnar doch, daß er vor Bewegung zitterte.

Der Zerstörer hielt auf das Boot zu, klar zum Rammstoß. Im Glas sah Gunnar, daß Burgess steif und hochaufgerichtet neben Pirelli saß, der mit einer Flasche auf das Maschinengewehr einhämmerte.

Gunnar wandte den Blick ab, als der hohe Steven des Zerstörers über dem Landungsboot hing wie eine ungeheure Axt und dann niederfuhr. Er hörte Holz splittern und das schrille Kreischen von zerreißendem Metall.

Plötzlich schrie Maddox: »Aber das ist doch das Landungsfahrzeug, das ich gefunden habe, als . . .«

Er beendete den Satz nicht. Als der siegreiche Zerstörer durch das dümpelnde Treibgut fuhr, detonierten die sieben Wasserbomben des Landungsboots wie eine einzige. Direkt mittschiffs und bei geringster Tiefeneinstellung wirkte die Detonation verheerend.

Gunnar wich zurück, als die sengende Druckwelle über die anderthalb Meilen Wasser auf sie zubrauste. Eine weitere Explosion füllte den Himmel mit Tausenden fliegender Wrackteile, dann folgte noch eine und noch eine, bis die Handvoll Männer auf der zerschossenen *Hibiscus* sich verstört zu Boden warf.

Als Gunnar wieder hinüberblickte, war nichts mehr zwischen ihm und Payenhau. Nur ein wachsender Ölfleck und treibende Holzteile waren zurückgeblieben als Zeugnis für Burgess' und Pirellis letzte Tat.

Gunnar wußte nicht, wie lange er so gestanden und hinübergestarrt hatte. Ihm war, als erwache er aus tiefer Betäubung, als er einen Ausguckposten rufen hörte: »Schiff, Sir! In Peilung Rot eins-vier-fünf!« Und dann, als der Strahl eines Signalscheinwerfers übers Wasser stach: »Es ist der britische Zerstörer *Bosworth*, Sir!«

Maddox lehnte am Rad und wischte sich das Gesicht. »Ich hätte nie gedacht, daß ich mich noch mal freuen würde, *den* wiederzusehen!«

Der letzte übriggebliebene Signalgast der *Hibiscus* las den Morsespruch mit: »Habe Arzt an Bord und komme längsseit, um Ihnen Beistand zu leisten.«

»Sagen Sie ihm, wir freuen uns über seine Hilfe.« Maddox stellte sich neben Gunnar und richtete ihn auf, so daß er den Scheinwerfer der *Bosworth* sehen konnte.

Der Signalgast übersetzte laut deren Antwort: »Es wird mir eine Ehre sein!«

Maddox grinste wie ein Schuljunge. »Ich nehme an, das bedeutet wieder eine Fahrt in die Werft und längere Reparaturzeit, bevor wir das Schiff an Taiwan übergeben?«

Gunnar blickte über die stille, qualmende *Hibiscus* und preßte die Hand auf die schmerzenden Rippen. Ihm war, als teile sie den Schmerz mit ihm.

Es wird mir leid tun, dich zu verlieren, dachte er. Und diesmal war ihm klar, daß er es todernst meinte.

Alexander Kent
19 marinehistorische Romane um Richard Bolitho und 21 moderne Seekriegsromane

Ursel und Friedel Klee
. . . und immer mal wieder liegt Land im Wege (20354)

Wolfgang J. Krauss
Seewind (20282)
Seetang (20308)
Weite See (20416)
Kielwasser (20518)
Ihr Hafen ist die See (20540)
Nebel vor Jan Mayen (20579)
Wider den Wind und die Wellen (20708)
Von der Sucht des Segelns (20808)

Klaus-Peter Kurz
Westwärts wie die Wolken (22111)

Sam Llewellyn
Laß das Riff ihn töten (22067)
Ein Leichentuch aus Gischt (22230)

Bernard Moitessier
Kap Hoorn – der logische Weg (20325)

Wolfram zu Mondfeld
Das Piratenkochbuch (20869)

Nicholas Monsarrat
Der ewige Seemann, Bd. 1 (20227)
Der ewige Seemann, Bd. 2 (20299)

C. N. Parkinson
Horatio Hornblower (22207)

Dudley Pope
Leutnant Ramage (22268)
Die Trommel schlug zum Streite (22308)

Herbert Ruland
Eispatrouille (22164)
Seemeilensteine (22319)

Hank Searls
Über Bord (20658)

Antony Trew
Regattafieber (20776)

Karl Vettermann
Die Irrfahrten des Barawitzka (20568)

Richard Woodman
Die Augen der Flotte (20531)
Kutterkorsaren (20557)
Kurier zum Kap der Stürme (20585)
Die Mörserflottille (20666)
Die Korvette (20742)
Die Wracks von Trafalgar (20787)
Der Mann unterm Floß (20881)
In fernen Gewässern (22124)

Alexander Kent

Die Richard-Bolitho-Romane

ein Ullstein Buch

Die Feuertaufe
Ullstein Buch 3363
Klar Schiff zum Gefecht
Ullstein Buch 3376
Die Entscheidung
Ullstein Buch 3402
Zerfetzte Flaggen
Ullstein Buch 3441
Bruderkampf
Ullstein Buch 3452
Der Piratenfürst
Ullstein Buch 3463
Strandwölfe
Ullstein Buch 3495
Fieber an Bord
Ullstein Buch 3522
Nahkampf der Giganten
Ullstein Buch 3558
Feind in Sicht
Ullstein Buch 20006
Der Stolz der Flotte
Ullstein Buch 20014
Eine letzte Breitseite
Ullstein Buch 20022
Galeeren in der Ostsee
Ullstein Buch 20072
Kanonenfutter
Ullstein Buch 20144
Admiral Bolithos Erbe
Ullstein Buch 20485
Der Brander
Ullstein Buch 20591
Donner unter der Kimm
Ullstein Buch 20973
Die Seemannsbraut
Ullstein Buch 22177
Des Königs Konterbande
Ullstein Buch 22330